譯註
禮記類編大全

譯註
禮記類編大全

②

최석정崔錫鼎 저
정병섭鄭秉燮 역

  본 역서는 조선후기 학자인 최석정(崔錫鼎)의 『예기유편대전(禮記類編大全)』을 번역한 것이다. 최석정은 예학이나 조선사에서 자주 거론되는 인물이므로, 별도로 설명을 덧붙이지는 않겠다. 역자가 이 책을 번역한 것은 최석정의 학문적 업적을 밝히려거나 조선 예학사의 특징을 규명하고자 하는 거창한 의도에 의한 것이 아니다. 또 그럴 만한 그릇도 안 된다. 이 책을 번역하게 된 것은 아주 사소한 이유 때문이다. 모교에 있는 한국유경편찬센터에 잠시 들렀다가 책장에 꽂혀 있는 『예기유편』과 『예기유편대전』을 보게 되었다. 호기심에 책을 뽑아 펼쳐보니 『예기』에 대한 주석서인 것 같은데, 경문(經文) 순서가 내가 알고 있던 것과 전혀 달라서 유심히 살펴보게 되었다. 내용을 읽어나가다 보니 최석정이 자신의 견해에 따라 『예기』 전체 문장을 재배열하였다는 것을 알게 되었다. 그 당시는 때마침이라는 표현이 적합할 정도로 강의가 끝난 방학 중이었고 밀린 일거리도 없어서 약간의 휴식기에 접어들던 참이었다. 휴식이라고 해보았자 한없이 나태해질 것이 뻔하였으므로, 이 책을 펼친 김에 번역을 시작하게 되었다. 이것이 내가 이 책을 번역한 지극히도 사소하고 자잘한 이유이다.
  최석정의 『예기유편(禮記類編)』은 본래 『예기』의 경문(經文)만 수록하고, 간단한 음주(音註) 등을 덧붙인 책이다. 이후 진호(陳澔)의 『집설(集說)』과 최석정의 부주(附註)가 덧붙여져 『예기유편대전(禮記類編大全)』이 편찬되었는데, 역자가 번역한 것은 바로 『예기유편대전』이다. 이 책의 가장 큰 특징은 『예기』 경문의 배열을 재배치했다는 점이다. 권근(權近)의 『예기천견록(禮記淺見錄)』 또한 경문의 배열을 바꾸고 있지만, 하나의 편 안에서만 이루어진 작업이었다. 반면 이 책은 편의 구분에 구애되지 않고 동일한 주제에 따라 경문을 새롭게 배열했다는 점에서, 예학사와 경학사적 측면에서 중요한 자료가 된다. 또 『효경(孝經)』을 『예기』의 부류라고 여겨서, 하나의 편으로 삽입한 것 또한 주목해볼 점이다.

나는 재질도 보잘것없고 성격도 게을러서 학문도 깊지 못하다. 따라서 번역서를 내놓을 때마다 항상 부끄럽고 또 부끄럽다. 이 책에 나온 오역은 모두 역자의 실력이 부족해서이다. 다른 사람에게 도움이 되고자 출판하는 것이 번역서인데, 보잘것없는 재주로 인해 오히려 해를 끼치고 있지 않은가 반성하게 된다. 다만 이 책을 발판으로 더 좋은 번역서가 나왔으면 하는 바람이다. 끝으로 『예기유편대전』을 출판할 수 있도록 허락해주신 학고방의 하운근 사장님께 감사를 전한다.

• 본 책은 역주서(譯註書)로써, 『예기유편대전(禮記類編大全)』을 완역하고, 자세한 주석을 첨부했다.

• 『예기유편대전』은 진호(陳澔)의 『예기집설(禮記集說)』에 대한 주석서로, 『예기』의 경문(經文)과 진호의 『집설』을 수록하고 자신의 견해를 덧붙이고 있다.

• 『예기유편대전』의 가장 큰 특징은 경문 배열을 수정한 것이다. 각 편의 구분에 구애되지 않고, 각 문장들을 주제별로 묶어서 순서를 바꾼 것이 많다. 이러한 점들을 나타내기 위해, 각 편의 첫 부분에는 『예기집설』의 문장순서와 『예기유편대전』의 문장순서를 비교하여 도표로 제시하였고, 각 경문 기록 뒤에는 〈001〉·〈002〉·〈003〉 등으로 표시하여, 이 문장이 『예기집설』에서는 몇 번째 문장에 해당하는지 나타내었다. 또 다른 편에서 가져온 기록인 경우, 숫자 앞에 각각의 편명을 제시하였다.

• 『예기』 경문 해석은 진호의 『집설』에 따랐다. 최석정의 부주(附註)에는 진호의 해석에 대해 이견을 나타낸 것이 많은데, 특별한 경우를 제외하면 주석을 통해 최석정의 경문 해석을 확인할 수 있으므로, 최석정의 주석에 따른 새로운 경문 해석은 별도로 제시하지 않았다.

• 『예기유편대전』은 수권(首卷), 1~40권, 말권(末卷)으로 구성되어 있다. 말권에는 예류혹문(禮類或問)과 부록(附錄)이 수록되어 있다. 그러나 혹문과 부록의 원문이 입력되지 않은 상태여서 번역을 하지 못했다. 따라서 이 책은 수권으로부터 40권까지를 번역한 것이며, 혹문과 부록의 원문이 이후 입력된다면 나중에 보권으로 출판할 계획이다.

- 본 역서의 『예기유편대전(禮記類編大全)』 원문과 표점은 한국유경편찬센터(http://ygc.skku.edu)의 자료를 사용하였다.

- 『예기유편대전』의 주석 대상이 되는 『예기집설』의 저본은 다음과 같다.

  『禮記』, 서울 : 保景文化社, 초판 1984 (5판 1995)

- 經文 으로 표시된 것은 『예기』의 경문 기록이다.

- 集說 로 표시된 것은 진호의 『집설』 기록이다.

- 類編 으로 표시된 것은 『예기유편』의 본래 주석이다.

- 附註 로 표시된 것은 『예기유편』을 『예기유편대전』으로 출판하며 덧붙여진 최석정의 부주이다.

禮記類編大全卷之八 『예기유편대전』 8권

禮記類編大全卷之四

『예기유편대전』 4권

◇ 內則第四 / 「내칙」 4편

類編 此篇記男女居室事父母舅姑之法, 以閨門之內, 禮儀可則, 故曰內則. 朱子曰: "蓋古經也." 又曰: "曲禮·少儀·內則諸篇, 卽小學之支流餘裔."

이 편은 남녀가 집에 거처하며 부모 및 시부모를 섬기는 예법을 기록하고 있는데, 규문(閨門)1) 안에서 본받을 만한 의례규범이기 때문에 '내칙(內則)'이라 부르는 것이다. 주자는 "아마도 옛『예경』에 해당할 것이다."라 했고, 또 "「곡례」·「소의」·「내칙」 등의 편들은『소학』의 지류나 말류에 해당한다."라 했다.

類編 本居郊特牲之下. 凡五節.

본래는『예기』「교특생(郊特牲)」편 뒤에 수록되어 있었다. 모두 5개 절이다.

「내칙」편 문장 순서 비교		
『예기집설』	『예기유편대전』	
	구분	문장
001		002
002		003
003		004
004		005
005	事父母舅姑之禮	006
006		007
007		008前
008		008後
009		009

---

1) 규문(閨門)은 내실(內室) 및 궁 안의 동산에 설치된 문을 뜻한다. 그 장소가 안쪽에 위치하였으므로, 부인이 거처하던 장소를 뜻하는 용어로도 사용하였다.

「내칙」편 문장 순서 비교		
『예기집설』	『예기유편대전』	
	구분	문장
010		010
011		011
012		012
013		013
014		014
015		015
016		016
017		017
018		018
019		019
020		020
021		021
022		024
023		025
024		026
025		027
026		028
027		029
028		030
029		031
030		032
031		033
032		034
033		035
034		036
035		037
036		038
037		039
038		040
039	事宗子之禮	041
040		042
041	養老之禮	071-1
042		071-2

「내칙」편 문장 순서 비교		
『예기집설』	『예기유편대전』	
	구분	문장
043		071-3
044		071-4
045		071-5
046		071-6
047		071-7
048		071-8
049		071-9
050		071-10
051		071-11
052		071-12
053		071-13
054		073
055		043
056		044
057		045
058		046
059		047
060		048
061		049
062		050
063		051
064		052
065	飮食之禮	053
066		054
067		055
068		056
069		057
070		058
071		059
072		060
073		062
074		063
075		068

「내칙」편 문장 순서 비교		
『예기집설』	『예기유편대전』	
	구분	문장
076		065
077		066
078		067後
079		064前
080		067前
081		064後
082		061
083		069
084		070
085		074
086		075
087		076
088		077
089		078
090		079
091		081
092		080
093		082
094		083
095		084
096		022
097		023
098		085
099		086
100		087
101	男女之禮	088
102		089
103		090
104		091
105		092
106		093
107		094
108		095

「내칙」편 문장 순서 비교		
『예기집설』	『예기유편대전』	
	구분	문장
109		096
110		097
111		098
112		099
113		100
114		101
		102
		103
		104
		105
		106
		107
		108
		109
		110
		111
		112前
		113
		114前

◇ 부모 및 시부모를 섬기는 예절[事父母舅姑之禮]

【001】

子事父母, 雞初鳴, 咸盥漱[先奏反], 櫛[側瑟反]縰[所買反]笄總, 拂髦, 冠
緌[儒追反]纓, 端韠[畢]紳, 搢[薦]笏. 〈002〉[本在"降德于衆兆民"下.]

자식이 부모를 섬김에 닭이 아침에 처음으로 울면, 모두 일어나서 손을
씻고 양치질을 하고[漱'자는 '先(선)'자와 '奏(주)'자의 반절음이다.] 머리를 빗어서
['櫛'자는 '側(측)'자와 '瑟(슬)'자의 반절음이다.] 싸매고['縰'자는 '所(소)'자와 '買(매)'자의
반절음이다.] 비녀와 총을 덧대어 다팔머리를 만들며, 머리카락 위에 있는 먼
지들을 털어내고, 관을 쓰고 끈을 결속하며['緌'자는 '儒(유)'자와 '追(추)'자의 반절
음이다.] 남은 부분을 늘어트리고, 현단복을 착용하고 무릎 가리개와['韠'자의
음은 '畢(필)'이다.] 띠를 차고, 허리춤에 홀을 꼽는다.['搢'자의 음은 '薦(진)'이다.
본래는 "만백성에게 그 덕을 내려주었다."[1]라고 한 문장 뒤에 수록되어 있었다.]

集說 盥, 洗手也. 漱, 滌口也. 櫛, 梳也. 縰, 黑繒韜髮者, 以縰韜髮
作髻訖, 即橫挿笄以固髻. 總, 亦繒爲之, 以束髮之本, 而垂餘於髻後
以爲飾也. 拂髦, 振去髦上之塵也. 髦, 用髮爲之, 象幼時翦髮爲鬌
之形. 此所陳皆以先後之次. 櫛訖加縰, 次加笄, 加總, 然后加髦著
冠. 冠之纓結於頷下以爲固, 結之餘者下垂謂之緌. 端, 玄端服也.
衣用緇布而裳不同, 上士玄裳, 中士黃裳, 下士雜裳也. 服玄端著韠,
又加紳大帶也. 搢, 挿也, 挿笏於帶中. 韠, 以韋爲之. 古者帶地而坐,
以臨俎豆, 故設蔽膝以備濡漬. 韠之言蔽也, 在冕服謂之韍, 他服則
謂之韠.

'관(盥)'은 손을 씻는다는 뜻이다. '수(漱)'는 입을 청결하게 한다는 뜻이
다. '즐(櫛)'은 머리를 빗는다는 뜻이다. '쇄(縰)'는 검은색의 비단으로 머
리카락을 감싸는 것으로, 쇄를 이용하여 머리카락을 감싸서 머리다발 묶

---

1) 『예기』「내칙」 001장 : 后王命冢宰降德于衆兆民.

는 일이 끝나면, 곧 가로로 비녀를 꼽아서 머리다발을 고정시킨다. '총(總)' 또한 비단으로 만들어서, 머리카락을 결속하는 기본 틀로 삼고, 나머지 부분을 머리다발 뒤로 늘어트려서 장식으로 삼는다. '불모(拂髦)'는 다팔머리 위에 있는 먼지를 제거한다는 뜻이다. '모(髦)'는 머리카락을 이용해서 그 모양을 만들게 되는데, 유년시절 머리카락을 잘라서 황새머리의 형태로 만들었던 것을 본뜬 것이다. 이곳에서 진술한 내용들은 모두 선후의 순차로 기록한 것이다. 머리를 빗는 일이 끝나면, 쇄를 덧대고, 그 다음으로 비녀를 꼽으며, 총을 덧대는데, 그런 뒤에야 모의 형태로 머리모양을 만들고 관을 착용한다. 관에 달린 끈인 영은 턱 아래에서 결속하여 고정시키고, 매듭을 묶고 남은 부분은 밑으로 늘어트리는데, 그것을 '유(緌)'라고 부른다. '단(端)'자는 현단복을 뜻한다. 상의는 모두 검은색의 치포를 이용해서 만들지만, 하의의 경우에는 동일하지 않으니, 상사는 검은색의 하의로 하며, 중사는 황색의 하의로 하고, 하사는 색이 섞인 하의로 한다. 현단복을 입게 되면 무릎 가리개를 착용하고, 또 큰 띠인 신을 덧댄다. '진(搢)'자는 꼽다는 뜻으로, 띠 중간에 홀을 꼽는다. '필(韠)'은 무두질한 가죽으로 만든다. 고대에는 땅에 자리를 펴고 앉아서, 조와 두를 받게 된다. 그렇기 때문에 무릎 가리개를 달아서 적셔지는 것을 대비하는 것이다. '필(韠)'자는 "가리다."는 뜻이니, 면복(冕服)[2]에 있는 것을 '불(韍)'이라 부르며, 다른 복장에 있는 것을 '필(韠)'이라 부른다.

集說 項氏曰: "髦者, 以髮作僞髻垂兩眉之上, 如今小兒用一帶連雙髻, 橫繫額上是也.

항씨[3]가 말하길, '모(髦)'라는 것은 머리카락을 인위적으로 틀어서 상투

---

2) 면복(冕服)은 대부(大夫) 이상의 계층이 착용하는 예관(禮冠)과 복식을 뜻한다. 무릇 길례(吉禮)를 시행할 때에는 모두 면류관[冕]을 착용하는데, 복장의 경우에는 시행하는 사안에 따라서 달라진다.

3) 강릉항씨(江陵項氏, A.D.1129~A.D.1208) : =항씨(項氏)·항안세(項安世)·항

를 만들고, 양쪽 눈썹 위에 늘어트리는데, 이것은 마치 오늘날 아동들이 하나의 띠를 이용하여 양 갈래로 묶은 머리를 연결하고, 이마 위에서 횡으로 연결하는 것에 해당한다.

附註 此章之上, 本有后王命冢宰一段, 於子事父母之道, 文理不倫, 今移于月令仲春章.

이 장 앞에는 본래 "천자는 총재에게 명령한다."고 하는 한 단락이 있었는데, 자식이 부모를 섬기는 도에 있어서는 문리가 맞지 않아서 지금은 『예기』「월령(月令)」중춘장으로 옮겼다.

평보(項平父)·항평보(項平甫). 남송(南宋) 때의 학자이다. 자(字)는 평보(平甫)이다. 세간에서는 평암선생(平菴先生)이라고도 칭해졌다. 『역(易)』에 조예가 깊었다. 저서로는 『주역완사(周易玩辭)』, 『항씨가설(項氏家說)』 등이 있다.

【002】

左右佩用, 左佩紛[數文反]·帨[稅]·刀礪·小觿[戶圭反]·金燧.〈003〉

홀을 꼽은 뒤에는 좌우측에 사용할 물건들을 차게 되니, 좌측에는 기물을 닦는 헝겊['紛'자는 '數(부)'자와 '文(문)'자의 반절음이다.] 손을 닦는 수건['帨'자의 음은 '稅(세)'이다.] 작은 칼과 가는 숫돌, 작은 매듭을 푸는 작은 뿔송곳['觿'자는 '戶(호)'자와 '圭(규)'자의 반절음이다.] 햇빛으로 불을 붙일 때 사용하는 금수를 찬다.

集說 所佩之物, 皆是備尊者使令之用. 紛以拭器, 帨以拭手, 皆巾也. 刀礪, 小刀與礪石也. 觿, 狀如錐, 象骨爲之. 小觿, 所以解小結者. 金燧, 用以取火於日中者.

차게 되는 물건은 모두 존귀한 자가 심부름을 시키거나 명령을 내릴 때 사용될 물건을 갖추는 것이다. 헝겊으로는 기물을 닦고, 수건으로는 손을 닦으니, 이 모두는 수건에 해당한다. '도려(刀礪)'는 작은 칼과 칼을 가는 돌이다. '휴(觿)'는 송곳의 모양처럼 생긴 것으로 상아로 만들게 된다. '소휴(小觿)'는 작은 매듭을 푸는 도구이다. '금수(金燧)'는 낮에 불을 붙일 때 사용하는 것이다.

【003】

右佩玦[決]·捍[汗]·管·遰[逝]·大觿·木燧.〈004〉

우측에는 활을 쏠 때 오른쪽 엄지에 끼우는 결['玦'자의 음은 '決(결)'이다.] 왼쪽 팔뚝에 감는 한['捍'자의 음은 '汗(한)'이다.] 붓대, 칼집['遰'자의 음은 '逝(서)'이다.] 큰 매듭을 푸는 큰 뿔송곳, 나무를 마찰시켜 불을 붙이는 목수를 찬다.

集說 玦, 射者著於右手大指, 所以鉤弦而開弓體也. 捍, 拾也, 韜左臂而收拾衣袖以利弦也. 管, 舊註云筆彄, 其形制未聞. 遰, 刀室也. 大觿, 所以解大結. 木燧, 鑽火之器. 晴則用金燧以取火, 陰則用木燧以鑽火也.

'결(玦)'은 활 쏘는 자가 오른손 엄지에 끼워서, 시위에 걸어 활을 당길 때 사용하는 것이다. '한(捍)'은 습(拾)을 뜻하니, 좌측 팔을 감싸서 옷의 소매를 가려, 시위를 당기기 쉽도록 하는 것이다. '관(管)'자에 대해 옛 주석에서는 붓대라고 했는데, 그 형태와 제작방법에 대해서는 들어보지 못했다. '서(遰)'는 칼집이다. '대휴(大觿)'는 큰 매듭을 풀 때 사용하는 것이다. '목수(木燧)'는 나무를 마찰시켜 불을 붙이는 도구이다. 날씨가 맑으면 금수를 이용해서 불을 붙이고, 흐리면 목수를 이용해서 불을 붙인다.

【004】

偪[逼].〈005〉 屨著[斫]綦[忌].〈006〉
허리 좌우측에 물건을 찬 뒤에는 행전을['偪'자의 음은 '逼(핍)'이다.] 찬다. 행전을 찬 뒤에는 신발을 신고, 신코장식을['綦'자의 음은 '忌(기)'이다.] 묶어서 드러낸다.['著'자의 음은 '斫(작)'이다.]

集說 卽詩所謂邪幅也. 偪束其脛, 自足至膝, 故謂之偪也. 綦, 屨頭之飾, 卽絇也, 說見曲禮. 著, 猶施也.
『시』에서 말한 '사폭(邪幅)'에 해당한다.[1] '핍(偪)'은 정강이에 결속하니, 발부터 무릎까지 가리게 된다. 그렇기 때문에 죈다는 뜻의 '핍(偪)'이라고 부르는 것이다. '기(綦)'자는 신코에 있는 장식으로, 곧 구(絇)에 해당하는데, 그 설명은 『예기』「곡례(曲禮)」편에 나온다. '저(著)'자는 "드러내다."는 뜻이다.

集說 朱子曰: 綦, 鞋口帶也. 古人皆旋繫, 今人只從簡易, 綴之於上, 如假帶然.

---

1) 『시』「소아(小雅)·채숙(采菽)」: 赤芾在股, 邪幅在下. 彼交匪紓, 天子所予. 樂只君子, 天子命之. 樂只君子, 福祿申之.

주자가 말하길, '기(綦)'자는 신발 코에 매다는 띠이다. 고대인들은 모두 굴곡이 지도록 묶었는데, 오늘날의 사람들은 단지 간이한 것만 따르게 되어, 그 위에 꿰매어 붙였으니, 마치 옷에 다는 가대(假帶)처럼 만든 것이다.

【005】

婦事舅姑, 如事父母. 雞初鳴, 咸盥漱, 櫛縰, 笄總, 衣[平聲]紳.〈007〉

며느리가 시부모를 섬길 때에는 자신의 부모를 섬기는 것처럼 한다. 닭이 아침에 처음으로 울면, 모두 일어나서 손을 씻고 양치질을 하고, 머리를 빗어서 싸매며, 비녀와 총을 덧대어 다팥머리를 만들고, 현단과 초의를 착용하고['衣'자는 평성으로 읽는다.] 허리띠를 두른다.

> **集說** 笄, 今之簪也. 衣紳, 玄端綃衣之上加紳帶, 士妻之服也.

'계(笄)'는 오늘날의 비녀이다. '의신(衣紳)'은 현단과 초의 위에 허리띠를 두르는 것으로, 사 계급의 아내가 하는 복장 방식이다.

【006】

左佩紛・帨・刀礪・小觿・金燧, 右佩箴管・線・纊[曠], 施縏[盤]袠[陳乙反], 大觿・木燧. 衿[其鴆反]纓, 綦屨.〈008〉[2]

허리띠를 두른 뒤 허리에 물건을 차게 되니, 좌측에는 기물을 닦는 헝겊, 손을 닦는 수건, 작은 칼과 가는 숫돌, 작은 매듭을 푸는 작은 뿔송곳, 햇빛으로 불을 붙일 때 사용하는 금수를 차고, 우측에는 바늘을 넣은 통, 실, 솜['纊'자의 음은 '曠(광)'이다.] 이것들을 넣는 주머니['縏'자의 음은 '盤(반)'이다. '袠'자는 '陳(진)'자와 '乙(을)'자의 반절음이다.] 큰 매듭을 푸는 큰 뿔송곳, 나무를 마찰

---

2) 『예기』「내칙」008장 : <u>左佩紛・帨・刀礪・小觿・金燧, 右佩箴管・線・纊, 施縏袠, 大觿・木燧, 衿纓, 綦屨</u>, 以適父母舅姑之所.

시켜 불을 붙이는 목수를 찬다. 그리고 향낭을 차고['衿'자는 '其(기)'자와 '鴆(짐)'자의 반절음이다.] 신발 끈을 결속한다.

集說 箴管, 箴在管中也. 繁袠, 皆囊屬. 施繁袠者, 爲貯箴線纊也. 衿, 結也. 纓, 香囊也.

'잠관(箴管)'은 바늘이 관 속에 있는 것이다. '반(繁)'과 '질(袠)'은 모두 주머니에 해당한다. '시반질(施繁袠)'이라는 말은 이러한 주머니를 이용하여 바늘·실·솜을 넣는다는 뜻이다. '금(衿)'자는 "묶는다."는 뜻이다. '영(纓)'은 향낭을 뜻한다.

【007】
以適父母舅姑之所.〈008〉³⁾ 及所, 下氣怡聲, 問衣燠[郁寒, 疾痛苛癢[以想反], 而敬抑搔之. 出入, 則或先或後而敬扶持之. 進盥, 少者奉[上聲]槃. 長者奉水, 請沃盥, 盥卒授巾. 問所欲而敬進之, 柔色以溫[於奮反]之.〈009〉

부모 및 시부모가 계신 장소로 간다. 부모 및 시부모가 계신 장소에 도착하면, 숨소리를 낮추고 목소리를 온화하게 하며, 입고 계신 옷이 더운지['燠'자의 음은 '郁(욱)'이다.] 또는 추운지를 여쭤보고, 질병에 걸리셨거나 가려운 곳이['癢'자는 '以(이)'자와 '想(상)'자의 반절음이다.] 있다면, 공경스러운 태도로 어루만지고 긁어드린다. 부모 및 시부모가 출입을 하게 되면, 앞서기도 하고 뒤서기도 하며 공경스럽게 부축해드린다. 세숫물을 떠서 드릴 때에는 나이가 어린 자는 대야를 들고['奉'자는 상성으로 읽는다.] 가고, 나이가 많은 자는 물을 가져가서, 씻을 물을 대야에 부어, 씻으시기를 청하며, 씻는 일이 끝나면 수건을 건넨다. 드시고 싶은 음식에 대해 물어서, 공경스러운 태도로 바치며, 얼굴빛을 유순하게 하여 부모 및 시부모의 뜻을 받든다.['溫'자는 '於

---

3) 『예기』「내칙」 008장 : 左佩紛·帨·刀礪·小觿·金燧, 右佩箴管·線·纊, 施繁袠, 大觿·木燧. 衿纓, 綦屨, 以適父母舅姑之所.

(어)’자와 ‘奮(분)’자의 반절음이다.]

集說 苟, 疥也. 抑, 按; 搔, 摩也. 溫, 承藉之義. 謂以柔順之色, 承藉尊者之意, 若藻藉之承玉然.

‘가(苟)’자는 옴을 뜻한다. ‘억(抑)’자는 “문지르다.”는 뜻이며, ‘소(搔)’자는 “긁는다.”는 뜻이다. ‘온(溫)’자는 받든다는 뜻이다. 즉 유순한 얼굴빛을 하여 존귀한 자의 뜻을 받드는데, 마치 옥을 바치는 깔개를 통해서 옥을 받드는 것처럼 한다는 의미이다.

【008】

饘[旃]酏[移]·酒醴·芼[冒]羹·菽·麥蕡[焚]·稻·黍·粱·秫[述], 唯所欲.〈010〉

된죽과[‘饘’자의 음은 ‘旃(전)’이다.] 묽은 죽[‘酏’자의 음은 ‘移(이)’이다.] 술과 단술, 채소[‘芼’자의 음은 ‘冒(모)’이다.] 고깃국, 콩, 보리와 대마 열매[‘蕡’자의 음은 ‘焚(분)’이다.] 쌀, 기장, 양, 차조[‘秫’자의 음은 ‘述(술)’이다.] 등을 차리는데, 부모 및 시부모가 드시고 싶어 하는 것으로 차린다.

集說 饘, 厚粥. 酏, 薄粥也. 芼羹, 以菜雜肉爲羹也. 蕡, 大麻子.

‘전(饘)’은 된죽이다. ‘이(酏)’는 묽은 죽이다. ‘모갱(芼羹)’은 채소를 고기와 섞어서 함께 끓인 국이다. ‘분(蕡)’은 대마의 열매이다.

【009】

棗·栗飴[怡]蜜以甘之, 菫[謹]·荁[丸]·粉·楡免[問]蒬[考], 滫[思酒反]瀡[髓]以滑之, 脂膏以膏[告]之. 父母舅姑必嘗之而後退.〈011〉

대추·밤 등은 엿이나[‘飴’자의 음은 ‘怡(이)’이다.] 꿀 등으로 달게 만들며, 근[‘菫’자의 음은 ‘謹(근)’이다.]·환[‘荁’자의 음은 ‘丸(환)’이다.]·분·유의 신선한 것이나[‘免’자의 음은 ‘問(문)’이다.] 말린 것들은[‘蒬’자의 음은 ‘考(고)’이다.] 쌀뜨물로[‘滫’자는

'思(사)'자와 '酒(주)'자의 반절음이다.] 매끄럽게['瀡'자의 음은 '髓(수)'이다.] 하거나 기름을 통해서 기름지게['膏'자의 음은 '告(고)'이다.] 만든다. 부모 및 시부모가 반드시 그것을 맛본 것은 본 이후에야 물러난다.

集說 飴, 餳也. 菫, 菜名. 苣, 似菫而葉大. 楡之白者名枌. 免, 新鮮者. 薧, 乾陳者. 言菫苣枌楡四物, 或用新, 或用舊也. 滫, 說文久泔也. 瀡, 滑也. 滫瀡, 滫之滑者也. 凝者爲脂, 釋者爲膏. 甘之·滑之·膏之, 皆謂調和飲食之味也. 此篇所記飲食珍羞諸物, 古今異制, 風土異宜, 不能盡曉, 然亦可見古人察物之精, 用物之詳也.

'이(飴)'자는 엿을 뜻한다. '근(菫)'자는 채소의 이름이다. '환(苣)'은 근과 유사하지만 잎사귀가 큰 것이다. 누릅 중 흰 것을 '분(枌)'이라 부른다. '문(免)'은 신선한 것을 뜻한다. '고(薧)'는 널어서 말린 것을 뜻한다. 즉 근·환·분·유라는 네 가지 식재료는 어떤 것은 신선한 것으로 사용하고, 또 어떤 것은 오래전에 말린 것을 사용한다는 뜻이다. '수(滫)'자에 대해 『설문』에서는 뜨물이라고 풀이한다. '수(瀡)'자는 "매끄럽다."는 뜻이다. '수수(滫瀡)'라는 것은 수 중에서도 매끄러운 것을 뜻한다. 응결된 것은 '지(脂)'가 되며, 풀어진 것은 '고(膏)'가 된다. 달게 하고, 매끄럽게 하며, 기름지게 한다는 것은 모두 음식에 조미를 가미하여 맛을 낸다는 뜻이다. 이곳 「내칙」편에서 기록한 음식 및 맛좋은 여러 것들은 고대와 현재의 요리 방법이 다른데, 풍토의 적합함이 달랐으므로, 그것들에 대해서 모두 알 수는 없다. 그러나 이 기록을 통해서 또한 고대인들이 사물을 매우 정밀하게 파악했고, 사물을 매우 섬세하게 사용했음을 확인할 수 있다.

【010】
男女未冠[去聲]笄者, 雞初鳴, 咸盥漱, 櫛縰, 拂髦, 總角, 衿纓, 皆佩容臭. 昧爽而朝, 問何食飲矣, 若已食則退, 若未食則佐長者視

具.〈012〉

남녀 중 아직 관례나[冠'자는 거성으로 읽는다.] 계례를 치르지 않은 자는 닭이
새벽에 처음으로 울면, 모두 일어나서 손을 씻고 양치질을 하고, 머리를
빗고 쇄를 착용하며, 머리다발을 털어서 먼지를 제거하고, 머리카락을 묶
어서 뿔처럼 만들며, 금영하니, 남녀 모두 향기를 내는 물건을 허리에 차게
된다. 아직 동이 터 오르기 이전에 아침 문안인사를 드려서, 어떤 음식을
드시고 싶은가를 여쭙고, 만약 이미 식사를 끝냈다면 물러나고, 만약 아직
식사를 끝내지 않았다면, 나이가 많은 자를 도와서 음식 갖추는 것을 살펴
본다.

集說 總角, 總聚其髮而結束之爲角, 童子之飾也. 容臭, 香物也, 助
爲形容之飾, 故言容臭. 以纓佩之, 后世香囊, 卽其遺制. 昧, 晦也.
爽, 明也. 昧爽, 欲明未明之時也.

'총각(總角)'은 머리카락을 한데 모아 결속하여 뿔처럼 모양을 만드니,
어린아이들이 하는 머리모양이다. '용취(容臭)'는 향기를 내는 물건으로,
겉모습을 장식하는데 도움을 준다. 그렇기 때문에 '용취(容臭)'라고 부르
는 것이다. 영을 이용해서 차게 되는데, 후대에 사용하고 있는 향낭이
곧 그것의 남겨진 제도이다. '매(昧)'자는 "어둡다."는 뜻이다. '상(爽)'자
는 "밝다."는 뜻이다. 따라서 '매상(昧爽)'이라는 말은 동이 터 오르려고
하지만, 아직 밝지 않은 시기를 뜻한다.

【011】

凡內外, 雞初鳴, 咸盥漱, 衣服, 斂枕簟[徒點反], 酒[所買反]掃室堂及庭,
布席, 各從其事. 孺子蚤寢晏起, 唯所欲, 食無時.〈013〉

무릇 집 안팎의 사람들은 닭이 처음 울면 모두 일어나서 손을 씻고 양치질
을 하고, 의복을 착용하며, 베개와 잠자리를['簟'자는 '徒(도)'자와 '點(점)'자의 반
절음이다.] 거두고, 실과 당 및 마당에 물을 뿌려서['酒'자는 '所(소)'자와 '買(매)'자
의 반절음이다.] 쓸며, 그런 뒤에 자리를 펴두고, 각각 자신의 일에 종사한다.

어린아이는 일찍 잠자리에 들고 늦게 일어나며, 오직 자신이 먹고 싶어하는 것을 먹는데, 정해진 시기가 없다.

集說 古人枕席之具, 夜則設之, 曉則斂之, 不以私褻之用示人也.

고대인은 잠자리의 도구들을 밤이 되면 설치했고 깨어나면 거두었으니, 개인이 친근하게 사용하는 것들을 남에게 보여주지 않았기 때문이다.

【012】

由命士以上[上聲], 父子皆異宮. 昧爽而朝, 慈以旨甘; 日出而退, 各從其事; 日入而夕, 慈以旨甘.〈014〉

명사로부터 그 이상의['上'자는 상성으로 읽는다.] 계급은 부모와 자식이 모든 경우에 있어서 다른 건물에 각각 거처한다. 이러한 경우 동이 틀 무렵에 아침 문안인사를 드리고, 감미로운 맛을 내는 음식을 통해 부모를 친애하는 마음을 드러내고, 해가 떠오르면 물러가서 각자 자신의 일에 종사하며, 해가 저물면 저녁 문안인사를 드리고, 감미로운 맛을 내는 음식을 통해 부모를 친애하는 마음을 드러낸다.

集說 慈, 愛也. 謂敬愛其親, 故以旨甘之味致其愛. 各從其事者, 各治其所當爲之事也. 晚朝爲夕.

'자(慈)'자는 "친애하다."는 뜻이다. 즉 부모를 공경하고 친애한다는 의미이다. 그렇기 때문에 감미로운 맛을 내는 맛있는 음식으로 부모를 친애하는 마음을 지극히 나타내는 것이다. "각각 그 일에 종사한다."는 말은 각자 담당해야 하는 일들을 처리한다는 뜻이다. 저녁에 문안인사를 드리는 것을 '석(夕)'이라고 한다.

集說 鄭氏曰: 異宮, 崇敬也.

정현이 말하길, 건물을 달리해서 거주하는 것은 존숭하고 공경하기 때문이다.

父母舅姑將坐, 奉席請何鄉[去聲]; 將衽[稔], 長者奉席請何趾, 少者執
牀與坐, 御者擧几, 斂席與簟, 縣[玄]衾, 篋[結叶反]枕, 斂簟而襡[獨]
之.〈015〉

부모와 시부모가 장차 앉으려고 할 때에는 앉을 자리를 받들고서 어느 방
향으로['鄉'자는 거성으로 읽는다.] 자리를 펴야 하는지를 묻는다. 또한 누울 자
리를['衽'자의 음은 '稔(임)'이다.] 다시 바꾸려고 한다면, 나이가 많은 자는 자리
를 받들고서 다리를 어느 방향으로 두실 지를 묻고, 나이가 어린 자는 몸을
편안하게 하는 상을 들고 가서 부모 및 시부모에게 앉을 자리를 마련해드
리며, 시중을 드는 자는 몸을 기댈 수 있는 안석을 들고 나아가고, 눕는
자리와 그 위에 까는 점을 거두며, 이불을 매달고['縣'자의 음은 '玄(현)'이다.]
베개는 상자 안에 넣어두며['篋'자는 '結(결)'자와 '叶(협)'자의 반절음이다.] 점은 거
둬서 천으로 감싸 보관한다.['襡'자의 음은 '獨(독)'이다.]

集說 將坐, 旦起時也. 奉坐席而鋪者, 必問何向. 衽, 臥席也. 將衽,
謂更臥處也. 長者奉此臥席而鋪, 必問足向何所. 牀, 說文云: "安身
之几坐", 非今之臥牀也. 將坐之時, 少者執此牀以與之坐, 御侍者奉
几進之, 使之憑以爲安. 臥必簟在席上, 旦起則斂之. 而簟又以襡韜
之者, 以親身恐穢汙也. 衾則束而縣之, 枕則貯於篋也.

"장차 앉으려고 한다."는 말은 아침에 일어날 때를 뜻한다. 앉을 자리를
받들고 가서 펴는 자는 반드시 어느 방향으로 펴야 하는지를 묻는다. '임
(衽)'자는 눕는 자리를 뜻한다. "장차 임하려고 한다."는 말은 눕는 자리
로 바꾼다는 뜻이다. 나이가 많은 자는 이러한 눕는 자리를 받들고 가서
펴며, 반드시 다리를 어느 방향으로 해야 하는지를 묻는다. '상(牀)'자에
대해 『설문』에서는 "몸을 편안하게 만드는 안석과 자리이다."라고 했는
데, 이것은 오늘날 눕는 침상을 뜻하는 말이 아니다. 장차 앉으려고 할
때, 나이가 어린 자는 이러한 상을 들고 가서 부모에게 앉을 자리를 마련
해드리고, 시중을 드는 자는 안석을 들고 나아가게 되니, 부모로 하여금

그것에 기대어 몸을 편안하게 하도록 만드는 것이다. 누울 때에는 반드시 자리 위에 점을 깔게 되는데, 아침에 일어나게 되면 그것을 거두게 된다. 그리고 점은 또한 자루로 감싸게 되는데, 그 이유는 부모의 신체가 직접 닿는 것이므로, 아마도 신체를 더럽히게 될까를 염려했기 때문이다. 이불의 경우에는 묶어서 걸어두게 되고, 베개의 경우에는 상자 안에 넣어두게 된다.

【014】

父母舅姑之衣衾簟席枕几, 不傳, 杖屨, 祗敬之勿敢近. 敦[對]牟卮[支] 匜[移], 非餕[俊]莫敢用. 與恒食飲, 非餕莫之敢飲食.〈016〉

부모 및 시부모가 사용하는 옷·이불·점·석·베개·안석 등은 제 마음대로 옮길 수 없고, 부모 및 시부모가 사용하는 지팡이와 신발은 공경스럽게 대하여 감히 가까이 갈 수 없다. 부모 및 시부모가 사용하는 대['敦'자의 음은 '對(대)'이다.]·모·치['卮'자의 음은 '支(지)'이다.]·이['匜'자의 음은 '移(이)'이다.] 등의 그릇들은 남겨준 음식을['餕'자의 음은 '俊(준)'이다.] 먹는 경우가 아니라면 감히 사용할 수 없다. 그리고 부모 및 시부모가 항상 먹고 마시는 음식들에 있어서도, 그것들을 남겨준 경우가 아니라면, 감히 먹거나 마실 수 없다.

集說 傳, 移也. 謂此數者, 每日置之有常處, 子與婦不得輒移置他所也. 近, 謂挨偪之也. 敦與牟, 皆盛黍稷之器. 牟, 讀爲堥, 土釜也. 此器則木爲之, 象土釜之形耳. 卮, 酒器. 匜, 盛水漿之器. 此四器皆尊者所用, 子與婦非餕其餘, 無敢用此器也. 與, 及也. 及尊者所常食飲之物, 子與婦非餕餘, 不敢擅飲食之也.

'전(傳)'자는 "옮기다."는 뜻이다. 즉 이러한 여러 물건들은 매일 항상 정해진 장소에 놓아두니, 자식이나 며느리가 갑작스럽게 다른 장소로 옮길 수 없다는 뜻이다. '근(近)'자는 가까이 접근한다는 뜻이다. '대(敦)'와 '모(牟)'는 모두 서직을 담는 그릇이다. '모(牟)'는 '무(堥)'자로 읽으니, 흙으로 만든 솥을 뜻한다. 그런데 이 그릇은 나무로 만들게 되며, 흙으로 만든 솥의 형상을 본뜰 따름이다. '치(巵)'는 술잔이다. '이(匜)'는 물과 음료를 담는 그릇이다. 이러한 네 가지 그릇들은 모두 존장자가 사용하는 것이므로, 자식이나 며느리는 남겨준 음식을 먹는 경우가 아니라면, 감히 이러한 그릇들을 사용할 수 없다. '여(與)'자는 '~과'라는 뜻이다. 즉 존장자가 항상 먹고 마시는 음식들에 있어서, 자식과 며느리는 남겨준 음식을 먹는 경우가 아니라면, 감히 제 마음대로 먹거나 마실 수 없다.

【015】

父母在, 朝夕恒食. 子婦佐餕, 旣食恒餕. 父沒母存, 冢子御食, 群子婦佐餕如初, 旨甘滑, 孺子餕. 〈017〉

부모가 모두 생존해 계신다면, 아침식사와 저녁식사 때 항상 드시게 되는 음식에 대해서, 자식과 며느리는 권유를 하여 더 드시게 하고, 남은 음식들을 먹으며, 부모가 먹고 남긴 음식들을 모두 먹어치운다. 부친이 돌아가시고 모친만 생존해 계신다면, 총자(冢子)[4]는 모친이 식사하시는 것을 시중들고, 나머지 아들들과 며느리들은 권유를 하여 더 드시게 하며, 남은 음식을 먹는데, 부친이 생존해 계실 때처럼 한다. 기름지고 달며 윤기가 흐르는 음식들이 남게 되면, 어린아이가 그 음식들을 먹는다.

集說 佐餕者, 勸勉之使食而後餕其餘也. 旣食恒餕者, 盡食其常食之餘也. 御食, 侍母食也. 如初, 如父在時也.

'좌준(佐餕)'은 권유를 하여 식사를 드시게 한 이후에 남은 음식들을 먹는다는 뜻이다. '기식항준(旣食恒餕)'이라는 말은 항상 먹게 되는 음식 중 남은 음식들을 모두 먹는다는 뜻이다. '어식(御食)'은 모친이 식사하시는 것을 시중든다는 뜻이다. '여초(如初)'는 부친이 생존해 계실 때처럼 한

---

4) 총자(冢子)는 적장자를 뜻한다.

다는 뜻이다.

【016】

在父母舅姑之所, 有命之, 應唯[上聲]敬對; 進退周旋愼齊, 升降出入 揖遊, 不敢噦[於月反]噫[於界反]・嚏[帝]咳[苦愛反]・欠伸・跛[彼義反]倚・ 睇[弟]視, 不敢唾[吐臥反]洟[替].〈018〉

부모 및 시부모가 계신 곳에 위치할 때, 명령을 내리게 되면, 유라고['唯'자는 상성으로 읽는다.] 응답하고 공손하게 대답하며, 나아가고 물러나는 등의 행동 거지를 신중하고 가지런히 하고, 오르고 내리며 출입하고 신체를 굽히고 펴는 일에 있어서도, 구역질을['噦'자는 '於(어)'자와 '月(월)'자의 반절음이다.] 하거 나 거친 숨소리를['噫'자는 '於(어)'자와 '界(계)'자의 반절음이다.] 내거나 재채기를 ['嚏'자의 음은 '帝(제)'이다.] 하거나 기침소리를['咳'자는 '苦(고)'자와 '愛(애)'자의 반절 음이다.] 내거나 하품을 하거나 기지개를 켜거나 비스듬하게 서거나['跛'자는 '彼(피)'자와 '義(의)'자의 반절음이다.] 어딘가에 기대거나 곁눈질을['睇'자의 음은 '弟 (제)'이다.] 하는 등의 행동거지를 감히 나타내지 않으며, 감히 침과['唾'자는 '吐(토)'자와 '臥(와)'자와 반절음이다.] 콧물을['洟'자의 음은 '替(체)'이다.] 흘리지 않는 다.

集說 應之辭, 唯爲恭. 噦, 嘔逆之聲也. 莊子"大塊噫氣", 詩"願言則 嚏". 咳, 嗽聲也. 氣乏則欠, 體疲則伸, 偏任爲跛, 依物爲倚. 睇視, 傾視也. 洟, 自鼻出者.

응답하는 말에 있어서, '유(唯)'라고 대답하는 것은 공손한 말이 된다. '얼 (噦)'자는 구역질을 내는 소리이다. 『장자』에서는 '대지의 입김'[5]이라 했 고, 『시』에서는 "생각에 잠기다가 재채기를 한다."[6]라 했다. '해(咳)'자는

---

5) 『장자』「제물론(齊物論)」: 子綦曰: 夫大塊噫氣, 其名爲風. 是唯無作, 作則萬 竅怒呺, 而獨不聞之翏翏乎?

6) 『시』「패풍(邶風)・종풍(終風)」: 終風且曀, 不日有曀. 寤言不寐, 願言則嚏.

기침할 때 내는 소리이다. 기가 부족하게 되면 하품을 하게 되고, 신체가 피로하면 기지개를 펴며, 한쪽으로 기대게 되면 비스듬히 서게 되고, 사물에 기대게 되면 어딘가에 의지하게 된다. '제시(睇視)'는 곁눈질을 한다는 뜻이다. '체(洟)'는 코로부터 흐르는 콧물을 뜻한다.

【017】

寒不敢襲, 癢不敢搔, 不有敬事, 不敢袒裼, 不涉不撅[鱖], 褻衣衾, 不見[現]裏.〈019〉

부모 및 시부모가 계신 곳에서는 춥더라도 감히 옷을 껴입지 않고, 가렵더라도 감히 긁지 않으며, 공경을 나타내야 할 일이 있지 않다면, 감히 단과 석을 하지 않고, 물을 건너지 않는다면, 하의를 걸어 올리지['撅'자의 음은 '鱖(궐)'이다.] 않으며, 속옷과 이불은 안감을 드러내지['見'자의 음은 '現(현)'이다.] 않는다.

集說　襲, 重衣也. 袒與裼皆禮之敬, 故非敬事不袒裼也. 不因涉水, 則不揭裳, 不見裏, 爲其可穢.

'습(襲)'자는 옷을 껴입는다는 뜻이다. '단(袒)'과 '석(裼)'은 모두 예에 따라 공경을 나타내는 복장방식이다. 그렇기 때문에 공경을 표시해야 할 일이 아니라면, 단과 석을 하지 않는 것이다. 물을 건너는 일이 아니라면 하의를 걸어 올리지 않고, 속을 보이지 않는 것은 그것이 더럽혀질 수도 있기 때문이다.

【018】

父母唾洟不見[現]. 冠帶垢, 和灰請漱[平聲]; 衣裳垢, 和灰請澣[胡管反]; 衣裳綻[直莧反]裂, 紉[女陳反]箴請補綴[拙].〈020〉

부모의 침과 콧물은 즉시 닦아서 다른 사람이 보지['見'자의 음은 '現(현)'이다.]

못하도록 한다. 부모의 관과 대가 더러워졌다면 잿물을 타서 세탁하기를 ['漱'자는 평성으로 읽는다.] 청하며, 상의와 하의가 더러워졌다면 잿물을 타서 세탁하기를['澣'자는 '胡(호)'자와 '管(관)'자의 반절음이다.] 청하고, 상의와 하의가 찢어졌다면['綻'자는 '直(직)'자와 '莧(현)'자의 반절음이다.] 바늘에 실을 꿰어서['紉'자는 '女(녀)'자와 '陳(진)'자의 반절음이다.] 꿰매기를['綴'자의 음은 '拙(졸)'이다.] 청한다.

集說 唾洟不見, 謂卽刷除之, 不使見示於人也. 漱, 澣, 皆洗濯之事. 和灰, 如今人用灰湯也. 以線貫箴爲紉.

"침과 콧물을 드러내지 않는다."는 말은 즉시 닦아 제거하여, 다른 사람들이 볼 수 없도록 한다는 뜻이다. '수(漱)'자와 '한(澣)'자는 모두 세탁하는 일에 해당한다. '화회(和灰)'는 오늘날의 사람들이 잿물을 사용하는 것과 같다. 실을 바늘에 꿰는 것이 '인(紉)'이다.

【019】

五日則燂[詳廉反]湯請浴, 三日具沐. 其間面垢, 燂潘[翻]請靧[悔]; 足垢, 燂湯請洗. 少事長, 賤事貴, 共帥時. 〈021〉 [此下二段, 今移于下.]
5일째가 되면 물을 끓여서['燂'자는 '詳(상)'자와 '廉(렴)'자의 반절음이다.] 목욕하시기를 청하고, 3일째가 되면 머리를 감으실 수 있도록 준비한다. 그 사이에 부모 및 시부모의 얼굴에 얼룩이 지면 쌀뜨물을['潘'자의 음은 '翻(번)'이다.] 데워서 세면하기를['靧'자의 음은 '悔(회)'이다.] 청하고, 발이 더러워지면 물을 끓여서 발 씻으시기를 청한다. 나이가 어린 자가 나이가 많은 자를 섬기고, 신분이 미천한 자가 신분이 존귀한 자를 섬길 때에도, 모두 이러한 예에 따른다. [이 아래 2개 단락은 지금 뒤로 옮긴다.]

集說 燂, 溫也. 潘, 淅米汁也. 靧, 洗面也. 共帥時, 皆循是禮也.
'첨(燂)'자는 "데운다."는 뜻이다. '반(潘)'자는 쌀을 씻은 물을 뜻한다. '회(靧)'자는 얼굴을 닦는다는 뜻이다. '공솔시(共帥時)'는 모두 이러한 예에 따른다는 뜻이다.

【020】

子婦孝者敬者, 父母舅姑之命, 勿逆勿怠.〈024〉 [本在"女子由左"下.]

자식과 며느리 중 효도를 하고 공경하는 자는 부모와 시부모의 명령을 거역
해서는 안 되고 태만하게 굴어서도 안 된다. [본래는 "여자는 좌측 길로 다닌다."⁷⁾라
고 한 문장 뒤에 수록되어 있었다.]

> **集說** 子而孝, 父母必愛之; 婦而敬, 舅姑必愛之. 然猶恐其恃愛而
> 於命或有所違也, 故以勿逆勿怠爲戒.

아들로 태어나서 효도를 한다면 부모는 반드시 그를 사랑하게 되고, 며느
리가 되어서 공경한다면 시부모는 반드시 그녀를 사랑하게 된다. 그러나
본인을 사랑한다는 사실을 믿고서, 명령에 대해 간혹 위배하는 일이 발생
할 것을 염려했기 때문에, 거역하지 말고 태만하게 굴지 말라는 말로 주
의를 준 것이다.

【021】

**若飮[去聲]食[嗣]之, 雖不耆[嗜], 必嘗而待; 加之衣服, 雖不欲, 必服而
待.**〈025〉

만약 부모 및 시부모에게 마실 것이나['飮'자는 거성으로 읽는다.] 밥을['食'자의
음은 '嗣(사)'이다.] 드시게 한다면, 비록 즐기는['耆'자의 음은 '嗜(기)'이다.] 음식이
아니더라도, 반드시 맛을 보고서 다음 명령을 기다리며, 의복을 입도록 시
키면, 비록 바라는 의복이 아니더라도, 반드시 그 의복을 착용하고서 다음
명령을 기다린다.

> **集說** 嘗而待, 服而待, 皆謂俟尊者, 察其不耆不欲而改命之, 則或

---

7) 『예기』「내칙」 023장 : 外內不共井, 不共湢浴, 不通寢席, 不通乞假. 男女不通
衣裳. 內言不出, 外言不入. 男子入內, 不嘯不指, 夜行以燭, 無燭則止. 女子出
門, 必擁蔽其面, 夜行以燭, 無燭則止. 道路, 男子由右, <u>女子由左</u>.

置之, 或藏去, 乃敢如己意也.

맛을 보고서 기다린다는 말과 옷을 입고서 기다린다는 말은 모두 존장자의 말을 기다리는 것으로, 즐기지 않고 바라지 않는다는 것을 살피고서, 재차 다른 명령을 내린다면, 치우기도 하고, 보관하기도 하게 되니, 이것은 곧 자기의 뜻과 같게 된다는 의미이다.

【022】

加之事, 人代之, 己雖弗欲, 姑與之, 而姑使之, 而后復之.〈026〉

존장자가 자신에게 일을 맡겼는데, 수고로울 것을 염려하여 다른 사람을 대신 시키게 되면, 본인이 비록 바라지 않더라도, 잠시 그에게 일을 맡기고, 그가 잘 하지 못할 것이 염려되면 잠시 그에게 가르쳐주어 그로 하여금 그 일을 처리하도록 하고, 그가 완수하지 못한 이후에야 본인이 다시 그 일을 처리한다.

集說 尊者任之以事, 而己旣爲之矣, 或念其勞, 又使他人代爲, 己意雖不以爲勞而不欲其代, 然必順尊者之意而姑與之. 若慮其爲之不如己意, 姑敎使之, 及其果不能而后己復爲之也.

존장자가 일을 맡겼고, 본인이 이미 그 일을 시행하고 있는데, 간혹 수고로울 것을 염려하여, 또 다시 다른 사람으로 하여금 대신 시행하게 하면, 본인이 비록 수고롭다고 여기지 않고, 다른 사람을 대신 시키고 싶지 않더라도, 반드시 존장자의 뜻에 따라서 잠시 다른 사람에게 맡겨야 한다. 만약 다른 사람이 하는 것이 자신의 뜻과 맞지 않을 것을 염려한다면, 잠시 그를 교육시키고 그 일을 시키며, 결국 그 자가 잘 할 수 없게 된 뒤에라야 본인이 재차 그 일을 한다.

【023】

子婦有勤勞之事, 雖甚愛之, 姑縱之, 而寧數[朔]休之.〈027〉

자식과 며느리에게 수고스러운 일이 있다면, 비록 그들을 깊이 사랑하더라도, 잠시 그대로 그 일을 처리하도록 나두며, 차라리 자주['數'자의 음은 '朔(삭)'이다.] 휴식을 시켜서, 그 일을 완수하도록 하는 것이 더 낫다.

> **集說** 謂雖甚愛此子婦而不忍其勞, 然必且縱使爲之, 而寧數數休息之, 必使終竟其事而後已. 不可以姑息爲愛, 而使之不事事也.

비록 자신의 자식과 며느리를 깊이 사랑하여, 그들이 수고롭게 되는 것을 참아낼 수 없더라도, 반드시 잠시 그대로 놔두어, 그들로 하여금 그 일을 시행하도록 하고, 차라리 자주 휴식을 시켜서, 반드시 그들로 하여금 그 일을 끝맺게 한 뒤에야 그치게 한다는 뜻이다. 일부러 휴식을 시키는 것을 사랑함으로 여겨서, 그들로 하여금 그 일을 처리하지 못하게 해서는 안 된다.

【024】

子婦未孝未敬, 勿庸疾怨, 姑教之. 若不可教, 而后怒之. 不可怒, 子放婦出, 而不表禮焉.〈028〉

자식과 며느리가 아직 제대로 효도를 못하고, 제대로 공경함을 나타내지 않더라도, 원망하거나 미워하지 않고, 우선 그들을 가르친다. 만약 가르쳐도 제대로 하지 못한다면, 그런 이후에야 꾸짖는다. 꾸짖어도 고쳐지지 않는다면, 자식을 내쫓고 며느리를 쫓아내되, 그들이 범한 죄목을 드러내서는 안 된다.

> **集說** 庸, 用也. 怒之, 譴責之也. 不可怒, 謂雖譴責之而不改也. 雖放逐其子, 出弃其婦, 而不表明其失禮之罪, 示不終絕之也.

'용(庸)'자는 "쓰다."는 뜻이다. "성낸다."는 말은 꾸짖는다는 뜻이다. '불가노(不可怒)'는 비록 꾸짖더라도 고치지 못한다는 뜻이다. 비록 자식을 내쫓고 며느리를 쫓아내더라도, 그들이 실례를 범한 죄목에 대해서 공표해서는 안 되니, 완전히 관계를 끊지 않았음을 나타내는 것이다.

【025】
父母有過, 下氣怡色柔聲以諫. 諫若不入, 起敬起孝, 說[悅]則復[扶又反]諫. 不說, 與其得罪於鄕黨州閭, 寧孰諫. 父母怒不說, 而撻之流血, 不敢疾怨, 起敬起孝.〈029〉

부모에게 과실이 있다면, 숨소리를 낮추고, 얼굴빛을 평온하고 하며, 목소리를 유순하게 하여 간언을 한다. 간언을 했는데도 만약 받아들이지 않는다면, 공경함과 효도를 더욱 발휘하고, 부모가 기뻐하면['說'자의 음은 '悅(열)'이다.] 재차['復'자는 '扶(부)'자와 '又(우)'자의 반절음이다.] 간언을 하다. 부모가 기뻐하지 않더라도, 부모가 마을 사람들에게 죄를 얻기보다는 차라리 조심스럽고 성숙된 자세로 간언을 하는 것이 낫다. 부모가 노여워하며 기뻐하지 않아서, 회초리를 때려 피가 흐르더라도, 감히 원망하지 않고 공경함과 효도를 더욱 발휘한다.

集說 疏曰: 孰諫, 謂純熟殷勤而諫, 若物之成熟然.

소에서 말하길, '숙간(孰諫)'은 익숙하고 은근하게 간언을 하는 것으로, 마치 사물이 성숙한 것처럼 간언을 하는 것이다.

【026】
父母有婢子若庶子庶孫, 甚愛之. 雖父母沒, 沒身敬之不衰.〈030〉

부모에게 미천한 자에게서 출생한 자식이나 서자나 서손이 있는데, 부모가 그들을 매우 사랑했다면, 비록 부모가 돌아가시더라도, 본인 또한 종신토록 그들을 공경해야 하며, 공경하는 마음이 줄어들어서는 안 된다.

集說 婢子, 賤者之所生也. 若, 及也, 或也. 沒身, 終身也. 父母之所愛亦愛之, 至於犬馬盡然, 而況於人乎?

'비자(婢子)'는 미천한 자에게서 출생한 자식을 뜻한다. '약(若)'자는 '~과'라는 뜻이며, '혹은'이라는 뜻이다. '몰신(沒身)'은 종신토록이라는 뜻이다. 부모가 사랑했던 자에 대해서는 본인 또한 사랑해야 하니, 부모가 사랑했던 개나 말에 대해서도 사랑함을 다하는데, 하물며 사람에게 있어서는 어떠하겠는가?

【027】

子有二妾, 父母愛一人焉, 子愛一人焉, 由衣服飮食, 由執事, 毋敢視父母所愛, 雖父母沒不衰.〈031〉

자식에게 두 명의 첩이 있는데, 부모가 그 중 한 명을 사랑하고, 자식이 다른 한 명을 사랑한다면, 의복과 음식을 사용하고, 일을 맡아보는 일에 있어서, 감히 부모가 사랑했던 자에게 부여되는 것들과 견주지 않고, 비록 부모가 돌아가시더라도, 이러한 행동 및 마음이 줄어들어서는 안 된다.

集說 由, 自也. 不敢以私愛違父母之情故也.

'유(由)'자는 '~로부터'라는 뜻이다. 감히 사적인 애정으로 인해 부모의 정감을 위배할 수 없기 때문이다.

【028】

子甚宜其妻, 父母不說, 出. 子不宜其妻, 父母曰"是善事我", 子行夫婦之禮焉, 沒身不衰.〈032〉

자식이 자신의 처를 매우 좋게 여기고 있더라도, 부모가 기뻐하지 않으면 집에서 내보낸다. 자식이 자신의 처를 좋지 않게 여기고 있더라도, 부모가 "그 아이가 나를 잘 섬긴다."라고 말씀하시면, 자식은 부부의 예에 따라 시행하고, 종신토록 그 자세를 낮추지 않는다.

集說 宜, 猶善也. 大戴禮: "婦有七出, 不順父母一, 無子二, 淫三, 妬四, 惡疾五, 多言六, 竊盜七. 三不去, 有所受無所歸不去; 曾經三年喪不去; 前貧賤後富貴不去."

'의(宜)'자는 "좋게 여긴다."는 뜻이다. 『대대례기』[8]에서는 "며느리에게는 7종류 내쫓기는 법도가 있으니, 부모에게 순종하지 않는 것이 첫 번째이고, 자식이 없는 것이 두 번째이며, 음란한 것이 세 번째이고, 질투가 심한 것이 네 번째이며, 나쁜 질병이 있는 것이 다섯 번째이고, 말이 많은 것이 여섯 번째이며, 도적질을 하는 것이 일곱 번째이다. 또한 세 가지 내쫓기지 않는 법도가 있으니, 쫓김을 당한 뒤에 돌아갈 곳이 없는 경우에는 쫓겨나지 않고, 삼년상을 치른 경우에는 쫓겨나지 않으며, 혼인 전에는 가난하고 미천한 신분이었으나 혼인 후에 부귀해진 경우에는 쫓겨나지 않는다."[9]라고 했다.

---

8) 『대대례기(大戴禮記)』는 『대대례(大戴禮)』・『대대기(大戴記)』라고도 부른다. 대덕(戴德)이 편찬한 예(禮)에 대한 서적이다. 당시 사람들은 그를 대대(大戴)라고 불렀고, 그의 조카 대성(戴聖)을 소대(小戴)라고 불렀기 때문에, 이러한 명칭이 생겨났다. '대성'이 편찬한 『소대례기(小戴禮記)』는 성행을 하였지만, 『대대례기』는 성행하지 못하여, 많은 편들이 없어졌다. 현재는 단지 삼십여 편만이 남아 있다. 정현(鄭玄)의 『육예론(六藝論)』에서는 그가 85편을 전수하였다고 기록하고 있는데, 현재 남아 있는 기록 중에는 1편부터 38편까지의 내용이 모두 없어져서 남아 있지 않다. 남아 있는 편들은 39번 째 「주언(主言)」편부터 81번 째 「역본명(易本命)」편까지인데, 그 중에서도 43~35편, 61편이 없어졌으며, 73편은 특이하게도 2편으로 구성되어 있다.

9) 『대대례기』「본명(本命)」: 婦有七去: 不順父母去, 無子去, 淫去, 妬去, 有惡疾去, 多言去, 竊盜去. 不順父母去, 爲其逆德也; 無子, 爲其絶世也; 淫, 爲其亂族也; 妬, 爲其亂家也; 有惡疾, 爲其不可與共粢盛也; 口多言, 爲其離親也; 盜竊, 爲其反義也. 婦有三不去: 有所取無所歸, 不去; 與更三年喪, 不去; 前貧賤後富貴, 不去.

【029】

父母雖沒, 將爲善, 思貽父母令名, 必果; 將爲不善, 思貽父母羞辱, 必不果. 舅沒則姑老, 冢婦所祭祀賓客, 每事必請於姑, 介婦請於冢婦.〈033〉

부모가 비록 돌아가셨더라도, 장차 선한 일을 시행하려고 할 때에는 부모에게 명예가 미칠 것을 생각하여 반드시 실천하고, 장차 선하지 못한 일을 시행하려고 할 때에는 부모에게 오명이 미칠 것을 생각하여 반드시 실천하지 말아야 한다. 시아비가 돌아가시면, 시어미는 큰 며느리에게 가사를 전수하지만, 큰 며느리는 제사를 지내거나 빈객을 접대해야 하는 일에 있어서, 매사에 시어미에게 자문을 구해야만 하고, 나머지 며느리들은 큰 며느리에게 자문을 구해야 한다.

集說 老, 謂傳家事於長婦也. 然長婦猶不敢專行, 故祭祀賓客之事, 必稟問焉. 介婦, 衆婦也.

'노(老)'자는 큰 며느리에게 가사를 전수한다는 뜻이다. 그러나 큰 며느리도 여전히 자기 마음대로 시행할 수 없다. 그렇기 때문에 제사를 지내거나 빈객을 접대하는 일에 있어서는 반드시 자문을 구해야 한다. '개부(介婦)'는 나머지 며느리들을 뜻한다.

【030】

舅姑使冢婦, 毋怠, 不友無禮於介婦.〈034〉

시부모가 큰 며느리에게 어떤 일을 시키면, 큰 며느리는 태만하게 굴어서는 안 되며, 나머지 며느리들에게 감히 무례하게 굴어서도 안 된다.

集說 石梁王氏曰: 友, 謂當作敢者是.

석량왕씨가 말하길, '우(友)'자에 대해 마땅히 감(敢)자로 기록해야 한다는 주장이 옳다.

集說 劉氏曰: 使, 以事使之也. 毋, 禁止辭. 不友者, 不愛也. 無禮者, 不敬也. 言舅姑以事命冢婦, 則冢婦當自任其勞, 不可怠於勞而怨介婦不助己, 遂不愛敬之也.

유씨가 말하길, '사(使)'자는 일을 시킨다는 뜻이다. '무(毋)'자는 금지사이다. '불우(不友)'는 사랑하지 않는다는 뜻이다. '무례(無禮)'는 공경하지 않는다는 뜻이다. 즉 시부모가 어떤 일을 큰 며느리에게 시키면, 큰 며느리는 마땅히 제 스스로 수고스러운 일을 처리해야 하며, 수고로운 일에 태만히 하며, 나머지 며느리들이 자신을 돕지 않는 것을 원망해서, 결국 그녀들을 사랑하지 않거나 공경하지 않아서는 안 된다는 뜻이다.

附註 不友無禮於介婦, 友, 如字亦通. 劉氏說是.

'불우무례어개부(不友無禮於介婦)'라 했는데, '友'자는 글자대로 읽어도 그 뜻이 또한 통한다. 유씨의 주장이 옳다.

【031】

舅姑若使介婦, 毋敢敵耦於冢婦.〈035〉

시부모가 만약 나머지 며느리들에게 일을 시킨다면, 며느리들은 감히 큰
며느리와 대등하다고 여기며, 큰 며느리에게까지 그 일을 균등하게 나누고
자 해서는 안 된다.

集說 劉氏曰: 敵耦者, 欲求分任均勞之意. 言舅姑若以事使介婦爲
之, 則介婦亦當自任其勞, 不可謂己與冢婦爲敵耦, 欲求均配其勞
也.

유씨가 말하길, '적우(敵耦)'는 맡은 소임을 나눠서 수고로운 일을 균등하
게 하고자 한다는 의미이다. 즉 시부모가 만약 어떤 일을 나머지 며느리
들에게 시켜서 일을 하게 되었다면, 나머지 며느리들은 또한 마땅히 제
스스로 수고로운 일을 맡아야 하며, 자신과 큰 며느리가 대등하다고 여겨
서, 그 수고로움을 균등하게 나누기를 요구해서는 안 된다는 뜻이다.

【032】

不敢並行, 不敢並命, 不敢並坐.〈036〉

나머지 며느리들은 큰 며느리에 대해서, 감히 나란히 걸을 수 없으며, 감히
나란히 명령을 받거나 내릴 수도 없고, 감히 나란히 앉을 수도 없다.

集說 又言介婦之與冢婦, 分有尊卑, 非惟任事毋敢敵耦, 亦且不敢
比肩而行, 不敢竝受命於尊者, 不敢竝出命於卑者, 蓋介婦當請命於
冢婦也. 坐次亦必異列.

또한 나머지 며느리들과 큰 며느리들의 관계에 있어서, 그 신분에는 존비
의 차이가 있으니, 오직 임무를 맡았을 때에만 감히 대등하게 맞먹을 수
없을 뿐만 아니라, 또한 감히 나란히 걸어갈 수도 없고, 감히 존장자로부
터 나란히 명령을 받을 수도 없으며, 감히 자신들보다 신분이 낮은 자에

대해서 나란히 명령을 내릴 수도 없다는 뜻이니, 무릇 나머지 며느리들은 마땅히 큰 며느리에게 청하여 명령을 들어야 하기 때문이다. 앉을 때의 자리 순서 또한 반드시 그 줄을 달리해서 앉는다.

【033】

凡婦不命適私室, 不敢退. 婦將有事, 大小必請於舅姑. 子婦無私貨, 無私畜[許六反]無私器. 不敢私假, 不敢私與.〈037〉

모든 며느리들은 개인의 방으로 가라는 명령을 받지 않으면, 감히 물러나지 않는다. 며느리에게 장차 어떤 일이 있게 되면, 대소사에 관계없이 반드시 시부모에게 청하여 자문을 구한다. 자식과 며느리는 사적인 재화가 없고, 사적으로 비축하는['畜'자는 '許(허)'자와 '六(륙)'자의 반절음이다.] 일이 없으며, 사적으로 사용하는 기물이 없다. 따라서 감히 사적으로 빌려올 수도 없고, 사적으로 빌려줄 수도 없다.

集說 鄭氏曰: 家事統於尊也.

정현이 말하길, 가사는 존장자에게 통솔받기 때문이다.

【034】

婦或賜之飮食·衣服·布帛·佩帨·茝[昌改反]蘭, 則受而獻諸舅姑. 舅姑受之則喜, 如新受賜. 若反賜之, 則辭. 不得命, 如更受賜, 藏以待乏.〈038〉

며느리가 간혹 자신의 형제 등이 준 음식·의복·옷감·패세·향초['茝'자는 '昌(창)'자와 '改(개)'자의 반절음이다.] 등을 얻게 된다면, 그것을 받아서 시부모에게 바친다. 시부모가 그것을 받으면 며느리는 기뻐해야 하니, 마치 처음에 다른 사람에게서 그 물건을 받아서 기뻐할 때처럼 기뻐한다. 만약 되돌려준다면 사양한다. 사양함을 허락지 않으면 마치 다시 받은 것처럼 하고, 보관하여 시부모가 사용하던 물건이 떨어질 때까지 기다린다.

集說 或賜之, 謂私親兄弟也. 茝蘭, 皆香草也. 受之, 則如新受賜, 不受, 則如更受賜, 孝愛之至也. 不得命者, 不見許也. 待乏, 待尊者之乏也.

"혹자가 준다."고 했을 때의 혹자는 개인적으로 친분이 있는 형제들을 뜻한다. '채(茝)'와 '난(蘭)'은 모두 향기를 내는 풀이다. 시부모가 받아들이면 마치 처음에 그 물건을 받았을 때처럼 하고, 받아들이지 않는다면 마치 다시금 준 것을 받는 것처럼 하니, 효와 친애의 지극함이다. '부득명(不得命)'이라는 말은 허락을 얻지 못했다는 뜻이다. '대핍(待乏)'은 존장자가 사용하던 것이 떨어질 때까지 기다린다는 뜻이다.

【035】

婦若有私親兄弟, 將與之, 則必復[扶又反]請其故[句], 賜而后與之. 〈039〉
며느리에게 만약 개인적으로 친분이 있는 형제가 있어서, 며느리가 장차 그에게 물건을 건네려고 한다면, 반드시 지난번에 시부모가 받지 않았던 물건에 대해 재차['復'자는 '扶(부)'자와 '又(우)'자의 반절음이다.] 여쭤보고['故'자에서 구문을 끊는다.] 시부모가 허락을 한 이후에야 그에게 건넨다.

集說 故, 卽前者所獻之物而舅姑不受者, 雖藏於私室, 今必請於尊者, 旣許, 然后取以與之也.

'고(故)'자는 앞서 시부모에게 바쳤던 물건을 시부모가 받지 않았을 경우, 비록 개인의 방에 보관하고 있더라도, 현재의 상황에서는 반드시 존장자에게 청하여 여쭤보니, 허락을 한 연후에야 그것을 가져다가 그에게 주는 것이다.

類編 右事父母舅姑之禮.
여기까지는 '사부모구고지례(事父母舅姑之禮)'에 대한 내용이다.

◇ 종자를 섬기는 예절[事宗子之禮]

【036】

適子庶子, 祗事宗子宗婦, 雖貴富, 不敢以貴富入宗子之家. 雖衆車徒, 舍[去聲]於外, 以寡約入.〈040〉

소종의 적장자와 나머지 아들들은 대종의 적장자와 그의 부인을 공경스럽게 섬기니, 비록 소종의 아들들이 부귀하더라도, 감히 자신의 부귀함을 뽐내며, 종자의 집으로 들어갈 수 없다. 비록 소종의 아들들이 가져온 수레나 사람들이 많더라도, 그것들은 밖에 머물도록['舍'자는 거성으로 읽는다.] 하고, 간소한 차림으로 들어간다.

集說 疏曰: 適子, 謂父及祖之適子, 是小宗也. 庶子, 謂適子之弟. 宗子, 謂大宗子. 宗婦, 謂大宗子之婦.

소에서 말하길, '적자(適子)'는 부친 및 조부의 적장자를 뜻하니, 소종을 가리킨다. '서자(庶子)'는 적장자의 동생을 뜻한다. '종자(宗子)'자는 대종의 적장자를 뜻한다. '종부(宗婦)'는 대종의 적장자 부인을 뜻한다.

【037】

子弟猶歸器, 衣服 · 裘衾 · 車馬, 則必獻其上而后敢服用其次也. 若非所獻, 則不敢以入於宗子之門, 不敢以貴富加於父兄宗族.〈041〉

자손들 중 군왕 등으로부터 기물을 하사받게 되어, 의복 · 이불 · 수레나 말 등을 받게 된다면, 반드시 그 중에서도 상등품을 종자에게 바치고, 그런 뒤에야 그 다음 등급의 것을 제 자신이 사용한다. 만약 종자의 작위가 그 물건을 사용할 수 없어서 바치지 못했다면, 감히 그것을 착용하거나 사용하며 종자의 집 대문으로 들어가지 않으니, 감히 자신의 부귀함을 친족들보다 더 높일 수 없기 때문이다.

集說 猶, 若也. 謂子弟中若有以功德顯榮, 而蒙尊上歸遺之以器用
衣服等物, 則必獻其上等者於宗子, 而自服用其次者. 若非宗子之爵
所當服用而不可獻者, 則己亦不敢服用之, 以入宗子之門也. 加, 高也.
'유(猶)'자는 만약이라는 뜻이다. 즉 자손들 중 만약 공덕과 현저하게 드러
나는 영달을 얻은 자가 있고, 그가 군왕 등으로부터 기물이나 의복 등의
물건을 하사받게 된다면, 반드시 그 중에서도 상등에 속하는 물건을 종자
에게 바치고, 제 스스로는 그 다음 등급에 해당하는 것을 사용한다. 만약
종자의 작위로는 착용하거나 사용할 수 있는 물건들이 아니라서 바칠 수
없는 것들이라면, 본인 또한 감히 그것을 착용하거나 사용하여 종자의
집 대문으로 들어갈 수 없다. '가(加)'자는 "~보다 높인다."는 뜻이다.

附註 子弟猶歸器, 未見其君上歸遺之意, 只是歸器于宗子. 器句,
馬句.
'자제유귀기(子弟猶歸器)'에 있어서, 여기에는 군주가 물건을 보내준다
는 뜻이 나타나지 않으니, 이것은 단지 종자에게 기물을 보낸다는 의미이
다. '기(器)'자에서 구문을 끊고, '마(馬)'자에서 구문을 끊는다.

【038】

若富, 則具二牲, 獻其賢者於宗子. 夫婦皆齊而宗敬焉, 終事而后敢私祭.〈042〉

종자가 아닌 자손들 중 부귀한 자가 있다면, 두 마리의 희생물을 준비하고, 그 중에서도 좋은 것을 종자에게 바친다. 두 부부는 모두 재계를 하고, 종자의 집에 있는 종묘에 찾아가서, 제사를 도와 공경하는 마음을 표한다. 그 일을 끝낸 이후에야 되돌아와서 개인적인 제사를 지낸다.

集說 賢, 猶善也. 齊而宗敬, 謂齋戒而往助祭事, 以致宗廟之敬也. 私祭祖禰, 則用二牲之下者.

'현(賢)'자는 "좋다."는 뜻이다. '제이종경(齊而宗敬)'이라는 말은 재계를 하고 찾아가서 제사의 일을 돕고, 이를 통해 종묘에 대한 공경하는 마음을 지극히 한다는 뜻이다. 개인적으로 조부와 부친에게 제사를 지낸다면, 두 마리 이하의 희생물을 사용할 수 있는 자에 해당한다.

類編 右事宗子之禮.

여기까지는 '사종자지례(事宗子之禮)'에 대한 내용이다.

◇ 노인을 봉양하는 예절[養老之禮]

【039】

凡養老, 有虞氏以燕禮, 夏后氏以饗禮, 殷人以食[嗣]禮, 周人脩而兼
用之.〈071〉1)

무릇 노인을 봉양할 때, 유우씨 때에는 연례로 시행했고, 하후씨 때에는
향례로 시행했으며, 은나라 때에는 사례로['食'자의 음은 '嗣(사)'이다.] 시행했
고, 주나라 때에는 이러한 제도들을 정비하여 함께 사용했다.

【040】

凡五十養於鄕; 六十養於國; 七十養於學, 達於諸侯; 八十拜君命,
一坐再至, 瞽亦如之; 九十者使人受.〈071〉2)

---

1) 『예기』「내칙」071장 : <u>凡養老, 有虞氏以燕禮, 夏后氏以饗禮, 殷人以食禮, 周
人脩而兼用之.</u> 凡五十養於鄕; 六十養於國; 七十養於學, 達於諸侯; 八十拜君
命, 一坐再至, 瞽亦如之; 九十者使人受. 五十異粻, 六十宿肉, 七十貳膳, 八十
常珍, 九十飮食不違寢, 膳飮從於遊可也. 六十歲制, 七十時制, 八十月制, 九
十日修, 惟絞·紟·衾·冒, 死而後制. 五十始衰, 六十非肉不飽, 七十非帛不
煖, 八十非人不煖, 九十雖得人不煖矣. 五十杖於家, 六十杖於鄕, 七十杖於國,
八十杖於朝, 九十者天子欲有問焉, 則就其室, 以珍從. 七十不俟朝, 八十月告
存, 九十日有秩. 五十不從力政, 六十不與服戎, 七十不與賓客之事, 八十齊喪
之事弗及也. 五十而爵, 六十不親學, 七十致政. 凡自七十以上, 惟衰麻爲喪.
凡三王養老皆引年. 八十者一子不從政, 九十者其家不從政, 瞽亦如之. 凡父母
在, 子雖老不坐. 有虞氏養國老於上庠, 養庶老於下庠; 夏后氏養國老於東序,
養庶老於西序; 殷人養國老於右學, 養庶老於左學; 周人養國老於東膠, 養庶老
於虞庠. 虞庠在國之西郊. 有虞氏皇而祭, 深衣而養老; 夏后氏收而祭, 燕衣而
養老; 殷人冔而祭, 縞衣而養老; 周人冕而祭, 玄衣而養老.

2) 『예기』「내칙」071장 : 凡養老, 有虞氏以燕禮, 夏后氏以饗禮, 殷人以食禮, 周
人脩而兼用之. <u>凡五十養於鄕; 六十養於國; 七十養於學, 達於諸侯; 八十拜君
命, 一坐再至, 瞽亦如之; 九十者使人受.</u> 五十異粻, 六十宿肉, 七十貳膳, 八十

나이가 50세가 된 사람들은 향에서 봉양을 받고, 60세가 된 사람들은 국에서 봉양을 받으며, 70세가 된 사람들은 학에서 봉양을 받으니, 이러한 제도의 시행은 천자로부터 제후까지 통용된다. 또 나이가 80세가 된 자는 군주의 명을 받을 때, 절을 하며 한쪽 다리만 꿇고 머리만 두 번 땅에 닿게 절한다. 장님 또한 이와 같이 한다. 나이가 90세가 된 자는 사람을 시켜서 대신 명을 받게 한다.

【041】

五十異粻[章], 六十宿肉, 七十貳膳, 八十常珍, 九十飲食不違寢, 膳飲從於遊可也.〈071〉³⁾

常珍, 九十飲食不違寢, 膳飲從於遊可也. 六十歲制, 七十時制, 八十月制, 九十日修, 惟絞·紟·衾·冒, 死而後制. 五十始衰, 六十非肉不飽, 七十非帛不煖, 八十非人不煖, 九十雖得人不煖矣. 五十杖於家, 六十杖於鄉, 七十杖於國, 八十杖於朝, 九十者天子欲有問焉, 則就其室, 以珍從. 七十不俟朝, 八十月告存, 九十日有秩. 五十不從力政, 六十不與服戎, 七十不與賓客之事, 八十齊喪之事弗及也. 五十而爵, 六十不親學, 七十致政. 凡自七十以上, 惟衰麻爲喪. 凡三王養老皆引年. 八十者一子不從政, 九十者其家不從政, 瞽亦如之. 凡父母在, 子雖老不坐. 有虞氏養國老於上庠, 養庶老於下庠; 夏后氏養國老於東序, 養庶老於西序; 殷人養國老於右學, 養庶老於左學; 周人養國老於東膠, 養庶老於虞庠. 虞庠在國之西郊. 有虞氏皇而祭, 深衣而養老; 夏后氏收而祭, 燕衣而養老; 殷人冔而祭, 縞衣而養老; 周人冕而祭, 玄衣而養老.

3) 『예기』「내칙」071장: 凡養老, 有虞氏以燕禮, 夏后氏以饗禮, 殷人以食禮, 周人脩而兼用之. 凡五十養於鄉; 六十養於國; 七十養於學, 達於諸侯; 八十拜君命, 一坐再至, 瞽亦如之; 九十者使人受. <u>五十異粻, 六十宿肉, 七十貳膳, 八十常珍, 九十飲食不違寢, 膳飲從於遊可也.</u> 六十歲制, 七十時制, 八十月制, 九十日修, 惟絞·紟·衾·冒, 死而後制. 五十始衰, 六十非肉不飽, 七十非帛不煖, 八十非人不煖, 九十雖得人不煖矣. 五十杖於家, 六十杖於鄉, 七十杖於國, 八十杖於朝, 九十者天子欲有問焉, 則就其室, 以珍從. 七十不俟朝, 八十月告存, 九十日有秩. 五十不從力政, 六十不與服戎, 七十不與賓客之事, 八十齊喪之事弗及也. 五十而爵, 六十不親學, 七十致政. 凡自七十以上, 惟衰麻爲喪.

나이가 50세가 된 자에게 바치는 양식은['粮'자의 음은 '章(장)'이다.] 젊은이들과 달리 좋은 것으로 하며, 나이가 60세가 된 자에게는 항상 격일로 고기를 먹게 하고, 나이가 70세가 된 자에게는 맛좋은 음식을 두 가지 이상 준비하며, 나이가 80세가 된 자에게는 항상 맛좋고 귀한 음식이 있어야 하고, 나이가 90세가 된 자에게는 마시고 먹는 것들이 그가 거처하는 곳에서 떨어져서는 안 되며, 맛좋은 음식과 마실 것들을 가지고 그가 가는 곳마다 따라다니는 것이 좋다.

【042】

六十歲制, 七十時制, 八十月制, 九十日脩, 唯絞[爻]衿[其鴆反]·衾·冒, 死而后制.〈071〉4)

凡三王養老皆引年. 八十者一子不從政, 九十者其家不從政, 瞽亦如之. 凡父母在, 子雖老不坐. 有虞氏養國老於上庠, 養庶老於下庠; 夏后氏養國老於東序, 養庶老於西序; 殷人養國老於右學, 養庶老於左學; 周人養國老於東膠, 養庶老於虞庠. 虞庠在國之西郊. 有虞氏皇而祭, 深衣而養老; 夏后氏收而祭, 燕衣而養老; 殷人冔而祭, 縞衣而養老; 周人冕而祭, 玄衣而養老.

4) 『예기』「내칙」071장: 凡養老, 有虞氏以燕禮, 夏后氏以饗禮, 殷人以食禮, 周人脩而兼用之. 凡五十養於鄉; 六十養於國; 七十養於學, 達於諸侯; 八十拜君命, 一坐再至, 瞽亦如之; 九十者使人受. 五十異粻, 六十宿肉, 七十貳膳, 八十常珍, 九十飲食不違寢, 膳飲從於遊可也. 六十歲制, 七十時制, 八十月制, 九十日修, 惟絞·紟·衾·冒, 死而後制. 五十始衰, 六十非肉不飽, 七十非帛不煖, 八十非人不煖, 九十雖得人不煖矣. 五十杖於家, 六十杖於鄉, 七十杖於國, 八十杖於朝, 九十者天子欲有問焉, 則就其室, 以珍從. 七十不俟朝, 八十月告存, 九十日有秩. 五十不從力政, 六十不與服戎, 七十不與賓客之事, 八十齊喪之事弗及也. 五十而爵, 六十不親學, 七十致政. 凡自七十以上, 惟衰麻爲喪. 凡三王養老皆引年. 八十者一子不從政, 九十者其家不從政, 瞽亦如之. 凡父母在, 子雖老不坐. 有虞氏養國老於上庠, 養庶老於下庠; 夏后氏養國老於東序, 養庶老於西序; 殷人養國老於右學, 養庶老於左學; 周人養國老於東膠, 養庶老於虞庠. 虞庠在國之西郊. 有虞氏皇而祭, 深衣而養老; 夏后氏收而祭, 燕衣而養老; 殷人冔而祭, 縞衣而養老; 周人冕而祭, 玄衣而養老.

나이가 60세가 되면 관을 미리 제작해서 준비해 두고, 70세가 되면 부장하게 될 의복과 기물들 중 비교적 얻기 힘든 것들을 미리 제작해서 준비해 두며, 80세가 되면 부장하게 될 의복과 기물 들 중 비교적 얻기 쉬운 것들을 미리 제작해서 준비해 두고, 90세가 되면 미리 준비해둔 것들을 날마다 손질하며, 오직 염할 때 시신을 묶는 끈인 효['絞'자의 음은 '爻(효)'이다.] 홑이불인 금['衾'자는 '其(기)'자와 '鴆(짐)'자의 반절음이다.] 이불인 금, 시신을 전체적으로 감싸는 모는 그가 죽은 뒤에야 제작한다.

【043】

五十始衰, 六十非肉不飽, 七十非帛不煖, 八十非人不煖, 九十雖得人不煖矣. ⟨071⟩[5]

나이가 50세가 되면 비로소 쇠약해지기 시작하며, 60세가 되면 고기로 만든 음식이 아니라면 배가 부르지 않게 되고, 70세가 되면 비단으로 된 옷이 아니라면 따뜻해지지 않게 되며, 80세가 되면 다른 사람의 체온이 아니라면 따뜻해지지 않게 되고, 90세가 되면 비록 다른 사람의 체온을 얻게 되더라도 따뜻해지지 않게 된다.

---

5) 『예기』 「내칙」 071장 : 凡養老, 有虞氏以燕禮, 夏后氏以饗禮, 殷人以食禮, 周人脩而兼用之. 凡五十養於鄕; 六十養於國; 七十養於學, 達於諸侯; 八十拜君命, 一坐再至, 瞽亦如之; 九十者使人受. 五十異粻, 六十宿肉, 七十貳膳, 八十常珍, 九十飮食不違寢, 膳飮從於遊可也. 六十歲制, 七十時制, 八十月制, 九十日修, 惟絞·紟·衾·冒, 死而後制. 五十始衰, 六十非肉不飽, 七十非帛不煖, 八十非人不煖, 九十雖得人不煖矣. 五十杖於家, 六十杖於鄕, 七十杖於國, 八十杖於朝, 九十者天子欲有問焉, 則就其室, 以珍從. 七十不俟朝, 八十月告存, 九十日有秩. 五十不從力政, 六十不與服戎, 七十不與賓客之事, 八十齊喪之事弗及也. 五十而爵, 六十不親學, 七十致政. 凡自七十以上, 惟衰痲爲喪. 凡三王養老皆引年. 八十者一子不從政, 九十者其家不從政, 瞽亦如之. 凡父母在, 子雖老不坐. 有虞氏養國老於上庠, 養庶老於下庠; 夏后氏養國老於東序, 養庶老於西序; 殷人養國老於右學, 養庶老於左學; 周人養國老於東膠, 養庶老於虞庠. 虞庠在國之西郊. 有虞氏皇而祭, 深衣而養老; 夏后氏收而祭, 燕衣而養老; 殷人冔而祭, 縞衣而養老; 周人冕而祭, 玄衣而養老.

【044】

五十杖於家, 六十杖於鄉, 七十杖於國, 八十杖於朝, 九十者天子欲
有問焉, 則就其室, 以珍從[去聲].〈071〉⁶⁾

나이가 50세가 되면 그의 집안에서 지팡이를 짚을 수 있고, 60세가 되면
향 안에서 지팡이를 짚을 수 있으며, 70세가 되면 국 안에서 지팡이를 짚을
수 있고, 80세가 되면 조정에서도 지팡이를 짚을 수 있으며, 나이가 90세가
된 자에게 천자가 자문하고자 한다면, 천자가 그의 집에 직접 찾아가서
하되, 맛좋고 귀한 음식물을 가지괴['從'자는 거성으로 읽는다.] 간다.

【045】

七十不俟朝, 八十月告存, 九十日有秩.〈071〉⁷⁾

---

6) 『예기』「내칙」071장 : 凡養老, 有虞氏以燕禮, 夏后氏以饗禮, 殷人以食禮, 周
   人脩而兼用之. 凡五十養於鄉; 六十養於國; 七十養於學, 達於諸侯; 八十拜君
   命, 一坐再至, 瞽亦如之; 九十者使人受. 五十異糧, 六十宿肉, 七十貳膳, 八十
   常珍, 九十飮食不違寢, 膳飮從於遊可也. 六十歲制, 七十時制, 八十月制, 九
   十日修, 惟絞·紟·衾·冒, 死而後制. 五十始衰, 六十非肉不飽, 七十非帛不
   煖, 八十非人不煖, 九十雖得人不煖矣. <u>五十杖於家, 六十杖於鄉, 七十杖於國,
   八十杖於朝, 九十者天子欲有問焉, 則就其室, 以珍從. 七十不俟朝, 八十月告
   存, 九十日有秩.</u> 五十不從力政, 六十不與服戎, 七十不與賓客之事, 八十齊喪
   之事弗及也. 五十而爵, 六十不親學, 七十致政. 凡自七十以上, 惟衰麻爲喪.
   凡三王養老皆引年. 八十者一子不從政, 九十者其家不從政, 瞽亦如之, 凡父母
   在, 子雖老不坐. 有虞氏養國老於上庠, 養庶老於下庠; 夏后氏養國老於東序,
   養庶老於西序; 殷人養國老於右學, 養庶老於左學; 周人養國老於東膠, 養庶老
   於虞庠. 虞庠在國之西郊. 有虞氏皇而祭, 深衣而養老; 夏后氏收而祭, 燕衣而
   養老; 殷人冔而祭, 縞衣而養老; 周人冕而祭, 玄衣而養老.

7) 『예기』「내칙」071장 : 凡養老, 有虞氏以燕禮, 夏后氏以饗禮, 殷人以食禮, 周
   人脩而兼用之. 凡五十養於鄉; 六十養於國; 七十養於學, 達於諸侯; 八十拜君
   命, 一坐再至, 瞽亦如之; 九十者使人受. 五十異糧, 六十宿肉, 七十貳膳, 八十
   常珍, 九十飮食不違寢, 膳飮從於遊可也. 六十歲制, 七十時制, 八十月制, 九
   十日修, 惟絞·紟·衾·冒, 死而後制. 五十始衰, 六十非肉不飽, 七十非帛不

나이가 70세가 된 자는 군주를 알현할 때 조정의 일이 끝날 때까지 기다리지 않고, 군주가 읍을 하면 곧 물러나오며, 80세가 된 자에게는 군주는 사람을 시켜 달마다 맛좋은 음식을 가지고 가서 안부를 묻고, 90세가 된 자에게는 군주는 사람을 시켜 날마다 항상 맛좋은 음식을 보내, 항상 맛좋은 음식들을 먹게끔 한다.

【046】

五十不從力政, 六十不與[去聲]服戎, 七十不與賓客之事, 八十齊[側皆反]喪之事弗及也.⟨071⟩[8]

煖, 八十非人不煖, 九十雖得人不煖矣. 五十杖於家, 六十杖於鄕, 七十杖於國, 八十杖於朝, 九十者天子欲有問焉, 則就其室, 以珍從. <u>七十不俟朝, 八十月告存, 九十日有秩</u>. 五十不從力政, 六十不與服戎, 七十不與賓客之事, 八十齊喪之事弗及也. 五十而爵, 六十不親學, 七十致政. 凡自七十以上, 惟衰麻爲喪. 凡三王養老皆引年. 八十者一子不從政, 九十者其家不從政, 瞽亦如之. 凡父母在, 子雖老不坐. 有虞氏養國老於上庠, 養庶老於下庠; 夏后氏養國老於東序, 養庶老於西序; 殷人養國老於右學, 養庶老於左學; 周人養國老於東膠, 養庶老於虞庠. 虞庠在國之西郊. 有虞氏皇而祭, 深衣而養老; 夏后氏收而祭, 燕衣而養老; 殷人冔而祭, 縞衣而養老; 周人冕而祭, 玄衣而養老.

8) 『예기』「내칙」071장 : 凡養老, 有虞氏以燕禮, 夏后氏以饗禮, 殷人以食禮, 周人脩而兼用之. 凡五十養於鄕; 六十養於國; 七十養於學, 達於諸侯; 八十拜君命, 一坐再至, 瞽亦如之; 九十者使人受. 五十異粻, 六十宿肉, 七十貳膳, 八十常珍, 九十飲食不違寢, 膳飲從於遊可也. 六十歲制, 七十時制, 八十月制, 九十日修, 惟絞·紟·衾·冒, 死而後制. 五十始衰, 六十非肉不飽, 七十非帛不煖, 八十非人不煖, 九十雖得人不煖矣. 五十杖於家, 六十杖於鄕, 七十杖於國, 八十杖於朝, 九十者天子欲有問焉, 則就其室, 以珍從. 七十不俟朝, 八十月告存, 九十日有秩. <u>五十不從力政, 六十不與服戎, 七十不與賓客之事, 八十齊喪之事弗及也</u>. 五十而爵, 六十不親學, 七十致政. 凡自七十以上, 惟衰麻爲喪. 凡三王養老皆引年. 八十者一子不從政, 九十者其家不從政, 瞽亦如之. 凡父母在, 子雖老不坐. 有虞氏養國老於上庠, 養庶老於下庠; 夏后氏養國老於東序, 養庶老於西序; 殷人養國老於右學, 養庶老於左學; 周人養國老於東膠, 養庶老於虞庠. 虞庠在國之西郊. 有虞氏皇而祭, 深衣而養老; 夏后氏收而祭, 燕衣而

나이가 50세가 되면 힘으로 복역해야 하는 정사에는 나아가지 않고, 60세가 되면 병역의 일에는 참여하지['與'자는 거성으로 읽는다.] 않으며, 70세가 되면 국가에서 시행하는 행사 중 빈객을 접대하는 일에는 참여하지 않고, 80세가 되면 재계를['齊'자는 '側(측)'자와 '皆(개)'자의 반절음이다.] 하여 상을 지내는 일이 그에게는 해당하지 않게 된다.

【047】

五十而爵, 六十不親學, 七十致政. 凡自七十以上[上聲], 唯衰[催]麻爲喪. 〈071〉9)

나이가 50세가 되면 작위를 받고, 60세가 되면 직접 제자의 예를 갖춰 배우는 것을 하지 않으며, 70세가 되면 정사에서 물러난다. 무릇 70세로부터 그 이상에['上'자는 상성으로 읽는다.] 해당하는 자들은 오직 최마복만을['衰'자의 음은 '催(최)'이다.] 입고서 상례를 지낸다.

養老; 殷人冔而祭, 縞衣而養老; 周人冕而祭, 玄衣而養老.

9) 『예기』「내칙」071장: 凡養老, 有虞氏以燕禮, 夏后氏以饗禮, 殷人以食禮, 周人脩而兼用之. 凡五十養於鄉; 六十養於國; 七十養於學, 達於諸侯; 八十拜君命, 一坐再至, 瞽亦如之; 九十者使人受. 五十異粻, 六十宿肉, 七十貳膳, 八十常珍, 九十飲食不違寢, 膳飲從於遊可也. 六十歲制, 七十時制, 八十月制, 九十日修, 惟絞·紟·衾·冒, 死而後制. 五十始衰, 六十非肉不飽, 七十非帛不煖, 八十非人不煖, 九十雖得人不煖矣. 五十杖於家, 六十杖於鄉, 七十杖於國, 八十杖於朝, 九十者天子欲有問焉, 則就其室, 以珍從. 七十不俟朝, 八十月告存, 九十日有秩. 五十不從力政, 六十不與服戎, 七十不與賓客之事, 八十齊喪之事弗及也. 五十而爵, 六十不親學, 七十致政, 凡自七十以上, 惟衰麻爲喪. 凡三王養老皆引年. 八十者一子不從政, 九十者其家不從政, 瞽亦如之. 凡父母在, 子雖老不坐. 有虞氏養國老於上庠, 養庶老於下庠; 夏后氏養國老於東序, 養庶老於西序; 殷人養國老於右學, 養庶老於左學; 周人養國老於東膠, 養庶老於虞庠. 虞庠在國之西郊. 有虞氏皇而祭, 深衣而養老; 夏后氏收而祭, 燕衣而養老; 殷人冔而祭, 縞衣而養老; 周人冕而祭, 玄衣而養老.

【048】

八十者一子不從政, 九十者其家不從政, 瞽亦如之.〈071〉[^10] [本在"皆引年"下.]

80세가 된 자에겐 자식 한 명을 부역에 종사하지 않게 하고, 90세가 된 자에겐 그 집안 전체를 부역에 종사하지 않게 한다. 장님에 대해서도 이처럼 한다. [본래는 "모두 인년으로 하였다."라고 한 문장 뒤에 수록되어 있었다.]

【049】

凡三王養老皆引年.〈071〉[^11] [本在"衰麻爲喪"下.]

---

[^10] 『예기』「내칙」071장: 凡養老, 有虞氏以燕禮, 夏后氏以饗禮, 殷人以食禮, 周人脩而兼用之. 凡五十養於鄕; 六十養於國; 七十養於學, 達於諸侯; 八十拜君命, 一坐再至, 瞽亦如之; 九十者使人受. 五十異粻, 六十宿肉, 七十貳膳, 八十常珍, 九十飮食不違寢, 膳飮從於遊可也. 六十歲制, 七十時制, 八十月制, 九十日修, 惟絞·紟·衾·冒, 死而後制. 五十始衰, 六十非肉不飽, 七十非帛不煖, 八十非人不煖, 九十雖得人不煖矣. 五十杖於家, 六十杖於鄕, 七十杖於國, 八十杖於朝, 九十者天子欲有問焉, 則就其室, 以珍從. 七十不俟朝, 八十月告存, 九十日有秩. 五十不從力政, 六十不與服戎, 七十不與賓客之事, 八十齊喪之事弗及也. 五十而爵, 六十不親學, 七十致政. 凡自七十以上, 惟衰麻爲喪. 凡三王養老皆引年. 八十者一子不從政, 九十者其家不從政, 瞽亦如之. 凡父母在, 子雖老不坐. 有虞氏養國老於上庠, 養庶老於下庠; 夏后氏養國老於東序, 養庶老於西序; 殷人養國老於右學, 養庶老於左學; 周人養國老於東膠, 養庶老於虞庠. 虞庠在國之西郊. 有虞氏皇而祭, 深衣而養老; 夏后氏收而祭, 燕衣而養老; 殷人冔而祭, 縞衣而養老; 周人冕而祭, 玄衣而養老.

[^11] 『예기』「내칙」071장: 凡養老, 有虞氏以燕禮, 夏后氏以饗禮, 殷人以食禮, 周人脩而兼用之. 凡五十養於鄕; 六十養於國; 七十養於學, 達於諸侯; 八十拜君命, 一坐再至, 瞽亦如之; 九十者使人受. 五十異粻, 六十宿肉, 七十貳膳, 八十常珍, 九十飮食不違寢, 膳飮從於遊可也. 六十歲制, 七十時制, 八十月制, 九十日修, 惟絞·紟·衾·冒, 死而後制. 五十始衰, 六十非肉不飽, 七十非帛不煖, 八十非人不煖, 九十雖得人不煖矣. 五十杖於家, 六十杖於鄕, 七十杖於國, 八十杖於朝, 九十者天子欲有問焉, 則就其室, 以珍從. 七十不俟朝, 八十月告

무릇 하·은·주의 삼왕이 노인을 봉양할 때에는 모두 인년으로 하였다.
[본래는 "최마복만을 입고서 상례를 지낸다."라고 한 문장 뒤에 수록되어 있었다.]

【050】

有虞氏養國老於上庠, 養庶老於下庠; 夏后氏養國老於東序, 養庶
老於西序; 殷人養國老於右學, 養庶老於左學; 周人養國老於東膠,
養庶老於虞庠. 虞庠在國之西郊.〈071〉12) [本在"子雖老不坐"下.]

유우씨 때에는 태학인 상상에서 국로를 봉양했고, 소학인 하상에서 서로를
봉양했다. 하후씨 때에는 태학인 동서에서 국로를 봉양했고, 소학인 서서

存, 九十日有秩. 五十不從力政, 六十不與服戎, 七十不與賓客之事, 八十齊喪
之事弗及也. 五十而爵, 六十不親學, 七十致政. 凡自七十以上, 惟衰麻爲喪.
<u>凡三王養老皆引年.</u> 八十者一子不從政, 九十者其家不從政, 瞽亦如之. 凡父母
在, 子雖老不坐. 有虞氏養國老於上庠, 養庶老於下庠; 夏后氏養國老於東序,
養庶老於西序; 殷人養國老於右學, 養庶老於左學; 周人養國老於東膠, 養庶老
於虞庠. 虞庠在國之西郊. 有虞氏皇而祭, 深衣而養老; 夏后氏收而祭, 燕衣而
養老; 殷人冔而祭, 縞衣而養老; 周人冕而祭, 玄衣而養老.

12) 『예기』 「내칙」 071장 : 凡養老, 有虞氏以燕禮, 夏后氏以饗禮, 殷人以食禮, 周
人脩而兼用之. 凡五十養於鄉; 六十養於國; 七十養於學, 達於諸侯; 八十拜君
命, 一坐再至, 瞽亦如之; 九十者使人受. 五十異粻, 六十宿肉, 七十貳膳, 八十
常珍, 九十飲食不違寢, 膳飲從於遊可也. 六十歲制, 七十時制, 八十月制, 九
十日修, 惟絞·紟·衾·冒, 死而後制. 五十始衰, 六十非肉不飽, 七十非帛不
煖, 八十非人不煖, 九十雖得人不煖矣. 五十杖於家, 六十杖於鄉, 七十杖於國,
八十杖於朝, 九十者天子欲有問焉, 則就其室, 以珍從. 七十不俟朝, 八十月告
存, 九十日有秩. 五十不從力政, 六十不與服戎, 七十不與賓客之事, 八十齊喪
之事弗及也. 五十而爵, 六十不親學, 七十致政. 凡自七十以上, 惟衰麻爲喪.
凡三王養老皆引年. 八十者一子不從政, 九十者其家不從政, 瞽亦如之. 凡父母
在, 子雖老不坐. <u>有虞氏養國老於上庠, 養庶老於下庠; 夏后氏養國老於東序,</u>
<u>養庶老於西序; 殷人養國老於右學, 養庶老於左學; 周人養國老於東膠, 養庶老</u>
<u>於虞庠. 虞庠在國之西郊.</u> 有虞氏皇而祭, 深衣而養老; 夏后氏收而祭, 燕衣而
養老; 殷人冔而祭, 縞衣而養老; 周人冕而祭, 玄衣而養老.

에서 서로를 봉양했다. 은나라 때에는 태학인 우학에서 국로를 봉양했고, 소학인 좌학에서 서로를 봉양했다. 주나라 때에는 태학인 동교에서 국로를 봉양했고, 소학인 우상에서 서로를 봉양했다. 우상은 수도의 서교에 위치했다. [본래는 "자식은 비록 노년에 이르렀다 하더라도 자리에 앉지 않는다."라고 한 문장 뒤에 수록되어 있었다.]

【051】

有虞氏皇而祭, 深衣而養老; 夏后氏收而祭, 燕衣而養老; 殷人㝵[翊] 而祭, 縞衣而養老; 周人冕而祭, 玄衣而養老. 〈071〉13)

유우씨 때 천자는 황이라는 면류관을 쓰고 제사를 지냈으며, 심의를 입고서 노인을 봉양했다. 하후씨 때 천자는 수라는 면류관을 쓰고 제사를 지냈으며, 연의를 입고서 노인을 봉양했다. 은나라 때 천자는 후라는[㝵'자의 음은 '翊(히)'이다.] 면류관을 쓰고 제사를 지냈으며, 호의를 입고서 노인을 봉양했다. 주나라 때 천자는 면류관을 쓰고 제사를 지냈으며, 현의를 입고서 노인을 봉양했다.

---

13) 『예기』「내칙」071장 : 凡養老, 有虞氏以燕禮, 夏后氏以饗禮, 殷人以食禮, 周人脩而兼用之. 凡五十養於鄉; 六十養於國; 七十養於學, 達於諸侯; 八十拜君命, 一坐再至, 瞽亦如之; 九十者使人受. 五十異粻, 六十宿肉, 七十貳膳, 八十常珍, 九十飮食不違寢, 膳飮從於遊可也. 六十歲制, 七十時制, 八十月制, 九十日修, 惟絞·紟·衾·冒, 死而後制. 五十始衰, 六十非肉不飽, 七十非帛不煖, 八十非人不煖, 九十雖得人不煖矣. 五十杖於家, 六十杖於鄉, 七十杖於國, 八十杖於朝, 九十者天子欲有問焉, 則就其室, 以珍從. 七十不俟朝, 八十月告存, 九十日有秩. 五十不從力政, 六十不與服戎, 七十不與賓客之事, 八十齊喪之事弗及也. 五十而爵, 六十不親學, 七十致政. 凡自七十以上, 惟衰麻爲喪. 凡三王養老皆引年. 八十者一子不從政, 九十者其家不從政, 瞽亦如之. 凡父母在, 子雖老不坐. 有虞氏養國老於上庠, 養庶老於下庠; 夏后氏養國老於東序, 養庶老於西序; 殷人養國老於右學, 養庶老於左學; 周人養國老於東膠, 養庶老於虞庠. 虞庠在國之西郊. 有虞氏皇而祭, 深衣而養老; 夏后氏收而祭, 燕衣而養老; 殷人㝵而祭, 縞衣而養老; 周人冕而祭, 玄衣而養老.

集説 此一節竝說見王制.

이곳 문단에 대한 모든 설명은 『예기』 「왕제(王制)」편에 나온다.

【052】

凡養老, 五帝憲, 三王有又乞言. 五帝憲, 養氣體而不乞言, 有善則記之爲惇史. 三王亦憲, 旣養老而后乞言, 亦微其禮, 皆有惇史.〈073〉 [本在"況於人乎"下.]

무릇 노인을 봉양함에 있어서, 오제 때에는 그들의 덕행을 본받는 것을 위주로 했고, 삼왕 때에는 그들에게 말씀을 구하는 의식이 포함되었다. 오제 때에는 노인들의 덕행을 본받는 것을 위주로 했으므로, 그들의 기운과 신체를 봉양했으나 말씀을 구하지는 않았고, 선한 일을 했던 자가 있다면 그것을 기록하여 후세의 교훈으로 정하는 돈사로 삼았다. 삼왕 때에도 노인들의 덕행을 본받았는데, 노인을 봉양하는 의식이 끝나면, 그 이후에 말씀을 구하는 절차를 시행했었고, 또한 이전보다는 그 예법을 간소하게 하였다. 그러나 모두에게 있어서 돈사를 기록하는 것이 있었다. [본래는 "하물며 사람에게 있어서는 어떠하겠는가!"14)라고 한 문장 뒤에 수록되어 있었다.]

集説 憲, 法也. 養老之禮, 五帝之世, 主於法其德行而已. 至三王之世, 則又有乞言之禮焉. 惇史, 所以記其惇厚之德也. 三王亦未嘗不法其德行, 然於乞言之際, 其禮微略, 不誠切以求之, 故云微其禮. 然亦皆有惇史焉.

'헌(憲)'자는 "본받다."는 뜻이다. 노인을 봉양하는 예에 있어서, 오제 시대에는 그 덕행을 본받는 것을 위주로 했을 따름이다. 삼왕 시대에 이르게 되면, 또한 말씀을 구하는 예가 생겼다. '돈사(惇史)'는 도탑고 후덕한

---

14) 『예기』 「내칙」 072장 : 曾子曰: "孝子之養老也. 樂其心, 不違其志, 樂其耳目, 安其寢處, 以其飲食忠養之, 孝子之身終. 終身也者, 非終父母之身, 終其身也. 是故父母之所愛亦愛之, 父母之所敬亦敬之. 至於犬馬盡然, 而況於人乎!"

덕을 기록한 것이다. 삼왕 때에도 일찍이 그 덕행을 본받지 않은 적이 없었지만, 말씀을 구할 때에는 그 예를 다소 간소하게 했으니, 간절하게 구했던 것은 아니다. 그렇기 때문에 "그 예를 은미하게 하다."라고 말한 것이다. 그러나 이때에도 모두 돈사가 포함되었다.

集說 方氏曰: 五帝之憲也, 而老者未嘗無言, 要之以德爲主耳. 故曰有善則記之, 蓋可記者言故也. 三王之乞言, 而老者未嘗無德, 要之以言爲主耳. 故曰三王亦憲.

방씨가 말하길, 오제 때에는 노인들의 몸을 봉양했지만, 노인들은 또한 일찍이 말을 남기지 않은 적이 없었다. 다만 덕을 위주로 요약했을 따름이다. 그렇기 때문에 선함을 갖춘 자가 말을 하면 기록을 했다고 말한 것이니, 기록을 남겨둘만한 자가 말을 했기 때문이다. 삼왕 때에는 말씀을 구했지만, 노인들 또한 일찍이 덕이 없었던 적이 없었다. 다만 말을 위주로 했을 따름이다. 그렇기 때문에 "삼왕 때에는 또한 헌을 했다."라고 말한 것이다.

類編 右養老之禮.

여기까지는 '양로지례(養老之禮)'에 대한 내용이다.

◇ 음식에 대한 예절[飮食之禮]

【053】

飯[目諸飯之品]: 黍·稷·稻·粱·白黍·黃粱, 稰[胥上聲]穛[捉].〈043〉 [本在"敢私祭"下.]

밥 종류로는[여러 밥의 품목들에 대한 제목에 해당한다.] 메기장·차기장·벼·조·백색 메기장·황색 조가 있으며, 이러한 것들은 곡식이 다 여물고 난 뒤에 수확한 것도['稰'자의 음은 '胥(서)'이며 상성으로 읽는다.] 있고, 아직 다 익기 전에 수확한 것도['穛'자의 음은 '捉(착)'이다.] 있다. [본래는 "감히 사적인 제사를 지낸다."[1]라고 한 문장 뒤에 수록되어 있었다.]

集說 飯之品有黃黍·稷·稻·白粱·白黍·黃粱, 凡六. 其穀熟而穫之則曰稰, 生穫之曰穛. 穛是斂縮之名, 以生穫, 故其物縮斂也. 此諸侯之飯, 天子又有麥與苽.

밥의 종류에는 황색 메기장·차기장·벼·백색 조·백색 메기장·황색 조 등으로, 총 6종류가 있다. 그 곡식이 여물면 수확을 하게 되니, 그것을 '서(稰)'라 부르고, 아직 다 익지 않았을 때 수확한 것을 '착(穛)'이라 부른다. '착(穛)'자는 줄어든다는 뜻이다. 다 익지 않았을 때 수확을 하기 때문에, 그 사물이 줄어든 상태에서 거두는 것이다. 이것은 제후가 먹는 밥에 해당하니, 천자의 경우에는 여기에 보리와 줄이 포함된다.

附註 飯黍稷云云, 按: 諸侯飯四簋, 黍·稷·稻·粱是已. 白黍·黃粱, 非恒用之物, 或時參用於黍·粱本數之內. 註云六種者, 未詳.

밥 종류로는 메기장밥 차기장밥 등등이 있다고 말했는데, 살펴보니, 제후의 밥은 4개의 궤(簋)에 차려내는데, 메기장·차기장·벼·조로 만든 밥

---

1) 『예기』 「내칙」 042장 : 若富, 則具二牲, 獻其賢者於宗子. 夫婦皆齊而宗敬焉, 終事而后<u>敢私祭</u>.

일 따름이다. 백색 메기장이나 황색 조는 항상 사용하는 대상이 아니며, 간혹 때에 따라 메기장이나 조로 차려내는 본래의 밥 수치 안에서 섞어서 사용한다. 주에서 여섯 종류라고 한 말은 상세하지 않다.

【054】

膳[目諸膳之品]: 腬[香]・膲[熏]・膮[嘵]・醢・牛炙[柘].〈044〉

음식으로는[여러 음식의 품목들에 대한 제목에 해당한다.] 소고깃국['腬'자의 음은 '香
(향)'이다.]・양고깃국['膲'자의 음은 '熏(훈)'이다.]・돼지고깃국['膮'자의 음은 '嘵(효)'이
다.]・구운['炙'자의 음은 '柘(자)'이다.] 소고기를 차려내니, 이것이 1열을 이룬다.

集說 腬, 牛臛. 膲, 羊臛. 膮, 豕臛. 皆香美之名也. 醢字衍, 當刪.
牛炙, 炙牛肉也. 此四物爲四豆, 共爲一行.

'향(腬)'자는 소고깃국을 뜻한다. '훈(膲)'자는 양고깃국을 뜻한다. '효(膮)'자는 돼지고깃국을 뜻한다. 이 모두는 향미로운 음식들을 뜻한다.
'해(醢)'자는 연문(衍文)으로 잘못 기록된 글자이니, 마땅히 삭제해야 한다. '우자(炙)'는 소고기를 구운 것이다. 이 네 가지 음식들은 4개의 두에 차려내니, 이 모두는 1열을 이룬다.

附註 醢牛炙云云, 其排列之次未聞, 闕疑可也. 註以每行四豆爲主,
而以一醢字爲衍, 未詳.

해우자(醢牛炙)라 운운했는데, 그 배열의 순서에 대해서는 들어보지 못했으니, 의심되는 부분은 잠시 빼버려도 괜찮다. 주에서는 매 행마다 4개의 두(豆)를 배열하는 것을 위주로 하고 있고, 1개의 해(醢)자를 연문으로 여겼는데, 상세하지 않다.

附註 內則飲膳之屬, 皆通論上下之禮, 陳註以爲上大夫之禮, 未詳.
膳品二十餘種, 非必一時幷設, 總言其品如此.

「내칙」편에서 음(飲)과 선(膳) 등의 부류를 언급한 것들은 모두 상하계층의 예법을 통괄해서 논의한 것인데, 진호의 주에서는 상대부의 예법으로 여겼으니, 상세하지 않다. 선(膳)의 품목으로 나온 이십 여 종류들은 반드시 한 시기에 모두 차려내는 것이 아니니, 그 품목이 이와 같다는 것을 총괄적으로 언급한 것이다.

【055】
醢・午胾[側吏反]・醢・牛膾.〈045〉

음식으로는 육장・저민['胾'자는 '側(측)'자와 '吏(리)'자의 반절음이다.] 소고기・젓
갈・소고기 육회를 차려내니, 이것이 2열을 이룬다.

집설 醢, 肉醬也. 牛胾, 切牛肉也. 幷醢與牛膾四物爲四豆, 是第二
行.

'해(醢)'는 고기로 담근 젓갈이다. '우자(牛胾)'는 소고기를 잘게 저민 것
이다. 젓갈 및 소고기 육회와 함께, 이 음식들은 4개의 두에 차려내니,
이것들은 제 2열에 차려낸다.

【056】
羊炙・羊胾・醢・豕炙.〈046〉

음식으로는 양고기 적・저민 양고기・젓갈・돼지고기 적을 차려내니, 이
것이 3열을 이룬다.

집설 此四物爲四豆, 是第三行.

이러한 네 가지 음식들은 4개의 두에 차려내니, 이것들은 제 3열에 차려
낸다.

【057】
醢・豕胾・芥醬・魚膾.〈047〉

음식으로는 젓갈・저민 돼지고기・개장・물고기 회를 차려내니, 이것이 4
열을 이룬다.

집설 此四物爲四豆, 是第四行. 共十六豆, 下大夫之禮也.

이러한 네 가지 음식들은 4개의 두에 차려내니, 이것들은 제 4열에 차려
낸다. 지금까지의 음식들은 총 16개의 두에 음식을 차려내는데, 이것은
하대부에게 적용되는 예법이다.

【058】

雉・兔・鶉[淳]・鷃[晏].〈048〉

음식으로는 꿩고기・토끼고기・메추라기고기['鶉'자의 음은 '淳(순)'이다.]・세가
락 메추라기고기를['鷃'자의 음은 '晏(안)'이다.] 차려내니, 이것이 5열을 이룬다.

集說　此四物爲四豆, 列爲第五行. 共二十豆, 則上大夫之禮也.

이러한 네 가지 음식들은 4개의 두에 차려내는데, 일렬로 진설하여 제
5열에 차려낸다. 지금까지의 음식들은 총 20개의 두에 음식을 차려내는
데, 이것은 상대부에게 적용되는 예법이다.

【059】

飮[目諸飮之品]: 重[平聲]醴, 稻醴淸糟, 黍醴淸糟, 粱醴淸糟. 或以酏[移]
爲醴, 黍酏・漿水・醷[倚]・濫[力暫反].〈049〉

마실 것을[여러 음료의 품목들에 대한 제목에 해당한다.] 진설할 때에는 감주를 짝이
되도록['重'자는 평성으로 읽는다.] 진설하니, 벼로 빚은 감주에는 맑은 것이 있
으며 또 탁한 것이 있고, 메기장으로 빚은 감주에는 맑은 것이 있고 또
탁한 것이 있으며, 조로 빚은 감주에는 맑은 것이 있으며 또 탁한 것이
있다. 혹은 죽으로['酏'자의 음은 '移(이)'이다.] 감주를 빚기도 하며, 메기장으로
만든 죽・식초・매실로 만든 식초['醷'자의 음은 '倚(의)'이다.]・납['濫'자는 '力(력)'
자와 '暫(잠)'자의 반절음이다.] 등이 있다.

集說　醴者, 稻黍粱三者各爲之, 已泲者爲淸, 未泲者爲糟, 是三醴
各有淸有糟也. 以淸與糟相配重設, 故云重醴, 蓋致飮於賓客則兼設

之也. 以酏爲醴, 釀粥爲醴也. 黍酏, 以黍爲粥也. 醬, 醋水也. 醷, 梅漿也. 濫, 雜糗飯之屬和水也.

'예(醴)'는 벼·메기장·조 등 3종류로 각각 만들게 되는데, 이미 걸러낸 것은 맑은 것이 되고, 아직 걸러내지 않은 것은 탁한 것이 되니, 이 세 가지 감주에는 각각 맑은 것도 있고 탁한 것도 있다. 맑은 것과 탁한 것을 서로 짝이 되도록 중복해서 진설하기 때문에, 감주를 중복해서 진설한다고 말한 것이니, 무릇 빈객에게 마실 것을 대접하게 된다면, 이것들을 함께 진설한다. '이이위례(以酏爲醴)'는 죽을 쑤어서 감주를 만든다는 뜻이다. '서이(黍酏)'는 메기장으로 죽을 만든 것이다. '장(漿)'은 식초이다. '의(醷)'자는 매실로 담근 식초이다. '남(濫)'은 볶은 쌀이나 밥 등을 섞어서 물에 탄 것이다.

附註 飮重醴, 言以醴爲重, 貴先古也. 重如字, 註平聲. 古註云: "重, 陪也."

'음중례(飮重醴)'는 예(醴)를 중요한 것으로 여긴다는 뜻이니, 옛 것을 귀중하게 여기기 때문이다. '重'자는 글자대로 읽어야 하는데, 주에서는 평성으로 읽었다. 옛 주에서는 "'중(重)'자는 더하다는 뜻이다."라 했다.

【060】

酒: 淸·白.〈050〉

술로는 청주와 백주 등이 있다.

集說 淸, 淸酒也. 祭祀之酒, 事酒·昔酒俱白, 故以白名之. 有事而飮者謂之事酒, 無事而飮者名昔酒.

'청(淸)'자는 청주를 뜻한다. 제사를 지낼 때 사용하는 술 중 사주와 석주는 모두 백색이다. 그렇기 때문에 '백(白)'이라고 부른 것이다. 어떤 사안이 있어서 마시는 것을 '사주(事酒)'라 부르고, 특별한 일이 없는데 마시는 것을 '석주(昔酒)'라 부른다.

【061】

羞: 糗[起九反]餌[二]·粉酏[自私反].〈051〉

변에 담아내는 음식으로는 경단과['糗'자는 '起(기)'자와 '九(구)'자의 반절음이다. '餌'자의 음은 '二(이)'이다.] 인절미가['酏'자는 '自(자)'자와 '私(사)'자의 반절음이다.] 있다.

集說 周禮"羞籩之實, 糗餌粉餈." 此酏字當讀爲餈, 記者誤耳. 許愼云: "餈, 稻餅也. 炊米擣之." 粉餈, 以豆爲粉, 糝餈上也. 糗, 炒乾米麥也. 擣之以爲餌. 蓋先屑爲粉, 然後溲之, 餌之言堅潔若玉珥也. 餈之言滋也.

『주례』에서는 "변에 담아내는 음식으로는 구이와 분자가 있다."[1]라고 했다. 이곳의 '이(酏)'자는 마땅히 자(餈)자로 풀이해야 하니, 『예기』를 기록한 자가 글자를 잘못 기록한 것일 뿐이다. 허신은 "'자(餈)'는 쌀로 만든 떡이다. 밥을 짓고서 찧어서 만든다."라고 했다. '분자(粉餈)'는 콩을 가

---

1) 『주례』「천관(天官)·변인(籩人)」: 羞籩之實, 糗餌·粉餈.

루로 만들어서, 떡 위에 묻힌 것이다. '구(糗)'는 말린 쌀과 보리를 볶은 것이다. 그것을 찧어서 경단으로 만든다. 무릇 먼저 빻아서 가루를 만들고, 그런 뒤에 반죽을 하는 것으로, '이(餌)'는 단단하고 깨끗한 것이 마치 옥으로 만든 귀고리와 같다는 뜻이다. '자(餈)'자는 "윤기가 흐른다."라는 뜻이다.

【062】

食[嗣下同]蝸[力戈反]醢, 而苽[孤]食雉羹, 麥食脯羹・雞羹, 折稌[杜]犬羹・兎羹. 和[去聲]糝[思敢反]不蓼[了].〈052〉

쌀밥을['食'자의 음은 '嗣(사)'이며, 뒤에 나오는 글자도 그 음이 이와 같다.] 먹을 때에는 소라로['蝸'자는 '力(력)'자와 '戈(과)'자의 반절음이다.] 담근 젓갈을 곁들이고, 고미밥을['苽'자의 음은 '孤(고)'이다.] 먹을 때에는 꿩국을 곁들이며, 보리밥을 먹을 때에는 포로 끓인 국・닭국을 곁들이고, 쌀을['稌'자의 음은 '杜(두)'이다.] 찧어서 만든 밥에는 개고깃국・토끼고깃국을 곁들이되, 맛의 조화를['和'자는 거성으로 읽는다.] 맞추고, 풀죽에는['糝'자는 '思(사)'자와 '敢(감)'자의 반절음이다.] 요라는['蓼'자의 음은 '了(료)'이다.] 풀은 넣지 않는다.

集說 此言進飯之宜. 蝸, 與螺同. 苽, 雕胡也. 脯羹, 析脯爲羹也. 稌, 稻. 折稌, 謂細折稻米爲飯也. 此五羹者, 宜以五味調和米屑爲糝, 不須加蓼, 故云和糝不蓼也.

이 문장은 밥을 진설할 때 밥과 어울리는 음식에 대해 언급하고 있다. '와(蝸)'자는 나(螺)자와 동일하다. '고(苽)'자는 조호라는 식물의 열매이다. '포갱(脯羹)'은 포를 찧어서 국으로 만든 것이다. '도(稌)'자는 쌀을 뜻한다. '절도(折稌)'는 쌀알을 가늘게 찧어서 밥으로 만든 것을 뜻한다. 이러한 다섯 가지 국은 마땅히 오미로 조화를 이루고, 쌀가루로 풀죽을 만드는데, 요라는 풀은 첨가할 필요가 없다. 그렇기 때문에 "맛의 조화를 이루고, 풀죽에는 요는 넣지 않는다."라고 말한 것이다.

【063】

濡[而]豚, 包苦實蓼; 濡雞, 醢醬實蓼; 濡魚, 卵[鯤]醬實蓼; 濡鱉, 醢醬實蓼.〈053〉

돼지고기를 삶을['濡'자의 음은 '而(이)'이다.] 때에는 씀바귀로 겉을 싸고, 배 안에 요라는 식물을 채워서 삶으며, 닭고기를 삶을 때에는 젓갈로 국물의 간을 맞추고, 배 안에 요라는 식물을 채워서 삶고, 물고기를 삶을 때에는 물고기 알로['卵'자의 음은 '鯤(곤)'이다.] 담근 젓갈로 국물의 간을 맞추고, 배 안에 요라는 식물을 채워서 삶으며, 자라를 삶을 때에는 젓갈로 국물의 간을 맞추고, 배 안에 요라는 식물을 채워서 삶는다.

集說 濡, 讀爲胹, 烹煮之也. 胹豚者, 包裹之以苦菜, 而實蓼於腹中. 此四物, 皆以蓼實其腹而煮之也. 卵醬, 魚子爲醬也. 三物之用醬, 蓋以調和其汁耳.

'유(濡)'자는 이(胹)자로 풀이하니, 삶는다는 뜻이다. 따라서 '이돈(胹豚)'은 고채라는 식물을 이용하여 돼지고기를 싸고, 돼지 배 안에는 요라는 식물을 채워서 만든 것이다. 이 네 가지 음식들은 모두 요라는 식물을 그 배 안에 채워서 삶게 된다. '곤장(卵醬)'은 물고기 알로 젓갈을 담근 것이다. 이 세 가지 음식들에는 젓갈을 사용하게 되는데, 무릇 젓갈을 이용해서 국물의 간을 맞추기 때문이다.

【064】

腶[丁貫反]脩蚳[墀]醢, 脯羹兔醢, 麋膚魚醢. 魚膾芥醬, 麋腥醢醬, 桃諸梅諸卵[力管反]鹽.〈054〉

조미육포에는['腶'자는 '丁(정)'자와 '貫(관)'자의 반절음이다.] 왕개미 알로['蚳'자의 음은 '墀(지)'이다.] 담근 젓갈을 곁들이고, 포로 끓인 국에는 토끼고기로 담근 육장을 곁들이며, 큰 사슴의 저민 고기에는 물고기로 담근 젓갈을 곁들이고, 물기기 회에는 개장을 곁들이며, 큰 사슴의 생고기에는 젓갈과 장을 곁들이고, 복숭아 절임과 매실 절임에는 난염을[卯'자는 '力(력)'자와 '管(관)'자의 반절음이다.] 곁들인다.

集說 股脩, 見前. 蚳醢, 以蚍蜉子爲醢也. 謂食股脩者, 以蚳醢配之; 食脯羹者, 以兎醢配之. 餘倣此. 麋, 鹿之大者. 膚, 切肉也. 麋腥, 生麋肉也. 諸, 菹也. 桃梅皆爲菹藏之, 欲藏必令稍乾, 故周禮謂之乾穣. 食之則和以卵鹽. 大鹽形似鳥卵, 故名卵鹽也.

'단수(股脩)'에 대해서는 앞에 그 설명이 나온다. '지해(蚳醢)'는 왕개미의 알로 젓갈을 담근 것이다. 즉 단수를 먹을 때에는 지해를 함께 곁들여서 먹는다는 뜻이며, 포로 만든 국을 먹을 때에는 토끼고기로 담근 젓갈을 곁들인다는 의미이다. 나머지 음식들도 모두 이러한 의미이다. '미(麋)'는 사슴 중에서도 몸집이 큰 것이다. '부(膚)'는 고기를 잘게 썬 것이다. '미성(麋腥)'은 생으로 된 미의 고기이다. '제(諸)'자는 채소 절임을 뜻한다. 복숭아와 매실은 모두 절임을 해서 보관하니, 보관을 하려고 하면 반드시 좀 더 건조를 시켜야 하기 때문에, 『주례』에서는 이것을 '건료(乾穣)'라고 부른 것이다. 이것을 먹을 때에는 난염을 곁들여서 맛을 낸다. 대염의 모습은 마치 새의 알과 같기 때문에, '난염(卵鹽)'이라고도 부르는 것이다.

【065】
凡食[嗣]齊[去聲]視春時, 羹齊視夏時, 醬齊視秋時, 飮齊視冬時.〈055〉
무릇 밥을['食'자의 음은 '嗣(사)'이다. '齊'자는 거성으로 읽는다.] 차릴 때에는 봄철의 기운에 견주어 따뜻하게 내놓고, 국을 차릴 때에는 여름철의 기운에 견주어 뜨겁게 내놓으며, 장을 차릴 때에는 가을철의 기운에 견주어 서늘하게 내놓고, 음료를 차릴 때에는 겨울철의 기운에 견주어 시원하게 내놓는다.

集說 鄭氏曰: 飯宜溫, 羹宜熱, 醬宜涼, 飮宜寒也.

정현이 말하길, 밥은 마땅히 따뜻해야 하고, 국은 마땅히 뜨거워야 하며, 장은 마땅히 서늘해야 하고, 마실 것은 마땅히 시원해야 한다.

【066】

凡和[去聲], 春多酸, 夏多苦, 秋多辛, 冬多鹹, 調以滑甘. 〈056〉

무릇 조미료를 가미할['和'자는 거성으로 읽는다.] 때에는 봄에는 신맛을 많이 내고, 여름에는 쓴맛을 많이 내며, 가을에는 매운 맛을 많이 내고, 겨울에는 짠맛을 많이 내니, 단맛을 이용해서 맛을 조율한다.

集說 酸·苦·辛·鹹, 木·火·金·水之所屬, 多其時味, 所以養氣也. 四時皆調以滑甘, 象土之寄歟.

신맛·쓴맛·매운맛·짠맛은 오행 중 목·화·금·수에 해당하는데, 해당 계절의 맛을 많이 하는 것은 기운을 기르는 방법이다. 사계절에 대해 모두 단맛으로 조율하는 것은 오행 중 사행에 토가 깃들어 있음을 본뜬 것이다.

【067】

牛宜稌, 羊宜黍, 豕宜稷, 犬宜粱, 鴈宜麥, 魚宜菰. 〈057〉

소고깃국에는 쌀밥이 적합하며, 양고깃국에는 메기장밥이 적합하고, 돼지고깃국에는 차기장밥이 적합하며, 개고깃국에는 조밥이 적합하고, 기러기고깃국에는 보리밥이 적합하며, 생선국에는 고미밥이 적합하다.

集說 上云折稌犬羹兎羹, 此云牛宜稌者, 上是人君燕食, 以滋味爲美, 此據尊者正食而言也.

앞에서는 쌀을 빻아서 지은 밥에는 개고깃국과 토끼고깃국을 곁들인다고 했는데, 이곳에서는 소고깃국에는 쌀밥이 합당하다고 했다. 그 이유는 군주의 연사(燕食)2)에서는 영양과 맛이 풍부한 음식을 맛있는 음식으로 여기기 때문이니, 이 기록은 존장자가 먹는 정식을 기준으로 말한 것이다.

【068】

春宜羔豚, 膳膏薌; 夏宜腒[渠]鱐[搜], 膳膏臊[騷]; 秋宜犢麛[迷], 膳膏腥; 冬宜鮮[仙]羽, 膳膏羶.〈058〉

봄에는 새끼양고기와 돼지고기가 적합하고, 그것을 조리할 때에는 소의 지방을 이용하며, 여름에는 말린 꿩고기와['腒'자의 음은 '渠(거)'이다.] 말린 물고기가['鱐'자의 음은 '搜(수)'이다.] 적합하고, 그것을 조리할 때에는 개의 지방을['臊'자의 음은 '騷(소)'이다.] 이용하며, 가을에는 송아지 고기와 새끼 사슴고기가['麛'자의 음은 '迷(미)'이다.] 적합하고, 그것을 조리할 때에는 닭의 지방을 이용하며, 겨울에는 살아있는 물고기와['鮮'자의 음은 '仙(선)'이다.] 기러기고기가 적합한데, 그것을 조리할 때에는 양의 지방을 이용한다.

集說 牛膏薌, 犬膏臊, 雞膏腥, 羊膏羶. 如春時食羔豚, 則煎之以牛膏, 故云膳膏薌也. 餘倣此. 腒, 乾雉. 鱐, 乾魚. 麛, 鹿子. 鮮, 生魚. 羽, 鴈也. 舊說此膳所宜, 以五行衰王相參, 乃方氏燥濕疾遲强弱之說, 今皆略之.

소의 지방, 개의 지방, 닭의 지방, 양의 지방을 뜻한다. 이것들은 마치 봄철에 새끼양과 돼지를 먹는다면, 그것을 끓일 때, 소의 지방을 이용하

---

2) 연사(燕食)는 군주를 포함한 모든 계층들이 일상적으로 먹는 오찬이나 만찬을 뜻한다. 『주례』「천관(天官)·선부(膳夫)」에는 "王燕食, 則奉膳贊祭."라는 기록이 있고, 이에 대한 정현의 주에서는 "燕食, 謂日中與夕食."라고 풀이했다. 한편 손이양(孫詒讓)의 『주례정의(周禮正義)』에서는 "王日三食, 日中與夕食, 饌具減殺, 別於禮食及朝食盛饌, 故謂之燕食."라고 풀이했다. 즉 군주는 하루에 세 차례 식사를 하는데, 오찬 및 만찬에는 반찬의 가짓수가 적기 때문에, 예사(禮食)나 조찬 때 차려내는 성찬(盛饌)과는 구별이 된다. 그렇기 때문에 '연사'라고 부른다. 또한 연회를 시행할 때, 사용하는 음식을 뜻하기도 한다.

는 것과 같다. 그렇기 때문에 "소의 지방으로 조리한다."라고 말한 것이다. 나머지도 모두 이러한 방식이다. '거(腒)'자는 말린 꿩고기를 뜻한다. '수(鱐)'자는 말린 물고기를 뜻한다. '미(麛)'자는 새끼 사슴을 뜻한다. '선(鮮)'자는 살아있는 물고기를 뜻한다. '우(羽)'자는 기러기를 뜻한다. 옛 학설에서는 이러한 음식들에 적합한 것은 오행 중 쇠약해지고 왕성해지는 것들이 서로 어울리는 것으로 한다고 했는데, 이것은 곧 방씨가 마르고 축축하며, 빠르고 더디며, 강하고 약하다고 했던 주장에 해당하는 것으로, 현재 이곳에서는 그 주장들을 모두 생략한다.

【069】
牛脩鹿脯·田豕脯·麋脯·麕[俱倫反]脯. 麋·鹿·田豕·麕皆有軒[憲], 雉·兎皆有芼.〈059〉

군주의 연사에서 추가적으로 차리는 음식들로는 소고기 육포·사슴고기 육포·멧돼지 육포·큰사슴고기 육포·노루고기['麕'자는 '俱(구)'자와 '倫(륜)'자의 반절음이다.] 육포가 있다. 큰사슴고기·사슴고기·멧돼지고기·노루고기는 포로만 먹는 것이 아니라 이들은 모두 생고기를 크게 잘라서도['軒'자의 음은 '憲(헌)'이다.] 먹고, 꿩고기와 토끼고기는 국으로 끓일 때, 모두 모채를 섞어서 맛을 낸다.

集說 疏曰: 麋·鹿·田豕·麕皆有軒者, 言此等非但爲脯, 又可腥食. 腥食之時, 皆以藿葉起之而不細切, 故云皆有軒. 不云牛者, 牛惟可細切爲膾, 不宜大切爲軒. 雉·兎皆有芼者, 爲雉羹·兎羹, 皆有芼菜以和之.

소에서 말하길, 큰사슴·사슴·멧돼지·노류 중에는 헌(軒)으로 사용하는 것도 있다고 했는데, 이 말은 이러한 등등의 음식들은 단지 포(脯)로만 만들어서 사용하는 것뿐만 아니라, 생고기로도 먹을 수가 있다는 뜻이다. 생고기로 먹을 때에는 모두 콩잎처럼 크게 자르며, 잘게 저미지 않는다. 그렇기 때문에 "모두 크게 자른 생고기가 있다."라고 말한 것이다. '우(牛)'를 언급하지 않았는데, 소는 오직 잘게 저며서 육회로만 먹으니, 크게 자르는 헌(軒)의 방식에는 합당하지 않기 때문이다. 꿩과 토끼에 모두 모(芼)가 포함된다는 것은 꿩고깃국과 토끼고깃국을 만들 때에는 모두 모채(芼菜)를 섞어서, 맛을 낸다는 뜻이다.

【070】

爵 · 鷃[晏] · 蜩[條] · 范 · 芝 · 㕔[而] · 菱[陵] · 棋[矩] · 棗 · 栗 · 捺 · 柿[俟] · 瓜 · 桃 · 李 · 梅 · 杏 · 楂[側加反] · 棃 · 薑 · 桂.〈060〉

군주의 연사에서 추가적으로 차리는 음식들로는 참새 · 세가락메추라기['鷃' 자의 음은 '晏(안)'이다.] · 매미['蜩'자의 음은 '條(조)'이다.] · 벌 · 버섯 · 작은 밤['㕔'자의 음은 '而(이)'이다.] · 마름['菱'자의 음은 '陵(릉)'이다.] · 호깨나무 열매['棋'자의 음은 '矩(구)'이다.] · 대추 · 밤 · 개암나무 열매 · 감['柿'자의 음은 '俟(사)'이다.] · 복숭아 · 자두 · 매실 · 살구 · 사['楂'자는 '側(측)'자와 '加(가)'자의 반절음이다.] · 배 · 생강 · 월계수 등이 있다.

（集說） 蜩, 蟬; 范, 蜂; 芝, 如今木耳之類; 柿, 韻會註云: "江准呼小栗爲柿栗", 菱, 芰也. 棋, 形似珊瑚, 味甛美, 一名白石李.

'조(蜩)'자는 매미를 뜻하며, '범(范)'자는 벌을 뜻하고, '지(芝)'는 마치 오늘날의 목이라는 버섯의 부류와 같은 것이며, '이(柿)'에 대해서, 『운회』의 주에서는 "강회 지역에서는 작은 밤을 '이률(柿栗)'이라고 부른다."라고 했고, '능(菱)'은 마름이라는 수초를 뜻한다. '구(棋)'는 그 모습이 마치 산호와 유사한데, 맛이 달고 좋으며, '백석리(白石李)'라고도 부른다.

（集說） 鄭氏曰: 自牛脩至此三十一物, 皆人君燕食所加庶羞也. 周禮天子羞用百有二十品, 記者不能次錄.

정현이 말하길, '우수(牛脩)'라는 것부터 이곳에 기록된 음식까지는 모두

31종류가 되는데, 이 모두는 군주가 연사를 할 때, 추가적으로 차려내는 음식들에 해당한다. 『주례』에서 천자는 반찬으로 120종류의 음식이 들어간다고 했는데, 『예기』를 기록한 자는 차례대로 기록하지 못한 것이다.

【071】

膾, 春用葱, 秋用芥. 豚, 春用韭, 秋用蓼. 脂用葱, 膏用薤[胡介反], 三牲用藙[毅], 和[去聲]用醯, 獸用梅.〈062〉 [本在"不徒食"下.]

회를 먹을 때, 봄에는 파를 곁들이고, 가을에는 개장을 곁들인다. 돼지고기를 먹을 때, 봄에는 부추를 곁들이고, 가을에는 요라는 채소를 곁들인다. 굳어 있는 지방을 요리할 때에는 파를 이용하고, 녹아있는 지방을 요리할 때에는 염교를['薤'자는 '胡(호)'자와 '介(개)'자의 반절음이다.] 이용하며, 세 가지 희생물의 고기를 조리할 때에는 수유를['藙'자의 음은 '毅(의)'이다.] 이용하고, 간을 맞출 때에는['和'자는 거성으로 읽는다.] 젓갈을 이용하며, 뭍짐승 고기는 매실을 이용하여 간을 맞춘다. [본래는 "도식하지 않는다."[3]라고 한 문장 뒤에 수록되어 있었다.]

集說 芥, 芥醬也. 肥凝者爲脂, 釋者爲膏. 三牲, 牛·羊·豕也. 藙, 茱萸也. 和用醯, 以醯和三牲也. 獸用梅, 以梅和獸也.

'개(芥)'자는 개장을 뜻한다. 비계가 응고된 것을 '지(脂)'라고 하며, 풀어진 것을 '고(膏)'라고 한다. '삼생(三牲)'은 소·양·돼지를 뜻한다. '의(藙)'는 수유이다. '화용혜(和用醯)'라는 말은 젓갈을 이용해서 세 가지 희생물에 대한 간을 맞춘다는 뜻이다. '수용매(獸用梅)'라는 말은 매실을 이용해서 뭍짐승 고기에 대한 간을 맞춘다는 뜻이다.

---

3) 『예기』「내칙」061장 : 大夫燕食, 有膾無脯, 有脯無膾. 士不貳羹胾. 庶人耆老<u>不徒食</u>.

【072】

鶉羹・雞羹・鴽[如], 釀[尼亮反]之蓼. 魴[防]鱮[序]烝・雛燒・雉, 薌無
蓼. 〈063〉

메추라기 국・닭국・세가락메추라기['鴽'자의 음은 '如(여)'이다.] 찜에는 요라는
식물을 섞어서['釀'자는 '尼(니)'자와 '亮(량)'자의 반절음이다.] 맛을 낸다. 방어와['魴'
자의 음은 '防(방)'이다.] 연어의['鱮'자의 음은 '序(서)'이다.] 찜・새끼 새 구이・꿩
요리는 향초를 섞어서 맛을 내되 요는 섞지 않는다.

集說 鴽不爲羹, 惟烝煮而已, 故不曰羹. 此三味皆切蓼以雜和之,
故曰釀之蓼. 魴鱮二魚, 烝而食之, 故曰魴鱮烝. 雛, 鳥之小者, 燒熟
然後調和, 故云雛燒. 雉則或燒或烝, 或以爲羹皆可. 薌, 謂香草, 若
白蘇紫蘇之屬也. 言烝魴鱮・燒雛及烹雉, 皆調和之以香草, 無用蓼
也.

세가락메추라기로는 국을 만들지 않으니, 오직 찌거나 삶을 따름이다.
그렇기 때문에 '갱(羹)'자를 붙여서 말하지 않았다. 이 세 가지 음식들에
는 모두 요라는 식물을 잘게 잘라서, 그곳에 섞어 맛을 조화롭게 한다.
그렇기 때문에 "요를 섞어서 맛을 낸다."라고 말한 것이다. 방어와 연어
라는 두 가지 물고기는 쪄서 먹게 된다. 그렇기 때문에 '방어와 연어의
찜'이라고 말한 것이다. 추는 새 중에서도 크기가 작은 것인데, 불로 구운
뒤에야 맛이 조화롭게 된다. 그렇기 때문에 '새끼 새 구이'라고 말한 것이
다. 꿩은 굽기도 하고 찌기도 하며, 간혹 국으로 만들기도 하여, 이 모든
방법이 가능하다. '향(薌)'자는 향기를 내는 식물을 뜻하니, 마치 백소나
자소와 같은 부류들이다. 방어와 연어를 찐 것과 새끼 새를 구운 것 및
꿩을 삶은 것들은 모두 향초를 이용해서 맛을 조화롭게 하되, 요는 사용
하지 않는다.

肉腥細者爲膾, 大者爲軒[憲]. 或曰: "麋鹿魚爲菹, 麕爲辟[璧]雞, 野豕
爲軒, 兔爲宛[苑]脾. 切蔥若薤, 實諸醢以柔之."〈068〉 [本在"鹿胃"下.]

생고기를 가늘게 저민 것은 '회(膾)'가 되며, 크게 자른 것은 '헌(軒)'이['軒'
자의 음은 '憲(헌)'이다.] 된다. 혹은 "큰 사슴고기·사슴고기·물고기로는 절임
을 만들고, 노루로는 벽계를['辟'자의 음은 '璧(벽)'이다.] 만들며, 멧돼지로는 헌
을 만들고, 토끼로는 원비를['宛'자의 음은 '苑(원)'이다.] 만든다. 염교나 파를
썰어서, 젓갈에 담가서 부드럽게 만든다."라고 했다. [본래는 "사슴의 위[4]라고
한 문장 뒤에 수록되어 있었다.]

集說 細縷切者爲膾, 大片切者爲軒. 或用蔥或用薤, 故云切蔥若
薤. 肉與蔥薤皆置之醋中, 故云實諸醢. 侵漬而熟, 則柔軟矣, 故曰
柔之.

가늘고 잘게 저민 것은 '회(膾)'가 되고, 크게 자른 것은 '헌(軒)'이 된다.
혹은 파를 이용하기도 하고, 혹은 염교를 이용하기도 한다. 그렇기 때문
에 "염교나 파를 자른다."라고 말한 것이다. 고기와 파 및 염교는 모두
식초에 재우게 된다. 그렇기 때문에 "젓갈에 담근다."라고 말한 것이다.
재워서 숙성을 시키게 된다면, 연하고 부드럽게 된다. 그렇기 때문에 "연
하게 한다."라고 말한 것이다.

集說 疏曰: 爲記之時, 無菹軒辟雞宛脾之制, 作之未審, 舊有此言,
記者承而用之, 故稱或曰. 其辟雞·宛脾及軒之各, 其義未聞.

소에서 말하길, 『예기』를 기록했을 당시에는 저·헌·벽계·원비를 만
드는 방법이 남아 있지 않았으므로, 기록을 상세하게 하지 못한 것인데,
옛 기록에 이러한 말들이 남아 있어서, 『예기』를 기록한 자가 그 내용을

---

4) 『예기』「내칙」 067장: 雛尾不盈握, 弗食. 舒鴈翠·鵠鴞胖·舒鳧翠·雞肝·鴈
腎·鴇奧·鹿胃.

가져와서 인용한 것이다. 그렇기 때문에 '혹왈(或曰)'이라고 지칭한 것이다. 벽계·원비 및 헌의 명칭에 대해서는 그 자세한 의미를 들어보지 못했다.

【074】

肉曰脫之, 魚曰作之, 棗曰新之, 栗曰撰[須兗反]之, 桃曰膽之, 柤[側加反]棃曰攢[咨官反]之.⟨065⟩ [本在"鼈去醜"下.]

고기의 경우, 껍질과 힘줄을 벗겨내고 제거하는 것을 '탈(脫)'한다고 부르고, 물고기의 경우, 움직이게 하여 신선한지를 살펴보는 것을 '작(作)'한다고 부르며, 대추의 경우, 깨끗하게 씻는 것을 '신(新)'한다고 부르고, 밤의 경우, 벌레 먹은 것을 골라내는 것을 '선(撰)'한다고['撰'자는 '須(수)'자와 '兗(연)'자의 반절음이다.] 부르며, 복숭아의 경우, 씻고 문질러서 푸르고 매끄럽게 만드는 것을 '담(膽)'한다고 부르고, 사와['柤'자는 '側(측)'자와 '加(가)'자의 반절음이다.] 배의 경우, 벌레 먹은 것을 도려내는 것을 '찬(攢)'한다고['攢'자는 '咨(자)'자와 '官(관)'자의 반절음이다.] 부른다. [본래는 "자라의 항문을 제거한다."⁵⁾라고 한 문장 뒤에 수록되어 있었다.]

集說 脫者, 剝除其筋膜. 作者, 搖動之以觀其鮮餧. 一說, 作, 猶斫也, 謂削其鱗. 棗則拭治而使之新潔. 撰, 猶選也. 栗多蟲蠹, 宜選擇之. 桃多毛, 拭治令靑滑如膽. 攢之者, 攢治其蠹處也. 此皆治擇之名.

'탈(脫)'이라는 것은 힘줄과 껍질을 벗겨내고 제거한다는 뜻이다. '작(作)'이라는 것은 움직이게 하여, 그것이 신선한지 또는 오래되었는지를 확인한다는 뜻이다. 일설에는 '작(作)'자를 착(斫)자와 같다고 했으니, 비늘을 제거한다는 뜻이다. 대추의 경우 닦아내서 신선하고 청결하게 만든다.

---

5) 『예기』 「내칙」 064장 : 不食雛鼈. 狼去腸, 狗去腎, 狸去正脊, 兎去尻, 狐去首, 豚去腦, 魚去乙, <u>鼈去醜</u>.

'찬(撰)'자는 선(選)자와 같다. 밤은 벌레가 먹은 것들이 많으니, 마땅히 가려내야 한다. 복숭아는 솜털이 많으니, 닦아내고 솜털을 정리하여 쓸개처럼 푸르고 매끄럽게 만들어야 한다. '찬(攢)'을 한다는 말은 벌레가 먹은 부위를 도려낸다는 뜻이다. 이것들은 모두 다듬고 선별한다는 명칭들이다.

【075】

牛夜鳴, 則庮[由]; 羊泠[零]毛而毳[昌銳反], 羶; 狗赤股而躁, 臊[騷]; 鳥麃[傍表反]色而沙鳴, 鬱; 承望視而交睫[接], 腥; 馬黑脊而般[班]臂, 漏[平聲]. 〈066〉

소가 밤에 운다면, 그 고기에서는 썩은 나무 냄새가['庮'자의 음은 '由(유)'이다.] 나고, 양의 털의 끝이 구부러져['泠'자의 음은 '零(령)'이다.] 있고 가늘어져['毳'자는 '昌(창)'자와 '銳(예)'자의 반절음이다.] 있다면, 그 고기에서는 누린내가 나며, 개의 정강이에 털이 없어서 그 속살이 훤히 드러나며, 방정맞게 움직인다면, 그 고기에서는 누린내가['臊'자의 음은 '騷(소)'이다.] 나고, 새의 털색이 변하여 윤기가 없고['麃'자는 '傍(방)'자와 '表(표)'자의 반절음이다.] 서글프게 운다면, 그 고기에서는 썩은 냄새가 나며, 돼지가 눈을 치켜뜨고, 속눈썹이['睫'자의 음은 '接(접)'이다.] 길어서 서로 교차했다면, 그 고기에는 쌀알처럼 흰 반점들이 나타나고, 말의 척추가 검고 앞쪽 정강이에 얼룩무늬가['般'자의 음은 '班(반)'이다.] 있다면, 그 고기에서는 땅강아지 냄새가['漏'자는 평성으로 읽는다.] 난다. 따라서 이러한 것들은 먹어서는 안 된다.

集說 牛之夜鳴者, 其肉庮臭. 羊之毛本稀泠, 而毛端毳結者, 其肉羶氣. 狗股裏無毛而擧動急躁者, 其肉躁惡. 麃色, 色變而無潤澤也. 沙, 嘶也, 鳴而其聲沙斯者. 鬱, 謂腐臭也. 望視, 擧目高也. 交睫, 目睫毛交也. 腥, 讀爲星, 肉中生小息肉如米者也. 般臂, 前脛毛班也. 漏, 讀爲螻, 謂其肉如螻蛄臭也. 牛至馬六物若此者, 皆不可食.

소 중에 밤에 우는 것들은 그 고기에서 썩은 나무 냄새가 난다. 양의 털 줄기가 구부러져 있고 듬성듬성 있으며, 털의 끝이 가늘고 구부러져 있는 것은 그 고기에서 누린내가 난다. 개의 넓적다리 속살에 털이 없고, 거동이 방정맞은 것은 그 고기에서 누린내가 난다. '표색(臕色)'은 색이 변하여 윤기가 없다는 뜻이다. '사(沙)'자는 "애처롭게 울다."는 뜻으로, 새가 울 때 그 소리가 애처로운 것을 뜻한다. '울(鬱)'자는 부패할 때 나는 냄새를 뜻한다. '망시(望視)'는 눈을 높이 치켜뜬다는 뜻이다. '교첩(交睫)'은 속눈썹의 털이 서로 엇갈려 있다는 뜻이다. '성(腥)'자는 성(星)자로 풀이하니, 생고기 상태로 잠시 놔두게 되면, 고기 중에 쌀처럼 하얀 반점이 생기는 것을 뜻한다. '반비(般臂)'는 앞정강이에 있는 털이 얼룩무늬인 것을 뜻한다. '누(漏)'자는 누(螻)자로 풀이하니, 그 고기에서 땅강아지와 같은 냄새를 풍기는 것을 뜻한다. 소로부터 말에 이르기까지, 총 6가지 고기 중 이와 같은 것이 있다면, 모두 먹어서는 안 된다.

【076】

舒鴈翠・鵠鴞[于嬌反]胖[判]・舒鳧翠・雞肝・鴈腎・鴇[保]奧[郁]・鹿胃.〈067〉6) [本在"不盈握弗食"下.] 不食雛鼈.〈064〉7) [本在"雉薌無蓼"下.] 雛尾不盈握, 弗食.〈067〉8) [本在"般臂漏"下.]

거위의 꼬리・고니와 부엉이['鴞'자는 '于(우)'자와 '嬌(교)'자의 반절음이다.]의 옆구리['胖'자의 음은 '判(판)'이다.]・오리의 꼬리・닭의 간・기러기의 콩팥・너새['鴇'자의 음은 '保(보)'이다.]의 지라['奧'자의 음은 '郁(욱)'이다.]・사슴의 위는 먹지 않는다. [본래는 "한 줌도 안 되면 먹지 않는다."라고 한 문장 뒤에 수록되어 있었다.] 새끼

---

6) 『예기』「내칙」067장 : 雛尾不盈握, 弗食. <u>舒鴈翠・鵠鴞胖・舒鳧翠・雞肝・鴈腎・鴇奧・鹿胃.</u>

7) 『예기』「내칙」064장 : <u>不食雛鼈.</u> 狼去腸, 狗去腎, 狸去正脊, 兎去尻, 狐去首, 豚去腦, 魚去乙, 鼈去醜.

8) 『예기』「내칙」067장 : <u>雛尾不盈握, 弗食.</u> 舒鴈翠・鵠鴞胖・舒鳧翠・雞肝・鴈腎・鴇奧・鹿胃.

자라는 먹지 않는다. [본래는 "꿩 요리는 향초를 섞어서 맛을 내되 요는 섞지 않는다."[9)] 라고 한 문장 뒤에 수록되어 있었다.] 몸집이 작은 새의 꼬리가 한 줌도 안 되면, 먹지 않는다. [본래는 "앞쪽 정강이에 얼룩무늬가 있다면, 그 고기에서는 땅강아지 냄새가 난다."[10)]라고 한 문장 뒤에 수록되어 있었다.]

集說 舒鴈, 鵝也. 翠, 尾肉也. 胖, 脅側薄肉也. 舒鳧, 鴨也. 鴰, 似鴈而大, 無後指. 奧, 脾肶也, 藏之深奧處也. 此九物亦不可食. 雛鼈, 伏乳者.

'서안(舒鴈)'은 거위를 뜻한다. '취(翠)'자는 꼬리 고기를 뜻한다. '반(胖)'은 갈비 측면에 붙어 있는 엷은 살을 뜻한다. '서부(舒鳧)'는 오리를 뜻한다. '보(鴰)'는 기러기와 유사하지만 몸집이 큰 것으로, 뒷발가락이 없는 것이다. '욱(奧)'은 지라 주머니를 뜻하는데, 장기 중 가장 깊숙한 곳에 있다. 이러한 아홉 가지 부위들 또한 먹어서는 안 된다. 추별(雛鼈)'은 아직 젖을 먹게 되는 새끼를 뜻한다.

附註 舒鴈至不食, 通爲一句. 雛鼈連雛尾讀.

'서안(舒鴈)'으로부터 '불식(不食)'까지는 통괄하여 하나의 구문으로 삼는다. 추별(雛鼈)에 대한 것은 추미(雛尾)와 연결해서 읽는다.

---

9) 『예기』「내칙」 063장 : 鶉羹 · 雞羹 · 鴽, 釀之蓼. 魴鱮烝 · 雛燒 · 雉, 薌無蓼.

10) 『예기』「내칙」 066장 : 牛夜鳴, 則庮; 羊泠毛而毳, 羶; 狗赤股而躁, 臊; 鳥麷色而沙鳴, 鬱; 豕望視而交睫, 腥; 馬黑脊而般臂, 漏.

【077】

狼去[上聲]腸, 狗去腎. 狸去正脊, 兎去尻[苦刀反], 狐去首, 豚去腦, 魚去乙, 鼈去醜. 〈064〉1) [本在"不食雛鼈"下.]

이리를 먹을 때에는 창자를 제거하고['去'자는 상성으로 읽는다.] 먹고, 개를 먹을 때에는 콩팥을 제거하고 먹으며, 살쾡이를 먹을 때에는 등뼈를 제거하고 먹고, 토끼를 먹을 때에는 꽁무니를['尻'자는 '苦(고)'자와 '刀(도)'자의 반절음이다.] 제거하고 먹으며, 여우를 먹을 때에는 머리를 제거하고 먹고, 돼지를 먹을 때에는 뇌를 제거하고 먹으며, 물고기를 먹을 때에는 아가미에 있는 을자 모양의 뼈를 제거하고 먹고, 자라를 먹을 때에는 항문을 제거하고 먹는다. [본래는 "새끼 자라는 먹지 않는다."라고 한 문장 뒤에 수록되어 있었다.]

集說 此八者皆爲不利於人. 雛鼈, 伏乳者. 魚體中有骨如篆乙之形, 去之, 爲鯁人也. 醜, 竅也. 或云頸下有骨能毒人.

이러한 여덟 가지 부위들은 모두 사람에게 이롭지 않은 것이다. '추별(雛鼈)'은 아직 젖을 먹게 되는 새끼를 뜻한다. 물고기 몸체에는 '을(乙)'자를 새겨 넣은 것처럼 생긴 뼈가 있는데, 그것을 제거하는 것은 먹을 때 가시가 박히도록 만들기 때문이다. '추(醜)'자는 항문을 뜻한다. 혹자는 목 아래에 있는 뼈로, 사람에게 독을 퍼트리는 부위라고도 한다.

【078】

大夫燕食, 有膾無脯, 有脯無膾. 士不貳羹胾. 庶人耆老不徒食. 〈061〉
[本在"薑桂"下.]

대부의 연사에 회가 포함되면 포가 없게 되고, 포가 포함되면 회가 없게 된다. 사 계급은 국과 고기를 함께 차려서 먹지 않는다. 서인이라 하더라도

---

1) 『예기』「내칙」 064장 : 不食雛鼈. 狼去腸, 狗去腎, 狸去正脊, 兎去尻, 狐去首, 豚去腦, 魚去乙, 鼈去醜.

노인인 경우라면, 밥을 먹을 때 항상 맛있는 요리들이 포함된다. [본래는 "생강·월계수"²)라고 한 문장 뒤에 수록되어 있었다.]

集說 因上文言人君燕食之物, 而言大夫燕食, 士不貳羹胾, 亦謂燕食也. 徒, 猶空也. 不徒食, 言必有饌.

앞 문장에서 군주가 연사를 할 때 먹는 음식들을 언급한 것에 연유하여, 대부가 연사를 할 때 먹는 음식들을 언급한 것이며, "사는 국과 자를 함께 먹지 않는다."는 말 또한 연사에 대한 내용이다. '도(徒)'자는 "비다."는 뜻이다. '부도식(不徒食)'이라는 말은 반드시 맛있는 요리가 포함된다는 뜻이다.

集說 疏曰: 若朝夕常食, 則下云羹食, 自諸侯以下至於庶人無等.

소에서 말하길, 만약 아침저녁으로 먹는 일상적인 식사라면, 아래문장에서는 국과 밥의 경우, 제후로부터 그 이하로 서인에 이르기까지 차등이 없다고 했다.

【079】

羹食[嗣], 自諸侯以下至於庶人, 無等. 大夫無秩膳, 大夫七十而有閣.〈069〉 [本在"以柔之"下.]

국과 밥은['食'자의 음은 '嗣(사)'이다.] 평상시에 먹는 것들이니, 제후로부터 서인에 이르기까지 신분에 따른 차등이 없다. 대부에게는 항상 차리게 되는 요리가 없고, 대부의 나이가 70이 되어서야 음식물을 올려두는 각을 두게 된다. [본래는 "부드럽게 만든다."라고 한 문장 뒤에 수록되어 있었다.]

---

2) 『예기』「내칙」 060장 : 爵·鷃·蜩·范·芝·栭·菱·椇·棗·栗·榛·柿·瓜·桃·李·梅·杏·楂·梨·薑·桂.

羹與飯常日所食, 故無貴賤之等差. 秩, 常也. 五十始命爲大
夫, 未爲甚老, 故無常膳. 七十有閣, 則有秩膳矣. 閣以板爲之, 所以
庋飮食之物.

국과 밥은 평상시에 먹는 것들이다. 그렇기 때문에 귀천의 등급에 따른
차등이 없는 것이다. '질(秩)'자는 항상이라는 뜻이다. 50세가 되어서야
비로소 명을 받아 대부가 되는데, 아직은 매우 늙은 것이 아니다. 그렇기
때문에 항상 먹게 되는 요리가 없는 것이다. 70세가 되어 각을 둔다면,
항상 먹게 되는 요리가 있는 것이다. '각(閣)'은 널판을 이용해서 만드는
데, 음식물을 올려두는 것이다.

【080】
天子之閣, 左達五, 右達五. 公·侯·伯於房中五, 大夫於閣三, 士於
坫[丁念反]一.〈070〉
천자가 설치하는 각은 좌측 협실에 5개를 설치하고, 우측 협실에 5개를
설치한다. 공작·후작·백작의 경우에는 방 안에 5개의 각을 설치하고, 대
부는 협실에 각을 설치하되 3개를 설치하며, 사는 각 대신 흙으로 쌓은
받침을['坫'자는 '丁(정)'자와 '念(념)'자의 반절음이다.] 1개 설치한다.

疏曰: 宮室之制, 中央爲正室, 正室左右爲房, 房外有序, 序外
有夾室. 天子尊, 庖廚遠, 故左夾室五閣, 右夾室五閣. 諸侯卑, 庖廚
宜稍近, 故於房中, 惟一房之中而五閣也. 大夫卑而無嫌, 故亦於夾
室而三閣. 士卑不得爲閣, 但於室中爲土坫以庋食. 五者, 三牲之肉
及魚·腊. 三者, 豕·魚·腊也.

소에서 말하길, 궁실의 제도에 있어서, 중앙에 있는 것은 정실이 되며,
정실의 좌우측에 있는 것은 방이 되고, 방 바깥에는 서가 있으며, 서 바깥
에는 협실이 있다. 천자는 존귀한 존재이므로, 부엌이 멀리 떨어져 있다.
그렇기 때문에 좌측 협실에는 5개의 각을 갖추고, 우측 협실에는 5개의

각을 갖추는 것이다. 제후는 상대적으로 신분이 낮으므로, 부엌의 위치에 있어서도 마땅히 천자보다 조금 더 가까이 있게 된다. 그렇기 때문에 방 안에 두며, 단지 1개의 방 안에 5개의 각을 갖출 뿐이다. 대부는 제후보다도 신분이 낮으므로, 예법을 높이더라도 혐의를 받지 않는다. 그렇기 때문에 또한 협실에 마련하며 3개의 각을 둔다. 사는 신분이 더욱 낮으므로 각을 만들 수 없고, 단지 실 안에 흙으로 쌓은 대를 만들어서, 음식을 올려둘 따름이다. 5개의 각을 갖추는 경우에는 3종류 희생물의 고기 및 물고기와 석을 둔다. 3개의 각을 갖추는 경우에는 돼지고기 · 물고기 · 석을 둔다.

【081】

淳[之純反]熬[遨]: 煎醢加于陸稻上, 沃之以膏, 曰淳熬.〈074〉 [本在"皆有惇史"下.]

여덟 가지 진미 중 첫 번째 요리인 준오에[‘淳’자는 ‘之(지)’자와 ‘純(순)’자의 반절음이다. ‘熬’자의 음은 ‘遨(오)’이다.] 대해 설명하자면, 젓갈을 달여서 쌀밥 위에 붓고, 다시 기름을 부어서 완성한다. 그렇기 때문에 이러한 뜻에서 ‘준오(淳熬)’라고 부르는 것이다. [본래는 "모두에게 있어서 돈사를 기록하는 것이 있었다."[3]라고 한 문장 뒤에 수록되어 있었다.]

> **集說** 淳, 沃也. 熬, 煎也. 陸稻, 陸地之稻也. 以陸稻爲飯, 煎醢加于飯上, 又恐味薄, 故更沃之以膏. 此八珍之一也.

‘준(淳)’자는 "붓다."는 뜻이다. ‘오(熬)’자는 "달이다."는 뜻이다. ‘육도(陸稻)’는 육지에서 생산된 벼를 뜻한다. 육도로 밥을 짓고, 젓갈을 달여서 밥 위에 붓고, 또 그 맛이 싱거울 것을 염려했기 때문에, 재차 기름을

---

3) 『예기』「내칙」073장 : 凡養老, 五帝憲, 三王有乞言. 五帝憲, 養氣體而不乞言, 有善則記之爲惇史. 三王亦憲, 旣養老而后乞言, 亦微其禮, 皆有惇史.

붓는 것이다. 이것은 팔진 중 첫 번째 요리이다.

【082】

淳毋[模]: 煎醢加于黍食[嗣]上, 沃之以膏, 曰淳毋.〈075〉

여덟 가지 진미 중 두 번째 요리인 준모에['毋'자의 음은 '模(모)'이다.] 대해 설명
하자면, 젓갈을 달여서 메기장으로 지은 밥['食'자의 음은 '嗣(사)'이다.] 위에 붓
고, 다시 기름을 부어서 완성한다. 그렇기 때문에 이러한 뜻에서 '준모(淳
毋)'라고 부르는 것이다.

集說 疏曰: 毋, 是禁辭, 非膳羞之體, 故讀爲模, 象也. 蓋法象淳熬
而爲之. 但用黍飯爲異耳. 此八珍之二也.

소에서 말하길, '무(毋)'라는 말은 금지사에 해당하니, 요리와 음식들을
가리키는 말이 아니다. 그렇기 때문에 모(模)자로 풀이하니, '모(模)'자는
"본받다."는 뜻이다. 준오의 조리방법을 본받아서 만든다. 다만 메기장으
로 지은 밥을 이용하는 점만 다를 따름이다. 이것은 여덟 가지 진미 중
두 번째 요리이다.

附註 淳毋, 言五穀以黍爲長, 黍食沃膏, 是飮食之始, 故謂之淳毋,
猶言沃食之所自出也. 毋音模, 無經據, 當如字. 八珍: 淳毋一也, 淳
熬二也, 炮三也, 擣珍四也, 漬五也, 熬六也, 肝膋七也, 糝八也. 酏
如字, 即糝食之少變, 不可別而二之.

'준무(淳毋)'는 오곡 중에서는 메기장을 으뜸으로 여기는데, 메기장으로
지은 밥에 기름을 붓는 것을 말하며, 이것은 음식을 먹는 시작이 된다.
그렇기 때문에 '준무(淳毋)'라 부르는 것으로, 밥에 기름을 붓는 것이 유
래된 바를 언급하는 것과 같다. '毋'자의 음을 '模(모)'라 하는 것에 있어
서는 경문에 근거가 없으니, 마땅히 글자대로 읽어야 한다. 팔진(八珍)은
준무(淳毋)가 첫 번째이고, 준오(淳熬)가 두 번째이며, 포(炮)가 세 번째

이고, 도진(擣珍)이 네 번째이며, 지(漬)가 다섯 번째이고, 오(熬)가 여섯 번째이며, 간료(肝膋)가 일곱 번째이고, 삼(糝)이 여덟 번째이다. '이(酏)'자는 글자대로 읽으니, 삼식(糝食)에서 조금 변화된 것에 해당하므로, 둘로 구별할 수 없다.

【083】

炮[庖]: 取豚若將[牂], 刲[睽]之刳[枯]之, 實棗於其腹中, 編萑[丸]以苴[子餘反]之, 塗之以謹[芹]塗. 炮之, 塗皆乾[干], 擘[百]之, 濯手以摩之, 去[上聲]其皽[展], 爲稻粉, 糔[息酒反]溲[所九反]之以爲酏[移], 以付豚, 煎諸膏, 膏必滅之. 鉅鑊[戶郭反]湯, 以小鼎薌脯於其中, 使其湯毋滅鼎, 三日三夜毋絶火, 而后調之以醯醢. 〈076〉

여덟 가지 진미 중 세 번째와 네 번째 요리에 해당하며, 진흙에 싸서 굽는 포돈과 포장에[‘炮’자의 음은 ‘庖(포)’이다.] 대해 설명하자면, 돼지와 숫양을[‘將’자의 음은 ‘牂(장)’이다.] 가져다가 도축을 하여, 안의 내장을 제거하고[‘刲’자의 음은 ‘睽(규)’이다. ‘刳’자의 음은 ‘枯(고)’이다.] 그 배 안에 대추를 채우며, 환이라는[‘萑’자의 음은 ‘丸(환)’이다.] 풀을 엮어서 감싸고[‘苴’자는 ‘子(자)’자와 ‘餘(여)’자의 반절음이다.] 진흙을[‘謹’자의 음은 ‘芹(근)’이다.] 바른다. 그것을 구워서, 진흙이 모두 마르게[‘乾’자의 음은 ‘干(간)’이다.] 되면, 겉면의 진흙을 제거하고[‘擘’자의 음은 ‘百(백)’이다.] 손을 씻은 뒤에 문질러서 표피를[‘皽’자의 음은 ‘展(전)’이다.] 벗겨내고[‘去’자는 상성으로 읽는다.] 쌀가루를 만들어서, 물을 부어[‘溲’자는 ‘所(소)’자와 ‘九(구)’자의 반절음이다.] 반죽해서[‘糔’자는 ‘息(식)’자와 ‘酒(주)’자의 반절음이다.] 쌀죽을[‘酏’자의 음은 ‘移(이)’이다.] 만들고, 이것을 돼지고기에 입히고, 기름에 넣어서 졸이는데, 기름은 반드시 돼지고기가 잠기도록 충분히 붓는다. 큰 솥을[‘鑊’자는 ‘戶(호)’자와 ‘郭(곽)’자의 반절음이다.] 준비하여 그 안에 물을 붓고, 작은 솥 안에는 향미를 가미한 포를 넣는데, 작은 솥을 큰 솥 안에 넣는다. 그리고 물이 작은 솥 안으로 들어가지 않도록 하고, 3일 밤낮을 은근한 불로 달이며, 그런 뒤에 젓갈이나 장을 이용해서 간을 맞춘다.

集說 此珍主於塗而燒之, 故以炮各. 牂, 牡羊也. 刲之刳之, 殺而去其五藏也. 萑, 蘆葦之類. 苴, 裹也. 謹, 讀爲墐, 說文黏土也. 擘之者, 擘去乾塗也. 濯手以摩之去其皽, 謂擘泥手不淨, 又隷肉熱, 故必濯其手, 然后摩去其皽膜也. 糔, 與前章瀡隨之瀡同, 以稻米爲粉, 瀡溲之爲粥. 若豚則以此粥敷其外, 若羊則解析其肉, 以此粥和之, 而俱煎以膏. 滅, 沒也. 謂所用膏, 沒此豚與羊也. 鉅鑊湯, 以大鑊盛湯

也. 脯, 解析之薄如脯也. 薌脯, 香美此脯也. 脯在小鼎內, 而小鼎則
置在鑊湯內, 湯不可沒鼎, 沒鼎則水入壞脯也. 毋絕火, 微熱而已, 不
熾之也. 至食則又以醯與醢調和之. 此八珍之三·四也.

여기에서 말하는 진미들은 진흙에 싸서 굽는 것을 위주로 한다. 그렇기
때문에 '포(炮)'자를 붙여서 부르는 것이다. '장(牂)'자는 수컷 양을 뜻한
다. '규지고지(刲之刳之)'라는 말은 도축을 하고서 오장을 제거한다는 뜻
이다. '환(萑)'은 노위라는 풀 부류이다. '저(苴)'자는 "싸다."는 뜻이다.
'근(謹)'자는 근(墐)자로 풀이하니, 『설문』에서는 점토라고 했다. '벽지
(擘之)'라는 말은 말라붙은 진흙을 제거한다는 뜻이다. 손을 씻고 문질러
서 그 표피를 제거하니, 진흙을 제거하면 손이 더럽게 되고, 또한 고기가
익어서 뜨겁기 때문에, 반드시 손을 씻은 뒤에 문질러서 표피를 벗겨낸다
는 의미이다. '수(糔)'자는 앞장에 '수수(溲瀡)'라고 했을 때의 수(溲)자와
동일하니, 쌀 알갱이를 빻아서 가루로 만들고, 뜨물로 반죽하여 죽으로
만든 것이다. 만약 돼지고기인 경우라면, 이러한 죽을 이용해서 그 겉면
에 입히고, 양고기인 경우라면, 고기를 잘게 잘라 이러한 죽을 섞어서
기름을 이용해 함께 달인다. '멸(滅)'자는 "잠기다."는 뜻이다. 즉 기름을
이용하여 이러한 돼지고기와 양고기를 잠기도록 붓는다는 뜻이다. '거확
탕(鉅鑊湯)'이라는 말은 큰 솥에 물을 담는다는 뜻이다. '포(脯)'자는 포
처럼 엷게 썰었다는 뜻이다. '향포(薌脯)'는 이러한 포에 향미를 더한다
는 뜻이다. 포는 작은 솥 안에 담겨 있고, 작은 솥은 큰 솥에 담긴 물
위에 놓이게 되며, 물이 작은 솥을 잠기게 해서는 안 되니, 작은 솥이
물에 잠긴다면, 물이 들어와서 포의 맛을 망치기 때문이다. '무절화(毋絕
火)'는 약한 불로 계속 데울 따름이며, 활활 타도록 하지 않는다는 뜻이
다. 식사를 할 때가 되면, 또한 젓갈과 장을 이용해서 간을 맞춘다. 이것
들은 여덟 가지 진미 중 세 번째와 네 번째에 해당하는 요리이다.

【084】

擣[丁老反]珍: 取牛·羊·麋·鹿·麕之肉必脄[每], 每物與牛若一, 捶
[主藥反]反側之, 去其餌, 孰出之, 去其皽, 柔其肉.〈077〉

여덟 가지 진미 중 다섯 번째 요리인 도진에[‘擣’자는 ‘丁(정)’자와 ‘老(로)’자의
반절음이다.] 대해 설명하자면, 소고기·양고기·큰 사슴고기·사슴고기·
노루고기 중 등심[‘脄’자의 음은 ‘每(매)’이다.] 부위만을 취하여 사용하되, 각각
의 고기들은 소고기 양과 균등하게 섞고, 이리저리 두드려서[‘捶’자는 ‘主(주)’
자와 ‘藥(예)’자의 반절음이다.] 힘줄처럼 질긴 부위를 제거하고, 다 익으면 꺼내
서, 겉면에 있는 얇은 표피를 제거하고, 젓갈 등을 이용해서 고기를 부드럽
게 만든다.

> 集說　脄, 夾脊肉也. 與牛若一, 謂與牛肉之多寡均也. 捶, 擣也. 反
> 捶之, 又側捶之, 然后去其筋餌. 旣熟, 乃去其皽膜而柔之以醯醢.
> 此八珍之五也.

‘매(脄)’는 등골뼈에 끼어 있는 살을 뜻한다. ‘여우약일(與牛若一)’이라는
말은 소고기의 수량과 균등하게 한다는 뜻이다. ‘추(捶)’자는 “두드리다.”
는 뜻이다. 반대로 두드리고, 또 측면을 두드린 뒤에, 힘줄 등의 질긴
부위를 제거하는 것이다. 다 익었다면, 곧 표피의 얇은 막을 제거하고,
젓갈과 장을 이용해서 부드럽게 한다. 이것은 여덟 가지 진미 중 다섯
번째 요리에 해당한다.

【085】

漬[自]: 取牛肉必新殺者, 薄切之, 必絶其理, 湛[尖]諸美酒, 期[基]朝而
食之以醢若醯醢[倚].〈078〉

여덟 가지 진미 중 여섯 번째 요리인 지에[‘漬’자의 음은 ‘自(자)’이다.] 대해 설명
하자면, 소고기를 이용하되, 반드시 새로 잡은 신선한 고기를 사용하며,
엷게 자르되, 반드시 그 결에 따라서 횡으로 자르며, 자른 고기는 감미로운

술에 담그고['湛'자의 음은 '尖(첨)'이다.] 하루가 지난 뒤에['期'자의 음은 '基(기)'이다.] 먹되, 젓갈이나 매실장['醷'자의 음은 '倚(의)'이다.] 등을 곁들인다.

絶其理, 橫斷其文理也. 湛, 亦漬也. 期朝, 今旦至明旦也. 醷, 梅漿也. 此八珍之六也.

'절기리(絶其理)'는 고기를 결에 따라서 횡으로 자른다는 뜻이다. '담(湛)'자 또한 "담그다."는 뜻이다. '기조(期朝)'는 금일 아침부터 다음날 아침까지를 뜻한다. '의(醷)'는 매실로 담근 장이다. 이것은 여덟 가지 진미 중 여섯 번째에 해당하는 요리이다.

【086】

爲熬: 捶之去其皽, 編萑布牛肉焉. 屑桂與薑, 以酒[所買反]諸上而鹽[去聲]之, 乾而食之. 施羊亦之. 施麋·施鹿·施麕皆如牛羊. 欲濡肉, 則釋而煎之以醢; 欲乾肉, 則捶而食之.〈079〉

여덟 가지 진미 중 일곱 번째 요리인 오의 조리법에 대해 설명하자면, 고기를 두들겨서 표피의 얇은 막을 제거하고, 환을 엮은 것 위에 소고기를 펴둔다. 계피와 생강을 가루로 만들어서, 고기 위에 뿌리고['酒'자는 '所(소)'자와 '買(매)'자의 반절음이다.] 소금물로 적시고['鹽'자는 거성으로 읽는다.] 마르면 먹는다. 양고기를 가지고 만들 때에도 또한 이처럼 한다. 큰 사슴고기를 가지고 만들고, 사슴고기를 가지고 만들며, 노루고기를 가지고 만들 때에도 모두 소고기나 양고기를 이용할 때처럼 한다. 축축한 고기를 만들고자 한다면, 불려서 젓갈에 끓이고, 마른 고기를 만들고자 한다면, 두들겨서 부드럽게 한 다음에 먹는다.

此肉於火上爲之, 故名曰熬. 生擣而去其皽膜, 然后布於編萑之上, 先以桂薑之屑洒之, 次用鹽釋, 謂以水潤釋之也. 此八珍之七也.

이러한 고기들은 불 위에서 조리하게 된다. 그렇기 때문에 '오(熬)'라고 부르는 것이다. 생고기를 두들겨서, 표피의 얇은 막을 제거하고, 그런 뒤에 환을 엮은 것 위에 펼치며, 우선적으로 계피와 생강가루를 뿌리고, 그 다음으로 소금을 이용해서 적시니, 즉 소금물을 이용해서 적신다는 뜻이다. 이것은 여덟 가지 진미 중 일곱 번째 요리에 해당한다.

【087】

肝膋[聊]: 取狗肝一, 幪[蒙]之以其膋, 濡炙之擧燋, 其膋不蓼.〈081〉 [本在"爲餌煎之"下.]

진미 중 여덟 번째 요리인 간료에['膋'자의 음은 '聊(료)'이다.] 대해 설명하자면, 개의 간 한 개를 가져다가 뱃가죽 안쪽의 지방을 이용해서 완전히 뒤덮고['幪'자의 음은 '蒙(몽)'이다.] 적신 것을 굽되 완전히 익혀서 바삭바삭하게 굽고, 간료를 먹을 때에는 요를 곁들이지 않는다. [본래는 "반죽을 한 뒤에, 끓이게 된다."[1]라고 한 문장 뒤에 수록되어 있었다.]

集說 擧, 皆也. 謂炙膋皆熟而焦, 食之不用蓼也. 此八珍之八. 記者文不依次, 故間雜在糝食·酏食之間.

'거(擧)'자는 모두라는 뜻이다. 요를 구울 때에는 모두 익혀서 바삭바삭하게 굽고, 먹을 때에는 요를 곁들이지 않는다는 뜻이다. 이것은 여덟 가지 진미 중 여덟 번째에 해당하는 음식이다. 『예기』를 기록한 자는 이 문장에 대해서도 순서에 의거하여 기록하지 않았다. 그렇기 때문에 '삼사(糝食)'와 '전사(酏食)' 사이에 뒤섞여 기록된 것이다.

類編 按: 此從本文言.

살펴보니, 이것은 본래의 문장에 따라 말한 것이다.

---

1) 『예기』「내칙」080장 : 糝: 取牛·羊·豕之肉三如一, 小切之與稻米, 稻米二, 肉一, 合以爲餌, 煎之.

【088】

糝[思感反]: 取牛・羊・豕之肉三如一, 小切之與稻米, 稻米二, 肉一, 合以爲餌, 煎之.〈080〉[本在"捶而食之"下.]

삼을['糝'자는 '思(사)'자와 '感(감)'자의 반절음이다.] 만들 때에는 소고기・양고기・돼지고기 등 3종류의 고기를 균등하고 마련하여, 잘게 다져서 쌀과 섞는데, 쌀 2만큼에 고기 1만큼의 비율로 섞고, 둘을 합하여 반죽을 한 뒤에, 끓이게 된다. [본래는 "두들겨서 부드럽게 한 다음에 먹는다."[1]라고 한 문장 뒤에 수록되어 있었다.]

集說 三如一, 謂三者之肉多寡均也. 稻米二肉一, 謂二分稻米, 一分肉也. 此卽周禮糝食.

'삼여일(三如一)'이라는 말은 세 가지 고기의 양을 균등하게 맞춘다는 뜻이다. '도미이육일(稻米二肉一)'이라는 말은 쌀 2만큼에 1만큼의 고기를 뜻한다. 이것은 곧 『주례』에 나오는 '삼사(糝食)'에 해당한다.[2]

【089】

取稻米擧糔溲之, 小切狼臅[觸]膏, 以與稻米爲酏[之然反].〈082〉[本在"其膋不蓼"下.]

쌀가루를 가져다가 뜨물을 이용하여 반죽하고, 이리의 가슴에서['臅'자의 음은 '觸(촉)'이다.] 나온 지방을 잘게 썰며, 이것을 반죽과 함께 섞어서 전사를['酏'자는 '之(지)'자와 '然(연)'자의 반절음이다.] 만든다. [본래는 "간료를 먹을 때에는 요를 곁들이지 않는다."[3]라고 한 문장 뒤에 수록되어 있었다.]

---

1) 『예기』「내칙」 079장 : 爲熬: 捶之去其皽, 編萑布牛肉焉. 屑桂與薑, 以灑諸上而鹽之, 乾而食之. 施羊亦如之. 施麋・施鹿・施麇皆如牛羊. 欲濡肉, 則釋而煎之以醢; 欲乾肉, 則捶而食之.

2) 『주례』「천관(天官)・해인(醢人)」 : 羞豆之實, 酏食・糝食.

3) 『예기』「내칙」 081장 : 肝膋: 取狗肝一, 幪之以其膋, 濡炙之擧燋, 其膋不蓼.

集說 狼臅膏, 狼臅臆中之膏也. 此蓋以潘溲稻米之粉, 而煎之以膏. 註讀酏爲餰者, 以酏是粥, 非豆實也. 此卽周禮之酏食.

'낭촉고(狼臅膏)'는 이리의 가슴 내부에 있는 기름을 뜻한다. 이것은 뜨물을 이용해서 쌀가루를 반죽하고, 기름을 이용해서 끓이는 것이다. 정현의 주에서는 '이(酏)'자를 전(餰)자로 풀이한다고 했는데, '이(酏)'는 죽에 해당하므로 두에 담아내는 음식이 아니기 때문이다. 이것은 『주례』에 나오는 '전사(酏食)'에 해당한다.[4]

類編 右飮食之禮.

여기까지는 '음식지례(飮食之禮)'에 대한 내용이다.

---

4) 『주례』「천관(天官)·해인(醢人)」 : 羞豆之實, 酏食·糝食.

【090】

禮始於謹夫婦, 爲宮室, 辨外內, 男子居外, 女子居內. 深宮固門, 閽
寺守之, 男不入, 女不出.〈083〉

예는 부부의 도의를 삼가는 것에서 시작하니, 궁실을 지을 때에는 내외를
변별하여 남자는 바깥채에 거주하고 여자는 안채에 거주한다. 여자가 머무
는 곳은 안쪽 깊숙한 곳에 짓고, 문을 굳건하게 지키며, 혼과 시가 그곳을
지켜서, 남자는 함부로 그 안으로 들어갈 수 없으며, 여자는 함부로 그곳에
서 나올 수 없다.

集說　夫婦爲人倫之始, 不謹則亂其倫類, 故禮始於謹夫婦也.

부부는 인륜의 시작이 되니, 삼가지 않는다면 인륜의 질서를 문란하게
만든다. 그렇기 때문에 예는 부부사이의 도리를 삼가는 것에서 시작되는
것이다.

集說　鄭氏曰: 閽, 掌守中門之禁. 寺, 掌內人之禁令.

정현이 말하길, '혼(閽)'은 중문의 금령에 대해 담당한다. '시(寺)'는 궁내
사람들에 대한 금령을 담당한다.

【091】

男女不同椸[移]枷[架], 不敢縣[玄]於夫之楎[輝]椸, 不敢藏於夫之篋笥
[四], 不敢共湢浴. 夫不在, 斂枕篋, 簟席襡[獨]器而藏之. 少事長, 賤
事貴, 咸如之.〈084〉

남자와 여자는 옷걸이를['椸'자의 음은 '移(이)'이다. '枷'자의 음은 '架(가)'이다.] 함께
사용하지 않으니, 부인은 감히 남편이 사용하는 옷걸이에['楎'자의 음은 '輝(휘)'
이다.] 옷을 걸지['縣'자의 음은 '玄(현)'이다.] 않고, 감히 남편이 사용하는 상자에

['笥'자의 음은 '四(사)'이다.] 물건을 넣어두지 않으며, 감히 욕실을 함께 사용하지 않는다. 남편이 부재중이라면, 베개를 거두어 상자에 보관하고, 잠자리를 말아서['襡'자의 음은 '獨(독)'이다.] 보관하니, 감싸는 기물을 이용해서 보관을 한다. 나이가 어린 자가 어른을 섬기고, 신분이 미천한 자가 존귀한 자를 섬길 때에도 모두 이처럼 한다.

集説 楲架, 見曲禮. 植者曰楎, 横者曰楲. 揮楲, 同類之物, 楲以竿爲之. 故鄭云竿謂之楲. 餘見前.

'이가(楲枷)'에 대해서는 『예기』「곡례(曲禮)」편에 그 설명이 나온다. 수직으로 세워둔 옷걸이를 '휘(楎)'라 부르고, 가로로 걸어둔 옷걸이를 '이(楲)'라 부른다. '휘(楎)'와 '이(楲)'는 동일한 부류의 기물인데, '이(楲)'는 횟대로 만들게 된다. 그렇기 때문에 정현은 '간(竿)'은 이(楲)라 부른다고 말한 것이다. 나머지는 앞에 설명이 나온다.

【092】
男不言內, 女不言外, 非祭非喪, 不相授器. 其相授, 則女受以篚; 其無篚, 則皆坐[句], 奠之而后取之.〈022〉[本在"共帥時"下.]

남자는 집안에서 집밖의 일을 언급하지 않고, 여자는 집밖에서 집안의 일을 언급하지 않는다. 제사나 상사가 아니라면 서로 물건을 주고받지 않는다. 서로 물건을 주고받게 된다면 여자는 광주리를 이용해서 받고, 광주리가 없는 경우라면 둘 모두 무릎을 꿇고서['坐'자에서 구문을 끊는다.] 땅에 물건을 놓아두면, 그 이후에 땅에서 물건을 들고 간다. [본래는 "모두 이러한 예에 따른다."1)라고 한 문장 뒤에 수록되어 있었다.]

集説 男正位乎外, 不當於外而言內庭之事; 女正位乎內, 不當於內

---

1) 『예기』「내칙」021장 : 五日則燂湯請浴, 三日具沐. 其間面垢, 燂潘請靧; 足垢, 燂湯請洗. 少事長, 賤事貴, 共帥時.

而言梱外之事. 惟喪祭二事, 乃得以器相授受者, 以祭爲嚴肅之地, 喪當急遽之時, 乃無他嫌也. 非此二者, 則女必執筐, 使授者置之筐中也. 皆坐, 男女皆跪也. 授者跪而置諸地, 則受者亦跪而就地以取之也.

남자는 밖에서 위치를 바르게 하니, 바깥에서 집안의 일들을 언급하는 것은 합당하지 않고, 여자는 안에서 위치를 바르게 하니, 집안에서 바깥의 일들을 언급하는 것은 합당하지 않다.[2] 오직 상사나 제사라는 두 가지 사안이라야만 기물을 서로 주고받을 수 있는 것은 제사는 엄숙한 공간에서 치르고 상사는 황급한 시기에 해당하므로, 곧 타인들의 혐의를 받지 않기 때문이다. 이러한 두 가지 사안이 아니라면, 여자는 반드시 광주리를 들고서, 건네는 사람으로 하여금 물건을 광주리 안에 두도록 한다. '개좌(皆坐)'는 남자와 여자 모두 무릎을 꿇는다는 뜻이다. 건네는 자가 무릎을 꿇고서 땅바닥에 놓아두면, 받는 사람 또한 무릎을 꿇고서 땅에서 그것을 들어서 가져간다는 뜻이다.

【093】

外內不共井, 不共湢[遍]浴, 不通寢席, 不通乞假. 男女不通衣裳. 內言不出, 外言不入. 男子入內, 不嘯[如字]不指, 夜行以燭, 無燭則止. 女子出門, 必擁蔽其面, 夜行以燭, 無燭則止. 道路, 男子由右, 女子由左.〈023〉

바깥채의 사람들과 안채의 사람들은 우물을 함께 쓰지 않고, 욕실을['湢'자의 음은 '遍(편)'이다.] 함께 쓰지 않으며, 침구를 함께 사용하지 않고, 빌리거나 빌려주지 않는다. 남자와 여자는 의복을 함께 사용하지 않는다. 집안의 말

---

2) 『역』「가인(家人)·단전(象傳)」: 象曰, 家人, <u>女正位乎內, 男正位乎外</u>, 男女正, 天地之大義也. 家人有嚴君焉, 父母之謂也. 父父, 子子, 兄兄, 弟弟, 夫夫, 婦婦, 而家道正, 正家而天下定矣.

은 집밖으로 나가지 않고, 집밖의 말은 집안으로 들이지 않는다. 남자가 집안으로 들어오면 휘파람을['嘯'자는 글자대로 읽는다.] 불거나 손가락질을 하지 않으며, 밤에 길을 갈 때에는 등불을 밝히고, 등불이 없다면 나가기를 그만둔다. 여자가 대문을 벗어나게 되면, 반드시 자신의 얼굴을 가리며, 밤에 길을 갈 때에는 등불을 밝히고, 등불이 없다면 나가기를 그만둔다. 도로에서 남자는 우측 길로 다니고, 여자는 좌측 길로 다닌다.

集說 湢, 浴室也. 不嘯不指, 謂聲容有異, 駭人視聽也. 舊讀嘯爲叱, 今詳嘯非家庭所發之聲, 宜其不可, 叱或有當發者, 如見非禮擧動, 安得不叱以儆之乎? 讀如本字爲是. 擁, 猶障也. 由右由左, 見王制.

'벽(湢)'자는 욕실을 뜻한다. "휘파람을 불지 않고 손가락질을 하지 않는다."는 말은 소리와 모습에 다른 점이 생기면, 남들이 보고 들음에 놀라게 만든다는 뜻이다. 옛 학설에서는 '소(嘯)'자를 질(叱)자로 해석했는데, 현재 자세히 살펴보니, 휘파람은 가정에서 내는 소리가 아니므로, 마땅히 해서는 안 되는 것이지만, 꾸짖는 것은 간혹 그러한 소리를 내는 경우도 발생하니, 예를 들어 비례에 따른 행동거지를 보게 되면, 어찌 꾸짖어서 주의를 주지 않을 수 있겠는가? 따라서 본래의 글자대로 해석하는 것이 옳다. '옹(擁)'자는 "가린다."는 뜻이다. '유우유좌(由右由左)'에 대해서는 그 설명이 『예기』「왕제(王制)」편에 나온다.

【094】
夫婦之禮, 唯及七十同藏無間. 故妾雖老, 年未滿五十, 必與[去聲]五日之御. 將御者, 齊[側皆反]漱[平聲]澣[浣], 愼衣服, 櫛縦笄總角, 拂髦, 衿纓, 綦屨. 雖婢妾, 衣服飮食必後長者. 妻不在, 妾御莫敢當夕.〈085〉[本在"咸如之"下.]
부부의 예에 있어서, 오직 70세가 되어야만 같은 숙소에 머무르며 사이를 두지 않는다. 그렇기 때문에 첩이 비록 늙었더라도 나이가 아직 50세에 이르지 않았다면, 반드시 5일을 주기로 시중을 드는 일에 참여한다.['與'자는 거성으로 읽는다.] 장차 시중을 들게 되는 여자는 재계를['齊'자는 '側(측)'자와 '皆(개)'자의 반절음이다.] 하고 양치질을 하고['漱'자는 평성으로 읽는다.] 손발을 씻으며['澣'자의 음은 '浣(완)'이다.] 의복을 신중히 차려 입고, 머리를 빗어서 싸매며, 비녀와 총을 덧대어 다팔머리를 만들고, 머리카락에 묻은 먼지를 털어내며, 향낭을 차고, 신발 끈을 결속한다. 비록 비첩의 신분이라 하더라도, 의복과 음식에 있어서는 반드시 연장자보다 뒤에 한다. 처가 부재한 경우, 첩은 시중을 들 때 감히 처가 시중을 드는 밤에 대신 시중을 들지 않는다. [본래는 "모두 이처럼 한다."[3)]라고 한 문장 뒤에 수록되어 있었다.]

集說 櫛縰以下, 說見篇首. 角字衍. 天子之御妻八十一人, 當九夕; 世婦二十七人, 當三夕. 九嬪九人, 當一夕; 三夫人當一夕; 后當一夕. 凡十五日而徧. 五日之御, 諸侯制也. 諸侯一娶九女, 夫人及二勝各有姪娣, 此六人當三夕; 次二勝當一夕; 次夫人專一夕. 凡五日而徧也. 當夕, 當妻之夕也.

'즐쇄(櫛縰)'로부터 그 이하의 내용에 대해서는 편의 첫 부분에 그 설명이 나온다. '각(角)'자는 연문이다. 천자의 어처는 81명이며, 9명씩 9일 밤 동안 시중을 들고, 세부는 27명이며, 9명씩 3일 밤 동안 시중을 든다. 구빈은 9명이며, 9명이 1일 밤 동안 시중을 들고, 3명의 부인은 3명이 1일 밤 동안 시중을 들며, 왕후는 1명으로, 1명이 1일 밤 동안 시중을 든다. 따라서 총 15일 동안 두루 시중을 들게 된다. 5일을 주기로 시중을 든다는 것은 제후에게 해당하는 제도이다. 제후의 경우 1명의 여자를 아내로 들이게 되면, 9명의 여인이 오게 되므로, 부인 및 2명의 잉첩들은 각각 조카나 누이를 데려오게 되어, 이러한 여섯 명의 여자가 3일 밤 동안 시중을 들게 되고, 그 다음으로 2명의 잉첩이 1일 밤 동안 시중을

---

3) 『예기』「내칙」 084장 : 男女不同椸枷, 不敢縣於夫之楎椸, 不敢藏於夫之篋笥, 不敢共湢浴. 夫不在, 斂枕篋, 簟席襡, 器而藏之. 少事長, 賤事貴, <u>咸如之</u>.

들게 되어 있으며, 그 다음으로 부인은 자기 홀로 1일 밤 동안 시중을
들게 된다. 따라서 총 5일 동안 두루 시중을 들게 된다. '당석(當夕)'은
처가 시중을 들어야 하는 밤을 뜻한다.

【095】

妻將生子, 及月辰, 居側室. 夫使人日再問之, 作而自問之. 妻不敢
見[形甸反], 使姆[茂]衣服而對. 至于子生, 夫復使人日再問之. 夫齊[側
皆反], 則不入側室之門.〈086〉

처가 장차 자식을 낳으려고 할 때, 산달의 초하루가 되면, 처를 측실로 옮
겨서 거처하게 한다. 남편은 사람을 시켜서 매일 두 차례 안부를 묻고, 마
음이 동하게 되면 직접 찾아가서 안부를 묻는다. 그러나 처는 감히 자신이
직접 만나보지['見'자는 '形(형)'자와 '甸(전)'자의 반절음이다.] 못하며, 여사를['姆'자
의 음은 '茂(무)'이다.] 시켜서 의복을 차려입고 응대하게 한다. 자식을 낳게
되면, 남편은 재차 사람을 시켜서 날마다 두 차례 안부를 묻는다. 남편이
재계를['齊'자는 '側(측)'자와 '皆(개)'자의 반절음이다.] 하게 된다면, 측실의 문으로
들어가지 않는다.

集說 正寢在前, 燕寢在後. 側室者, 燕寢之旁室也. 作, 動作之時
也. 姆, 女師也.

정침은 앞쪽에 있고, 연침(燕寢)[4]은 뒤쪽에 있다. '측실(側室)'은 연침의
측면에 있는 실이다. '작(作)'자는 마음이 동할 때를 뜻한다. '무(姆)'는

---

4) 연침(燕寢)은 본래 천자 및 제후들이 휴식을 취하던 장소를 가리킨다. 천자에게는
   6개의 침(寢)이 있었는데, 앞쪽에 있는 1개의 침은 정전(正寢)으로, 이것을 노침
   (路寢)이라고 부르며, 뒤쪽에 있는 다섯 개의 침을 통칭하여, '연침'이라고 부른다.
   『예기』「곡례하(曲禮下)」편에는 "天子有后, 有夫人"이라는 기록이 있는데, 이에
   대한 공영달(孔穎達)의 소(疏)에서는 "周禮王有六寢, 一是正寢, 餘五寢在後,
   通名燕寢."이라고 풀이하였다.

여사(女師)[5]를 뜻한다.

附註 妻將生子, 作謂胎動將産也.
'처장생자(妻將生子)'는 태동을 하여 출산을 하려고 한다는 뜻이다.

【096】

子生, 男子設弧於門左, 女子設帨於門右. 三日始負子, 男射女否.〈087〉
자식이 태어났을 때, 그 아이가 사내아이라면 문의 좌측에 활을 걸어두고,
여자아이라면 문의 우측에 수건을 걸어둔다. 태어난 후 3일이 지나게 되면,
비로소 자식을 안을 수 있고, 사내아이의 경우라면 활 쏘는 의식을 시행하
고, 여자아이라면 그렇게 하지 않는다.

集說 弧, 弓也. 帨, 佩巾也. 以此二物爲男女之表. 負, 抱也.
'호(弧)'는 활이다. '세(帨)'는 허리에 차는 수건이다. 이 두 사물로 남자와
여자를 상징하는 표식으로 삼는다. '부(負)'자는 "안다."는 뜻이다.

【097】

國君世子生, 告于君, 接[如字]以大牢, 宰掌具. 三日, 卜士負之, 吉者
宿齊, 朝服寢門外, 詩負之. 射人以桑弧蓬矢六, 射[石]天地四方, 保
受乃負之. 宰醴負子, 賜之束帛. 卜士之妻, 大夫之妾, 使食[嗣]
子.〈088〉
제후의 세자가 태어나면, 군주에게 그 사실을 아뢰고, 태뢰를 갖춰서 접견
의[接'자는 글자대로 읽는다.] 의례를 시행하며, 재부가 음식 갖추는 일을 담당
한다. 3일 째가 되면, 길한 사를 점쳐서, 그로 하여금 세자를 안고 있도록

---

5) 여사(女師)는 고대에 귀족의 여식들을 교육했던 선생을 뜻한다.

하니, 길한 점괘가 나온 자는 집안에 머물며 재계를 하고, 조복을 갖춰 입고서, 침문 밖에서 세자를 받들어서 안는다. 활을 쏘는 자는 뽕나무로 만든 활과 쑥대로 만든 화살 여섯 대를 이용해서, 천지와 사방에 각각 1발씩 쏘게['射'자의 음은 '石(석)'이다.] 되며, 그 일이 끝나면 보모는 세자를 받아서 안는다. 재부가 세자를 안고 있었던 사에게 단술을 따라서 예우하면, 그에게 속백을 하사한다. 사의 처와 대부의 첩들 중 점을 쳐서 길한 점괘가 나온 여자로 하여금 세자에게 모유를 먹여서['食'자의 음은 '嗣(사)'이다.] 양육하도록 한다.

集說 接以大牢者, 以大牢之禮接見其子也. 宰, 宰夫也. 掌具, 掌其設禮之具也. 卜士負之者, 卜其吉者而使之抱子也. 詩, 承也. 儀禮言尸酢主人, 詩懷之, 亦承義. 射天地四方者, 期其有事於遠大也. 保, 保母也. 受乃負之, 受子於士而抱之也. 蓋士之負子, 特爲斯須之禮而已, 宰旣掌具, 故以醴禮負子之士, 仍賜束帛以酬之. 食子, 謂乳養之也. 今按此言世子生接以大牢, 特言其常禮如此耳. 下文又言接子擇日, 則亦或在始生三日之後也. 鄭氏謂食其母, 使補靈强氣, 讀接爲捷, 而訓爲勝, 其義迂. 方氏讀如本字, 今從之.

'접이대뢰(接以大牢)'는 태뢰의 예를 사용하여 자식을 접견한다는 뜻이다. '재(宰)'는 재부(宰夫)[6]를 뜻한다. '장구(掌具)'는 예법에 따라 음식 갖추는 일을 담당한다는 뜻이다. '복사부지(卜士負之)'라는 말은 길한 자에 대해 점을 쳐서, 그로 하여금 자식을 안고 있도록 한다는 뜻이다. '시(詩)'자는 "받들다."는 뜻이다. 『의례』에서는 시동이 주인에게 술을 따라 권하면 시(詩)하여 가슴 위로 든다고 했는데, 이때의 '시(詩)'자도 받든다는 의미이다. 천지와 사방을 향해서 활을 쏘는 이유는 원대한 대상에 대해 일삼음이 있음을 기약하기 위해서이다. '보(保)'는 보모를 뜻한다. '수내부지(受乃負之)'라는 말은 사에게서 받아서 안는다는 뜻이다. 무릇 사

---

6) 재부(宰夫)는 음식을 담당하거나 제사 때 희생물의 도살을 담당했던 하위 관리이다.

가 세자를 안는 것은 단지 이러한 의례를 치르기 위해서일 따름이며, 재부가 이미 예식에 맞는 음식 갖추는 일을 담당하기 때문에, 단술을 따라서 세자를 안았던 사를 예우하면, 곧 속백을 하사하여 술을 권하게 된다. '사자(食子)'는 모유를 먹여서 양육한다는 뜻이다. 내가 살펴보니, 이곳에서는 세자가 태어났을 때 태뢰로 접견한다고 했는데, 이것은 단지 일상적인 예법에 따라 이처럼 한다는 것을 뜻할 따름이다. 아래문장에서는 또한 세자를 접견하며 날짜를 택하는 일에 대해 언급했으니, 이 또한 아마도 세자가 태어난 후 3일 이후에 시행하게 될 것이다. 정현은 이러한 음식을 그 모친에게 먹여서 허약해진 기력을 보완하여 굳건하게 만든다고 했고, '접(接)'자를 첩(捷)자로 풀이하여, 그 뜻을 "빠르다."라고 하였는데, 그 의미가 우원하다. 방씨는 글자대로 풀이를 했는데, 나는 그에 따른다.

【098】
凡接子擇日, 冢子則大牢, 庶人特豚, 士特豕, 大夫少牢, 國君世子大牢. 其非冢子, 則皆降一等.〈089〉

무릇 자식을 접견하기 위해 길한 날을 점쳐서 가리는데, 천자의 총자인 경우에는 태뢰를 사용하고, 서인의 총자라면 한 마리의 새끼돼지를 사용하며, 사의 총자라면 한 마리의 돼지를 사용하고, 대부의 총자라면 소뢰를 사용하며, 제후의 세자라면 태뢰를 사용한다. 만약 총자가 아닌 경우라면, 모든 경우에 있어서 한 등급씩 낮춘다.

集說　冢子大牢, 謂天子之元子也.

총자에게 태뢰를 사용한다는 말은 천자의 원자(元子)[7]에 대한 내용이다.

---

7) 원자(元子)는 본래 천자 및 제후의 적장자(嫡長子)를 가리키는 용어이다. 일반적인 장자(長子)를 가리키는 용어로도 사용되었다.

【099】

異爲孺子室於宮中, 擇於諸母與可者, 必求其寬裕·慈惠·溫良·
恭敬·愼而寡言者, 使爲子師, 其次爲慈母, 其次爲保母, 皆居子室.
他人無事不往.〈090〉

군주의 자식이 태어나면, 궁 안에 아이를 위한 실을 별도로 마련하고, 여러
첩이나 아이의 교육을 맡을 수 있는 여자들 중에서 훌륭한 자들을 간택하
니, 간택을 할 때에는 반드시 관대하고 너그러우며, 자혜롭고, 온화하고
어질며, 공손하고 공경하며, 신중을 기하여 말이 적은 여자를 선택해서,
그녀를 자식의 사로 삼고, 그 다음으로 훌륭한 여자를 자모로 삼으며, 그
다음으로 훌륭한 여자를 보모로 삼고, 이들을 모두 자식이 있는 실에 머물
도록 한다. 다른 사람들은 특별한 일이 없다면 이곳을 출입하지 않는다.

集說 諸母, 衆妾也. 可者, 謂雖非衆妾之列, 或傳御之屬, 可爲子師
者也. 此人君養子之禮. 師, 教以善道者. 慈母, 審其欲惡者. 保母,
安其寢處者. 他人無事不往, 恐兒驚動也.

'제모(諸母)'는 여러 첩들을 뜻한다. '가자(可者)'는 비록 여러 첩들의 대
열 속에 포함되지는 않았지만, 간혹 사부나 일처리를 보좌해주는 여자들
중에서, 자식의 스승으로 삼을 수 있는 자를 뜻한다. 이 내용은 군자가
자식을 양육하는 예를 뜻한다. '사(師)'는 선의 도를 가르치는 자이다.
'자모(慈母)'는 나쁜 짓을 하려는 것을 살피는 자이다. '보모(保母)'는 잠
자리를 보살피는 자이다. 다른 사람의 경우 특별한 일이 없으면 그곳에
찾아가지 않으니, 아이가 놀라게 될까를 염려했기 때문이다.

【100】

三月之末, 擇日翦髮爲鬌[朶], 男角女羈, 否則男左女右. 是日也, 妻
以子見於父, 貴人則爲衣服, 由命士以下皆漱澣, 男女凤與, 沐浴衣
服, 具視朔食. 夫入門升自階, 立于阼西鄕[去聲]. 妻抱子出自房, 當

楣立東面.〈091〉

자식이 태어난 후 3개월의 말일이 되면, 날짜를 택하고 머리카락을 잘라서 타를['鬌'자의 음은 '朶(타)'이다.] 만들게 되니, 남자아이라면 각의 머리모양으로 하고, 여자아이라면 기의 머리모양으로 하며, 이처럼 하지 않는다면, 남자아이는 좌측으로 머리카락을 묶고, 여자아이라면 우측으로 머리카락을 묶는다. 이 날에 처는 자식을 안고서 아비에게 보이게 되니, 대부 이상의 계급이라면, 새로운 의복을 만들게 되고, 명사로부터 그 이하의 계급이라면, 모두 세탁만 해서 사용하며, 남녀는 모두 일찍 일어나서 목욕하고 의복을 착용하며, 음식은 삭식을 할 때에 견주어서 갖춘다. 남편은 측실의 문으로 들어가서, 동쪽 계단을 통해 올라가서 동쪽 계단 위에 서서 서쪽을바라본다.['郷'자는 거성으로 읽는다.] 아내는 자식을 안고 방으로부터 나와서, 처마가 있는 곳에 당도하여 서고 동쪽을 바라본다.

集說 鬌, 所存留不翦者也. 夾囟兩旁當角之處, 留髮不翦者謂之角. 留頂上縱橫各一相交通達者謂之羈. 嚴氏云: "夾囟曰角, 兩髻也. 午達曰羈, 三髻也." 貴人, 大夫以上也. 由, 自也. 具視朔食者, 所具之禮如朔食也. 朔食, 天子大牢, 諸侯小牢, 大夫特豕, 士特豚也. 入門, 入側室之門也. 側室亦南向, 故有阼階西階. 出自房, 自東房而出也.

'타(鬌)'는 남겨서 깎지 않는 머리카락을 뜻한다. 협창은 양쪽 측면에 있어서 뿔이 있는 장소에 해당하는데, 그곳에 머리카락을 남기고 깎지 않는 것을 '각(角)'이라 부른다. 정수리 위의 머리카락을 남기고 가로와 세로로 각각 한 쪽을 남겨서, 성호 교차하도록 하는 것을 '기(羈)'라고 부른다. 엄씨는 "협창의 방식으로 머리를 묶는 것을 '각(角)'이라 부르니, 양쪽으로 상투를 튼 것이다. 오달의 방식으로 머리를 묶는 것을 '기(羈)'라고 부르니, 세 방향으로 상투를 튼 것이다."라고 했다. '귀인(貴人)'은 대부 이상의 계층을 뜻한다. '유(由)'자는 '~로부터'라는 뜻이다. '구시삭식(具視朔食)'이라는 말은 음식을 갖추는 예를 삭식 때처럼 한다는 뜻이다.

삭식의 경우, 천자는 태뢰를 사용하고, 제후는 소뢰를 사용하며, 대부는 한 마리의 돼지를 사용하고, 사는 한 마리의 새끼돼지를 사용한다. '입문(入門)'은 측실의 문으로 들어간다는 뜻이다. 측실 또한 남향으로 되어 있다. 그렇기 때문에 동쪽 계단과 서쪽 계단이 있는 것이다. '출자방(出自房)'이라는 말은 동쪽 방으로부터 나온다는 뜻이다.

【101】

姆先相[去聲]曰: "母某, 敢用時日, 祇見[形甸反]孺子." 夫對曰: "欽有帥[率]." 父執子之右手, 咳[戶才反]而名之. 妻對曰: "記有成." 遂左還[旋]授師, 子師辯[編]告諸婦諸母名, 妻遂適寢. 〈092〉

아이의 이름을 짓기 위해, 아비에게 알현시킬 때에는 자사가 먼저 그 의식을 도우며['相'자는 거성으로 읽는다.] "아이의 어미 아무개가 감히 이 날을 이용하여, 삼가 아이를 뵙게['見'자는 '形(형)'자와 '甸(전)'자의 반절음이다.] 하고자 합니다."라고 전한다. 그러면 남편은 "삼가 아이를 잘 가르쳐서 선을 쫓도록['帥'자의 음은 '率(솔)'이다.] 하시오."라고 대답한다. 이후 아이의 아비는 아이의 오른손을 잡고서, 자애로운 표정으로 웃으며['咳'자는 '戶(호)'자와 '才(재)'자의 반절음이다.] 아이에게 이름을 지어준다. 처는 "해주신 말씀을 잘 기록하여, 아이를 가르쳐서 덕을 이루게끔 하겠습니다."라고 대답한다. 그리고 곧 좌측으로 돌아나가서['還'자의 음은 '旋(선)'이다.] 자사에게 아이를 건네고, 자사는 제부와 제모들에게 두루['辯'자의 음은 '徧(편)'이다.] 아이의 이름을 알리며, 이러한 일이 끝나면 처는 남편의 연침으로 되돌아간다.

集說 某, 妻姓某氏也. 時日, 是日也. 孺, 稚也. 欽, 敬; 帥, 循也. 言當敬敎之, 使循善道也. 咳而名之者, 說文: "咳, 小兒笑聲", 謂父作咳聲笑容, 以示慈愛而名之也. 記有成, 謂當記識夫言, 敎之成德也. 授師, 以子授子師也. 諸婦, 同族卑者之妻也. 諸母同族尊者之妻也. 後告諸母欲名成於尊也. 妻遂適寢, 復夫之燕寢也.

'모(某)'는 처의 성인 아무개 씨라고 말하는 것이다. '시일(時日)'은 오늘이라는 뜻이다. '유(孺)'자는 "어리다."는 뜻이다. '흠(欽)'자는 공경을 뜻하며, '솔(帥)'자는 "쫓다."는 뜻이다. 즉 마땅히 공경스러운 태도로 가르쳐서, 아이로 하여금 선한 도리를 쫓게끔 하라는 의미이다. '해이명지(咳而名之)'라고 했는데, 『설문』에서는 "'해(咳)'자는 어린아이가 웃으면서 내는 소리이다."라고 했으니, 부친은 웃음소리 내고 그 표정을 지어서, 자애로움을 나타내며, 아이에게 이름을 지어주는 것을 뜻한다. '기유성(記有成)'이라는 말은 마땅히 남편의 말을 기록하여, 아이를 가르쳐서 덕을 이루게끔 한다는 뜻이다. '수사(授師)'는 아이를 자사에게 건넨다는 뜻이다. '제부(諸婦)'는 동족 중 신분이 낮은 자들의 처를 뜻한다. '제모(諸母)'는 동족 중 신분이 높은 자들의 처를 뜻한다. 이후에 제모에게 아뢰는 것은 그 이름을 존귀한 자를 통해서 완성하게끔 하고자 해서이다. "처가 마침내 침으로 간다."라고 했는데, 이것은 남편이 사용하는 연침으로 다시 돌아간다는 뜻이다.

【102】

夫告宰名, 宰辯告諸男名, 書曰"某年某月某日某生"而藏之. 宰告閭史, 閭史書爲二, 其一藏諸閭府, 其一獻諸州史. 州史獻諸州伯, 州伯命藏諸州府. 夫入食如養[去聲]禮. 〈093〉

아내가 연침으로 되돌아가면, 남편은 아전에게 아이의 이름을 알려주고, 아전은 동성의 친족들에게 아이의 이름을 두루 알리게 되며, 또한 그 이름을 기록하며, "모년 모월 모일에 아무개가 태어났다."라고 하며, 그 문서를 보관한다. 그런 뒤 아전은 재차 여의 관리인 여사에게 아이의 이름을 알리고, 여사는 그 이름을 문서로 기록하되 2부를 만드는데, 그 중 1부는 여에 있는 보관소에 보관하고, 나머지 1부는 상급 행정기관의 관리인 주사에게 바친다. 주사는 그 문서를 주의 수장은 주백에게 아뢰고, 주백은 명령을 내려서, 주에 있는 보관소에 그 문서를 보관하도록 한다. 남편은 연침으로 들어가서 아내와 함께 식사를 하게 되는데, 그때에는 아내가 처음으로 시부모에게 음식을 바쳤을['養'자는 거성으로 읽는다.] 때의 예법처럼 음식을 갖춘다.

集說 宰, 屬吏也. 諸男, 同宗子姓也. 藏之者, 以簡策書子名而藏于家之書府也. 二十五家爲閭, 二千五百家爲州, 州伯, 則州長也. 閭史, 州史, 皆其屬吏也. 閭府, 州府, 皆其府藏也. 夫入食如養禮, 謂與其妻禮食, 如婦始饋舅姑之禮也.

'재(宰)'는 하급 관리를 뜻한다. '제남(諸男)'은 같은 종자를 모시는 동성의 친족들이다. '장지(藏之)'라는 말은 문서에 자식의 이름을 기록하여, 집에 있는 문서 보관소에 보관한다는 뜻이다. 25개의 가 규모는 1여가되고, 2,500가의 규모는 1주가 된다. '주백(州伯)'은 주를 담당하고 있는 주장을 뜻한다. '여사(閭史)'와 '주사(州史)'는 모두 해당 행정구역에 속해 있는 관리를 뜻한다. '여부(閭府)'와 '주부(州府)'는 모두 해당 행정구역에 설치된 보관소를 뜻한다. 남편은 들어가서 식사를 할 때 양례처럼한다고 했는데, 이 말은 자신의 처와 함께 예사를 하는데, 그때에는 며느리가 처음으로 시부모에게 음식을 바칠 때의 예법처럼 한다는 뜻이다.

集說 疏曰: 此經所陳, 謂卿大夫以下, 故以名徧告同宗諸男. 諸男卑者尙告, 則告諸父可知. 若諸侯絶宗, 則不告也.

소에서 말하길, 이곳 경문에서 진술한 내용들은 경과 대부로부터 그 이하의 계층에게 해당하는 예법이다. 그렇기 때문에 아이의 이름을 같은 종족의 남자들에게 두루 알리는 것이다. 제남(諸男)처럼 동족의 남자들중 신분이 낮은 자에게도 오히려 이름을 알리게 된다면, 제부(諸父)처럼 신분이 높은 자에게도 알린다는 사실을 알 수 있다. 만약 제후(諸侯)와 종친 관계가 끊어진 상태라면, 알리지 않는다.

【103】

世子生, 則君沐浴朝服, 夫人亦如之. 皆立于阼階西鄉, 世婦抱子升
自西階. 君名之, 乃降.〈094〉

제후의 세자가 태어난 경우라면, 군주는 목욕을 하고 조복을 착용하며, 부
인 또한 이처럼 한다. 둘 모두는 동쪽 계단 위에 서서 서쪽을 바라보게
되고, 세부는 세자를 안고서 서쪽 계단을 통해 올라간다. 군주가 세자의
이름을 지어주게 되면 곧 내려간다.

集說 諸侯朝服, 玄端素裳. 夫人亦如之者, 亦朝服也, 當是展衣. 註
云: "褖衣者, 以見子畢卽時御於君, 故服進御之褖衣也." 人君見世
子於路寢, 此升自西階, 是自外而入也. 凡生子, 無問妻妾, 皆在側
室.

제후의 조복은 검은색의 상의와 흰색의 하의이다. "부인 또한 이처럼 한
다."는 말은 부인도 조복을 착용한다는 뜻인데, 그 옷은 전의에 해당한다.
정현의 주에서는 "단의를 착용하는 것은 자식을 접견하는 일이 끝나면,
군주를 시중들기 때문에, 시중을 들 때 착용하는 단의를 입는 것이다."라
고 했다. 군주가 세자를 접견할 때에는 노침에서 하니, 여기에서 "서쪽
계단을 통해서 올라간다."라고 한 말은 외부로부터 들어온 것을 뜻한다.
무릇 자식을 낳을 때에는 처와 첩을 불문하고 모두 측실에 머물게 된다.

【104】

適子庶子見於外寢, 撫其首, 咳而名之. 禮帥初, 無辭.〈095〉

세자의 동생과 첩의 자식들에 대해서는 외침에서 접견하고, 군주는 아이의
머리를 쓰다듬고, 자상하게 웃으며 아이의 이름을 지어준다. 이러한 예법
은 최초 세자에게 이름을 지어줄 때의 예법대로 따르지만, 건네는 말을
없다.

集說 此適子, 蓋世子之弟. 庶子, 則妾子也. 外寢, 君燕寢也. 燕寢
在內, 以側室在房處內, 故謂此爲外也.

여기에서 말하는 '적자(適子)'는 아마도 세자의 동생을 뜻하는 것 같다.
'서자(庶子)'는 곧 첩의 아들을 뜻한다. '외침(外寢)'은 군주의 연침을 뜻
하다. 연침은 안쪽에 위치하지만, 측실을 옆에 두어 안쪽에 배치시켰기
때문에, 이 공간을 바깥으로 삼은 것이다.

集說 疏曰: 庶子見於側室, 此以撫首咳名無辭之事同, 故與適子連
文, 云見於外寢耳.

소에서 말하길, 서자에 대해서는 측실에서 접견하는데, 이곳에서 머리를
쓰다듬으며, 아이를 웃게 하여 이름을 지어주고, 사(辭)를 하지 않는다고
한 사안은 동일하다. 그렇기 때문에 적자와 연이어서 문장을 기록하여,
"외침에서 접견한다."고 말한 것일 뿐이다.

【105】
凡名子, 不以日月, 不以國, 不以隱疾. 大夫士之子, 不敢與世子同
名.〈096〉

자식의 이름을 지을 경우에는 해나 달 등의 고유명사로 짓지 않으며, 국명
으로 짓지 않고, 그에게 있는 은질로 짓지 않는다. 대부와 사의 자식은 감
히 세자와 동일한 이름으로 짓지 않는다.

集說 說見曲禮.

자세한 설명은 『예기』「곡례(曲禮)」편에 나온다.

【106】
妾將生子, 及月辰, 夫使人日一問之. 子生三月之末, 漱澣凤齊, 見

於內寢, 禮之如始入室. 君已食, 徹焉, 使之特餕, 遂入御.〈097〉

첩이 자식을 낳으려고 할 때, 산달의 초하루가 되면, 남편은 사람을 시켜서, 날마다 한 차례 안부를 묻는다. 자식이 태어난 후 3개월째의 말일이 되면, 의복을 세탁하고, 일찍 일어나서 재계를 하여, 내침에서 아들을 접견하고, 그때 따르는 의례는 첩이 처음 시집을 왔을 때처럼 한다. 남편이 식사를 마치면, 상을 치우고, 첩으로 하여금 홀로 남은 음식을 먹게 하고, 그 일이 끝나면, 들어가서 남편의 시중을 든다.

集說 此言大夫·士之妾生子之禮. 宮室之制, 前有路寢, 次則君之燕寢, 次夫人正寢. 卿·大夫以下, 前有適室, 次則燕寢, 次則適妻之寢. 此言內寢, 正謂適妻寢耳. 如始入室者, 如初來嫁時也. 特餕, 使此生子者獨餕, 不如常時衆妾同餕也.

이 내용은 대부와 사의 첩이 자식을 낳는 예에 대한 것이다. 궁실의 제도에 있어서, 앞쪽에는 노침이 있게 되고, 그 다음에는 제후가 사용하는 연침이 있으며, 그 다음에는 부인이 사용하는 정침이 있게 된다. 경과 대부 이하의 계층에 있어서는 앞에 적실이 있고, 그 다음에 연침이 있으며, 그 다음에 정부인의 침이 있다. 이곳에서 '내침(內寢)'이라고 말한 것은 바로 정부인의 침을 뜻할 따름이다. '여시입실(如始入室)'이라는 말은 최초 시집을 왔을 때와 동일하게 한다는 뜻이다. '특준(特餕)'은 자식을 낳은 첩으로 하여금 홀로 남은 음식을 먹게 하니, 일상적인 때 여러 첩들이 남은 음식을 함께 먹었던 것과는 다른 것이다.

【107】

公庶子生, 就側室. 三月之末, 其母沐浴朝服見於君, 擯者以其子見. 君所有賜, 君名之, 衆子則使有司名之.〈098〉

제후의 서자가 태어날 때, 그 어미는 측실로 가게 된다. 자식이 태어난 후 3개월째 말미에 그 어미는 목욕을 하고 조복을 착용하고서 군주를 알현하며, 의례를 돕는 자는 그녀의 자식을 데리고 알현한다. 군주에게 특별히 은총을 받은 경우라면, 군주가 직접 자식의 이름을 지어주지만, 나머지 서자들은 유사를 시켜서 이름을 짓게 한다.

集說 擯者, 傅姆之屬也. 君所有賜者, 此妾君所偏愛而特加恩賜者, 故其子, 君自名之. 若眾妾之子, 恩寵輕略者, 則使有司名之也.

'빈자(擯者)'는 부모 등의 부류를 뜻한다. '군소유사(君所有賜)'라는 말은 첩이 군주로부터 편애를 받아서, 특별히 은총을 받은 자라는 뜻이다. 그렇기 때문에 그녀의 자식에 대해서는 군주가 직접 이름을 짓는 것이다. 만약 나머지 첩의 자식들 중, 은총을 상대적으로 적게 받은 경우라면, 유사를 시켜서 이름을 짓게 한다.

集說 疏曰: 前文已云適子庶子見, 異於世子, 今更重出者, 以前庶適連文, 故此特言庶子之禮.

소에서 말하길, 앞 문장에서는 이미 적자와 서자를 접견할 때, 세자와는 다르게 한다고 했는데, 현재 이곳 문장에 재차 중복해서 나온 것은 앞에서는 서자와 적자가 연이어져 설명되었기 때문에, 이곳에서는 특별히 서자에 대한 예만을 언급한 것이다.

【108】
庶人無側室者, 及月辰, 夫出居群室. 其問之也, 與子見父之禮, 無以異也.〈099〉

서인 중 측실이 없는 자가 자식을 낳을 때, 산달 초하루가 되면, 남편은 집을 벗어나 마을에 있는 여관에 머문다. 안부를 묻고, 자식이 부친을 뵙는 예 등은 신분에 따라 차등을 두지 않는다.

集說 問之之禮, 與執手咳名之事, 欽帥記成之辭, 皆與有爵者同,故云無以異也.

안부를 묻는 예와 자식의 손을 잡고 웃으며 이름을 지어주는 일, 공경스럽게 따르고, 기록하여 완성하라는 말 등을 전하는 것은 모두 작위를 가지고 있는 자들이 따르는 절차와 동일하다. 그렇기 때문에 차이를 둠이 없다고 말한 것이다.

【109】

凡父在, 孫見於祖, 祖亦名之. 禮如子見父, 無辭. 〈100〉

무릇 부친이 생존해 있을 때, 손자가 조부를 알현하게 될 때에는 조부 또한 손자의 이름을 지어준다. 해당하는 예는 자식이 부친을 알현할 때와 동일하게 하되, 조부가 전하는 말은 없게 된다.

集說 應氏曰: 辭者, 夫婦所以相授受也. 祖尊, 故有其禮而無其辭.

응씨가 말하길, '사(辭)'는 부부가 서로 주고받는 것이다. 조부는 존귀하기 때문에, 해당 예는 있지만 전하는 말은 없다.

【110】

食[嗣]子者, 三年而出, 見於公宮, 則劬. 〈101〉

제후의 경우, 제후의 자식에게 모유를 먹였던['食'자의 음은 '嗣(사)'이다.] 여자는 3년이 지난 뒤에야 공궁을 벗어나서 자신의 집으로 되돌아가는데, 떠날 때 공궁에 찾아가 군주를 알현하며 떠나게 됨을 아뢰면, 군주는 반드시 하사를 하여 그녀의 노고를 치하한다.

集說 食子者, 士之妻, 大夫之妾也. 子三年則免懷抱, 故食者出還其家, 見於公宮而告辭. 則君必有賜劬者, 有賜以勞其劬勞也.

'사자자(食子者)'는 사의 처나 대부의 첩을 뜻한다. 아이는 태어난 후 3

년이 지나면, 안고 지내는 것에서 벗어나게 된다. 그렇기 때문에 모유를 먹였던 자도 공궁을 빠져나와 자신의 집으로 되돌아가는 것이고, 공궁에서 알현을 하며 떠날 것을 아뢰게 되면, 군주는 반드시 사구를 하니, 하사를 하여 그녀의 노고에 대해서 치하하는 것이다.

【111】

大夫之子有食[嗣]母, 士之妻自養其子.〈102〉

대부의 자식에게는 모친 이외에도 모유를 먹여주는 사모가['食'자의 음은 '嗣(사)'이다.] 있지만, 사는 신분이 낮기 때문에 사의 처가 직접 그 자식을 양육한다.

集說 食母, 乳母也. 士卑, 故自養.

'사모(食母)'는 유모를 뜻한다. 사는 신분이 낮기 때문에 직접 양육하는 것이다.

【112】

由命士以上[上聲]及大夫之子, 旬[如字]而見.〈103〉

명사로부터 그 이상의['上'자는 상성으로 읽는다.] 계급 및 대부에게 있어서, 그 자식에 대해서는 10일마다['旬'자는 글자대로 읽는다.] 접견하게 된다.

集說 註讀旬爲均, 謂適子妾子有同時生者, 雖是先生者先見, 後生者後見, 然皆在夫未與婦禮食之前, 故曰均而見也.

정현의 주에서는 '순(旬)'자를 균(均)자로 풀이했으니, 적자와 첩의 아들이 동시에 태어난 경우에는 비록 먼저 태어난 자를 먼저 알현시켜야 하고, 뒤에 태어난 자를 뒤에 알현시켜야 하지만, 이 모두는 남편이 부인과 함께 아직 예사를 하기 이전이 된다. 그렇기 때문에 "모두 알현하게 된다.”라고 말한 것이다.

集說 應氏曰: “子固以禮見於父, 父則欲時時見之, 又不可瀆, 故每旬而一見之. 若庶人則簡略易通, 故不必以旬而見.” 今詳二說俱可疑, 缺之可也.

응씨가 말하길, “자식은 진실로 예법에 따라서 부친을 알현하는데, 부친의 경우에는 때때로 접견하고자 한다. 그러나 너무 자주 할 수는 없다. 그렇기 때문에 10일마다 한 차례씩 접견하는 것이다. 서인인 경우라면, 해당 절차를 간략히 하여 쉽게 만나볼 수 있다. 그렇기 때문에 반드시 10일까지 기다린 뒤에야 접견할 필요는 없다.”라고 했다. 내가 두 주장을 살펴보니, 모두 의심스러운 점이 있으므로, 이 내용은 빼버리는 것이 좋을 것 같다.

【113】
冢子未食[如字]而見, 必執其右手. 適子庶子已食而見, 必循其首.〈104〉
천자나 제후의 경우, 총자에 대해서는 음식을 먹기[‘食’자는 글자대로 읽는다.] 이전에 접견하고, 반드시 아들의 오른손을 잡게 된다. 총자의 동생 및 첩의 자식에 대해서는 음식을 먹은 이후에 접견하고, 반드시 그 머리를 쓰다듬게 된다.

集說 疏曰: 此天子·諸侯之禮. 未與后夫人禮食而先見冢子, 急於正也; 禮食之後乃見適子庶子, 緩於庶耳.

소에서 말하길, 이 내용은 천자와 제후에게 해당하는 예이다. 아직 왕후 및 부인과 예사를 하기 이전에, 먼저 총자를 접견하니, 적통을 계승한 자에 대해서는 급히 만나보기 때문이며, 예사를 한 이후에는 곧 총자의 동생 및 첩의 자식들을 만나보니, 서자에 대해서는 다소 느슨하게 대하기 때문이다.

冢子未食而見, 言每旬一見之時, 冢適則以早朝見, 重其正也. 適子及庶子, 則於朝食後進見, 殺於冢子也.

'총자미식이견(冢子未食而見)'이라고 했는데, 10일마다 한 차례 접견을 할 때 총자인 적자에 대해서는 아침 일찍 접견한다는 뜻으로, 그가 정통을 계승하는 자임을 중시해서이다. 적자와 서자의 경우라면 아침식사를 한 이후에 나아가 만나보게 되니 총자보다 낮추기 때문이다.

【114】

子能食食[嗣], 敎以右手; 能言, 男唯[上聲]女兪. 男鞶革, 女鞶絲. 〈105〉

자식이 제 스스로 밥을['食'자의 음은 '嗣(사)'이다.] 먹을 수 있게 되면, 오른손으로 먹도록 가르치며, 말을 할 수 있다면, 남자아이는 유(唯)라고['唯'자는 상성으로 읽는다.] 대답하고, 여자아이는 유(兪)라고 대답하도록 가르친다. 남자아이에게는 가죽으로 만든 작은 주머니를 채우고, 여자아이에게는 비단으로 만든 작은 주머니를 채운다.

> **集說** 食, 飯也. 唯, 兪, 皆應辭. 鞶, 小囊, 盛帨巾者. 男用韋, 女用繒帛.

'사(食)'는 밥을 뜻한다. '유(唯)'와 '유(兪)'는 모두 응답할 때 내는 말이다. '반(鞶)'자는 작은 주머니로, 허리에 차는 수건을 담는 것이다. 남자 것은 가죽을 이용해서 만들고, 여자 것은 비단을 이용해서 만든다.

【115】

六年, 敎之數與方名. 七年, 男女不同席, 不共食. 八年, 出入門戶, 及卽席飮食, 必後長者, 始敎之讓. 〈106〉

아이의 나이가 6세가 되면, 숫자와 방위를 가르친다. 7세가 되면, 남자아이와 여자아이는 같은 자리에 앉지 않고, 함께 음식을 먹지 않는다. 8세가 되면, 문과 방문을 출입하고, 자리에 나아가서 음식을 먹을 때에는 반드시 연장자보다 뒤늦게 하니, 이때부터 비로소 겸양의 도리를 가르친다.

> **集說** 數, 謂一十百千萬. 方名, 東西南北也.

'수(數)'라는 것은 1, 10, 100, 1000, 10000과 같은 수를 뜻한다. '방명(方名)'은 동·서·남·북을 뜻한다.

【116】

九年, 敎之數[上聲]日. 十年, 出就外傅, 居宿於外, 學書計.〈107〉

아이의 나이가 9세가 되면, 날짜를 헤아리는['數'자는 상성으로 읽는다.] 법을 가르친다. 남자아이의 나이가 10세가 되면, 집을 벗어나서 외부 스승에게 찾아가고, 외지에서 기숙하며, 육서와 구수를 배운다.

集說 數日, 知朔望與六甲也. 外傅, 敎學之師也. 書, 謂六書. 計, 謂九數.

'수일(數日)'은 초하루·보름 및 육갑을 헤아리는 법을 알게끔 하는 것이다. '외부(外傅)'는 교육을 담당하는 스승이다. '서(書)'는 육서(六書)[1]를 뜻한다. '계(計)'는 구수(九數)[2]를 뜻한다.

【117】

衣不帛襦[儒]袴. 禮帥初, 朝夕學幼儀, 請肄簡諒.〈108〉

아이의 옷에 있어서, 비단으로 지은 속옷과['襦'자의 음은 '儒(유)'이다.] 바지는 입히지 않는다. 아이가 예에 따라 행동을 할 때에는 최초 가르친 대로 시행하도록 하고, 아침저녁으로 아이가 따라야 하는 행동예절을 배우도록 하며, 육서의 편수와 언어의 진실됨에 대해서 익히기를 청한다.

---

1) 육서(六書)는 한자의 구성과 형성에 대한 여섯 가지 이론으로, 상형(象形), 지사(指事: =處事), 회의(會意), 형성(形聲: =諧聲), 전주(轉注), 가차(假借)를 뜻한다. 『주례』「지관(地官)·보씨(保氏)」편에는 "五曰六書."라는 기록이 있는데, 이에 대한 정현의 주에서는 정사농(鄭司農)의 주장을 인용하여, "六書, 象形·會意·轉注·處事·假借·諧聲也."라고 풀이했다.

2) 구수(九數)는 고대의 아홉 가지 계산 방법이다. 방전(方田), 속미(粟米), 차분(差分), 소광(少廣), 상공(商功), 균수(均輸), 방정(方程), 영부족(贏不足), 방요(旁要)를 뜻한다. 『주례』「지관(地官)·보씨(保氏)」편에는 "六曰九數."라는 기록이 있는데, 이에 대한 정현의 주에서는 정중(鄭衆)의 주장을 인용하여, "九數, 方田·粟米·差分·少廣·商功·均輸·方程·贏不足·旁要."라고 풀이했다.

集説 曲禮曰: "童子不衣裘裳". 不以帛爲襦袴, 亦爲太溫也. 禮帥初, 謂行禮動作皆循習初敎之方也. 肄, 習也. 簡, 書篇數也. 諒, 言語信實也. 皆請於長者而習學之也. 一說, 簡者簡要, 謂使之習事務從其要, 不爲迂曲煩擾也.

『예기』「곡례(曲禮)」편에서는 "어린아이들에게는 가죽으로 된 옷과 치마를 입히지 않는다."[3]고 했다. 비단으로 속옷과 바지를 만들어 입히지 않는 것 또한 그 옷이 너무 따뜻하기 때문이다. '예솔초(禮帥初)'라는 말은 예를 시행하며 행동할 때에는 모두 최초 가르친 방도대로 따른다는 뜻이다. '이(肄)'자는 "익히다."는 뜻이다. '간(簡)'자는 육서의 편수를 뜻한다. '양(諒)'자는 언어의 진실됨을 뜻한다. 이 모두는 연장자에게 청하여 학습하게 된다. 일설에는 '간(簡)'자는 간단하고 요긴한 요령을 뜻한다고 하니, 그로 하여금 일을 익히게 할 때, 그 요령에 따라 힘쓰게 하여, 우원하고 번거롭게 시행하지 않도록 한다는 뜻이다.

【118】
十有三年, 學樂, 誦詩, 舞勺[酌]. 成童, 舞象, 學射御.〈109〉
남자아이의 나이가 13세가 되면, 음악을 익히고, 시를 암송하며, 작이라는 ['勺'자의 음은 '酌(작)'이다.] 춤을 추게 한다. 15세 이상이 된 남자아이들은 상이라는 춤을 추고, 활쏘기와 수레 모는 방법을 익힌다.

集説 樂, 八音之器也. 詩, 樂歌之篇章也. 成童, 十五以上. 象, 說見文王世子. 射, 謂五射. 御, 謂五御也. 六藝, 詳見小學書.
'악(樂)'자는 팔음(八音)[4]의 악기를 뜻한다. '시(詩)'는 연주하고 노래할

---

3) 『예기』「곡례상(曲禮上)」 050장 : 童子, 不衣裘裳, 立必正方, 不傾聽.
4) 팔음(八音)은 여덟 가지의 악기들을 뜻한다. 여덟 종류의 악기에는 8종류의 서로 다른 재질이 사용되기 때문에, 붙여진 이름이다. 여기에서 여덟 가지 재질이란

때 사용하는 편과 장이다. '성동(成童)'은 15세 이상의 아이를 뜻한다. '상(象)'에 대해서는 그 설명이 『예기』「문왕세자(文王世子)」편에 나온다. '사(射)'는 오사(五射)[5]를 뜻한다. '어(御)'는 오어(五御)[6]를 뜻한다.

통상적으로 쇠[金], 돌[石], 실[絲], 대나무[竹], 박[匏], 흙[土], 가죽[革], 나무[木]를 가리킨다. 『서』「우서(虞書)·순전(舜典)」편에는 "三載, 四海遏密八音."이란 기록이 있는데, 이에 대한 공안국(孔安國)의 전(傳)에서는 "八音, 金石絲竹匏土革木."이라고 풀이하였다. 또한 여덟 가지 재질에 따른 악기에 대해서 설명하자면, 금(金)에는 종(鐘)과 박(鎛)이 있고, 석(石)에는 경(磬)이 있으며, 토(土)에는 훈(壎)이 있고, 혁(革)에는 고(鼓)와 도(鼗)가 있으며, 사(絲)에는 금(琴)과 슬(瑟)이 있고, 목(木)에는 축(祝)과 어(敔)가 있으며, 포(匏)에는 생(笙)이 있고, 죽(竹)에는 관(管)과 소(簫)가 있다. 『주례』「춘관(春官)·대사(大師)」편에는 "皆播之以八音, 金石土革絲木匏竹."이라는 기록이 있는데, 이에 대한 정현의 주에서는 "金, 鐘鎛也. 石, 磬也. 土, 壎也. 革, 鼓鼗也. 絲, 琴瑟也. 木, 祝敔也. 匏, 笙也. 竹, 管簫也."라고 풀이하였다.

5) 오사(五射)는 사례(射禮)를 시행할 때 사용되는 다섯 가지 활 쏘는 예법을 뜻한다. 다섯 가지 활 쏘는 예법은 백시(白矢), 삼련(參連), 섬주(剡注), 양척(襄尺), 정의(井儀)이다. '백시'는 화살을 쏘아서 과녁을 꿰뚫는다는 뜻이다. 화살이 과녁을 꿰뚫게 되면, 화살 끝에 달려 있는 흰 깃털만 보인다는 의미에서 '백시'라고 부른다. '삼련'은 앞서 한 발의 화살을 쏘고, 뒤이어 3발의 화살을 연이어 쏜다는 뜻이다. '섬주'는 화살을 쏠 때 끝부분의 깃털이 위로 올라가고, 화살촉이 밑으로 내려간 형태로 화살이 날아가는 것을 뜻한다. '양척'은 신하가 군주와 함께 화살을 쏠 때, 군주가 화살을 쏘는 장소로부터 1척(尺) 정도 물러나서 쏘는 것을 뜻한다. '정의'는 4발의 화살을 쏘아서 과녁을 명중시킬 때, 정(井)자의 형태가 되도록 쏘는 것을 뜻한다. 『주례』「지관(地官)·보씨(保氏)」편에는 "養國子以道, 乃敎之六藝, 一曰五禮, 二曰六樂, 三曰五射, 四曰五馭, 五曰六書, 六曰九數."라는 기록이 있고, 이에 대한 정현의 주에서는 정사농(鄭司農)의 주장을 인용하여, "五射, 白矢·參連·剡注·襄尺·井儀也."라고 풀이했으며, 가공언(賈公彦)의 소(疏)에서는 "云白矢者, 矢在侯而貫侯過, 見其鏃白; 云參連者, 前放一矢, 後三矢連續而去也; 云剡注者, 謂羽頭高鏃低而去, 剡剡然; 云襄尺者, 臣與君射, 不與君並立, 襄君一尺而退; 云井儀者, 四矢貫侯, 如井之容儀也."라고 풀이했다.

6) 오어(五馭)는 오어(五御)라고도 부르며, 수레를 몰 때 사용되는 다섯 가지 기술을 뜻한다. 다섯 가지 기술은 명화란(鳴和鸞), 축수곡(逐水曲), 과군표(過君表), 무교구(舞交衢), 축금좌(逐禽左)이다. '명화란'은 수레를 몰 때 방울 소리가 조화롭

육예에 대해서는 그 설명이 『소학』에 상세히 나온다.

集說 朱子曰: 酌, 卽勻也. 內則曰, 十三舞勻, 卽以此詩爲節而舞也.

주자가 말하길, '작(酌)'은 곧 작(勻)에 해당한다. 「내칙」편에서는 13세 때 작이라는 춤을 춘다고 했으니, 곧 이 시를 절도로 삼아서 춤을 추는 것이다.

게 울린다는 뜻이다. '화(和)'와 '란(鸞)'은 모두 수레에 다는 일종의 방울인데, 수레를 편안하게 몰기 때문에 소리가 조화롭게 울린다는 뜻이다. '축수곡'은 물길 옆에 있는 도로를 따라 수레를 몬다는 뜻이다. 즉, 물길의 굴곡에 따른 굽이진 곳을 이동하면서도 수레가 물에 빠지지 않도록 운전을 잘 한다는 뜻이다. '과군표'는 군주가 있는 곳은 깃발 등으로 표시를 하는데, 그곳을 지나갈 때에는 수레를 몰지 않는다는 뜻이다. 일종의 군주에게 공경의 뜻을 표하는 방법이다. '무교구'는 교차로에서 수레끼리 교차하게 될 때, 서로에게 피해를 주지 않기 위해 춤추는 절도에 따라 서로 수레를 돌린다는 뜻이다. '축금좌'는 사냥할 때 수레를 모는 방법이다. 사냥을 할 때 존귀한 자는 좌측에 타서 활을 쏘게 되는데, 짐승을 잘 맞출 수 있도록 수레의 좌측 방향으로 짐승을 몬다는 뜻이다. 『주례』「지관(地官)·보씨(保氏)」편에는 "養國子以道, 乃敎之六藝, 一曰五禮, 二曰六樂, 三曰五射, 四曰五馭, 五曰六書, 六曰九數."라는 기록이 있고, 이에 대한 정현의 주에서는 정사농(鄭司農)의 주장을 인용하여, "五馭, 鳴和鸞·逐水曲·過君表·舞交衢·逐禽左."라고 풀이했으며, 가공언(賈公彦)의 소(疏)에서는 "云五馭者, 馭車有五種. 云鳴和鸞者, 和在式, 鸞在衡. 按韓詩云, '升車則馬動, 馬動則鸞鳴, 鸞鳴則和應.' 先鄭依此而言. 云逐水曲者, 無正文, 先鄭以意而言, 謂御車隨逐水勢之屈曲而不墜水也. 云過君表者, 謂若毛傳云, '褐纒旒以爲門, 裘纒質以爲樴, 間容握, 驅而入, 轚則不得入.' 穀梁亦云, '艾蘭以爲防, 置旃以爲轅門, 以葛覆質以爲槷, 流旁握, 御轚者不得入.' 是其過君表卽褐纒旒是也. 云舞交衢者, 衢, 道也, 謂御車在交道, 車旋應於舞節. 云逐禽左者, 謂御驅逆之車, 逆驅禽獸使左, 當人君以射之, 人君自左射. 故毛傳云, '故自左膘而射之, 達于右腢, 爲上殺.' 又禮記云, '佐車止, 則百姓田獵', 是也."라고 풀이했다.

【119】

二十而冠, 始學禮, 可以衣[去聲]裘帛, 舞大夏, 惇行孝弟, 博學不敎,
內而不出. ⟨110⟩

20세가 되면 관례를 치르고, 비로소 본격적인 예를 배우게 되며, 갓옷과
비단옷을 입을[衣'자는 거성으로 읽는다.] 수 있게 되고, 대하라는 춤을 익히며,
효제의 도리를 돈독히 실천하고, 널리 배우되 남을 가르치지 않으며, 내면
에 아름다운 미덕을 키우되 겉으로 뽐내지 않는다.

集說 始學禮, 以成人之道, 當兼習言吉 · 凶 · 賓 · 軍 · 嘉之五禮
也. 大夏, 禹樂, 樂之文武兼備者也. 孝弟, 百行之本, 故先務惇行於
孝悌而后博學也. 不敎, 恐所學未精, 故不可爲師以敎人也. 內而不
出, 言蘊畜其德美於中, 而不自表見其能也. 一說, 謂不出言以爲人
謀畫.

"비로소 예를 배운다."는 것은 성인의 도리에 따라서, 마땅히 길 · 흉 ·
군 · 빈 · 가에 해당하는 오례도 함께 익혀야 하기 때문이다. '대하(大夏)'
는 우임금의 악곡이니, 악곡 중 문무를 겸비하고 있는 것이다. '효제(孝
悌)'는 모든 행실의 근본이 된다. 그렇기 때문에 우선적으로 효제를 돈독
히 시행하는 것에 힘쓰고, 그 이후에 널리 배우는 것이다. 가르치지 않는
것은 배운 것이 아직 정밀하지 않음을 염려하기 때문에, 그를 스승으로
세워 남을 가르치게 할 수 없는 것이다. '내이불출(內而不出)'은 내면에
아름다운 덕을 온축하되, 그 능력을 제 스스로 뽐내지 않는다는 뜻이다.
일설에는 말을 내뱉어서 다른 사람을 위해 계획하거나 도모하지 않는다
는 뜻이라고 한다.

【120】

三十而有室, 始理男事, 博學無方, 孫[去聲]友視志. ⟨111⟩

30세가 되면 결혼을 하고, 비로소 남자가 해야 할 일들을 처리하게 되며,

널리 배우되 고정된 스승이 없고, 벗을 사귀며['孫'자는 거성으로 읽는다.] 그가 숭상하는 뜻을 살펴서 자신의 뜻을 헤아린다.

集說 室, 猶妻也. 男事, 受田給政役也. 方, 猶常也. 學無常, 在志所慕則學之. 孫友, 順交朋友也. 視志, 視其志意所尙也.

'실(室)'자는 처를 뜻한다. '남사(男事)'는 농경지를 받아서 경작하고 요역에 나가는 것을 뜻한다. '방(方)'자는 일정함을 뜻한다. 배움에 일정함이 없다는 것은 사모하는 자에 대해 뜻을 두고 그의 덕행을 배운다는 뜻이다. '손우(孫友)'는 벗들과 교류하며 따른다는 뜻이다. '시지(視志)'는 그의 뜻이 숭상하는 바를 견주어 본다는 뜻이다.

【121】

四十始仕, 方物出謀發慮, 道合則服從, 不可則去. 五十命爲大夫, 服官政. 七十致仕.〈112〉[7]

40세가 되면 비로소 벼슬살이를 하고, 그 사안에 대해서 잘 따지고 계획을 내놓으며 고려한 것을 제출하되, 군주와 도가 합치되면 복종하여 따르고, 불가하다면 관직에서 떠난다. 50세가 되면 명을 받아서 대부가 되고, 관부의 정무에 복무한다. 70세가 되면 벼슬에서 물러난다.

集說 朱子曰: "物猶事也. 方物出謀, 則謀不過物; 方物發慮, 則慮不過物." 問: "何謂不過物?" 曰: "方, 猶對也. 比方以窮理."

주자가 말하길, "'물(物)'은 일을 뜻한다. '방물출모(方物出謀)'는 계획한 것이 그 일을 벗어나지 않는다는 뜻이다. '방물발려(方物發慮)'는 고려한 것이 그 일을 벗어나지 않는다는 뜻이다."라고 했다. 묻기를 "어떤 것을

---

7) 『예기』「내칙」112장 : 四十始仕, 方物出謀發慮, 道合則服從, 不可則去. 五十命爲大夫, 服官政. 七十致仕. 凡男拜, 尙左手.

그 일에서 벗어났다고 합니까?" 대답하길, "'방(方)'자는 '대한다.'는 뜻이다. 비교하여 이치를 궁구하는 것이다."라고 했다.

【122】

女子十年不出, 姆[茂]敎婉婉[晩]聽從. 執麻枲, 治絲繭, 織紝[女金反]組
[祖]紃[巡], 學女事以共[恭]衣服. 觀於祭祀, 納酒漿籩豆菹醢, 禮相[去
聲]助奠.〈113〉[本承"尙左手".]

여자아이의 경우 10세가 되면, 더 이상 안채에서 밖으로 나오지 않고, 여사는['姆'자의 음은 '茂(무)'이다.] 말을 순하게 하고, 용모를 순박하게['婉'자의 음은 '晩(만)'이다.] 하며, 잘 따르는 일들을 가르친다. 삼으로 견직물 만드는 일을 하고, 누에에서 생사 뽑는 일을 하며, 견직물을['紝'자는 '女(녀)'자와 '金(금)'자의 반절음이다. '紃'자의 음은 '巡(순)'이다.] 짜고['組'자의 음은 '祖(조)'이다.] 여자가 익혀야 하는 일들을 배워서, 의복을 공급한다.['共'자의 음은 '恭(공)'이다.] 제사에 대한 일을 살펴보고, 술ㆍ장, 변과 두에 올리는 음식, 절임과 젓갈 등을 공급하며, 예법에 따라 도와서['相'자는 거성으로 읽는다.] 음식 진설하는 것을 돕는다. [본래는 "좌측 손을 위로 올린다."라고 한 문장을 이어서 수록되어 있었다.]

集說 十年不出, 謂十歲則恒處於內也. 姆, 女師也. 婉, 謂言語. 娩, 謂容貌. 司馬公云: "柔順貌". 紝繒帛之屬. 組, 亦織也. 詩: "執轡如組". 紃之制似條, 古人以置諸冠服縫中者.

'십년불출(十年不出)'은 10세가 되면 항상 안채에 머문다는 뜻이다. '무(姆)'는 여사를 뜻한다. '완(婉)'은 언어에 대한 내용이다. '만(娩)'은 용모에 대한 내용이다. 사마공은 "유순한 모습을 뜻한다."라고 했다. '임(紝)'은 명주나 비단 등의 직물을 뜻한다. '조(組)' 또한 "짜다."는 뜻이니, 『시』에서는 "고삐를 마치 끈을 잡듯이 잡았다."[8]라고 했다. 순을 제작하는

---

8) 『시』「패풍(邶風)ㆍ간혜(簡兮)」: 有力如虎, 執轡如組. 左手執籥, 右手秉翟. 赫如渥赭, 公言錫爵.

방법은 조와 유사한데, 고대인들은 이것을 관과 의복 중 봉합된 부위에 달았다.

【123】

十有五年而笄, 二十而嫁. 有故, 二十三年而嫁. 聘則爲妻, 奔則爲妾.〈114〉⁹⁾

여자아이의 나이가 15세가 되어 혼인이 결정되면 비녀를 꼽고, 20세가 되면 시집을 간다. 부모의 상과 같은 변고가 발생하면, 23세에 시집을 간다. 정식 예를 갖춰서 남편이 찾아온 경우에는 처가 되고, 여자가 직접 그 집에 가게 되면 첩이 된다.

集說 十五許嫁則笄, 未許嫁者二十而笄. 故, 謂父母喪. 妻, 齊也. 妾之言接, 言得接見於君子, 不得伉儷也.

15세 때 혼인이 약속되면 비녀를 꼽게 되고, 아직 혼인이 결정되지 않은 여자는 20세가 되면 비녀를 꼽는다. '고(故)'자는 부모의 상을 뜻한다. '처(妻)'자는 "나란하다."는 뜻이다. '첩(妾)'자는 "접한다."는 뜻이니, 군자에 대해 접견할 수 있지만 대등한 짝이 될 수 없다는 뜻이다.

類編 右男女之禮.

여기까지는 '남녀지례(男女之禮)'에 대한 내용이다.

---

9) 『예기』「내칙」114장: <u>十有五年而笄, 二十而嫁. 有故, 二十三年而嫁. 聘則爲妻, 奔則爲妾. 凡女拜, 尙右手.</u>

禮記類編大全卷之五

『예기유편대전』 5권

◇ 王制第五(上) / 「왕제」 5편(상편)

類編　此篇記王者建國制治之法. 孔疏曰: "王制之作, 在秦漢之際. 盧植云: '文帝令博士諸生作.'"

이 편은 천자가 나라를 세우고 정치를 제작한 법도를 기록한 것이다. 공영달의 소에서는 "「왕제」편을 지은 것은 진과 한나라 사이이다. 노식[1]은 '문제께서 박사의 여러 유생들을 시켜 만들었다.'"고 했다.

類編　本居檀弓之下. 凡十四節.

본래는 『예기』「단궁(檀弓)」편 뒤에 수록되어 있었다. 모두 14개 절이다.

「왕제」편 문장 순서 비교		
『예기집설』	『예기유편대전』	
	구분	문장
001		001
002		002
003		003
004		004
005	上篇-制祿爵	005
006		006
007		007
008		008
009		009

---

1) 노식(盧植, A.D.159?~A.D.192) : =노씨(盧氏). 후한(後漢) 때의 유학자이다. 자(字)는 자간(子幹)이다. 어려서 마융(馬融)을 스승으로 섬겼다. 영제(靈帝)의 건녕(建寧) 연간(A.D.168~A.D.172)에 박사(博士)가 되었다. 채옹(蔡邕) 등과 함께 동관(東觀)에서 오경(五經)을 교정했다. 후에 동탁(董卓)이 소제(少帝)를 폐위시키자, 은거하며 『상서장구(尙書章句)』, 『삼례해고(三禮解詁)』를 저술했지만, 남아 있지 않다.

「왕제」편 문장 순서 비교		
『예기집설』	『예기유편대전』	
	구분	문장
010		010
011		011
012		012
013		013
014		014
015		015
016		016
017		017
018		018
019		019
020		020
021		021
022		022前
023	上篇-朝聘巡守	024
024		025
025		026
026		027
027		028
028		029
029		030
030		031
031		033
032		034
033		035
034		036
035		037
036		038
037		039
038		040
039		041
040	上篇-田獵	042
041		043
042		044
043		045

「왕제」편 문장 순서 비교		
『예기집설』	『예기유편대전』	
	구분	문장
044	上篇-制國用	046
045		047
046		048後
047		049
048		050
049	上篇-喪祭	051
050		052
051		053
052		054
053		048前
054		祭義-054
055		055
056		056
057		057
058		058
059		059
060		060
061		061
062		062
063		063
064		064
065		065
066	上篇-田賦	066
067		067
068		068
069		069
070		070
071		071
072		072
073	上篇-度地居民	073
074		074
075		075
076		076
077		077

「왕제」편 문장 순서 비교		
『예기집설』	『예기유편대전』	
	구분	문장
078		078
079		079
080		080
081		081
082		082
083		083
084		084
085		085
086		086
087		087
088		088
089		089
090	下篇-教民造士	090
091		091
092		092
093		022後
094		023
095		093
096		094
097		095
098		096
099		少儀-030
100		097
101		098
102		099
103		100
104		101
105	下篇-明刑禁	102
106		103
107		104
108		105
109		106
110		107
111		108

「왕제」편 문장 순서 비교		
『예기집설』	『예기유편대전』	
	구분	문장
112		109
113		110
114	下篇-受諫質	111
115		112
116		113
117		114
118	下篇-養老恤窮民	115
119		116
120		117
121		118
122		119
123		120
124		121
125		122
126		123
127		124前
128		124後
129		125
130		126
131		127
132		128
133		129
134		130
135		131
136		132
137		133
138		134
139		135
140		136
141		137
142		138
143		139
144	下篇-別男女序長幼	140
145		141

「왕제」편 문장 순서 비교		
『예기집설』	『예기유편대전』	
	구분	문장
146		142
147		143
148		144
149		145
150		146
151		147
152		148
153		149
154		150
155		151
156		152
157	下篇-申言制祿爵	153
158		154
159		155
160		156
161		157
162		158
163		159
164		160
		161
		162
	下篇-釋司徒章	163
		164

◇ 녹봉과 작위의 제작[制祿爵]

【001】

王者之制祿爵, 公·侯·伯·子·男, 凡五等.〈001〉

천자가 녹봉과 작위를 제정함은 공작, 후작, 백작, 자작, 남작으로 모두 다섯 등급이다.

> 集說 孟子言: 天子一位, 子男同一位.

맹자가 말하길, 천자가 한 등위이고, 자작과 남작이 함께 한 등위이다.[1]

【002】

諸侯之上大夫卿·下大夫·上士·中士·下士, 凡五等.〈002〉

제후의 경우에는 상대부인 경, 하대부, 상사, 중사, 하사로 모두 다섯 등급이다.

> 集說 孟子言: 君一位, 凡六等.

맹자가 말하길, 군이 한 등위이며, 모두 여섯 등위이다.[2]

> 集說 疏曰: 五等, 虞夏周同, 殷三等, 公侯伯也.

소에서 말하길, 다섯 등급은 우·하·주가 동일하지만 은은 세 등급으로 공작·후작·백작이다.

---

1) 『맹자』「만장하(萬章下)」: 天子一位, 公一位, 侯一位, 伯一位, <u>子男同一位</u>, 凡五等也.

2) 『맹자』「만장하(萬章下)」: <u>君一位</u>, 卿一位, 大夫一位, 上士一位, 中士一位, 下士一位, <u>凡六等</u>.

【003】

天子之田, 方千里; 公·侯田, 方百里; 伯, 七十里; 子·男, 五十里; 不能五十里者, 不合於天子, 附於諸侯, 曰附庸.〈003〉

천자의 땅은 사방 1,000리이고, 공작과 후작의 땅은 사방 100리이며, 백작의 땅은 사방 70리이고, 자작과 남작의 땅은 사방 50리이다. 50리가 되지 못하는 자는 천자에게 조회할 수 없고, 제후에게 붙어 조회를 함으로 '부용(附庸)'이라고 부른다.

集說 此言天子諸侯田里之廣狹. 不能, 猶不足也. 不合於天子者, 不與王朝之聚會也. 民功曰庸, 其功勞附大國而達於天子, 故曰附庸. 里數有二, 分田之里, 以方計, 如方里而井, 是也. 分服之里, 以袤計, 如二十五家爲里, 是也. 後章言方千里者, 爲田九萬畝, 此以方計者也. 自恒山至于南河, 千里而近, 此以袤計者也. 分服, 則計道里遠近, 以爲朝貢之節, 分田則計田畝多寡, 以爲賦祿之制, 此所以爲均平也.

이것은 천자와 제후가 소유한 땅의 넓이를 말한 것이다. '불능(不能)'이라는 것은 부족하다는 뜻이다. "천자에게 불합한다."는 것은 천자의 조종에서 조회를 할 때 참여하지 못한다는 뜻이다. 백성을 다스리는데 공이 있는 것을 '용(庸)'이라고 하니,3) 그 공로로 대국에 의지해서 천자에게 이르기 때문에 '부용(附庸)'이라고 한다. 리(里)의 수치에는 두 가지가 있으니, 분전(分田)의 리는 사방 면적으로 계산하는 것으로, "사방 1리가 정(井)이다."4)라고 하는 것이 바로 이것이다. 분복(分服)의 리는 길이로 계산하는 것으로 "25가가 리(里)가 된다."5)라고 하는 것이 바로 이것이

---

3) 『주례』 「하관(夏官)·사훈(司勳)」 : 司勳, 掌六鄕賞地之法, 以等其功. 王功曰勳. 國功曰功. 民功曰庸. 事功曰勞. 治功曰力. 戰功曰多.

4) 『맹자』 「등문공상(滕文公上)」 : 方里而井, 井九百畝, 其中爲公田. 八家皆私百畝, 同養公田, 公事畢, 然後敢治私事, 所以別野人也.

다. 뒤의 경문에서 "사방 1,000리는 전이 90,000무이다."6)라고 했는데, 이것이 사방 면적으로 계산한 것이다. "항산으로부터 남하에 이르기까지 1,000리가 조금 안 된다."7)라고 했는데, 이것은 길이로 계산한 것이다. 분복은 도로 길이의 원근을 계산해서 조공의 기준으로 삼는 것이고, 분전은 전묘의 많고 적음을 계산해서 세금과 녹봉의 제도로 삼으니, 이것이 균평이 되는 이유이다.

【004】

天子之三公之田, 視公·侯; 天子之卿, 視伯; 天子之大夫, 視子·男; 天子之元士, 視附庸. 〈004〉

천자의 삼공에게 주는 땅은 공작·후작에 견주어 주고, 천자의 경에게 주는 땅은 백작에 견주어 주며, 천자의 대부에게 주는 땅은 자작·남작에 견주어 주고, 천자의 원사(元士)8)에게 주는 땅은 부용에 견주어 준다.

集說 此言王朝有位者之田, 亦與孟子不同.

---

5) 『주례』「지관(地官)·수인(遂人)」: 遂人, 掌邦之野. 以土地之圖經田野, 造縣鄙形體之法. 五家爲鄰, 五鄰爲里, 四里爲酇, 五酇爲鄙, 五鄙爲縣, 五縣爲遂, 皆有地域, 溝樹之.

6) 『예기』「왕제」 145~146장: 方一里者, 爲田九百畝. 方十里者, 爲方一里者百, 爲田九萬畝. 方百里者, 爲方十里者百, 爲田九十億畝. 方千里者, 爲方百里者百, 爲田九萬億畝.

7) 『예기』「왕제」 147장: 自恒山, 至於南河, 千里而近. 自南河, 至於江, 千里而近. 自江, 至於衡山, 千里而遙. 自東河, 至於東海, 千里而遙. 自東河, 至於西河, 千里而近. 自西河, 至於流沙, 千里而遙. 西不盡流沙, 南不盡衡山, 東不盡東海, 北不盡恒山.

8) 원사(元士)는 천자에게 소속된 사(士) 계층 중 하나이다. '사' 계층은 상·중·하로 구분되어, 상사(上士), 중사(中士), 하사(下士)로 나뉜다. 다만 천자에게 소속된 '상사'에게는 제후에게 소속된 '상사'보다 높여서 '원(元)'자를 붙이게 된다. 그래서 '원사'라고 부르는 것이다.

이것은 천자의 조정에 지위 있는 자들의 땅을 말한 것으로, 또한 『맹자』 에 나온 기록과는 같지 않다.[9]

集說 方氏曰: 三公而下, 食采邑於畿內, 祿之多少, 以外諸侯爲差. 元士, 上士也, 與元子元侯, 稱元同. 不言中士下士, 則視附庸惟上士也.

방씨가 말하길, 삼공 이하는 수도 안에 있는 채읍에서 조세를 받고, 녹봉 의 많고 적음은 외제후에게 적용되는 기준에 견주어서 차등을 삼는다. 원사(元士)는 상사로, 천자의 원자와 원후에게 '원(元)'자를 붙여서 부르 는 것과 같다. 중사와 하사를 말하지 않았으니, 부용에 견주어 녹봉을 받는 것은 오직 상사만일 따름이다.

【005】

制農田百畝, 百畝之分[去聲], 上農夫食[嗣]九人, 其次食八人, 其次食 七人, 其次食六人, 下農夫食五人. 庶人在官者, 其祿以是爲差也.

〈005〉

농전 100묘를 제정함에 100묘씩의 분배는['分'자는 거성으로 읽는다.] 상농부는 9명을 먹여 살릴['食'자의 음은 '嗣(사)'이다.] 만큼이고, 그 다음은 8명을 먹여 살릴 만큼이며, 그 다음은 7명을 먹여 살릴 만큼이고, 그 다음은 6명을 먹 여 살릴 만큼이며, 하농부는 5명을 먹여 살릴 만큼을 분배한다. 서인 중에 관직에 있는 자는 녹봉을 농전의 분배에 준해서 차등을 둔다.

集說 此言庶人之田. 井田之制, 一夫百畝, 肥饒者, 爲上農, 墝瘠 者, 爲下農. 故所養有多寡也. 府史胥徒之屬, 皆庶人之在官者, 其 祿以農之上下爲差. 多者, 不得過食九人之祿, 寡者, 不得下食五人

_____

9) 『맹자』「만장하(萬章下)」: 天子之卿受地視侯, 大夫受地視伯, 元士受地視子男.

之祿, 隨其高下, 爲五等之多寡也.

이것은 서인의 땅을 말한 것이다. 정전의 제도에서는 한 농부가 100묘를 받지만, 기름지고 풍요로운 땅은 상농부가 받고, 척박하고 메마른 땅은 하농부가 받는다. 그렇기 때문에 부양하는 것에 많고 적음의 차이가 있는 것이다. 부·사·서·도와 같은 부류의 말단 관리들은 모두 서인 중에서 관직에 오른 자들로, 그들의 녹봉은 농부에게 상하의 구분을 두었던 기준으로 차등을 삼는다. 그러므로 서인 중에 관원이 된 자들 중 녹봉이 많은 사람은 9명을 먹여 살릴 만큼의 녹봉을 초과할 수 없고, 적은 사람은 5명을 먹여 살릴 만큼의 녹봉보다 낮을 수 없으니, 그 말단 관직의 높고 낮음에 따라서 다섯 등급 녹봉의 많고 적음의 차등을 삼은 것이다.

【006】

諸侯之下士, 視上農夫, 祿足以代其耕也. 中士, 倍下士; 上士, 倍中士; 下大夫, 倍上士; 卿, 四大夫祿; 君, 十卿祿. 〈006〉

대국 제후의 하사는 상농부에 견주어 지급함으로, 그 녹봉이 경작함을 대신할 만 하다. 중사는 하사의 2배가 되고, 상사는 중사의 2배가 되며, 하대부는 상사의 2배가 되고, 경은 하대부의 녹봉에 4배가 되며, 군주는 경의 녹봉에 10배가 된다.

集說 此言大國也. 視上農夫者, 得食九人之祿也.

이것은 대국의 경우를 말한 것이다. 상농부에 견준다는 것은 9명을 먹여 살릴 수 있는 녹봉을 얻는 것이다.

【007】

次國之卿, 三大夫祿; 君, 十卿祿; 小國之卿, 倍大夫祿; 君, 十卿祿. 〈007〉

차국의 경은 하대부의 녹봉에 3배이고, 군주는 경의 녹봉에 10배가 된다. 소국의 경은 하대부의 녹봉에 2배가 되고, 군주는 경의 녹봉에 10배가 된다.

集說 程子曰: 孟子之時, 去先王未遠, 載籍未經秦火, 然而班爵祿之制, 已不聞其詳. 今之禮書, 皆掇拾於煨燼之餘, 而多出於漢儒一時之傅會, 奈何欲盡信而句爲之解乎? 然則其事, 固不可一一追復矣.

정자가 말하길, 맹자 때에는 선왕과의 시간적 거리가 멀지 않았고, 선왕의 제도를 기재하고 있는 전적들도 진나라 분서의 화를 당하지 않았지만, 작위와 녹봉을 제정하던 제도들에 대해서는 맹자 또한 이미 그 상세함을 들을 수 없었다. 지금의 예와 관련된 책들은 모두 불에 탄 나머지 것들을 추스린 것들이고, 한대 유학자들이 어느 한 시기에 견강부회하여 해석한 것들에서 나온 것이 많으니, 어찌 그 말들을 다 믿고서 구구절절 풀이할 수 있겠는가? 그러므로 그 일들은 진실로 일일이 바로잡을 수 없는 것이다.

集說 朱子曰: 孟子此章之說, 與周禮王制不同. 蓋不可考, 闕之, 可也.

주자가 말하길, 『맹자』에 기록된 이 장과 관련된 설명은 『주례』 및 「왕제」와는 같지 않다. 무릇 고찰할 수 없는 것들이니, 이 내용을 빼버리는 것도 괜찮다.

集說 方氏曰: 次國小國, 不言大夫士者, 多寡同於大國, 可知. 由卿而上, 三等之國所異, 由大夫而下, 三等之國所同者, 蓋卿而上, 其祿浸厚, 苟不爲之殺, 則地之所出, 不足以供. 大夫而下, 其祿浸薄, 苟亦爲之殺, 則臣之所養, 不能自給. 此所以多寡, 或同或異也.

방씨가 말하길, 차국과 소국에 대한 경문에서는 하대부와 사에 대해 말하지 않았으니, 그들에게 주는 녹봉의 많고 적은 차등은 대국에서 시행되는 제도와 같음을 알 수 있다. 경으로부터 그 이상의 작위에게 주는 녹봉의 양은 대국·차국·소국의 세 등급 제후국들이 각기 다르지만, 하대부로부터 그 이하의 작위에게 주는 녹봉의 양이 세 등급의 제후국이 같은 것은 무릇 경 이상은 그 녹봉이 점차로 많아지니 진실로 줄이지 않는다면 땅에서 소출되는 것으로 그것들을 전부 공급하기에 부족하다. 대부 이하는 그 녹봉이 점차로 줄어드니, 구차하게 또 줄이게 된다면 신하들이 부양하도록 받는 녹봉의 양으로는 자급할 수 없게 된다. 이것이 대국·차국·소국 세 등급의 제후국에서 신하에게 녹봉 주는 것의 많고 적은 차등이 어떤 것은 같고 어떤 것은 다른 이유이다.

【008】

次國之上卿, 位當大國之中, 中當其下, 下當其上大夫. 小國之上卿, 位當大國之下卿, 中當其上大夫, 下當其下大夫.〈008〉

차국의 상경은 그 서열이 대국의 중경에 해당하고, 차국의 중경은 그 서열이 대국의 하경에 해당하며, 차국의 하경은 그 서열이 대국의 상대부에 해당한다. 소국의 상경은 그 서열이 대국의 하경에 해당하고, 소국의 중경은 그 서열이 대국의 상대부에 해당하며, 소국의 하경은 그 서열이 대국의 하대부에 해당한다.

集說 此言三等之國, 其卿大夫覜聘竝會之時, 尊卑之序, 如此. 鄭云: "爵位同, 則小國在下." 謂二人同是卿, 則小國卿, 在大國卿之下. 爵異, 固在上者, 謂若大國是大夫, 小國是卿, 則位於大國大夫之上也.

이것은 대국·차국·소국 세 등급의 제후국에서 그 경과 대부들의 조빙(覜聘)[10]과 회합 시기에 존비의 서열이 이와 같음을 말한 것이다. 정현

---

10) 조빙(覜聘)은 신하가 군주를 찾아뵙거나 서로 만나볼 때의 예법에 해당한다. 찾아갈 때 딸려오는 대부(大夫) 무리가 많을 때 그것을 '조(覜)'라고 부르며, 무리가 적을 때에는 '빙(聘)'이라고 부른다. 『주례』「춘관(春官)·전서(典瑞)」편에는 "瑑圭璋璧琮, 繅皆二采一就, 以覜聘."이라는 기록이 있고, 이에 대한 정현의 주에서

은 "작위는 같지만 소국은 서열이 낮다."고 했다. 만약 대국과 소국의 두 사람이 모두 경이라고 한다면, 소국의 경은 대국의 경보다 낮은 위치에 있게 됨을 말한다. 서열은 같지만 작위가 차이난다면 진실로 작위가 높은 사람이 위에 있다. 만약 대국의 사람이 대부이고 소국의 사람이 경이라고 한다면 대국의 대부보다 위에 위치함을 말한다.

【009】

其有中士, 下士者, 數各居其上之三分.〈009〉

회동 때 사신 중에 차국의 사와 소국의 사가 있다면, 사의 수는 각각 차국은 그들의 상국인 대국의 사의 수를 3분의 2한 것에 해당하고, 소국은 그들의 상국인 차국의 사의 수를 3분의 2한 것에 해당한다.

集說 鄭氏曰: 謂其爲介, 若特行而竝會也. 居, 猶當也. 此, 據大國而言, 大國之士, 爲上, 次國之士, 爲中, 小國之士, 爲下. 士之數, 國皆二十七人, 各三分之, 上九, 中九, 下九.

정현이 말하길, '기(其)'는 개(介)가 됨을 말하니, 특별히 사신으로 가서 회합하는 경우를 말한다. '거(居)'라는 것은 상당하다는 뜻과 같다. 이 문장은 대국을 기준으로 말한 것으로, 대국의 사는 상(上)이 되고, 차국의 사는 중(中)이 되며, 소국의 사는 하(下)가 된다. 사의 수는 나라마다 모두 27명으로, 각각 3등분해서 상사가 9명, 중사가 9명, 하사가 9명이다.

集說 疏曰: 今大國之士, 旣定, 在朝會, 若其有中國之士, 小國之士者, 其行位之數, 各居其上國三分之二, 謂次國, 以大國爲上, 而次國上九, 當大國中九, 次國中九, 當大國下九, 是各當其大國三分之二. 小國, 以次國爲上, 小國上九, 當次國中九, 小國中九, 當次國下九,

---

는 "大夫衆來曰覜, 寡來曰聘."이라고 풀이했다.

亦是居上三分之二也. 是各居其上之三分.

소에서 말하길, 현재 대국의 사는 이미 정해져 있는데, 조회에 만약 사신 중에 차국의 사와 소국의 사가 있다면, 그 사신이 위치하는 수는 각각 그들의 상국이 되는 나라의 3분의 2에 해당한다. 차국은 대국을 상국으로 삼으니, 차국의 상사 9명은 대국의 중사 9명에 해당하고, 차국의 중사 9명은 대국의 하사 9명에 해당한다는 것을 말하는 것으로, 이것이 그 대국의 사의 수를 3분의 2한 것에 해당한다는 뜻이다. 소국은 차국을 상국으로 삼으니, 소국의 상사 9명은 차국의 중사 9명에 해당하고, 소국의 중사 9명은 차국의 하사 9명에 해당한다는 것을 말하는 것으로, 또한 이것도 상국인 차국의 사의 수를 3분의 2한 것에 해당한다는 뜻이다. 이것이 경문에서 말한 "각각 상국의 3분 한 것에 해당한다."는 뜻이다.

【010】
凡四海之內, 九州. 州方千里州, 建百里之國, 三十; 七十里之國, 六十; 五十里之國, 百有二十; 凡二百一十國. 名山大澤, 不以封, 其餘以爲附庸閒[閑]田. 八州, 州二百一十國.〈010〉

무릇 사해의 안에는 구주가 있으니, 1개의 주는 사방 1,000리이고, 1개의 주에 사방 100리의 나라를 세우는 것이 30개이며, 사방 70리의 나라를 세우는 것이 60개이고, 사방 50리의 나라를 세우는 것이 120개이니, 모두 210개의 나라가 된다. 명산과 대택은 그것으로 분봉하지 않고, 그 나머지 땅들은 부용에게 주는 땅과 한전으로[閒'자의 음은 '閑(한)'이다.] 삼는다. 8개의 주에는 주마다 210개의 나라가 있다.

集說 九州, 幷王畿而言. 此, 但言每一州所可容者, 如此. 凡八州餘以例推, 皆言畿外之制. 下文, 始言天子畿內之制也.

'구주(九州)'는 8개의 주에 천자의 수도까지 포함해서 말한 것이다. 이것은 단지 각 1개의 주마다 수용할 수 있는 제후국이 이와 같음을 말한 것이다. 무릇 8개의 주들도 이러한 용례로 추론하는 것이니, 모두 수도 밖의 제도를 말한 것이다. 아래 경문에서 비로서 천자의 수도 안의 제도를 말하고 있다.

【011】

天子之縣內, 方百里之國, 九; 七十里之國, 二十有一; 五十里之國, 六十有三, 凡九十三國. 名山大澤, 不以盼[班], 其餘以祿士, 以爲閒田.〈011〉

천자의 수도 안에는 사방 100리의 나라가 9개이고, 사방 70리의 나라가 21개이며, 四方 50리의 나라가 63개이니, 모두 93개의 나라가 된다. 명산과 대택은 녹봉을 받는 조세의 땅으로 나눠주지[盼'자의 음은 '班'(반)이다.] 않고, 그 나머지 땅으로는 사에게 녹봉을 주며, 한전으로 삼는다.

集說 鄭注: "畿內九大國者, 三爲三公之田, 又三爲三公致仕者之田, 餘三待封王之子弟也. 次國二十一者, 六爲六卿之田, 又六爲六卿致仕者之田, 又三爲三孤之田, 餘六亦待封王子弟也. 小國六十三者, 二十七大夫之田, 并大夫致仕之田, 共五十四. 餘九亦待封王子弟. 三孤, 無職. 雖致仕, 猶可卽而謀, 故不副." 愚意此無明證, 皆鄭氏臆說, 況周制, 六卿兼公孤, 則所餘之田, 尙多. 然如周召之支子在周者, 皆世爵祿, 則累朝之王子弟, 未必能盡有所封也.

정현의 주에서는 "수도 안에는 9개의 대국이 있다고 했는데, 그 중 3개는 삼공의 땅이 되고, 또 3개는 삼공에서 퇴직한 자의 땅이 되며, 나머지 3개는 천자의 자제를 분봉해주는 것을 대비한다. 차국 21개가 있다는 것은 그 중 6개는 육경의 땅이 되고, 또 6개는 육경에서 퇴직한 자의 땅이 되며, 또 3개는 삼고(三孤)[11]의 땅이 되고, 나머지 6개는 또한 천자의

---

11) 삼고(三孤)는 소사(少師)·소부(少傅)·소보(少保)를 가리킨다. 삼공(三公)을

자제를 분봉해주는 것을 대비한다. 소국이 63개가 있다는 것은 27명의
대부에 대한 땅과 대부에서 퇴직한 자의 땅까지 합해 모두 54개이고, 나
머지 9개는 또한 천자의 자제를 분봉해주는 것을 대비한다. 삼고는 특정
한 직책이 없는 사람들이다. 비록 퇴직하였으나 오히려 천자가 그에게
찾아가 의논할 수 있기 때문에 삼고의 땅을 환수하지 않는 것이다."라고
했다. 내가 생각하기에 이것은 명확한 증거가 없고, 모두 정현의 억설이
다. 하물며 주나라의 제도에서는 육경이 삼공과 삼고를 겸직하였으니,
그 나머지 땅들이 오히려 많게 된다. 그리고 주공과 소공의 지자들 중에
서 주왕실에 남아 있었던 자들은 모두 작위와 녹봉을 세습했었으니, 역대
천자의 자제들은 반드시 다 분봉을 받을 수는 없었을 것이다.

集說 疏曰: 畿外諸侯, 有封建之義, 故云不以封. 畿內之臣, 不世
位, 有份賜之義, 故云不以份.

소에서 말하길, 수도 밖의 외제후는 봉건해준다는 뜻이 있기 때문에 "명
산과 대택으로 분봉하지 않는다."라고 한 것이다. 수도 안의 신하들은
작위를 세습하지 않고, 나누어 하사한다는 뜻이 있기 때문에 "명산과 대
택으로 나눠주지 않는다."라고 한 것이다.

集說 朱子曰: 恐只是諸儒做箇如此算法, 其實不然. 建國必因山川
形勢, 無截然可方之理. 又曰: 非惟施之當今, 有不可行. 求之昔時,
亦有難曉.

보좌하는 역할이었지만, '삼공'에게 배속되었던 것은 아니다. '삼고'는 일종의 특별
직으로, 그들의 신분은 '삼공'보다 낮지만, 육경(六卿)보다는 높았다. 한편 '삼고'와
'육경'을 합쳐서 '구경(九卿)'으로 보는 견해도 있다. 『서』「주서(周書)·주관(周
官)」편에는 "少師·少傅·少保曰三孤."라는 기록이 있고, 이에 대한 공안국(孔
安國)의 전(傳)에서는 "此三官名曰三孤. 孤, 特也. 言卑於公, 尊於卿, 特置此
三者."라고 풀이했다.

주자가 말하길, 이것은 아마도 단지 여러 유생들이 이와 같은 계산법을
만들어 냈던 것이겠으나 그 실상은 그렇지 않다. 제후국을 세울 때에는
반드시 산천의 형세 때문에, 확연하게 사방 몇 리로 나눌 수 있는 이치란
없다. 또 말하길, 지금 시행해 봐도 할 수 없을 뿐만 아니라, 옛 시대에서
찾아봐도 또한 이 제도를 이해하기 어려운 점이 있다.

集說 石梁王氏曰: 天子縣內以封者, 或三分之一, 或半之. 又除山
川城郭塗巷溝渠, 則奉上者, 幾何?

석양왕씨가 말하길, 천자의 수도 안의 땅으로 분봉해주는 땅이 어떤 사람
들은 수도 전체 땅의 3분의 1이 된다고 하고, 어떤 사람들은 절반이나
된다고 하는데, 또한 산천·성곽·도항·구거를 제외한다면, 천자를 봉
양하는 것이 얼마나 되겠는가?

【012】

凡九州, 千七百七十三國, 天子之元士, 諸侯之附庸, 不與[去聲]. 〈012〉

무릇 구주에는 1,773개의 나라가 있으나 천자의 원사와 제후의 부용은 여
기에 포함되지['與'자는 거성으로 읽는다.] 않는다.

集說 九州而千七百七十三國者, 內一州, 爲王圻, 容九十三國. 外八
州, 容一千六百八十國, 幷畿內, 爲千七百七十三國也. 元士附庸不與
者, 以上文所算, 止五十里, 而元士附庸, 皆不能五十里, 故不與也.

구주에 1773개의 나라가 있다는 것은 중앙의 1개 주는 천자의 수도가
되니, 수도에는 93개의 나라를 포함하고 있다. 수도 밖의 8개의 주는
1680개의 나라를 포함하고 있으니, 천자의 수도와 함께 1773개의 나라가
된다. 원사와 부용이 포함되지 않는다는 것은 앞의 경문에서 나라로 단위
를 산정한 것이 사방 50리까지만 그쳤고, 원사와 부용의 땅은 모두 사방
50리가 안되므로 여기에 포함되지 않는 것이다.

集說 石梁王氏曰: 注引千八百國之說, 謂夏制要服內七千里, 與五
服五千之言, 不合.

석양왕씨가 말하길, 주에서 1800개의 나라가 있었다는 설을 인용한 것은
하나라 때의 제도에서 요복(要服)12) 안에 사방 70리의 땅들을 수용하고
있다는 것을 말하는 것이지만, 『서』의 "오복이 5000리에 이른다."13)는
말과는 합치되지 않는다.

【013】
天子百里之內, 以共[恭]官, 千里之內, 以爲御.〈013〉
천자의 수도에서 100리 이내의 땅은 관부에 공급하는[`共'자의 음은 `恭(공)'이
다.] 용지로 삼고, 1,000리 이내의 땅에서 소작되는 것은 어(御)로 삼는다.

集說 共官, 謂供給王朝百官府文書之具泛用之需. 御, 謂凡天子之
服用. 蓋皆取之租稅也.

---

12) 요복(要服)은 위복(衛服)과 이복(夷服) 사이에 있는 땅을 뜻한다. 천자의 수도
밖으로 사방 2500리(里)와 3000리 사이에 있었던 땅을 가리킨다. `요복'의 `요(要)'
자는 결속시킨다는 뜻으로, 중원의 문화를 수호하며 지킨다는 의미이다. `복(服)'
자는 천자를 위해 복종한다는 뜻이다. 한편 `요복'은 `만복(蠻服)'이라고도 부른다.
`만복'의 `만(蠻)'자는 오랑캐들의 지역과 인접해 있기 때문에 붙여진 명칭으로,
교화를 베풀어 오랑캐들도 교화되도록 한다는 뜻이다. 『서』「우서(虞書) · 우공
(禹貢)」편에는 "五百里要服."이라는 기록이 있고, 이에 대한 공안국(孔安國)의
전(傳)에서는 "綏服外之五百里, 要束以文敎."라고 풀이했으며, 『주례』「하관(夏
官) · 직방씨(職方氏)」편에는 "又其外方五百里曰衛服, 又其外方五百里曰蠻
服, 又其外方五百里曰夷服."이라는 기록이 있고, 이에 대한 가공언(賈公彦)의
소(疏)에서는 "言蠻者, 近夷狄, 蠻之言糜, 以政敎糜來之, 自北已下皆夷狄."이
라고 풀이했다.
13) 『서』「우서(虞書) · 익직(益稷)」: 惟荒度土功, 弼成五服, 至于五千, 州十有二
師, 外薄四海, 咸建五長, 各迪有功, 苗頑弗卽工, 帝其念哉.

'공관(共官)'은 천자의 조정에 있는 모든 관부에서 사용하는 문서와 같은 도구들과 두루 사용되는 물건들의 수요를 공급하는 것을 말한다. '어(御)'는 모두 천자가 사용하는 것을 말한다. 무릇 이 두 가지 모두는 그 땅에서 조세를 취하는 것이다.

集說 方氏曰: 以百里所出之少, 資百官之所共, 疑若不足. 然卑者所稱, 不爲不足. 以千里所出之多, 爲一人之御, 疑若有餘. 然尊者所稱, 不爲有餘. 且以其近者與人, 則欲其易給而無勞. 以其遠者奉己, 則欲其難致而有節. 百里之內, 非不以爲御也, 要之, 以共官, 爲主耳. 千里之內, 非不共官也, 要之, 以爲御, 爲主耳.

방씨가 말하길, 100리에서 산출되는 적은 조세로 백관에서 쓰는 비용을 댄다면, 아마도 부족할 것이다. 그러나 낮은 자에게 걸맞는 것으로는 부족함이 되지 않는다. 1000리에서 산출되는 조세의 많음으로 천자 한 사람의 어로 삼는다면, 아마도 다 쓰지 못하고 남는 것이 있을 것이다. 그러나 가장 존귀한 자에게 걸맞는 것으로는 넘침이 되지 않는다. 또 수도 안의 땅 중에서 가까운데 있는 것으로 관원들에게 주는 것은 쉽게 공급해서 수고로움이 없게 하고자 함이다. 땅 중에서 먼데 있는 것으로 천자 본인을 봉양케 하는 것은 조세가 도달하는 것을 어렵게 해서 씀에 절도가 있게 하고자 함이다. 100리 이내의 땅이 어가 되지 않는 것은 아니지만, 요컨대 공관을 위주로 말했을 따름이다. 1000리 이내의 땅으로 공관하지 않는 것은 아니지만, 요컨대 어됨을 위주로 말했을 따름이다.

【014】
千里之外, 設方伯. 五國以爲屬, 屬有長. 十國以爲連, 連有帥. 三十國以爲卒[子忽反], 卒有正. 二百一十國以爲州, 州有伯. 八州, 八伯, 五十六正, 百六十八帥, 三百三十六長. 八伯, 各以其屬, 屬於天子

之老二人. 分天下以爲左右, 曰二伯.〈014〉

천자의 수도 사방 1,000리의 밖에는 방백을 설치한다. 5개의 나라를 속으로
삼는데, 속에는 장이라는 대표자가 있다. 10개의 나라를 연으로 삼는데,
연에는 수라는 대표자가 있다. 30개의 나라를 졸로「'卒'자는 '子(자)'자와 '忽(홀)'
자의 반절음이다.」 삼는데, 졸에는 정이라는 대표자가 있다. 210개의 나라를
주로 삼는데, 주에는 백이라는 대표자가 있다. 8개의 주에는 8명의 백이
있고, 56명의 정이 있으며, 168명의 수가 있고, 336명의 장이 있다. 8명의
백은 각각 그들에게 소속된 무리들을 데리고 천자의 노신 2명에게 소속된
다. 이것은 천하를 나눠 좌우로 삼는 것으로, 이들을 '이백(二伯)'이라고
한다.

> **集說** 春秋傳曰: "自陝以東, 周公主之. 自陝以西, 召公主之." 此卽
> 天子之上公, 分主天下之侯國也. 八伯, 爲八州之伯, 二伯, 則天下之
> 伯也.

『춘추전』에서 말하길, "섬땅으로부터 동쪽은 주공이 주관하고, 섬땅으로
부터 서쪽은 소공이 주관한다."14)라고 했으니, 이들이 곧 천자의 상공(上
公)15)으로, 천하의 제후국들을 양분하여 주관했던 것이다. 8명의 백은
8주의 백이 되고, 2명의 백은 천하의 백이 된다.

---

14) 『춘추공양전』「은공(隱公) 5년」: 天子三公者何. 天子之相也. 天子之相, 則何
    以三. 自陝而東者, 周公主之, 自陝而西者, 召公主之, 一相處乎內.

15) 상공(上公)은 주(周)나라 제도에 있었던 관직 등급이다. 본래 신하의 관직 등급은
    8명(命)까지이다. 주나라 때에는 태사(太師), 태부(太傅), 태보(太保)와 같은 삼
    공(三公)들이 8명의 등급에 해당했다. 그런데 여기에 1명을 더하게 되면 9명이
    되어, 특별직인 '상공'이 된다. 『주례』「춘관(春官)・전명(典命)」편에는 "上公九
    命爲伯, 其國家宮室車旗衣服禮儀, 皆以九爲節."이라는 기록이 있고, 이에 대한
    정현의 주에서는 "上公, 謂王之三公有德者, 加命爲二伯. 二王之後亦爲上公."
    이라고 풀이하였다. 즉 '상공'은 삼공 중에서도 유덕(有德)한 자에게 1명을 더해주
    어, 제후들을 통솔하는 '두 명의 백(伯)[二伯]'으로 삼았다. 또한 제후의 다섯 등급
    을 나열할 경우, 공작(公爵)을 '상공'이라고 부르기도 한다.

【015】

千里之內曰甸, 千里之外曰采, 曰流. 〈015〉

천자의 수도에서 1,000리의 안쪽 땅을 '전(甸)'이라 하고, 1,000리의 밖의
땅을 '채(采)'라 하고, '유(流)'라 한다.

集說 方氏曰: 甸服, 四面五百里, 則爲方千里矣. 王畿千里之外, 莫
近於侯服, 而采, 又侯服之最近者. 莫遠於荒服, 而流, 又荒服之最遠
者. 擧其最遠最近, 則綏要之服在其中矣.

방씨가 말하길, 전복(甸服)16)은 중앙에서 네 면까지의 거리가 각각 500
리로 사방 1000리가 된다. 천자의 수도인 사방 1000리되는 땅 밖에는
후복(侯服)17)보다 가까운 것이 없는데, '채(采)'는 또한 후복 중에서 가장

---

16) 전복(甸服)은 천자의 수도 밖의 지역이다. '전복'의 '전(甸)'자는 '전(田)'자의 뜻으
로, 천자가 정사를 펼치는데 필요한 조세를 거두던 지역이라는 뜻이다. '복(服)'자
는 천자를 위해 복종한다는 뜻이다. 하(夏)나라 때의 제도에서는 천자의 수도와
연접한 지역이 '전복'이 되었는데, 천자의 수도로부터 사방 500리(里) 떨어진 곳까
지를 '전복'이라고 불렀다. 『서』「우서(虞書)·우공(禹貢)」편에는 "錫土姓, 祗台
德先, 不距朕行, 五百里甸服."이라는 기록이 있고, 이에 대한 공안국(孔安國)의
전(傳)에서는 "規方千里之內謂之甸服, 爲天子服治田, 去王城面五百里."이라
고 풀이했다. 한편 주(周)나라 때에는 '전복'의 자리에 대신 '후복(侯服)'이 위치하
였으며, '전복'은 '후복' 밖의 사방 500리 떨어진 곳까지를 뜻하였다. 『주례』「하관
(夏官)·직방씨(職方氏)」편에는 "乃辨九服之邦國, 方千里曰王畿, 其外方五百
里曰侯服, 又其外方五百里曰甸服."이라는 기록이 있다.

17) 후복(侯服)은 천자의 수도와 붙어 있는 지역이다. '후복'의 '후(侯)'자는 '후(候)'자
의 뜻으로, 천자를 위해 척후병의 임무를 수행한다는 의미이다. '복(服)'자는 천자
를 위해 복종한다는 뜻이다. 하(夏)나라 때의 제도에서는 전복(甸服)과 위치가
바뀌어, 천자의 수도로부터 사방 500리(里) 떨어진 곳까지를 '전복'이라고 불렀고,
전복 밖의 사방 500리 떨어진 곳까지를 '후복'이라고 불렀다. 『서』「우서(虞書)·
우공(禹貢)」편에는 "五百里甸服 …… 五百里侯服."이라는 기록이 있고, 이에 대
한 공안국(孔安國)의 전(傳)에서는 "甸服外之五百里. 侯, 候也, 斥候而服事."라
고 풀이했다. 한편 주(酒)나라 때에는 천자의 수도 밖으로 사방 500리 떨어진
곳까지를 '후복'이라고 불렀고, '전복'은 '후복' 밖에 위치했다. 『주례』「하관(夏

가까운 것이다. 수도 밖에서 황복(荒服)[18]보다 먼 것이 없는데, '유(流)' 는 또한 황복 중에서 가장 먼 것이다. 오복(五服)[19] 중의 가장 먼 것과 가장 가까운 것을 들어 설명하고 있으니, 수복과 요복은 그 속에 있는 것이다.

【016】
天子, 三公, 九卿, 二十七大夫, 八十一元士.〈016〉
천자에게는 3명의 공, 9명의 경, 27명의 대부, 81명의 원사가 있다.

官)·직방씨(職方氏)」편에는 "乃辨九服之邦國, 方千里曰王畿, 其外方五百里 曰侯服, 又其外方五百里曰甸服."이라는 기록이 있다.

18) 황복(荒服)은 오복(五服) 중 하나이다. 천자의 수도로부터 사방 500리(里)씩 떨어진 곳까지 한 종류의 지역으로 구분하였는데, 천자의 수도에서 가까운 순서대로 기록하면 후복(侯服)·전복(甸服)·수복(綏服)·요복(要服)·황복(荒服) 순이 된다. 따라서 '황복'은 천자의 수도로부터 2000리(里) 떨어진 지점부터 2500리(里) 떨어진 지점까지를 뜻한다. 또한 이러한 뜻에서 파생되어 거리가 먼 변경 지방을 가리키는 용어로도 사용되었다. 『서』「우서(虞書)·우공(禹貢)」편에는 "五百里 甸服. 百里賦納總. 二百里納銍. 三百里納秸服. 四百里粟, 五百里米. 五百里 侯服. 百里采. 二百里男邦. 三百里諸侯. 五百里綏服. 三百里揆文教. 二百里 奮武衛. 五百里要服. 三百里夷, 二百里蔡. 五百里荒服. 三百里蠻. 二百里流." 라는 기록이 있다.

19) 오복(五服)은 천자의 수도 밖의 땅을 다섯 종류의 지역으로 구분한 것이다. 천자의 수도로부터 사방 500리(里)씩 떨어진 곳까지 한 종류의 지역으로 구분하였는데, 천자의 수도에서 가까운 순서대로 기록하면 후복(侯服)·전복(甸服)·수복(綏服)·요복(要服)·황복(荒服) 순이 된다. 『서』「우서(虞書)·우공(禹貢)」편에는 "五百里甸服. 百里賦納總. 二百里納銍. 三百里納秸服. 四百里粟, 五百里米. 五百里侯服. 百里采. 二百里男邦. 三百里諸侯. 五百里綏服. 三百里揆文教. 二百里奮武衛. 五百里要服. 三百里夷, 二百里蔡. 五百里荒服. 三百里蠻. 二百里流."라는 기록이 있다. 한편 '오복'의 명칭에 대해서, 수복(綏服), 요복(要服), 황복(荒服) 대신 남복(男服), 채복(采服), 위복(衛服)으로 부르기도 한다.

石梁王氏曰: 唐虞稽古, 建官惟百, 夏商官倍, 註獨引明堂位, 謂夏官百, 非也.

석양왕씨가 말하길, 요와 순께서 옛날을 상고하시고, 관직을 세우시되 오직 100개로써 하시고, 하나라와 상나라 때는 관직을 그 수치의 2배로 했다[20]고 했는데, 주에서는 유독 『예기』「명당위(明堂位)」편의 내용[21]을 인용하여, 하나라 때의 관직은 100개였다고 하니, 잘못된 것이다.

【017】

大國三卿, 皆命於天子, 下大夫五人, 上士二十七人. 次國三卿, 二卿命於天子, 一卿命於其君. 下大夫五人; 上士二十七人. 小國二卿, 皆命於其君. 下大夫五人, 上士二十七人.〈017〉

대국에 소속된 3명의 경은 모두 천자에게서 명을 받는다. 대국의 하대부는 5명이고, 상사는 27명이다. 차국에 소속된 3명의 경 중 2명의 경은 천자에게서 명을 받고, 나머지 1명의 경은 그 나라의 군주에게서 명을 받는다. 차국의 하대부는 5명이고, 상사는 27명이다. 소국에 소속된 2명의 경은 모두 그 나라의 군주에게서 명을 받는다. 소국의 하대부는 5명이고, 상사는 27명이다.

馬氏曰: 天子六卿, 而二卿一公, 故有三公, 而六卿之中, 又有三孤焉. 天子六卿而大國三卿, 乃其統之屬也. 至於大夫士, 則又三卿之屬焉. 下大夫五人, 二卿之下, 下大夫各二人, 一卿之下, 下大夫一人. 周官所謂設其參, 卽三卿也, 傅其伍, 卽下大夫五人也, 陳其殷, 卽上士二十七人也. 有上中下之大夫, 而獨言下大夫者, 對卿而

---

20) 『서』「주서(周書)·주관(周官)」: 曰, <u>唐虞稽古, 建官惟百</u>, 內有百揆四岳, 外有州牧侯伯, 庶政惟和, 萬國咸寧. <u>夏商官倍</u>, 亦克用乂.

21) 『예기』「명당위(明堂位)」043장: 有虞氏官五十, <u>夏后氏官百</u>, 殷二百, 周三百.

言也, 其實大夫有上中下之辨. 士亦有上中下, 而獨言上士者, 對府
史而言也, 其實士又有上中下之異.

마씨가 말하길, 천자에게는 6명의 경이 있는데, 이러한 6명의 경에 대해
서는 2명의 경에 1명의 공이 있으므로, 삼공이 있다고 말하는 것이고,
6명의 경 속에는 또한 3명의 고가 포함 되어있다. 천자에게 속한 6명의
경과 대국에 속한 3명의 경은 곧 천자에게 소속된 사람들이다. 대국에
속한 5명의 하대부와 27명의 상사에 이르러서는 또한 3명의 경에게 소속
된 사람들이다. 차국의 하대부 5명에 있어서는 천자에게 명을 받는 2명
의 경 밑에는 하대부가 각각 2명씩 소속되어 있고, 그 제후에게 명을 받
는 1명의 경 밑에는 하대부가 1명 소속되어 있다. 『주례』에서 말한 "그
셋을 설치한다."는 것은 곧 3명의 경을 말하는 것이고, "그 다섯을 편다."
는 것은 곧 하대부 5명을 말하는 것이며, "그 무리를 펼친다."는 것은
곧 상사 27명을 말하는 것이다.[22] 대부라는 계급에는 상대부·중대부·
하대부 세 종류가 있는데, 유독 경문에서 하대부만 말한 것은 지위가 높
은 경에 대비하여 지위가 낮은 하대부만 말한 것이니, 실제로 대부에는
상·중·하의 구별이 있는 것이다. 사 또한 상사·중사·하사가 있는데,
유독 사 중에서 가장 높은 상사만을 말한 것은 낮은 부사(府史)[23]에 대
비하여 말한 것이니, 실제로 사에도 또한 상·중·하의 구별이 있다.

---

22) 『주례』「천관(天官)·대재(大宰)」: "乃施典于邦國, 而建其牧, 立其監, 設其參,
傅其伍, 陳其殷, 置其輔."

23) 부사(府史)는 재화와 문서를 관리하는 말단직 관리를 말한다. 부(府)는 본래 창고
를 관리하는 자이고, 사(史)는 문서 기록을 담당했던 자이다. 이 둘을 합쳐서 하급
관리들을 범칭하는 용어로도 사용한다. 『주례(周禮)』「천관(天官)·서관(序官)」
편에는 "府六人, 史十有二人."라는 기록이 있는데, 이에 대한 정현 주에서는 "府,
治藏, 史, 掌書者. 凡府·史, 皆其官長所自辟除."라고 풀이했다.

【018】

天子使其大夫爲三監[去聲], 監[平聲]於方伯之國, 國三人. 〈018〉

천자는 그의 대부로 하여금 삼감으로[監'자는 거성으로 읽는다.] 삼아 방백의 제후국을 감독하도록[監'자는 평성으로 읽는다.] 하였으니, 제후국마다 3명씩 두었다.

集說 監者, 監臨而督察之也. 自王朝出, 權亦尊矣. 一州三人, 則二十四人也. 此大夫之在朝, 必無職守者. 使有常職, 豈可遣乎? 不然, 則特命也.

'감(監)'은 감독하여 살펴보는 것이다. 삼감은 천자의 조정으로부터 파견되어 나왔으니, 그 권세가 또한 높다. 1개 주마다 3명씩이니 8개 주에는 총 24명이 있는 것이다. 이 대부들은 천자의 조정에 머물러 있었을 때에는 반드시 뚜렷한 직책이 없던 자들일 것이다. 그들로 하여금 일정한 직책을 갖게 한다면, 어찌 제후국으로 내보낼 수 있었겠는가? 그렇지 않다면 특별히 천자가 명한 자들일 것이다.

【019】

天子之縣, 內諸侯祿也, 外諸侯嗣也. 〈019〉

천자의 땅에서 수도 안의 내제후(內諸侯)[24]들에게는 녹봉을 주고, 수도 밖의 외제후들에게는 작위를 세습시킨다.

集說 畿內之地, 王朝百官, 食祿之邑, 在焉. 畿外, 乃以封建, 使其子孫, 嗣守. 然內亦謂之諸侯者, 三公之田, 視公侯. 卿視伯, 大夫視子男, 元士視附庸也.

수도 안의 땅 가운데에는 천자의 조정에서 일하는 백관에게 식록으로 주

---

24) 내제후(內諸侯)는 천자의 조정에서 일하는 상급신하들을 뜻한다.

는 채읍이 있다. 수도 밖에는 곧 제후들을 봉건하여, 그들의 자손들로 하여금 그 제후의 지위를 세습하며 그 땅을 지키게 한다. 그러나 수도 안에 있는 대신들에 대해서도 또한 그들을 제후라고 부르는 것은 천자의 삼공이 가지고 있는 채읍이 제후들 중 공작이나 후작이 가지고 있는 땅에 비견될 정도의 크기이고, 경의 채읍은 백작에 비견될 정도의 크기이며, 대부의 채읍은 자작이나 남작에 비견될 정도의 크기이고, 원사의 채읍은 부용에 비견될 정도의 크기이기 때문이다.

【020】

制三公, 一命卷[袞]. 若有加, 則賜也. 不過九命. 〈020〉

삼공에 대한 제도에 있어, 삼공에게 1명(命)이 더해지면 곤면을[‘卷’자의 음은 ‘袞(곤)’이다.] 입는다. 만약 삼공의 신분이면서 곤면을 입게 되는 경우가 있다면, 이것은 곧 천자가 특별히 하사해 준 것이다. 천자의 신하들은 9명을 넘을 수 없다.

集說 制者, 言三公命服之制也. 命數, 止於九. 天子之三公, 八命, 著鷩冕, 若加一命, 則爲上公, 與王者之後同而著袞冕. 故云一命袞. 若爲三公, 而有加袞者, 是出於特恩之賜, 非例當然. 故云 若有加則賜也. 人臣, 無過九命者, 大宗伯, 再命受服, 與此不同.

‘제(制)’라는 것은 삼공의 명복(命服)[25] 제도를 말한다. 명(命)의 수는 9에서 그친다. 천자의 신하인 삼공은 8명으로 별면(鷩冕)[26]을 착용하는

---

25) 명복(命服)은 본래 천자가 신하들에게 제정했던 명(命)의 등급에 따른 복장을 뜻한다. 후대에는 각 계층에 따른 복장규정을 범칭하는 말로도 사용되었다.

26) 별면(鷩冕)은 별의(鷩衣)와 면류관을 뜻한다. 천자 및 제후가 입던 복장으로, 선공(先公)에 대한 제사 및 향사례(饗射禮)를 시행할 때 착용했다. ‘별의’에는 꿩의 무늬를 수놓게 되는데, 이 무늬를 화충(華蟲)이라고도 부른다. 상의에는 3종류의 무늬를 수놓고, 하의에는 4종류의 무늬를 수놓게 되어, 총 7가지의 무늬가 들어가

데, 만약 여기에 1명이 더해지면 상공이 되고, 천자의 후손들과 같아져서 곤면(袞冕)27)을 착용한다. 그렇기 때문에 경문에서 '일명곤(一命袞)'이라 한 것이다. 만약 삼공의 신분이면서도 곤면을 입는 자가 있다면, 이러한 경우는 천자가 특별하게 은혜로움을 하사해준 데에서 유래한 것이지, 일반적인 사례는 아니다. 그렇기 때문에 경문에서 '약유가즉사야(若有加則賜也)'라 한 것이다. 신하들은 9명을 넘을 수 없는 것이며, 『주례』「대종백(大宗伯)」편에서 2명에 복을 받았다는 것28)은 여기에서 말하고 있는 내용과는 다른 것이다.

集說 馬氏曰: 三公袞服, 有降龍, 無升龍.

마씨가 말하길, 삼공의 곤복에는 지면을 향해 아래로 내려가는 형상의 용이 수놓아 있고, 하늘로 올라가는 형상의 용은 수놓지 않는다.

게 된다. 『주례(周禮)』「춘관(春官)·사복(司服)」편에는 "享先公, 饗射則驚冕." 이라는 기록이 있고, 이에 대한 정현의 주에서는 "驚, 畫以雉, 謂華蟲也. 其衣三章, 裳四章, 凡七也."라고 풀이했다.

27) 곤면(袞冕)은 곤룡포와 면류관을 뜻한다. 본래 천자의 제사복장으로, 비교적 중요한 제사 때 입는다. 윗옷과 아랫도리에 새겨진 무늬 등은 9가지이다. 『주례』「춘관(春官)·사복(司服)」편에는 "享先王則袞冕."이라는 기록이 있다. 이에 대한 정현의 주에서는 "冕服九章, 登龍於山, 登火於宗彝, 尊其神明也. 九章, 初一曰龍, 次二曰山, 次三曰華蟲, 次四曰火, 次五曰宗彝, 皆畫以爲繢. 次六曰藻, 次七曰粉米, 次八曰黼, 次九曰黻, 皆希以爲繡. 則袞之衣五章, 裳四章, 凡九也."라고 풀이했다. 즉 '곤면'의 윗옷에는 용(龍), 산(山), 화충(華蟲), 화(火), 종이(宗彝) 등 5가지 무늬를 그려놓고, 아랫도리에는 조(藻), 분미(粉米), 보(黼), 불(黻) 등 4가지를 수놓았다.

28) 『주례』「춘관(春官)·대종백(大宗伯)」: 以九儀之命, 正邦國之位. 壹命受職. 再命受服, 三命受位. 四命受器. 五命賜則. 六命賜官. 七命賜國. 八命作牧. 九命作伯.

【021】

次國之君, 不過七命. 小國之君, 不過五命. 大國之卿, 不過三命; 下卿, 再命. 小國之卿與下大夫, 一命.〈021〉

차국의 제후는 7명을 넘을 수 없다. 소국의 제후는 5명을 넘을 수 없다. 대국의 경 중에서 상경과 중경은 3명을 넘을 수 없고, 대국의 하경은 2명이다. 소국의 경은 소국의 하대부와 함께 1명이다.

集說 方氏曰: 大國之卿, 不過三命, 下卿再命, 則知次國之卿, 再命, 一命也. 小國之卿, 與下大夫, 一命, 則知三等之國, 其大夫, 皆一命而已. 大國, 對下卿言, 卿, 指上中, 可知. 小國, 特言卿, 則兼三等之卿, 可知. 言下大夫, 而不及上中者, 蓋諸侯, 無中大夫, 而卿, 卽上大夫故也. 前言上中下之所當, 與此不同者, 位雖視其命, 不能無詳略之異也.

방씨가 말하길, 경문에서 "대국의 경은 3명을 넘을 수 없고, 하경은 2명이다."라고 했으니, 차국의 경 중에서 상경과 중경은 2명이고, 하경은 1명임을 알 수 있다. 경문에서 "소국의 경은 소국의 하대부와 함께 1명이다."라고 했으니, 대국·차국·소국 세 등급의 제후국에서 각 제후국의 대부들은 모두 1명임을 알 수 있을 따름이다. 경문에서 대국을 언급할 때에 하경에 대해서 말하고 있으니, 경문의 '대국지경(大國之卿)'이라는 말에서의 경은 상경과 중경을 가리킴을 알 수 있다. 소국에 대해서는 다만 경이라고 말했으니, 이때의 경이라는 말은 상경·중경·하경 세 등급의 경을 모두 포괄하는 것임을 알 수 있다. 경문에서 하대부만 언급하고 상대부와 중대부를 언급하지 않은 것은 무릇 제후에게는 중대부가 없고, 경이 곧 상대부이기 때문이다. 앞의 경문에서 말한 상·중·하에 해당된 것이 여기에서 말한 것과 다른 것은 작위가 비록 그 명에 비견되더라도, 그 속에 존재하는 상세하고 간략함의 차이가 없을 수 없기 때문이다.

【022】

凡官民材, 必先論之, 論辨然後使之, 任事然後爵之, 位定然後祿
之.〈022〉[29]

무릇 백성들 중에서 재능 있는 자를 관리로 등용할 때에는 반드시 먼저
논하니, 논변한 연후에 그를 부리며, 일을 담당하게 한 연후에 작위를 주고,
작위가 정해진 연후에야 녹봉을 준다.

集說 論, 謂考評其行藝之詳也. 論辨, 則材之優劣審矣. 任事, 則能
勝其任矣. 於是爵之以一命之位, 而養之以祿焉.

'논(論)'은 그 사람의 덕행과 기예의 상세한 내용들을 고찰해서 평가하는
것을 말한다. '논변(論辯)'은 재주의 우열을 살피는 것이다. 일을 담당한
다는 것은 그 임무를 충분히 수행할 수 있다는 것이다. 이 단계에서 그에
게 1명(命)의 지위로 작위를 주며, 녹봉을 주어서 보살피게 된다.

類編 右制祿爵.

여기까지는 '제록작(制祿爵)'에 대한 내용이다.

---

29) 『예기』「왕제」 022장 : 凡官民材, 必先論之, 論辨然後使之, 任事然後爵之, 位
定然後祿之. 爵人於朝, 與士共之, 刑人於市, 與衆棄之.

◇ 조빙과 순수[朝聘巡守]

【023】

諸侯之於天子也, 比年一小聘, 三年一大聘, 五年一朝.〈024〉 [本在"示弗故生也"下.]

제후는 천자에 대해서 매년 한 번 소빙(小聘)을 하고, 3년마다 한 번 대빙(大聘)을 하며, 5년마다 한 번 조(朝)를 한다. [본래는 "일부러 살게끔 하지 않음을 보이는 것이다."[1]라고 한 문장 뒤에 수록되어 있었다.]

集說 比年, 每歲也. 小聘, 使大夫; 大聘, 使卿; 朝, 則君親行.

'비년(比年)'은 매년이다. 소빙(小聘)은 대부를 사신으로 보내는 것이고, 대빙(大聘)은 경을 사신으로 보내는 것이며, 조(朝)는 제후가 직접 가는 것이다.

【024】

天子, 五年一巡守.〈025〉

천자는 5년마다 한 번 순수를 한다.

集說 舜典曰: "五載一巡守." 周官大行人曰: "十有二歲, 王巡守殷國." 孟子曰: "巡守者, 巡所守也."

『서』「순전(舜典)」에서는 "오년에 한번 순수를 한다."[2]라 했고, 『주례』「대행인(大行人)」편에서는 "12년에 천자가 뭇 제후국들을 순수한다."[3]라

---

1) 『예기』「왕제」 023장 : 是故公家不畜刑人, 大夫弗養, 士遇之塗, 弗與言也. 屛之四方, 唯其所之. 不及以政, 示弗故生也.

2) 『서』「우서(虞書)・순전(舜典)」 : 五載一巡守, 群后四朝

3) 『주례』「추관(秋官)・대행인(大行人)」 : 王之所以撫邦國諸侯者, 歲徧存, 三歲

했으며, 『맹자』에서는 "순수라는 것은 제후들이 지키고 있는 것들을 돌아보는 것이다."[4]라 했다.

【025】

歲二月, 東巡守, 至于岱宗, 柴而望祀山川, 覲諸侯, 問百年者, 就見之.⟨026⟩

순수하는 해 2월에는 동쪽으로 순수하여 대종인 태산에 이르러, 시제사를 지내고, 산천을 바라보며 제사를 지내며, 제후를 만나보고, 나이가 100살인 사람이 있는지 묻고서 직접 찾아가 그를 만나본다.

集說 歲二月, 當巡守之年二月也. 岱, 泰山也. 宗, 尊也. 東方之山, 莫高於此, 故祀以爲東岳而稱岱宗也. 柴, 本作祡, 今通用. 燔燎以祭天, 而告至也. 東方山川之當祭者, 皆於此望而祀之, 遂接見東方之諸侯. 問有百歲之人, 則卽其家而見之, 以其年高, 故不召見也.

해 2월이라는 것은 순수를 하는 해의 2월에 해당한다. '대(岱)'는 태산(泰山)이고, '종(宗)'은 존귀하다는 뜻이다. 동쪽의 산 중에 태산보다 높은 것이 없기 때문에 태산에게 제사지내며, 그것을 동악으로 삼고, 대종으로 부른다. '시(柴)'자는 본래 시(祡)로 쓰는데, 지금은 두 글자가 통용되고 있다. 불을 피워 하늘에게 제사지내어 천자가 이곳에 순수하러 왔음을 아뢰는 것이다. 동쪽의 산천 중에서 제사를 지내야 하는 대상들은 모두 여기에서 그것들을 바라보며 제사를 지낸다. 제사가 끝나면 동쪽 지역에

徧覜, 五歲徧省, 七歲屬象胥, 諭言語, 協辭命, 九歲屬瞽史, 諭書名, 聽聲音, 十有一歲達瑞節, 同度量, 成牢禮, 同數器, 脩法則, 十有二歲王巡守殷國.

4) 『맹자』「양혜왕하(梁惠王下)」: 晏子對曰, 善哉問也. 天子適諸侯曰巡狩. 巡狩者, 巡所守也. 諸侯朝於天子曰述職. 述職者, 述所職也. 無非事者. 春省耕而補不足, 秋省斂而助不給.

속해 있는 제후들을 만나본다. 100살 된 사람이 있는지를 묻고서 천자가 직접 그의 집에 찾아가서 만나 보는 것은 그가 나이가 많기 때문에 불러들여서 볼 수 없기 때문이다.

【026】

命大[泰]師陳詩, 以觀民風, 命市納賈[嫁], 以觀民之所好[去聲]惡[去聲]. 志淫, 好辟[僻]. 〈027〉

태사에게['大'자의 음은 '泰(태)'이다.] 시를 채록하도록 명하여, 그것으로 백성들의 풍속을 살피고, 시에게 시장에서 거래되는 물건들의 가격들을['賈'자의 음은 '嫁(가)'이다.] 알아보도록 명하여, 그것으로 백성들이 좋아하고['好'자는 거성으로 읽는다.] 싫어하는['惡'자는 거성으로 읽는다.] 것들을 살핀다. 백성들의 뜻이 음란하다면 백성들이 좋아하는 것들도 사벽된['辟'자의 음은 '僻(벽)'이다.] 것들이다.

集說 大師, 樂官之長. 詩以言志, 采錄而觀覽之, 則風俗之美惡可見; 政令之得失可知矣. 物之供用者, 皆出於市, 而賈之貴賤, 則係於人之好惡. 好質則用物貴, 好奢則侈物貴. 志流於奢淫, 則所好皆邪僻矣.

'태사(大師)'는 악관의 수장이다. 시는 그 사람의 뜻을 말하는 것이니, 그것들을 채록해서 관찰하면, 풍속이 아름답거나 추함에 대해 확인할 수 있고, 정치가 잘 시행되는지 아닌지를 알 수 있다. 물건의 공급과 쓰임은 모두 시장에서 나타나고, 물건 가격의 귀천은 사람들이 좋아하고 싫어하는 것에 달려 있다. 질박한 것을 좋아하면 일용적은 물건 가격이 귀하고, 사치스러운 것을 좋아하면 사치스러운 물건 가격이 귀하다. 뜻이 음란하고 사치를 부리는 데로 흐르면 좋아하는 것도 모두 사벽한 것이 된다.

【027】

命典禮, 考時月, 定日, 同律禮樂制度衣服, 正之.〈028〉

전례에게 명하여, 사계절과 달을 살펴서, 날짜를 바로잡고, 율·예악·제
도·의복을 규정된 법도와 같게 만들어서 바르게 한다.

集說 典禮, 掌禮之官也. 考時月定日, 卽舜典所云 協時月正日也.
考校四時及月之大小, 時有節氣早晚, 月有弦望晦朔, 日有甲乙先
後, 考之, 使各當其節. 法律禮樂制度衣服, 皆王者所定, 天下一君,
不容有異, 異則非正矣. 故因巡守所至, 而正其不同者, 使皆同也.

'전례(典禮)'는 예를 담당하는 관리이다. 사계절과 달을 살펴서 날짜를
바로잡는다는 것은 곧 『서』「순전(舜典)」에서 말하는 "사시와 월을 합치
시켜 일을 바르게 한다."[5]는 것이다. 사계절과와 달의 대소(大小)[6]를 살
펴서 교정하는 것은 사계절에는 절기와 조만의 차이가 있고, 달에는 초
승·보름·그믐·초하루의 차이가 있으며, 날짜에는 갑일·을일 등의 선
후가 있으므로, 그것들을 살펴서 각각 그 절도에 합당하게 만드는 것이
다. 법률·예악·제도·의복은 모두 천자가 정하는 것이고, 천하에는 천
자라는 단 한명의 군주가 있을 뿐이므로, 천자가 정한 것과 다름이 있는
것을 용납하지 않으니, 다르다는 것은 바르지 못하다는 뜻이다. 그렇기
때문에 천자의 순수가 그곳에 도달한 것에 연유하여, 그곳의 제도들 중에
서 같지 않은 것들을 바로잡아서 모두 같게 만든다.

---

5) 『서』「우서(虞書)·순전(舜典)」: 歲二月, 東巡守至于岱宗, 柴, 望秩于山川, 肆
覲東后, <u>協時月正日</u>, 同律度量衡, 修五禮, 五玉, 三帛, 二生, 一死, 贄, 如五器,
卒乃復.

6) 대월(大月)과 소월(小月)을 말하는 것으로, 대월은 30일, 소월은 29일이다. 이
두 달의 날 수를 같게 맞추는 것이 아니라, 대월과 소월의 배열 순서를 맞추는
것이다.

【028】

山川神祇, 有不擧者, 爲不敬, 不敬者君, 削以地. 〈029〉

산천의 신기에 대한 제사를 받들어 거행하지 않은 자가 있으면 불경한 죄에 해당되니, 불경한 제후는 땅을 삭감한다.

集說 凡祭, 有其擧之, 莫敢廢也. 故不擧者, 爲不敬. 山川, 地之望也, 故削地焉.

무릇 제사에는 그것을 받들어 거행함이 있는 것으로, 감히 폐지할 수 없다. 그렇기 때문에 받들어 거행하지 않는 자는 불경한 죄에 해당된다. 산천은 땅에서 망제사로 모셔야 할 대상이기 때문에, 이것을 시행하지 않는 제후에게는 땅을 삭감하는 것이다.

【029】

宗廟, 有不順者, 爲不孝, 不孝者君, 絀[黜]以爵. 〈030〉

종묘의 제사에 순종하지 않은 자가 있으면 불효의 죄에 해당되니, 불효한 제후는 작위를 박탈한다.['絀'자의 음은 '黜(출)'이다.]

集說 宗廟不順, 如紊昭穆之次, 失祭祀之時, 皆不孝也. 爵者, 祖宗所傳, 故絀爵焉.

종묘의 제사에 순종하지 않는 것은 소목의 차례를 문란하게 하거나 제사 지내야 할 때를 놓치는 것과 같은 경우이니, 모두 불효한 것이다. 작위는 선조가 전수해준 것이기 때문에 작위를 박탈하는 것이다.

【030】

變禮易樂者, 爲不從, 不從者君, 流. 革制度衣服者, 爲畔, 畔者君, 討. 〈031〉

예를 변화시키고 악을 바꾸는 자는 따르지 않는 죄에 해당 되니, 따르지 않는 제후는 유배를 보낸다. 제도와 의복을 바꾸는 자는 배반이라는 죄에 해당 되니, 배반한 제후는 토벌한다.

集說 不從, 違戾也. 流者, 竄之遠方, 討者, 聲罪致戮. 孟子曰: "天子討而不伐. 此章四君字, 皆謂國君.

'부종(不從)'은 어그러트린다는 뜻이다. '유(流)'라는 것은 먼 곳으로 그를 내버리는 것이고, '토(討)'라는 것은 죄를 널리 알려 죽음에 이르도록 하는 것이다. 『맹자』에서는 "천자는 토를 하고 벌하지 않는다."[7]고 했다. 이 장에 나온 4개의 '군(君)'자는 모두 제후국의 군주를 말한다.

【031】
五月, 南巡守, 至于南嶽, 如東巡守之禮. 八月, 西巡守, 至于西嶽, 如南巡守之禮. 十有一月, 北巡守, 至于北嶽, 如西巡守之禮. 歸假 [格]于祖禰, 用特.〈033〉

천자가 순수해야 하는 해의 5월에는 남쪽으로 순수해서 남악에 이르면 동쪽으로 순수했던 예처럼 똑같이 시행한다. 8월에는 서쪽으로 순수해서 서악에 이르면 남쪽으로 순수했던 예처럼 똑같이 시행한다. 11월에는 북쪽으로 순수해서 북악에 이르면 서쪽으로 순수했던 예처럼 똑같이 시행한다. 돌아와 선조와 선친의 묘에 이르면['假'자의 음은 '格(격)'이다.] 소 한 마리를 희생물로 사용하여 돌아온 사실을 아뢴다.

集說 假, 至也. 歸至京師, 卽以特牛, 告至于祖禰之廟.

'격(假)'자는 "~에 이른다."는 뜻이다. 천자가 순수에서 돌아와 자신의 수도에 이르면 곧 한 마리의 소를 희생물로 사용하여 선조와 선친의 묘에

---

7) 『맹자』「고자하(告子下)」: 一不朝, 則貶其爵, 再不朝, 則削其地, 三不朝, 則六師移之. 是故天子討而不伐, 諸侯伐而不討.

올리고, 자신이 순수를 하고 다시 돌아왔음을 아뢴한다.

【032】

天子將出, 類乎上帝, 宜乎社, 造乎禰. 諸侯將出, 宜乎社, 造乎
禰.〈034〉

천자가 장차 출정함에 있어서는 상제에게 유제사를 지내고, 사에 의제사를
지내며, 선친의 묘에 조제사를 지냈다. 제후가 장차 천자를 뵙기 위해 자신
의 영토 밖으로 나감에 있어서는 사에 의제사를 지내고, 선친의 묘에 조제
사를 지냈다.

集說 類·宜·造, 皆祭名. 後章言天子將出征, 則此出, 爲巡守也.
諸侯, 則朝, 覲, 會, 同之出歟.

'유(類)'8) · '의(宜)'9) · '조(造)'10)는 모두 제사의 이름이다. 다음 장에서는
"천자가 장차 출정하려고 한다."고 했으니, 여기에서 '출(出)'이라는 것은
순수을 뜻한다. 제후가 자신의 영토 밖으로 나가는 경우는 조(朝) · 근
(覲)11) · 회(會) · 동(同)12) 등으로 나가는 경우이다.

---

8) 유(類)는 천신(天神)에게 지내는 제사의 일종이다. 『서』「우서(虞書) · 순전(舜典)」
   편에는 "肆類于上帝."라는 기록이 있다. '유'제사와 관련된 예법들은 망실되어 전
   해지지 않지만, 군대를 출병하게 될 때 상제(上帝)에게 '유'제사를 지냈다는 기록
   이 있다. 『예기』「왕제(王制)」편에는 "天子將出, 類乎上帝, 宜乎社, 造乎禰."라
   는 기록이 있고, 이 문장에 대한 정현의 주에서는 "類·宜·造, 皆祭名, 其禮亡."
   이라고 풀이했다.
9) 의(宜)는 고대 제사의 일종이다. 도마와 안석 등을 설치하고 희생물을 진설하여
   제사를 지내는 것이다.
10) 조(造)는 부친의 묘(廟)에서 지내는 제사를 뜻한다. '조(造)'자는 "~에 이르다."는
   뜻으로, 부친의 묘에 가서 지내는 제사이기 때문에, '조'라고 부른다.
11) 조근(朝覲)은 군주가 신하를 만나보는 예법(禮法)을 뜻한다. 군주가 신하를 만나
   보는 예법에는 조(朝), 근(覲), 종(宗), 우(遇), 회(會), 동(同) 등이 있었는데, 이것

天子無事, 與諸侯相見曰朝, 考禮正刑, 一德以尊于天子.〈035〉

천자가 특별한 일이 없이 제후와 서로 만나보는 것을 '조(朝)'라고 하니, 예를 고찰하고 형벌을 바로잡고, 덕을 한결같이 해서 천자를 존숭하는 것이다.

集說 無事, 無死喪寇戎之事也. 考禮者, 稽考而是正之, 使無違僭也. 正刑者, 行以公平, 使無偏枉也. 一德, 無貳心也. 三者, 皆尊天子之事.

'무사(無事)'는 상사나 외적 및 전쟁 등이 없다는 뜻이다. '고례(考禮)'는 돌아보고 고찰하여 예를 바로잡아서, 제후들로 하여금 어기고 참람됨이 없게 함이다. '정형(正刑)'은 형벌을 공평하게 시행하여, 제후들로 하여금 편벽되고 굽음이 없게 함이다. '일덕(一德)'이라는 것은 다른 마음을 품지 않는다는 뜻이다. 이 세 가지는 모두 천자를 존숭하는 일이다.

을 총칭하여 '조근'으로 부르기도 한다. 한편 '조근'은 신하가 군주를 찾아뵙는 예법을 뜻하기도 한다. 고대에는 제후가 천자를 찾아뵐 때, 각 계절별로 그 명칭을 다르게 불렀다. 봄에 찾아뵙는 것을 조(朝)라고 부르며, 여름에 찾아뵙는 것을 종(宗)이라고 부르고, 가을에 찾아뵙는 것을 근(覲)이라고 부르며, 겨울에 찾아뵙는 것을 우(遇)라고 부른다. '조근'은 이러한 예법들을 총칭하는 말이다.

12) 회동(會同)은 제후들이 천자를 찾아뵙는 예법을 통칭하는 용어이다. 또한 각 계절마다 정기적으로 찾아뵙는 것을 회(會)라고 부르고, 제후들이 대규모로 찾아뵙는 것을 동(同)이라고 불러서, 구분을 짓기도 한다. 또 '회'는 정해진 시기 없이 특별한 일이 발생했을 때 찾아뵙는 것을 뜻하기도 한다. 각종 회견 등을 가리키는 용어로도 사용된다. 『시』「소아(小雅)·거공(車攻)」편에는 "赤芾金舄, 會同有繹."이라는 기록이 있는데, 이에 대한 모전(毛傳)에서는 "時見曰會, 殷見曰同. 繹, 陳也."라고 풀이했다.

【034】

天子賜諸侯樂, 則以柷[昌六反]將之. 賜伯子男樂, 則以鼗將之.〈036〉

천자가 제후에가 악을 하사함에는 축을['柷'자는 '昌(창)'자와 '六(륙)'자의 반절음이다.] 받들어 행하도록 한다. 백작·자작·남작에게 악을 하사함에는 도(鼗)를 받들어 행하도록 한다.

<u>集說</u> 柷, 形如漆桶, 方二尺四寸, 深一尺八寸, 中有椎柄, 連底撞之, 令左右擊, 所以合樂之始. 鼗, 如鼓而小, 有柄, 持而搖之, 則旁耳自擊, 所以節樂之終. 將之, 謂使者執此以將命也.

'축(柷)'은 형상이 옻칠한 통과 같아서 윗부분의 크기는 사방 2척 4촌이고, 깊이는 1척 8촌이며, 가운데에는 뭉치자루가 있어서 전체를 흔들어 뭉치자루로 하여금 좌우로 때리게 하니, 음악의 시작을 합치시키는 것이다. '도(鼗)'는 북과 같지만 크기가 작고, 자루가 있어서 그것을 가지고 흔들면 곁에 있는 방울이 북의 면을 스스로 때리게 되니, 음악의 끝을 매듭짓는 것이다. '장지(將之)'는 천자의 사신이 이것을 잡고서 명을 받들어 행하는 것을 말한다.

<u>集說</u> 疏曰: 柷, 節一曲之始, 其事寬, 故以將諸侯之命. 鼗, 節一唱之終, 其事俠, 故以將伯子男之命.

소에서 말하길, 축(柷)은 한 악곡의 시작을 매듭짓는 것인데, 해당되는 일이 상대적으로 넓기 때문에 그것으로 제후의 명을 받들어 행하도록 한다. 도(鼗)는 한 노래의 끝을 매듭짓는 것인데, 해당되는 일이 상대적으로 협소하기 때문에 그것으로 백작·자작·남작의 명을 받들어 행하도록 한다.

【035】

諸侯賜弓矢然後征, 賜鈇鉞然後殺. 〈037〉

제후는 천자로부터 활과 화살을 하사받은 연후에 정벌을 시행하고, 천자로부터 작두와 도끼를 하사받은 연후에 사형을 시행한다.

集說 鈇, 莝所刀也. 鉞, 斧也.

'부(鈇)'는 여물을 자르는 작은 칼이다. '월(鉞)'은 큰 도끼이다.

【036】

賜圭瓚然後爲鬯, 未賜圭瓚, 則資鬯於天子. 〈038〉

제후는 천자로부터 규찬을 하사받은 연후에 창이라는 술을 만들고, 천자로부터 규찬을 아직 하사받지 못했으면 천자에게 창이라는 술을 구한다.

集說 圭瓚·璋瓚, 皆酌鬯酒之爵, 以大圭爲瓚之柄者, 曰圭瓚. 釀秬黍爲酒, 芬香條鬯於上下, 故曰鬯. 祭禮灌地降神, 必用鬯, 故未賜圭瓚, 則求鬯於天子, 賜圭瓚然後得自爲也.

규찬(圭瓚)과 장찬(璋瓚)은 모두 창이라는 술을 따르는 술잔으로, 대규(大圭)[13]로 술잔의 자루를 만든 것을 '규찬(圭瓚)'이라고 한다. 검은 기장으로 담가서 술을 만들면 향기가 상하로 평안하고 느긋하게 퍼지기 때문에 '창(鬯)'이라고 한다. 제사에 쓰는 술을 땅에 부어 신을 강림하게 함에는 반드시 창이라는 술을 사용해야 하기 때문에 아직 규찬을 하사받

---

13) 대규(大圭)는 허리에 차는 옥(玉)으로 정(丁)자 형태로 만들었다. 천자는 '대규'를 허리춤에 꽂고서 조일(朝日)을 하였다. '대규'의 길이는 3척(尺)이고, '정(珽)'이라고도 불렀다. 『주례』「춘관(春官)·전서(典瑞)」편에는 "王晉大圭, 執鎭圭, 繅藉五采五就, 以朝日."이라는 기록이 있고, 『주례』「동관고공기(冬官考工記)·옥인(玉人)」편에는 "大圭長三尺, 杼上終葵首, 天子服之."라는 기록이 있으며, 이에 대한 정현의 주에서는 "王所搢大圭也, 或謂之珽."이라고 풀이했다.

지 못했으면, 천자에게 창이라는 술을 구하고, 규찬을 하사받은 연후에야 스스로 창이라는 술을 만들 수 있다.

【037】

天子命之敎然後爲學, 小學在公宮南之左, 大學在郊. 天子曰辟雍, 諸侯曰頖宮.〈039〉

천자가 가르치도록 명한 연후에야 학교를 세우니, 소학은 공궁의 남쪽 왼편에 위치하고, 대학은 교에 위치한다. 천자의 학교를 '벽옹(辟雍)'이라 부르고, 제후의 학교를 '반궁(頖宮)'이라 부른다.

集說 疏曰: 百里之國, 國城居中, 面有五十里, 二十里置郊, 郊外, 仍有三十里. 七十里之國, 國城居中, 面有三十五里, 九里置郊, 郊外, 仍有二十六里. 五十里之國, 國城居中, 面有二十五里, 三里置郊, 郊外, 仍有二十二里. 此是殷制. 若周制, 則畿內千里, 百里爲郊, 諸侯之郊, 公五十里, 侯伯三十里, 子男十里, 近郊, 各半之, 天子諸侯, 皆近郊, 半遠郊. 此小學大學, 殷制. 周則大學在國, 小學在西郊. 辟, 明也, 雍, 和也. 君則尊明雍和, 於此學中習道藝, 使天下之人, 皆明達諧和也. 頖之言班, 所以班政敎也.

소에서 말하길, 사방 100리의 제후국은 국성이 중앙에 위치하고, 면적이 사방 50리를 차지하며, 국성의 경계에서 직선거리로 20리 떨어진 곳에 교를 설치하고, 교 밖으로는 곧 직선거리로 30리가 있게 된다. 사방 70리의 제후국은 국성이 중앙에 위치하고, 면적이 사방 35리를 차지하며, 국성의 경계에서 직선거리로 9리 떨어진 곳에 교를 설치하고, 교 밖으로는 곧 직선거리로 26리가 있게 된다. 사방 50리의 제후국은 국성이 중앙에 위치하고, 면적이 사방 25리를 차지하며, 국성의 경계에서 직선거리로 3리 떨어진 곳에 교를 설치하고, 교 밖으로는 곧 직선거리로 22리가 있게 된다. 이것들은 은대의 제도이다. 주대의 제도에서는 천자는 수도 안의 땅 사방 1000리 속에 국성에서 직선거리로 100리 떨어진 곳에 교를 설치한다. 제후의 교에 대해서는 공작은 국성에서 직선거리로 50리 떨어진 곳에 교를 설치하고, 후작과 백작은 국성에서 직선거리로 30리 떨어진 곳에 교를 설치하며, 자작과 남작은 국성에서 직선거리로 10리 떨어진 곳에 교를 설치한다. 근교는 각기 그 교를 반분하니, 천자와 제후는 모두 근교가 원교를 반분한다. 여기에서의 소학·대학은 은대의 제도이다. 주대에는 대학이 국성에 위치했고, 소학은 서쪽 교에 위치했다. '벽(辟)'이라는 말은 밝다는 뜻이고 '옹(雍)'은 조화롭다는 뜻이다. 군주는 존명하고 옹화해서, 이 학교 안에서 학문과 기예를 익혀 천하의 사람들로 하여금 모두 명달하고 해화하게 한다. '반(頖)'은 반(班)을 말하는 것으로, 정교를 반포한다는 뜻이다.

集說 張子曰: 辟雍, 古無此名, 蓋始於周. 周有天下, 遂以名天子之學. 說文云: "頖宮諸侯鄉射之宮也."

장자[14]가 말하길, '벽옹(辟雍)'은 옛날에는 이러한 명칭이 없었으니, 무릇 주대 때 이 제도가 시작되었다. 주나라가 천하를 소유하고, 마침내 천자의 학교를 이러한 이름으로 명칭붙인 것이다. 『설문』에서는 "반궁은 제후가 향사례하는 궁이다."라고 했다.

集說 舊說: 辟雍, 水環如璧. 泮宮, 半之, 蓋東西門, 以南通水, 北無水也.

옛 학설에서 말하길, 벽옹(辟雍)은 물이 빙 두르고 있는 모습이 동근 옥반지와 같다. 반궁(泮宮)은 그것을 반분한 것이니, 무릇 학교의 동쪽과

---

14) 장재(張載, A.D.1020~A.D.1077): =장자(張子)·장횡거(張橫渠). 북송(北宋) 때의 유학자이다. 북송오자(北宋五子) 중 한 사람으로 칭해진다. 자(字)는 자후(子厚)이다. 횡거진(橫渠鎭) 출신으로, 이곳에서 장기간 강학을 했기 때문에 횡거선생(橫渠先生)으로 일컬어지기도 한다.

서쪽 문에서 시작해서 남쪽에서 물이 만나며, 북쪽에는 물이 없다.

【038】

天子將出征, 類乎上帝, 宜乎社, 造乎禰, 禡[馬怕反]於所征之地, 受命
於祖, 受成於學.〈040〉

천자가 장차 출정하려고 할 때에는 상제에게 유(類)제사를 지내고, 사에
의(宜)제사를 지내며, 선친의 묘에 조(造)제사를 지내고, 정벌하려는 땅에
서는 마제사를['禡'자는 '馬(마)'자와 '怕(파)'자의 반절음이다.] 지내며, 조묘에서는
명을 받고, 학교에서는 도모함을 이룰 계책을 받는다.

集説 禡, 行師之祭也. 受命於祖, 卜於廟也. 受成於學, 決其謀也.
'마(禡)'는 군대를 출병할 때 지내는 제사이다. 조묘에서 명을 받는다는
것은 조묘에서 점을 친다는 뜻이다. 학교에서 성을 받는다는 것은 그 계
책을 결정한다는 뜻이다.

【039】

出征, 執有罪, 反, 釋奠于學, 以訊馘告.〈041〉

출정해서는 죄 있는 자를 잡고, 돌아와서는 학교에서 석전을 올려서 신문
해야 할 자와 왼쪽 귀를 벤 죄인의 수를 아뢴다.

集説 獲罪人而反, 則釋奠于先聖·先師, 而告訊馘焉. 訊, 謂其魁
首當訊問者; 馘, 所截彼人之左耳. 告者, 告其多寡之數也.
죄인을 잡고 수도로 돌아와서는 선성과 선사께 석전(釋奠)[15]을 지내서,

---

15) 석전(釋奠)은 국학(國學)에서 거행되었던 전례(典禮) 중 하나이다. 성찬과 술을
   진설하고, 폐백 등을 바쳐서, 선성(先聖)과 선사(先師)에게 지내는 제사이다.

신문해야 할 자와 왼쪽 귀를 벤 죄인의 수를 아뢴다. '신(訊)'이라는 것은 그들의 괴수로, 마땅히 신문해야 하는 자를 말하고, '괵(馘)'은 그들의 왼쪽 귀를 자르는 것이다. 고한다는 것은 신문하고 왼쪽 귀를 벤 자들의 많고 적음의 수를 아뢰는 것이다.

類編 右朝聘巡守.
여기까지는 조빙순수(朝聘巡守)에 대한 내용이다.

◇ 사냥[田獵]

【040】
天子諸侯無事, 則歲三田, 一爲乾[干]豆, 二爲賓客, 三爲充君之庖.
〈042〉

천자와 제후는 일이 없으면, 한 해에 3가지 목적을 위한 사냥을 하는데, 첫 번째는 제기에 담을 마른['乾'자의 음은 '干(간)'이다.] 고기를 마련하기 위해서이고, 두 번째는 빈객을 접대하기 위한 음식물을 마련하기 위해서이며, 세 번째는 군주의 푸줏간을 채우기 위해서이다.

> **集說** 無事, 無征伐出行喪凶之事也. 歲三田者, 謂每歲田獵, 皆是爲此三者之用也. 乾豆, 腊之以爲祭祀之豆實也.

일이 없다는 것은 정벌과 출행 및 상사와 흉사 등의 일이 없다는 뜻이다. 해마다 3가지 목적을 위해 사냥을 한다는 것은 매 해마다 시행되는 사냥은 모두 이 세 가지 용도 때문이라는 뜻이다. '간두(乾豆)'는 고기를 말려서 제사의 제기를 채운다는 뜻이다.

> **集說** 疏曰: 先宗廟, 次賓客者, 尊神敬賓之義.

소에서 말하길, 먼저 종묘를 말하고 이후에 빈객을 말한 것은 신을 존숭하고 빈객을 공경히 한다는 뜻이다.

【041】
無事而不田曰不敬, 田不以禮曰暴天物. 天子不合圍, 諸侯不掩群.
〈043〉

특별한 일이 없음에도 사냥을 하지 않는 것을 불경하다고 말하고, 사냥하기를 예로써 하지 않는 것을 천물을 난폭하게 대한다고 말한다. 천자는 사냥함에 사면을 둘러싸서 포위하지 않고, 제후는 짐승 무리를 엄습하지 않는다.

集說　書曰: "暴殄天物." 合圍, 四面圍之也. 掩群者, 掩襲而擧群取
之也.
『서』에서는 "천물을 난폭하게 멸한다."[1]라고 했다. '합위(合圍)'는 사면
을 둘러싸는 것이다. '엄군(掩群)'이라는 것은 엄습해서 짐승 무리를 몰
아 그것들을 획득하는 것이다.

【042】
**天子殺, 則下大綏; 諸侯殺, 則下小綏; 大夫殺, 則止佐車; 佐車止,
則百姓田獵.** 〈044〉
天子가 사냥해서 짐승을 포획하면 대수(大綏)[2]를 내리고, 제후가 사냥해서
짐승을 포획하면 소수(小綏)[3]를 내리며, 대부가 사냥해서 짐승을 획득하면
좌거를 멈추고, 좌거가 멈추면 백성들이 사냥을 시작한다.

集說　殺, 獲也, 獲所驅之禽獸也. 綏, 旌旗之屬也. 下, 偃仆之也.
佐車, 卽周禮驅逆之車, 驅者, 逐獸使趨於田之地, 逆者, 要逆其走而
不使之散亡也. 此言田獵之禮, 尊卑貴賤之次序也.
'살(殺)'은 포획한다는 뜻이니, 몰이한 짐승들을 포획한다는 의미이다.
'수(綏)'는 깃발의 부류이다. '하(下)'는 눕혀 엎어놓는다는 뜻이다. '좌거
(佐車)'는 『주례』에 나온 구역(驅逆)하는 수레로, '구(驅)'라는 것은 짐승
을 쫓아서, 짐승들로 하여금 사냥터로 달려가게 하는 것이고, '역(逆)'이

---

1) 『서』「주서(周書)·무성(武成)」: 今商王受無道, <u>暴殄天物</u>, 害虐烝民, 爲天下
　逋逃主, 萃淵藪.
2) 대수(大綏)는 천자가 사냥할 때 세워두었던 큰 깃발을 뜻한다.
3) 소수(小綏)는 제후가 사냥할 때 세워두었던 작은 깃발을 뜻한다.

라는 것은 그 짐승들이 달려가는 것을 막아서, 짐승들로 하여금 흩어져 도망치지 않게 하는 것이다. 이것은 사냥의 예에서 존비와 귀천에 따른 질서를 말한 것이다.

【043】

獺祭魚然後, 虞人入澤梁. 豺祭獸然後, 田獵. 鳩化爲鷹然後, 設罻[尉]羅. 草木零落然後, 入山林. 昆蟲未蟄, 不以火田. 不麛[迷], 不卵, 不殺胎, 不殀[於表反]夭[烏老反], 不覆[芳六反]巢.〈045〉

수달이 물고기를 제사지낸 연후에야, 우인이 못에 들어가 물고기를 잡는다. 승냥이가 고기를 제사지낸 연후에야 사냥을 한다. 비둘기가 변화해서 매가 된 연후에야 새 잡는 그물을['罻'자의 음은 '尉(위)'이다.] 설치한다. 초목의 낙엽이 떨어진 연후에야 산림에 벌목하러 들어간다. 곤충이 아직 칩거하지 않았으면 화전(火田)⁴⁾을 하지 않는다. 새끼를['麛'자의 음은 '迷(미)'이다.] 잡지 않고, 알을 취하지 않으며, 새끼 밴 짐승을 죽이지 않고, 어린 짐승을['夭'자는 '烏(오)'자와 '老(로)'자의 반절음이다.] 잘라 죽이지['殀'자는 '於(어)'자와 '表(표)'자의 반절음이다.] 않고, 둥지를 뒤엎지['覆'자는 '芳(방)'자와 '六(륙)'자의 반절음이다.] 않는다.

集説 梁, 絶水取魚者. 堰水爲開空, 以笱承其空. 月令仲春鷹化爲鳩. 此言鳩化爲鷹, 必仲秋也. 罻‧羅, 皆捕鳥之網. 麛, 獸子之通稱. 殀, 斷殺之也. 夭, 禽獸之稚者. 此十者, 皆田之禮, 順時序, 廣仁意也.

'양(梁)'은 물을 막아서 고기를 잡는 것이다. 물길에 제방을 쌓고 구멍을 만들어서 통발을 그 구멍에 설치하는 것이다. 『예기』「월령(月令)」편에서는 중춘에 "매가 변화해서 비둘기가 된다."⁵⁾라고 했다. 여기에서 비둘

---

4) 화전(火田)은 초목을 불태우고 나서 사냥하는 것을 말한다.

기가 변화해서 매가 된다고 말한 것은 반드시 중추에 해당할 것이다. '위
(罻)'와 '나(羅)'는 모두 새를 잡는 그물이다. '미(麛)'는 짐승의 새끼를
통칭하는 말이다. '요(殀)'는 잘라 죽인다는 뜻이다. '요(夭)'는 짐승의 새
끼를 말한다. 이러한 열 가지 것들은 모두 사냥할 때 지켜야 하는 예이며,
계절의 순서를 따르고 인의 뜻을 넓히는 것이다.

類編 右田獵.
여기까지는 전렵(田獵)에 대한 내용이다.

---

5) 『예기』「월령(月令)」 024장 : 始雨水, 桃始華, 倉庚鳴, <u>鷹化爲鳩.</u>

◈ 국가 재용의 제작[制國用]

【044】

冢宰制國用, 必於歲之杪[彌小反], 五穀皆入然後, 制國用. 用地小大, 視年之豐耗, 以三十年之通制國用, 量入以爲出. ⟨046⟩

총재가 국가의 재용을 제정할 때 반드시 한 해의 끝에['杪'자는 '彌(미)'자와 '小(소)'자의 반절음이다.] 하는 것은 오곡이 모두 거둬들여진 연후에야 국가의 재용을 제정하기 때문이다. 재용을 제정할 때에는 땅의 작고 큼을 기준으로 하고, 해의 풍년과 흉년에 견주어서, 30년간의 통계로 국가의 재용을 제정하고, 수입을 헤아려 지출을 정한다.

集說 以三十年之通者, 通計三十年所入之數, 使有十年之餘也. 蓋每歲所入, 均析爲四, 而用其三, 每年餘一, 則三年而餘三, 又足一歲之用矣. 此所以三十年, 而有十年之餘也. 鄭註以九年言之, 蓋積三十年內閏月, 當一歲也. 一說, 二十七年, 則有九年之餘, 言三十者, 擧成數耳.

"30년간의 통계로써 한다."는 것은 30년간 들어오는 수치를 통계해서 10년간의 여유분을 만드는 것이다. 매 해에 들어오는 것을 균등히 나눠 4로 만들고, 그 중 3을 써서 매 해마다 1이 남으니, 3년이면 3이 남아서 또한 한 해의 재용을 감당할 수 있다. 이것이 30년간의 통계로 재용을 제정해서 10년간의 여유분을 남기는 방법이다. 정현의 주에서 9년으로 말한 것은 무릇 30년간의 윤달이 쌓이면 한 해에 해당하는 시간이 되기기 때문이다. 일설에는 27년간의 통계로써 하면 9년의 여유분이 생기는데, 경문에서 30이라고 말한 것은 큰 단위의 수를 든 것일 따름이라고 주장한다.

【045】

祭用數之仂[勒].〈047〉

제사에는 1년치 국가 재용의 10분의 1을['仂'자의 음은 '勒(륵)'이다.] 사용한다.

(集說) 鄭註以仂爲十一, 疏以爲分散之名. 大槩是總計一歲經用之數, 而用其十分之一, 以行常祭之禮也.

정현의 주에서는 '늑(仂)'을 10분의 1로 풀이했고, 소에서는 '늑(仂)'을 분배의 명칭으로 삼았다. 대체로 1년 중 항상 사용하게 되는 수치를 총계해서, 그 중의 10분의 1을 사용하여 정기적인 제사의 예를 집행하는 것이다.

【046】

喪, 用三年之仂.〈048〉[1) [本在"越紼而行事"下.]

상에는 3년치 국가 재용의 10분의 1을 사용한다. [본래는 "월불해서 일을 치른다."라고 한 문장 뒤에 수록되어 있었다.]

(集說) 喪三年而除, 中間禮事繁雜, 故總計三歲經用之數, 而用其十之一也.

상은 3년을 보내고 끝내는데, 그 사이에 치러야 하는 예의 사안들은 매우 많고 복잡하다. 그렇기 때문에 3년간 항상 사용하는 수치를 총계해서 그 중의 10분의 1을 사용한다.

【047】

喪祭, 用不足曰暴, 有餘曰浩. 祭, 豐年不奢, 凶年不儉.〈049〉

---

1) 『예기』「왕제」 048장 : 喪, 三年不祭, 唯祭天地社稷, 爲越紼而行事. <u>喪, 用三年之仂</u>.

상과 제사에 있어서, 재용이 부족한 것을 '포(暴)'라 부르고, 사치스러운 것을 '호(浩)'라 부른다. 제사를 지냄에 있어서는 풍년에는 사치를 부리지 않고, 흉년에도 너무 검소하게 치르지 않는다.

集說 暴者, 殘敗之義, 言不齊整也. 浩者, 汎濫之義, 所謂以美沒禮 也. 惟其制用有一定之則, 是以歲有豊凶, 而禮無奢儉, 此記者之言. 雜記云: "凶年, 祀以下牲", 孔子之言也.

'포(暴)'는 해치고 손상시킨다는 뜻으로, 가지런히 정돈되지 않았음을 의미한다. '호(浩)'는 넘친다는 뜻으로, 이른바 "맛있다고 하여 예를 없앤다."는 뜻이다. 다만 그것의 재용을 제정할 때에는 일정한 법칙이 있어야만 그 해에 풍년이나 흉년이 들더라도, 예의 시행에 있어서 사치함과 지나친 검소함이 없게 되니, 이것은 『예기』를 기록한 자의 말이다. 『예기』「잡기(雜記)」편에서는 "흉년에는 제사를 지낼 때 한 등급을 낮춘 희생물을 사용한다."[2]고 했는데, 이것은 공자의 말이다.

【048】
國無九年之蓄曰不足, 無六年之蓄曰急, 無三年之蓄曰國非其國也. 三年耕, 必有一年之食, 九年耕, 必有三年之食, 以三十年之通, 雖有凶旱水溢, 民無菜色, 然後天子食, 日擧以樂. 〈050〉

국가에 9년치 여유분의 양식이 없는 것을 '부족(不足)'이라 말하고, 6년치 여유분의 양식이 없는 것을 '급(急)'이라 말하며, 3년치 여유분의 양식이 없는 것을 "나라가 나라답지 않다."고 말한다. 3년 동안 경작하면 반드시 1년치 여유분의 양식이 있게 되고, 9년 동안 경작하면 반드시 3년치 여유분의 양식이 있게 되니, 30년간의 통계로 축적하여 9년치 여유분의 양식을 비축하면 비록 흉년과 가뭄 및 물난리가 난다고 하더라도 백성들에게 채색

---

2) 『예기』「잡기하(雜記下)」 074장 : 孔子曰, "凶年則乘駑馬, 祀以下牲."

(菜色)이 없게 되니, 그런 뒤에야 천자는 음식을 먹음에 날마다 성찬을 들며 음악을 곁들인다.

集說 飢而食菜, 則色病, 故云菜色. 殺牲盛饌曰擧, 周禮: "王日一擧, 鼎十有二, 物皆有俎, 以樂侑食", 又云: "大荒則不擧"者, 蓋偶値凶年, 雖有備, 亦當貶損耳.

굶주려 풀죽을 끓여 먹어서 낯빛이 병들어 보이기 때문에 '채색(菜色)'이라고 말한 것이다. 희생물을 죽여 음식을 성대하게 차리는 것을 '거(擧)'라고 말하니, 『주례』에서는 "천자는 날마다 아침식사에 한번 거를 하는데, 솥은 12개가 있고 음식물에 대해서는 모두 그것을 담는 도마가 각각 있으며, 음악을 연주함으로써 식사하기를 권한다."3)라고 했고, 또 "크게 흉년이 들었을 때에는 거를 하지 않는다."4)라고 했는데, 뜻밖에 흉년을 만나게 되면, 비록 비축해둔 것들이 있다 하더라도, 마땅히 줄이고 축소해야 할 따름이다.

類編 右制國用.

여기까지는 '제국용(制國用)'에 대한 내용이다.

---

3) 『주례』「천관(天官)·선부(膳夫)」: 王日一擧, 鼎十有二, 物皆有俎. 以樂侑食.
4) 『주례』「천관(天官)·선부(膳夫)」: 大喪則不擧, 大荒則不擧, 大札則不擧, 天地有災則不擧, 邦有大故則不擧.

◇ 상사와 제사[喪祭]

【049】

天子七日而殯, 七月而葬. 諸侯五日而殯, 五月而葬. 大夫·士·庶
人三日而殯, 三月而葬. 三年之喪, 自天子達.〈051〉

천자는 7일 후에 빈소를 마련하고 7개월 후에 장례를 치른다. 제후는 5일
후에 빈소를 마련하고 5개월 후에 장례를 치른다. 대부·사·서인들은 3일
후에 빈소를 마련하고 3개월 후에 장례를 치른다. 삼년상은 천자로부터
모든 사람들에게 통용된다.

集說　諸侯, 降於天子而五月, 大夫, 降於諸侯而三月, 士庶人, 又降
於大夫, 故踰月也. 今摠云: "大夫·士·庶人三日而殯", 此固所同
然, 皆三月而葬, 則非也. 其以上文降殺, 俱兩月, 在下可知, 故略言
之歟. 孔氏引左傳, "大夫三月, 士踰月者, 謂大夫除死月爲三月, 士
數死月, 爲三月, 是越踰一月, 故言踰月耳. 誠如此, 則是大夫四月,
士三月, 謂大夫踰越一月, 猶可, 豈得謂士踰越一月乎? 此不可通,
當從左氏說爲正.

제후의 장례는 천자보다 낮춰서 5개월 뒤에 하고, 대부의 장례는 제후보
다 낮춰서 3개월 뒤에 하며, 사와 서인의 장례는 또한 대부보다 낮추기
때문에 죽은 달을 넘겨서만 한다. 이곳에서는 총괄적으로 "대부·사·서
인들은 3일 후에 빈소를 마련한다."고 했는데, 이것은 진실로 이들 모두
동일하게 따르는 것이다. 그러나 이들이 모두 3개월 후에 장례를 치른다
고 한 것은 잘못된 말이다. 앞 문장에서 낮추는 것은 모두 2개월씩 줄였
으니, 그 뒤에도 동일하게 적용하게 됨을 알 수 있다. 그래서 간략히 언급
한 것일 뿐이다. 공영달이 『좌전』을 인용하여, "대부는 3개월을 하고, 사
는 달을 넘긴다는 것은 대부는 죽은 달을 제외하고 3개월이 되고, 사는
죽을 달을 포함해서 3개월이 되니, 이것이 1개월을 넘긴다는 것이기 때문
에 달을 넘긴다고 말한 것일 따름이다."라고 했는데, 진실로 이러하다면,

대부는 4개월 후에 장례를 치르는 것이고, 사는 3개월 후에 장례를 치르는 것이 되니, 대부가 1개월을 넘긴다는 것은 오히려 옳은 것이지만, 어찌 사가 1개월을 넘긴다고 말할 수 있겠는가? 이것은 통용될 수 없는 것이니, 마땅히 『좌전』의 설을 따르는 것이 맞다.

【050】

庶人縣[玄]封[窆], 葬不爲[去聲]雨止, 不封不樹, 喪不貳事.〈052〉

서인은 줄을 매달아['縣'자의 음은 '玄(현)'이다.] 하관을['封'자의 음은 '窆(폄)'이다.] 하고, 장례는 비 때문에['爲'자는 거성으로 읽는다.] 멈추지 않으며, 봉분을 만들지 않고 나무도 심지 않으며, 상중에는 다른 일을 하지 않는다.

集說 此言庶人之禮. 庶人無碑綍, 縣繩下棺, 故云縣窆也. 不封, 不爲丘壟也. 大夫·士, 旣葬, 公政入於家, 庶人, 則終喪無二事也.

이것은 서인의 예를 말한 것이다. 서인은 비률이 없어서, 끈을 매달아서 관을 내리기 때문에 줄을 매달아 하관을 한다고 말한 것이다. 불봉(不封)은 구릉을 만들지 않는 것이다. 대부와 사의 경우 장례를 마치면, 군주의 정무가 집안으로 들어와 처리하게 되지만, 서인은 상을 마칠 때까지 상 이외의 일이 없다.

附註 或曰: "喪不貳事, 統言大夫士以上, 非專指庶人也." 然則此句別爲一段.

혹자는 "상불이사(喪不貳事)는 대부 및 사 이상의 계층에 대해 통괄적으로 말한 것이지 전적으로 서인만 가리키는 것이 아니다."라 했다. 그렇다면 이 구문은 별도로 한 단락이 된다.

【051】
自天子達於庶人, 喪從死者, 祭從生者.〈053〉

천자로부터 서인에 이르기까지 상사를 집행함에는 죽은 자의 관직에 맞는 예에 따르고, 제사를 집행함에는 제사를 모시는 자의 관직에 맞는 예에 따른다.

集說 中庸曰: "父爲大夫, 子爲士, 葬以大夫, 祭以士; 父爲士, 子爲大夫, 葬以士, 祭以大夫". 蓋葬用死者之爵, 祭用生者之祿, 與此意同.

『중용』에서 말하길, "아버지가 대부이고 자식이 사이면, 장례는 대부의 예로 지내고, 제사는 사의 예로 지내며, 아버지가 사이고 자식이 대부이면, 장례는 사의 예로 지내고, 제사는 대부의 예로 지낸다."[1]라고 했으니, 장례를 지낼 때에는 작은 자의 작록에 따르는 것이고, 제사를 지낼 때에는 제사를 모시는 자의 작록에 따르는 것이니, 이곳의 의미와 동일하다.

【052】
支子不祭.〈054〉

지자는 제사를 모시지 않는다.

集說 說見曲禮.

설명은 『예기』「곡례(曲禮)」편에 나온다.

---

1) 『중용』「18장」: 武王末受命, 周公成文 · 武之德, 追王大王 · 王季, 上祀先公以天子之禮. 斯禮也, 達乎諸侯 · 大夫及士 · 庶人. 父爲大夫, 子爲士, 葬以大夫, 祭以士. 父爲士, 子爲大夫, 葬以士, 祭以大夫. 期之喪, 達乎大夫. 三年之喪, 達乎天子. 父母之喪, 無貴賤一也.

【053】

喪, 三年不祭, 唯祭天地社稷, 爲越紼而行事. 〈048〉 2) [本在 "祭用數之仞" 下.]

상을 치르게 되면 3년 동안 제사를 지내지 않지만, 오직 천지와 사직에게만 은 제사를 지내되 월불해서 일을 치른다. [본래는 "제사에는 1년치 국가 재용의 10분의 1을 사용한다."3)라고 한 문장 뒤에 수록되어 있었다.]

集說 喪, 凶事; 祭, 吉禮. 吉凶異道, 不得相干, 故三年不祭. 唯祭 天地·社稷者, 不敢以卑廢尊也. 未葬以前, 常屬紼於輴車, 以備火 災. 喪在內, 而行祭於外, 是踰越喪紼而往也.

상사는 흉사이고 제사는 길례이다. 길과 흉은 도를 달리하여 서로 범할 수 없기 때문에, 3년 동안 제사를 지내지 않는다. 오직 천지와 사직에게만 제사지낸다는 것은 감히 낮은 것으로 존귀한 것을 폐지할 수 없기 때문이 다. 아직 장례를 치르기 이전에는 항상 춘거(輴車)에 상여줄을 매달아서 화재를 대비한다. 상은 집 안에서 치르고, 천지와 사직에게 제사지내는 것은 밖에서 시행하니, 이때에는 상여줄을 뛰어 넘어서 가야 한다.

【054】

建國之神位, 右社稷而左宗廟. 〈祭義-054〉 [祭義末段. 本在 "術省孝子之志" 下.]

나라의 신위를 세울 때, 사직은 궁실의 우측에 두고, 종묘는 좌측에 둔다. [「제의」편 마지막 단락 문장이다. 본래는 "신중히 생각하고 살핀다. 이것이 바로 자식의 뜻이 다."4)라고 한 문장 뒤에 수록되어 있었다.]

---

2) 『예기』「왕제」 048장 : <u>喪, 三年不祭, 唯祭天地社稷, 爲越紼而行事</u>. 喪, 用三年 之仞.

3) 『예기』「왕제」 047장 : 祭用數之仞.

集說 方氏曰: 神無方也, 無方則無位, 所謂神位者, 亦人位之耳, 故以建言之, 建之斯有矣. 王氏謂"右, 陰也, 地道所尊, 故右社稷; 左, 陽也, 人道之所鄉, 故左宗廟." 位宗廟於人道所鄉, 亦不死其親之意.

방씨가 말하길, 신령은 정해진 장소가 없는데, 정해진 장소가 없다면 신령을 모시는 자리가 없으니, 이른바 신위라는 것은 또한 사람이 그 자리를 마련한 것일 뿐이다. 그렇기 때문에 "세운다."라고 말한 것으로, 세웠으므로 생긴 것이다. 왕씨는 "우측은 음(陰)에 해당하고 땅의 도에서 존귀하게 높이는 것이기 때문에 사직(社稷)을 우측에 둔 것이다. 좌측은 양(陽)에 해당하고 사람의 도리에서 지향하는 바이기 때문에 종묘(宗廟)를 좌측에 둔다."라고 했다. 사람의 도리에서 지향하는 방위에 종묘를 세우는 것 또한 부모를 죽은 자로만 대하지 않는다는 뜻에 해당한다.

【055】

天子七廟, 三昭三穆, 與大祖之廟而七; 諸侯五廟, 二昭二穆, 與大祖之廟而五; 大夫三廟, 一昭一穆, 與大祖之廟而三; 士一廟; 庶人祭於寢. 〈055〉 [本在"支子不祭"下.]

천자는 7개의 묘를 두니, 3개의 소묘 및 3개의 목묘와 태조의 묘를 합쳐 7개가 되고, 제후는 5개의 묘를 두니, 2개의 소묘 및 2개의 목묘와 태조의 묘를 합쳐 5개가 되며, 대부는 3개의 묘를 두니, 1개의 소묘 및 1개의 목묘와 태조의 묘를 합쳐 3개가 되고, 사는 1개의 묘를 두며, 서인은 묘가 없어 침에서 제사를 지낸다. [본래는 "지자는 제사를 지내지 않는다."5)라고 한 문장 뒤에

---

4) 『예기』 「제의(祭義)」 053장 : 孝子將祭祀, 必有齊莊之心以慮事, 以具服物, 以脩宮室, 以治百事. 及祭之日, 顔色必溫, 行必恐, 如懼不及愛然. 其奠之也, 容貌必溫, 身必詘, 如語焉而未之然. 宿者皆出, 其立卑靜以正, 如將弗見然. 及祭之後, 陶陶遂遂, 如將復入然. 是故慤善不違身, 耳目不違心, 思慮不違親; 結諸心, 形諸色, 而<u>術省之, 孝子之志也.</u>

수록되어 있었다.]

> **集說** 諸侯大祖, 始封之君也. 大夫大祖, 始爵者也. 士一廟, 侯國中·下士也. 上士, 二廟. 天子·諸侯正寢, 謂之路寢, 卿·大夫士曰適室, 亦謂之適寢. 庶人無廟, 故祭先於寢也.

제후의 태조는 처음 제후로 분봉 받은 군주이다. 대부의 태조는 처음 대부의 작위를 받은 사람이다. "사는 1개의 묘를 둔다."고 할 때의 '사(士)'는 제후국의 중사와 하사이다. 상사는 2개의 묘를 둔다. 천자와 제후의 정침을 '노침(路寢)'이라 부르고, 경·대부·사에게 있는 적실(適室)이라 부르는 것을 또한 '적침(適寢)'이라고 한다. 서인은 묘가 없기 때문에 침에서 선친에 대한 제사를 지낸다.

【056】

天子諸侯宗廟之祭, 春曰礿[藥], 夏曰禘, 秋曰嘗, 冬曰烝. 〈056〉

천자와 제후의 종묘제사에 있어서, 봄에 지내는 것은 '약(礿)'이라['礿'자의 음은 '藥(약)'이다.] 부르고, 여름에 지내는 것은 '체(禘)'라 부르며, 가을에 지내는 것은 '상(嘗)'이라 부르고, 겨울에 지내는 것은 '증(烝)'이라 부른다.

> **集說** 鄭氏曰: 此蓋夏·殷之祭名. 周則春曰祠, 夏曰礿, 以禘爲殷祭.

정현이 말하길, 이것은 아마도 하나라와 은나라 때의 제사 명칭일 것이다. 주나라에서는 봄에 지내는 것을 '사(祠)'라 부르고, 여름에 지내는 것을 '약(礿)'이라 불렀고, '체(禘)'제사를 성대한 제사로 삼았다.

> **集說** 疏曰: 礿, 薄也, 春物未成, 祭品鮮薄也. 禘者, 次第也, 夏時

---

5) 『예기』「왕제」 054장 : 支子不祭.

物雖未成, 宜依時次第而祭之. 嘗者, 新穀熟而嘗也. 烝者, 衆也, 冬時物成者, 衆也. 鄭疑爲夏殷祭名者, 以其與周不同, 其夏·殷之祭, 又無文, 故稱蓋, 以疑之.

소에서 말하길, '약(礿)'은 엷다는 뜻으로, 봄에는 만물이 아직 성장하지 않아서, 제사에 사용되는 물품 중에 좋은 것이 드물기 때문이다. '체(禘)'라는 것은 차례라는 뜻으로, 여름에 만물이 아직 완성되지는 않았지만, 마땅히 사계절의 차례에 따라서 제사를 지내는 것이다. '상(嘗)'이라는 것은 새로운 곡식이 익어서 맛본다는 뜻이다. '증(烝)'이라는 것은 많다는 뜻으로, 겨울에는 만물 중 완전히 성장한 것이 많기 때문이다. 정현이 경문의 제사 명칭이 하나라와 은나라의 제사 명칭이었을 것이라고 의심한 이유는 주나라의 제도와는 같지 않기 때문인데, 이것과 관련된 하나라와 은나라의 제사 명칭 또한 증명할 문헌이 없었기 때문에 '개(蓋)'자를 덧붙여서, 의문점을 드러낸 것이다.

【057】

天子祭天地, 諸侯祭社稷, 大夫祭五祀. 天子祭天下名山·大川, 五嶽視三公, 四瀆視諸侯. 諸侯祭名山·大川之在其地者. 天子·諸侯祭因國之在其地而無主後者.〈057〉

천자는 천지에 대해 제사를 지내고, 제후는 사직에 대해 제사를 지내며, 대부는 오사에 대해 제사를 지낸다. 천자는 천하의 명산과 대천에 대해 제사를 지내니, 오악(五嶽)[6]에 대한 제사는 삼공이 빈객을 대접한 예에

---

6) 오악(五岳)은 오악(五嶽)이라고도 부르며, 다섯 방위에 따른 대표적인 산들을 뜻한다. 그러나 각 기록에 따라서 해당하는 산의 명칭에는 다소 차이가 있다. 첫 번째 주장은 동쪽의 태산(泰山), 남쪽의 형산(衡山), 서쪽의 화산(華山), 북쪽의 항산(恒山), 중앙의 숭산(嵩山:= 嵩高山)을 '오악'으로 부른다. 『주례』「춘관(春官)·대종백(大宗伯)」편에는 "以血祭祭社稷·五祀·五嶽."이라는 기록이 있는데, 이에 대한 정현의 주에서는 "五嶽, 東曰岱宗, 南曰衡山, 西曰華山, 北曰恒

견주어 시행하고, 사독(四瀆)⁷⁾에 대한 제사는 제후가 빈객을 대접한 예에
견주어 시행한다. 제후는 명산과 대천 중에서 그의 봉지에 있는 것에만
제사를 지낸다. 천자와 제후는 인국 중에 그의 영토 안에 있으면서 제사를
주관할 후손이 없는 자들에 대해 제사지낸다.

集說 視三公‧視諸侯, 謂視其饔餼‧牢禮之多寡, 以爲牲器之數
也. 因國, 謂所建國之地, 因先代所都之故墟也, 今無主祭之子孫, 則
在王畿者, 天子祭之, 在侯邦者, 諸侯祭之, 以其昔嘗有功德於民, 不
宜絶其祀也.

삼공에 견주고, 제후에 견준다는 것은 그들이 빈객을 대접할 때 사용하는
옹희(饔餼)⁸⁾와 뇌례(牢禮)⁹⁾의 많고 적음을 견주어서, 오악과 사독의 제

山, 中曰嵩高山."이라고 풀이했다. 두 번째 주장은 동쪽의 태산(泰山), 남쪽의
곽산(霍山), 서쪽의 화산(華山), 북쪽의 항산(恒山), 중앙의 숭산(嵩山)을 '오악'으
로 부른다. 『이아』「석산(釋山)」편에는 "泰山爲東嶽, 華山爲西嶽, 霍山爲南嶽,
恒山爲北嶽, 嵩高爲中嶽."이라는 기록이 있다. 세 번째 주장은 동쪽의 대산(岱
山), 남쪽의 형산(衡山), 서쪽의 화산(華山), 북쪽의 항산(恒山), 중앙의 악산(嶽
山: =吳嶽)을 '오악'으로 부른다. 『주례』「춘관(春官)‧대사악(大司樂)」편에는
"凡日月食, 四鎭‧五嶽崩."이라는 기록이 있는데, 이에 대한 정현의 주에서는
"五嶽, 岱在兗州, 衡在荊州, 華在豫州, 嶽在雍州, 恒在幷州."라고 풀이했고, 『
이아』「석산(釋山)」편에는 "河南, 華; 河西, 嶽; 河東, 岱; 河北, 恒; 江南, 衡."이
라고 풀이했다.

7) 사독(四瀆)은 네 개의 주요 하천을 가리킨다. 장강(長江), 황하(黃河), 회하(淮
河), 제수(濟水)가 여기에 해당한다.

8) 옹희(饔餼)는 빈객(賓客)과 상견례(相見禮)를 하고 나서 성대하게 음식을 마련해
접대하는 것을 뜻한다. 『주례』「추관(秋官)‧사의(司儀)」편에는 "致飧如致積之
禮."라는 기록이 있는데, 이에 대한 정현의 주에서는 "小禮曰飧, 大禮曰饔餼."라
고 풀이하였다. 즉 '옹희'와 '손'은 모두 빈객 등을 접대하는 예법들인데, '옹희'는
성대한 예법에 해당하여, '손'보다도 융숭하게 대접하는 것이다.

9) 뇌례(牢禮)는 소[牛], 양[羊], 돼지[猪] 등의 세 가지 희생물을 써서, 빈객(賓客)을
대접하는 예(禮)를 말한다. 『주례』「천관(天官)‧재부(宰夫)」편에는 "凡朝覲會
同賓客, 以牢禮之法, 掌其牢禮委積膳獻飮食賓賜之飧牽, 與其陳數."라는 기록

사에 사용하는 희생물을 담는 제기의 수를 정한다는 뜻이다. '인국(因國)'은 현재 건국한 땅이 선대에서 도읍으로 했던 옛 터전에 잇닿아 있는 것을 이르는데, 현재 제사를 주관할 자손이 없으면, 천자의 수도에 있는 자들에 대해서는 천자가 제사를 지내고, 제후국에 있는 자들에 대해서는 제후가 제사를 지내니, 그들은 옛적에 백성들에게 공덕을 베풀었으므로, 그 제사를 그만둘 수 없기 때문이다.

集說 周官制度云: 五祀, 見於周禮禮記儀禮, 雜出於史傳多矣, 獨祭法加爲七. 左傳家語, 以爲重該修熙句龍之五官, 月令, 以爲門行戶竈中霤. 然則所謂五祀者, 名雖同而祭各有所主也. 鄭氏以七祀爲周制, 五祀爲商制, 然大宗伯亦云, "祭社稷五祀", 儀禮, 士疾病, 禱五祀, 則五祀, 無尊卑隆殺之辨矣. 愚意鄭氏已是臆說, 祭法之言, 亦未可深信.

『주관제도』에서 이르길, 오사(五祀)에 대한 기록은 『주례』[10] · 『예기』[11] · 『의례』[12]에 보이며, 역사서에 나타난 것도 많지만, 유독 「제법」에서만 천자는 둘을 더해 칠사(七祀)를 지낸다고 기록하였다.[13] 『춘추좌씨전』[14] ·

이 있고, 이에 대한 정현의 주에서는 "牢禮之法, 多少之差及其時也. 三牲牛羊豕具爲一牢."라고 풀이하였다. 또 『주례』「지관(地官) · 우인(牛人)」편에는 "凡賓客之事, 共其牢禮積膳之牛."라는 기록이 있고, 이에 대한 정현의 주에서는 "牢禮, 飧饔也."라고 풀이하였다.

10) 『주례』의 경문 중에서 오사(五祀)에 대한 기록은 「춘관(春官) · 대종백(大宗伯)」, 「춘관(春官) · 사복(司服)」, 「춘관(春官) · 소축(小祝)」, 「하관(夏官) · 소자(小子)」편에 나온다.

11) 『예기』의 경문 중에서 오사(五祀)에 대한 기록은 「곡례하(曲禮下)」, 「왕제」, 「월령(月令)」, 「증자문(曾子問)」, 「예운(禮運)」, 「제법(祭法)」편에 나온다.

12) 『의례』의 경문 중에서 오사(五祀)에 대한 기록은 「기석례(旣夕禮)」편에 나온다.

13) 『예기』「제법(祭法)」 013장 : 王爲群姓立七祀. 曰司命, 曰中霤, 曰國門, 曰國行, 曰泰厲, 曰戶, 曰竈.

『공자가어』15)에서는 중(重) · 해(該) · 수(修) · 희(熙) · 구룡(句龍)의 오관(五官)16)으로 여겼다. 「월령」에서는 오사(五祀)를 문(門) · 행(行) · 호(戶) · 조(竈) · 중류(中霤)로 여겼다. 그렇기 때문에 이른바 '오사(五祀)'라는 말은 명칭이 비록 같더라도, 제사에서는 각기 모셔야 하는 신이 따로 있는 것이다. 정현은 천자가 칠사를 지낸다는 것을 주나라의 제도로 여겼고, 천자도 제후와 마찬가지로 오사를 지낸다는 것은 은나라의 제도라고 여겼다. 그러나 『주례』「대종백(大宗伯)」에서도 "사직과 오사를 제사지낸다."17)라 하였고, 『의례』에서도 "사가 질병이 들면 오사에게 기도한다."18)라 했으니, 오사는 존비와 융쇄의 구분없이 모두 지내는 것이다. 내가 생각하건데 정현의 말은 이미 억설이며, 「제법」의 말 또한 깊이 믿

---

14) 『춘추좌씨전』「소공(昭公) 29년」: 獻子曰, 社稷五祀, 誰氏之五官也. 對曰, 少皞氏有四叔, 曰重, 曰該, 曰修, 曰熙, 實能金, 木及水. 使重爲句芒, 該爲蓐收, 修及熙爲玄冥, 世不失職, 遂濟窮桑, 此其三祀也. 顓頊氏有子曰犁, 爲祝融. 共工氏有子曰句龍, 爲后土, 此其二祀也. 后土爲社. 稷, 田正也. 有烈山氏之子曰柱爲稷, 自夏以上祀之. 周棄亦爲稷, 自商以來祀之.

15) 『공자가어』「오제(五帝)」: 昔少皞氏之子有四叔, 曰重, 曰該, 曰脩, 曰熙, 實能金木及水, 使重爲勾芒, 該爲蓐收, 脩及熙爲玄冥, 顓頊氏之子曰黎爲祝融, 共工氏之子曰勾龍, 爲后土, 此五者, 各以其所能業爲官職生爲上公, 死爲貴神, 別稱五祀, 不得同帝

16) 오관(五官)은 오행(五行)을 주관하는 천상의 신들을 뜻한다. 또는 천상에서 그 일들을 담당하는 관부를 뜻한다. 관부의 수장을 '정(正)'이라고 부르기 때문에, '오관'의 수장을 목정(木正), 화정(火正), 금정(金正), 수정(水正), 토정(土正)이라고 부르고, 해당 신들은 구망(句芒), 축융(祝融), 욕수(蓐收), 현명(玄冥), 후토(后土)이다. 『춘추좌씨전』「소공(昭公) 29년」편에는 "故有五行之官, 是謂五官, 實列受氏姓, 封爲上公, 祀爲貴神. 社稷五祀, 是尊是奉. 木正曰句芒, 火正曰祝融, 金正曰蓐收, 水正曰玄冥, 土正曰后土."라는 기록이 있다.

17) 『주례』「춘관(春官) · 대종백(大宗伯)」: 以血祭祭社稷五祀五嶽.

18) 『의례』「기석례(旣夕禮)」: 記. 士處適寢, 寢東首于北墉下. 有疾, 疾者齊. 養者皆齊, 徹琴瑟. 疾病, 外內皆掃, 徹褻衣, 加新衣, 御者四人皆坐持體. 屬纊以俟絶氣. 男子不絶于婦人之手, 婦人不絶于男子之手. 乃行禱于五祀. 乃卒, 主人啼, 兄弟哭.

을 만하지 못하다.

【058】

天子犆[特]礿, 祫禘, 祫嘗, 祫烝. 〈058〉

천자는 약제사를 특제사로['犆'자의 음은 '特(특)'이다.] 지내고, 체제사를 협제사로 지내며, 상제사를 협제사로 지내고, 증제사를 협제사로 지낸다.

集說 祫, 合也. 其禮有二, 時祭之祫, 則群廟之主皆升, 而合食於太祖之廟, 而毁廟之主, 不與. 三年大祫, 則毁廟之主, 亦與焉. 天子之禮, 春礿則犆祭者各於其廟也. 禘嘗烝, 皆合食.

'협(祫)'자는 합친다는 뜻이다. 협제사의 예에는 두 가지가 있는데, 사계절마다 지내는 협제사는 여러 묘들의 신주가 모두 태조의 묘로 올라와서, 태조의 묘에서 함께 제물을 흠향하지만, 훼철된 묘의 신주는 여기에 참여하지 않는다. 3년마다 지내는 대협(大祫)에는 훼철된 묘의 신주 또한 참여한다. 천자의 예에서 봄에 지내는 약제사에 수소를 한 마리만 쓰는 특제사로 한다는 것은 각각의 묘에 신주가 있는 상태에서 각각 제사를 지내는 것이다. 체·상·증의 제사에서는 모두 태조의 묘에 신주를 모아두고 제물을 흠향시킨다.

集說 石梁王氏曰: 特礿者, 春物全未成, 止一時祭而已, 於此特, 不祫也. 夏物稍成, 可於此時而祫. 秋物大成, 冬物畢成, 皆可祫, 故曰祫禘·祫嘗·祫烝, 而礿則特也.

석량왕씨가 말하길, 약제사를 특제사로 지내는 것은 봄에는 만물이 모두 아직 성장하지 않아서인데, 특제사의 방법으로 제사지내는 것은 사계절 중 봄에 지내는 약제사에만 그칠 따름이니, 특제사로 지낼 때에는 협제사를 지내지 않는다. 여름에는 만물이 점점 성장하니, 이 때에는 협제사로 지내는 것이 가능하므로 협제사로 지낸다. 가을에는 만물이 크게 성장하고, 겨울에는 만물의 성장이 마치므로, 모두 협제사로 지내는 것이 가능하다. 그렇기 때문에, 체제사를 협제사로 지내고, 상제사를 협제사로 지내며, 증제사를 협제사로 지내지만, 약제사만은 특제사로 한다고 했던 것이다.

【059】

諸侯礿則不禘, 禘則不嘗, 嘗則不烝, 烝則不礿. 〈059〉

제후는 약제사를 지냈다면 체제사를 지내지 않고, 체제사를 지냈다면 상제사를 지내지 않으며, 상제사를 지냈다면 증제사를 지내지 않고, 증제사를 지냈다면 약제사를 지내지 않는다.

集說 南方諸侯, 春祭畢, 則夏來朝, 故闕禘祭. 西方諸侯, 夏祭畢, 而秋來朝, 故闕嘗祭. 四方皆然.

남쪽 방위에 있는 제후들은 봄 제사인 약제사가 끝나면 여름에 천자의 수도에 와서 조회를 하기 때문에, 여름 제사인 체제사를 생략한다. 서쪽 방위의 제후들은 여름 제사인 체제사가 끝나면 가을에 천자의 수도에 와서 조회를 하기 때문에, 가을 제사인 상제사를 생략한다. 사방의 제후들이 모두 이러하다.

集說 石梁王氏曰: 諸侯歲朝, 爲廢一時之祭, 重王事也.

석량왕씨가 말하길, 제후가 조회를 하는 해에는 한 계절의 제사를 폐지하니, 천자에 대한 일이 더 중요하기 때문이다.

【060】

諸侯礿犆. 禘一犆一祫. 嘗祫, 烝祫. 〈060〉

제후는 약제사는 특제사로 지낸다. 체제사는 한 해는 특제사로 지내고 한

해는 협제사로 지낸다. 상제사는 협제사로 지내고, 증제사는 협제사로 지
낸다.

集說 袷祔, 祔袷, 非有異也, 變文而已. 袷嘗, 袷烝, 與嘗袷, 烝袷,
亦然. 諸侯所以降於天子者, 禘一祔一袷而已. 言夏祭之禘, 今歲祔,
則來歲袷, 袷之明年, 又祔, 不如天子每歲三時皆袷也.

'특약(祔袷)'이란 말과 '약특(祔袷)'이란 말에는 다른 뜻이 없으니, 글자
의 순서를 바꿔서 기록한 것일 따름이다. '협상(袷嘗)' 및 '협증(袷烝)'이
란 말과 '상협(嘗袷)' 및 '증협(烝袷)'이란 말의 관계 또한 그러하다. 제후
가 천자에 대해 낮추는 것은 체제사를 지냄에 있어서 한 해는 특제사로
지내고, 한 해는 협제사로 지내는 것일 따름이다. 여름의 제사인 체제사
를 금년에 특제사로 지냈다면 다음 해에는 협제사로 지내고, 협제사를
지낸 다음 해에는 또한 특제사로 지내니, 천자가 매해 여름·가을·겨울
의 세 계절 제사를 모두 협제사로 지내는 것과는 같지 않다는 뜻이다.

集說 石梁王氏曰: 物稍成, 未若大成, 其成, 亦未可必, 故夏禘之
時, 可袷可祔, 不可常也. 秋冬物盛, 可必, 故此二時, 必可袷, 故不
云祔, 而云嘗袷烝袷. 此一節, 全爲袷祭發也.

석량왕씨가 말하길, 만물이 여름에 점점 성장하는 것은 가을에 크게 성장
한 것만 같지 않고, 그 성장함 또한 기필할 수 없다. 그렇기 때문에 여름
의 체제사를 지낼 때에는 협제사로 지낼 수 있고, 특제사로 지낼 수도
있지만, 고정되게 지낼 수는 없다. 가을과 겨울에는 만물이 모두 성장하
게 되는 것을 기필할 수 있기 때문에, 이 두 계절에는 반드시 협제사로
지내는 것이 가능하다. 그렇기 때문에 특제사로 지낸다고 하지 않고, 상
협(嘗袷)과 증협(烝袷)이라고 말한 것이다. 이 문단은 전적으로 협제사
를 위해 설명된 것이다.

集說 愚按: 此章先儒以爲夏殷之制, 然禘, 王者之大祭也. 今以爲
四時常祭之名, 何歟? 豈周更時祭之名而後, 禘專爲大祭歟? 又周官
制度云: "先王制禮, 必象天道. 故月祭, 象月, 時享, 象時, 三年之祫,
五年之禘, 象閏." 又云: "王制之言祫, 非三年之制也."

내가 생각하기에, 이 장의 내용을 선유들은 하나라와 은나라의 제도로
여겼다. 그러나 체(禘)제사는 천자의 대제(大祭)[19]인데, 지금 그것을 사
계절마다 항상 지내야 하는 제사의 명칭으로 삼은 것은 무슨 까닭인가?
어찌 주나라가 사계절의 제사 명칭으로 고친 연후에야 체제사가 전적으
로 큰 제사가 되었겠는가? 또한 『주관제도』에서 말하길, "선왕이 예를
제정함에 반드시 천도를 본받아서 했다. 그렇기 때문에 월제(月祭)[20]는
달을 본받아서 제정하고, 시향(時享)[21]은 사계절을 본받아서 제정하며,

---

19) 대제(大祭)는 큰 제사라는 뜻이며, 천지(天地)에 대한 제사 및 체협(禘祫) 등을
일컫는다. 『주례』 「천관(天官)·주정(酒正)」에 "凡祭祀, 以法共五齊三酒, 以實
八尊. 大祭三貳, 中祭再貳, 小祭壹貳, 皆有酌數."라는 기록이 있다. 이에 대한
정현의 주에서는 "大祭, 天地. 中祭, 宗廟. 小祭, 五祀."라고 풀이하여, '대제'는
천지에 대한 제사를 뜻한다고 설명한다. 그리고 『주례』 「춘관(春官)·천부(天府)」
편에는 "凡國之玉鎭大寶器藏焉, 若有大祭大喪, 則出而陳之, 旣事藏之."라는
기록이 있다. 이에 대한 정현의 주에서는 "禘祫及大喪陳之, 以華國也."라고 풀이
하여, '대제'를 '체협'으로 설명한다. 그리고 '체(禘)'제사와 '대제'의 직접적 관계에
대해서는 『이아』 「석천(釋天)」편에서 "禘, 大祭也."라고 풀이하고, 이에 대한 곽
박(郭璞)의 주에서는 "五年一大祭."라고 풀이하여, '대제'로써의 '체'제사는 5년마
다 지내는 제사로 설명한다.
20) 월제(月祭)는 천자와 제후가 매월 묘(廟)에서 지내는 제사를 뜻한다. 『예기』 「제
법(祭法)」편에는 "是故王立七廟, 一壇, 一墠, 曰考廟, 曰王考廟, 曰皇考廟, 曰
顯考廟, 曰祖考廟, 皆月祭之."라는 기록이 있고, "諸侯立五廟, 一壇, 一墠, 曰考
廟, 曰王考廟, 曰皇考廟, 皆月祭之."라는 기록이 있다.
21) 시향(時享)은 시향(時饗)이라고도 부른다. 사계절마다 조상에게 지내는 제사를
뜻한다. '시향'에서의 향(享)자는 제사(祭祀)를 뜻한다. 또한 '시향'은 각 계절마다
지내게 되어, 봄에 지내는 제사인 사(祠)와 연관되고, 여름은 약(禴)과 연관되며,
가을은 상(嘗)과 연관되고, 겨울은 증(烝)과 연관된다. 『주례』 「춘관(春官)·대종

3년마다 지내는 협(祫)제사와 5년마다 지내는 체(禘)제사는 윤년을 본받아서 제정했던 것이다."라 했다. 또 말하길, "「왕제」편에서 협제사를 말한 것은 3년마다 지내는 협제사의 제도를 말한 것이 아니다."라 했다.

附註 石梁曰: "夏禘, 物之成未可必, 故一犆一祫. 秋冬物成可必, 故二時皆祫." 恐推之太碎也. 夏時庶品未及成實, 故殺於嘗·烝. 秋冬庶品成實, 故祫祭. 所以一犆一祫者, 取衷於春與秋, 非有他義.

석량왕씨는 "여름의 체제사는 사물의 성장을 기필할 수 없기 때문에 한 번은 특(犆)으로 지내고 한 번은 협(祫)으로 지낸다. 가을과 겨울은 사물의 성장을 기필할 수 있기 때문에 두 계절에는 모두 협으로 지낸다."라 했다. 아마도 추론한 것이 너무 세밀한 것 같다. 여름철에는 사물들이 아직 무르익는 시기에 이르지 못했기 때문에, 상(嘗)이나 증(烝)보다 낮추게 된다. 가을과 겨울에는 사물들이 무르익었기 때문에 협제사로 지낸다. 이른바 한 번은 특으로 지내고 한 번은 협으로 지낸다는 것은 봄과 가을에서 적합한 것에 따른다는 뜻으로, 다른 의미가 있는 것이 아니다.

백(大宗伯)」편에는 "以祠, 春享先王. 以禴, 夏享先王. 以嘗, 秋享先王. 以烝, 冬享先王."이라는 기록이 있고, 『국어(國語)』「주어상(周語上)」편에는 "日祭, 月祀, 時享, 歲貢, 終王, 先王之訓也."라는 기록이 있다.

【061】

天子社稷, 皆大牢; 諸侯社稷, 皆少牢. 大夫士宗廟之祭, 有田則祭,
無田則薦. 庶人, 春薦韭, 夏薦麥, 秋薦黍, 冬薦稻. 韭以卵, 麥以魚,
黍以豚, 稻以鴈.〈061〉

천자의 사직에 대한 제사에는 모두 태뢰의 희생물을 사용하고, 제후의 사
직에 대한 제사에는 모두 소뢰의 희생물을 사용하며, 대부와 사의 종묘에
대한 제사에는 그들 중 전지가 있는 자들은 정식적인 제사를 지내지만,
전지가 없는 자들은 정식 제사가 아닌 천제사를 지낸다. 서인들은 봄에는
부추를 올려 천제사를 지내고, 여름에는 보리를 올려 천제사를 지내며, 가
을에는 기장를 올려 천제사를 지내고, 겨울에는 쌀을 올려 천제사를 지낸
다. 부추를 올릴 때에는 계란을 곁들이고, 보리를 올릴 때에는 물고기를
곁들이며, 기장을 올릴 때에는 돼지고기를 곁들이고, 쌀을 올릴 때에는 기
러기고기를 곁들인다.

集說 祭, 有常禮有常時. 薦, 非正祭, 但遇時物卽薦, 然亦不過四時
各一擧而已. 註云: "祭以首時, 薦以仲月." 首時者, 四時之孟月也.

정식적인 제사인 '제(祭)'에는 일정한 예가 있고 일정한 시기가 정해져
있다. '천(薦)'제사는 정식적인 제사가 아니다. 단지 사계절에 맞는 사물
을 올릴 뿐이다. 그러나 또한 사계절마다 각각 한 번씩 올리는 것에 지나
지 않을 뿐이다. 정현의 주에서는 "제는 각 계절의 수시에 지내고, 천은
각 계절의 중월에 지낸다."고 했는데, '수시(首時)'라는 것은 각 계절의
첫 번째 달인 맹월을 말한다.

【062】

祭天地之牛, 角繭栗; 宗廟之牛, 角握; 賓客之牛, 角尺.〈062〉

천지에 대한 제사에 사용하는 소는 그 뿔이 누에고치나 밤톨만한 크기이
고, 종묘에 대한 제사에 사용하는 소는 그 뿔이 한 쥠 정도의 크기이며,

빈객을 대접할 때 사용하는 소는 그 뿔이 한 척 정도의 크기이다.

集說　如繭·如栗, 犢也. 握, 謂長不出膚. 側手爲膚, 四指也. 賓客
之用, 則取其肥大而已.

뿔의 크기가 누에고치와 같고 밤톨과 같다는 것은 송아지를 말한다. '악
(握)'은 그 길이가 네 손가락을 나란히 한 길이인 부(膚)를 벗어나지 않는
것을 말한다. 손을 옆으로 한 것이 '부(膚)'가 되니, 네 손가락의 나란히
한 길이이다. 빈객을 대접하는 용도에는 소 중에서 살찌고 큰 것을 취해
서 사용할 따름이다.

【063】

諸侯無故, 不殺牛; 大夫無故, 不殺羊; 士無故, 不殺犬豕; 庶人無故,
不食珍.〈063〉

제후는 특별한 이유 없이 소를 살생하여 사용하지 않고, 대부는 특별한
이유 없이 양을 살생하여 사용하지 않으며, 사는 특별한 이유 없이 개와
돼지를 살생하지 사용하지 않고, 서인도 특별한 이유 없이는 맛좋은 음식
들을 먹지 않는다.

集說　烹牛羊豕, 必爲鼎實. 鼎, 非常用之器. 有禮事則設, 所以無故
不殺也. 珍之名物, 見內則. 庶人無故, 亦以非冠昏之禮歟.

소·양·돼지를 삶을 때에는 반드시 솥에 담아야 한다. '정(鼎)'은 일상적
으로 사용하는 기물이 아니다. 공식적인 의례가 있을 때에만 설치하니,
특별한 이유 없이는 희생물을 살생하여 그 기물들을 사용하지 않는다.
맛좋은 음식들의 명칭과 사물들은 『예기』「내칙(內則)」편에 나온다. 서
인들에게 특별한 이유가 없다는 뜻은 또한 관례와 혼례가 아닌 일들을
뜻하는 것 같다.

【064】

庶羞不踰牲, 燕衣不踰祭服, 寢不踰廟.〈064〉

평소 식사 때 먹는 여러 맛좋은 음식을 갖추는 것은 제사 때 사용하는 희생
물을 갖추는 것보다 사치스럽게 해서는 안 되고, 평소에 입는 복장은 제사
때 입는 복장보다 사치스럽게 해서는 안 되며, 평소 거처하는 침(寢)은 제
사를 지내는 묘(廟)보다 사치스럽게 해서는 안 된다.

集說　羞不踰牲者, 如牲是羊, 則不以牛肉爲庶羞也. 此三者, 皆言
薄於奉己, 厚於事神也.

맛좋은 음식들을 갖추는 것이 희생물을 갖추는 것보다 사치스러워서는
안 된다는 것은 예를 들어 제사의 희생물로 양을 사용했다면, 소고기로
평소에 먹는 여러 맛좋은 음식물을 만들어서는 안 된다는 것이다. 위의
세 가지는 모두 자기를 봉양하는 것은 박하게 하고, 귀신을 섬기는 것은
후하게 한다는 것을 말한다.

【065】

大夫祭器不假, 祭器未成, 不造燕器.〈065〉

대부는 제사 때 사용하는 제기를 빌리지 않으니, 제기가 아직 갖춰지지
않았다면 연기(燕器)²²⁾를 갖추지 않는다.

集說　此一節, 舊在"庶人耆老不徒食"之後, 今考其序, 當移在此. 大
夫有田祿, 則不假借祭器於人, 無田祿者, 不設祭器, 則假之可也. 凡
家造, 祭器爲先, 養器爲後.

이곳 문단은 옛 판본에 "서인들 중 60세와 70세 이상인 자들은 고기반찬

---

22) 연기(燕器)에는 두 가지 뜻이 있다. 첫 번째는 일상적으로 사용하는 기물(器物)들
을 뜻한다. 두 번째는 잔치 때 사용하는 예기(禮器)들을 뜻한다.

없이 식사를 하지 않는다."[23]라고 한 문장 뒤에 수록되어 있었는데, 지금 그 순서를 고증하여 이곳으로 옮겼다. 대부들 중 전록을 가지고 있는 자는 남에게서 제기를 빌리지 않으며, 전록이 없는 자들이 제기를 구비할 수 없다면 빌리는 것도 괜찮다. 무릇 집에서 살림을 갖출 때에는 제기를 우선적으로 갖추고, 양기(養器)[24]는 그 뒤에 갖춘다.

類編 右喪祭.

여기까지는 '상제(喪祭)'에 대한 내용이다.

---

23) 『예기』「왕제」 143장 : 君子耆老不徒行, 庶人耆老不徒食.

24) 양기(養器)는 음식물을 담는 일상적인 식기들을 뜻한다. 『예기』「곡례하(曲禮下)」 편의 기록에 대해서, 공영달(孔穎達)의 소(疏)에서는 "養器, 供養人之飲食器也." 라고 풀이하였다.

◇ 토지에 대한 조세[田賦]

【066】

古者公田, 藉[子夜反]**而不稅.** 〈066〉

고대에는 공전에서 대해서는 백성들의 힘을 빌려[「藉」자는 '子(자)'자와 '夜(야)'자의 반절음이다.] 경작을 했지만, 사전에는 세금을 물리지 않았다.

> **集說** 孟子曰: "殷人七十而助. 藉, 助也." 但借民力, 以助耕公田, 而不取其私田之稅.

『맹자』에서 "은나라 사람들은 70묘를 조(助)로 삼았다. '조(助)'라는 것은 빌린다는 의미이다."[1]라고 했으니, 단지 백성들의 노동력을 빌려서, 공전을 경작하는 것을 돕기는 하지만, 그들의 사전에 대한 세금은 거두어들이지 않았다.

【067】

市, 廛而不稅. 〈067〉

시장에 대해서는 자릿세를 받았지만, 물건 파는 것에 대한 세금은 물리지 않았다.

> **集說** 廛, 市宅也. 賦其市地之廛, 而不征其貨也.

'전(廛)'은 시장에 있는 가게 자리이다. 시장을 점유하고 있는 가게 자리에 대한 세금은 부과하되, 그 물건을 팔아 생긴 재화는 취하지 않았다.

---

1) 『맹자』「등문공상(滕文公上)」 : 夏后氏五十而貢, <u>殷人七十而助</u>, 周人百畝而徹, 其實皆什一也. 徹者, 徹也, <u>助者, 藉也.</u>

【068】

關, 譏而不征.〈068〉

관문에서 대해서는 관찰하고 살피기만 하되, 통행세를 물리지 않았다.

集說 關之設, 但主於譏察異服異言之人, 而不征其往來貨物之稅
也.

관문을 설치한 것은 단지 다른 복장을 입고 다른 언어를 사용하는 이방인
에 대해 살피고 관찰하는 것을 주로 하는 것이지, 그들이 왕래하며 팔고
사는 물건에 대한 세금은 거두어들이지 않았다.

【069】

林麓・川澤, 以時入而不禁.〈069〉

산림과 천택에 대해서는 때에 알맞게 들어가서 사냥 및 벌목 등을 하게
해주되, 그것 자체를 금하지는 않았다.

集說 山澤采取之物, 其入也, 雖有時, 然與民共其利, 卽孟子所謂
"擇梁無禁"也.

산림과 천택에서 채취하는 물건들에 있어서, 그곳에 들어가게 해줌에는
비록 일정한 때가 있었지만, 백성과 더불어 그 이로움을 함께 하니, 곧
『맹자』에서 말한 "못에 그물 등을 설치해서 수렵하는 것은 금지하지 않
았다."2)는 뜻에 해당한다.

---

2) 『맹자』「양혜왕하(梁惠王下)」 : 昔者文王之治岐也, 耕者九一, 仕者世祿, 關市
譏而不征, 澤梁無禁, 罪人不孥.

【070】

夫[扶]圭田, 無征.〈070〉

무릇['夫'자의 음은 '扶(부)'이다.] 제사에 필요한 제물의 소용을 돕는 규전에 대
해서는 세금을 물리지 않았다.

集說　圭田者, 祿外之田, 所以供祭祀, 不稅, 所以厚賢也. 曰圭者,
潔白之義也. 周官制度云: "圭田, 自卿至士, 皆五十畝. 此專主祭祀,
故無征." 然王制言大夫士宗廟之祭, 有田則祭, 無田則薦, 孟子亦曰
惟士無田, 則亦不祭. 旣云皆有田, 何故又云無田則薦? 以此知賜圭
田, 亦似有功德則賜圭瓚耳.

규전(圭田)이라는 것은 녹봉 이외에 별도로 받는 토지로, 제사에 필요한
제물을 공급하는 땅이니, 세금을 거두어들이지 않는 것은 현인을 대접하
기 위해서이다. '규(圭)'라고 말한 것은 결백하다는 뜻이다. 『주관제도』
에서는 "규전은 경부터 사까지 모두 50묘씩 받는 것으로, 이것은 전적으
로 제사를 주관하는데 사용하기 때문에, 세금을 거두어들이지 않는 것이
다."라고 했다. 그러나 「왕제」편에서는 "대부와 사의 종묘에 대한 제사에
서는 그들 중 전지를 가지고 있는 자는 정상적인 제사를 지내고, 전지가
없는 자는 천(薦)을 지낸다."3)라 말했고, 『맹자』에서도 "오직 사 중에서
전지가 없으면 또한 제사를 지내지 않는다."4)고 했다. 이미 모두 경에서
사까지 제사를 지내기 위한 규전을 가지고 있다고 말하고서, 무슨 까닭으
로 또 전지가 없는 자는 천을 한다고 했겠는가? 이로써 규전을 하사하는
것이 또한 아마도 공덕이 있는 자에게만 규찬을 하사했던 것과 같을 따름
임을 알 수 있다.

---

3) 『예기』「왕제」061장 : 天子社稷, 皆大牢; 諸侯社稷, 皆少牢. <u>大夫士宗廟之祭,</u>
　<u>有田則祭, 無田則薦.</u> 庶人, 春薦韭, 夏薦麥, 秋薦黍, 冬薦稻. 韭以卵, 麥以魚,
　黍以豚, 稻以鴈.

4) 『맹자』「등문공하(滕文公下)」 : 惟士, 無田則亦不祭.

【071】

用民之力, 歲不過三日.〈071〉

백성의 노동력을 사용하는 것에 대해서는 한 해에 3일을 초과하지 않는다.

集說 用民力, 如治城郭 · 塗巷 · 溝渠 · 宮廟之類. 周禮: "豐年三日, 中年二日, 無年則一日而已". 若師旅之事, 則不拘此制.

백성의 노동력을 사용한다는 것은 성곽 · 거리 · 도랑 · 궁묘들을 정비하는 부류와 같은 일이다. 『주례』에서는 "풍년인 경우에는 3일을 동원하고, 중년에는 2일을 동원하며, 무년에는 1일을 동원할 뿐이다."5)라고 했다. 군대와 관련된 일들은 이 제도에 구애받지 않는다.

【072】

田里不粥[育], 墓地不請.〈072〉

공가에서 부여받은 전리에 대해서는 팔['粥'자의 음은 '育(육)'이다.] 수 없고, 묘지에 대해서는 청탁할 수 없다.

集說 田里, 公家所授, 不可得而粥. 墓地, 有族葬之序, 人不得而請求, 己亦不得以擅與, 故爭墓地者, 墓大夫聽其訟焉.

'전리(田里)'6)는 공가(公家)7)에서 준 것으로 팔 수 없다. '묘진(墓地)'는

---

5) 『주례』「지관(地官) · 균인(均人)」: 凡均力政, 以歲上下. 豐年則公旬用三日焉, 中年則公旬用二日焉, 無年則公旬用一日焉. 凶札則無力政, 無財賦.

6) 전리(田里)는 경(卿), 대부(大夫) 등이 제후로부터 하사받은 토지와 주택을 뜻한다. 『춘추좌씨전』「양공(襄公) 31년」편에는 "豐卷奔晉, 子産請其田里, 三年而復之, 反其田里及其入焉."이라는 기록이 있다. 또 『맹자』「이루하(離婁下)」편에는 "去三年不反, 然後收其田里."라는 기록이 있는데, 이에 대한 조기(趙岐)의 주에서는 "田, 業也, 里, 居也."라고 풀이하여, 전(田)은 경작하는 토지를 받은 것이고, 리(里)는 주택을 받은 것으로 설명한다.

족장(族葬)8)의 무덤 질서가 있는 곳으로, 남이 그 땅을 얻고자 청탁 할 수 없고, 자기 또한 제멋대로 남에게 줄 수 없다. 그렇기 때문에, 묘지의 분쟁에 대해서는 묘대부가 그 송사를 처리하는 것이다.9)

【類編】 右田賦.

여기까지는 '전부(田賦)'에 대한 내용이다.

---

7) 공가(公家)는 일반적으로 제후의 공실(公室)을 뜻한다. 즉 군주의 집안이라는 뜻이다. 또한 '공가'는 조정(朝廷), 국가(國家) 또는 관부(官府)를 가리키기도 하며, 공경(公卿)들의 집을 뜻하기도 한다. 뿐만 아니라 개인과 구별되는 말로 사용되어, 국가 및 정부라는 의미로 사용되기도 한다.

8) 족장(族葬)은 선조(先祖)와 그 자손(子孫)들의 무덤이 모여 있는 무덤군을 뜻한다. 『주례』「춘관(春官)·묘대부(墓大夫)」편에는 "令國民族葬, 而掌其禁令."이라는 기록이 있는데, 이에 대한 정현의 주에서는 "族葬, 各從其親."이라고 풀이했다.

9) 『주례』「춘관(春官)·묘대부(墓大夫)」: 凡爭墓地者, 聽其獄訟.

◇ 토지를 측량해 백성들을 거주시킴[度地居民]

【073】

司空執度, 度[待洛反]地居民, 山川·沮[將慮反]澤, 時四時, 量地遠近, 興事任力.〈073〉

사공은 길이를 재는 도(度)를 잡고서 토지를 측량하여['度'자는 '待(대)'자와 '洛(락)'자의 반절음이다.] 백성들을 거주하게 하니, 산지역과 강이 있는 지역, 습지대로['沮'자는 '將(장)'자와 '慮(려)'자의 반절음이다.] 수초가 무성한 지역은 사계절마다 어떠한 날씨인지 적절한 때에 그곳을 살피고, 지형의 멀고 가까움을 측량하녀, 부역의 일을 일으켜 노동을 시킨다.

集說　書曰: "司空掌邦土." 執度度地, 量地遠近, 蓋定邑井城郭廬舍之區域也. 山川·沮澤, 有燥濕·寒暖之不同, 以時候其四時, 知其氣候早晩, 使居者, 不失寒暖之宜也. 興事任力, 亦謂公家力役之征也.

『서』에서는 "사공(司空)1)은 국가의 토지를 담당한다."2)라고 했다. 도를 잡고서 토지를 측량하고, 지형의 멀고 가까움을 헤아리는 것은 무릇 읍정(邑井)3), 성곽과 주택 등의 구역을 결정하는 일이다. 산지역과 강이 있는

---

1) 사공(司空)은 주(周)나라 때의 관리로, 토목 공사 및 각종 건설과 기물 제작 등을 주관했다. 전설상으로는 소호(少昊) 시대 때부터 설치되었다고 전해진다. 주나라의 육경(六卿) 중 하나였으며, 동관(冬官)의 수장인 대사공(大司空)에 해당한다. 한(漢)나라 때에는 어사대부(御史大夫)를 '대사공'으로 고쳐 불렀고, 대사마(大司馬), 대사도(大司徒)와 함께 삼공(三公)의 반열에 있었다. 후대에는 대(大)자를 빼고 '사공'으로 불렀다. 청(淸)나라 때에는 공부상서(工部尙書)를 '대사공'으로 부르고, 시랑(侍郞)을 소사공(少司空)으로 불렀다.

2) 『書』「周書·周官」 : 司空, 掌邦土, 居四民, 時地利.

3) 읍정(邑井)은 정읍(井邑)이라고도 부른다. 향촌 등의 마을을 가리킨다. 본래 정(井)과 읍(邑)은 모두 주대(周代)의 행정단위에 해당한다. 9부(夫)가 1'정'이 되며, 4'정'이 1'읍'이 된다. 이 둘은 그 규모가 작은 마을이나 취락지구에 해당한다. 따라

지역, 습지대로 수초가 무성한 지역은 건조하고 습하며 춥고 따뜻한 정도에 각각 다른 점이 있으니, 알맞은 시기에 그 지역의 사계절 기후를 헤아려서, 그 지역의 기후와 기후 변화의 빠름과 늦음을 알게 되니, 그곳에 거주하는 백성들로 하여금 춥고 따뜻한 날씨에 대해서, 마땅한 대처방도를 잃어버리지 않게 하는 것이다. 부역의 일을 일으켜 노동을 시킨다는 것은 또한 공가에서 부역의 일로 징발하는 것을 뜻한다.

【集說】 方氏曰: 小而水所止曰沮, 大而水所鍾曰澤.

방씨가 말하길, 물줄기가 작으면서 물이 머무는 곳을 '저(沮)'라 부르고, 물줄기가 크면서 물이 모이는 곳을 '택(澤)'이라 부른다.

【074】

凡使民, 任老者之事, 食[嗣]壯者之食.〈074〉

무릇 백성들을 사역시킬 때에는 노인들도 할 수 있는 고되지 않은 일을 부여하고, 장정들도 먹을 수 있는 만큼의 충분한 밥을 먹게['食'자의 음은 '嗣(사)'이다.] 한다.

【集說】 老者, 食少而功亦少; 壯者, 功多而食亦多. 今之使民, 雖少壯, 但責以老者之功程, 雖老者, 亦食以少者之飮食, 寬厚之至也.

노인들은 식사하는 것이 적어서 맡기는 일 또한 적고, 젊은 장정들은 맡기는 일이 많아서 식사하는 것 또한 많다. 현재 백성들을 사역시킬 때 비록 젊은 장정들이라 하더라도 단지 노인들도 할 수 있는 임무만을 맡기고, 비록 노인들이라 하더라도, 또한 젊은 장정들이 먹는 만큼의 음식을

서 이러한 뜻에서 파생하여, 후대에는 이것을 통칭하여, 향촌 등을 가리키는 용어로 사용하였다. 『주례』「지관(地官)·소사도(小司徒)」편에는 "九夫爲井, 四井爲邑"이라는 기록이 있다.

먹게 하니, 관대함과 후덕함의 지극한 것이다.

【075】

凡居民材, 必因天地寒煖·燥濕, 廣谷·大川, 異制. 民生其間者, 異俗. 剛柔·輕重·遲速, 異齊[去聲]. 五味異和[去聲], 器械異制, 衣服異宜. 脩其教, 不易其俗. 齊其政, 不易其宜.〈075〉

백성들이 생활하는데 필요한 재료를 비축함에는 반드시 천지의 춥고 덥고 건조하고 습한 기후적 차이에 따라서 하니, 넓은 계곡과 큰 하천의 지형적 차이는 그 형태를 달리 한다. 백성들은 그러한 차이 속에서 살고 있는 것이니, 풍속을 달리 한다. 그들의 성격도 강유·경중·지속의 차이가 나서 그것을 정제할['齊'자는 거성으로 읽는다.] 방법도 달리 한다. 그들이 느끼는 오미(五味)⁴⁾의 차이는 맛의 조화를['和'자는 거성으로 읽는다.] 다르게 하고, 그들이 사용하는 기계의 차이는 제작 방법을 다르게 하며, 그들이 입는 의복의 차이는 옷의 적정한 기준을 다르게 한다. 그렇기 때문에 교화를 정비하여 다스리지만 그들의 풍속을 바꾸지는 않는다. 또 정치를 정제하여 다스리지만 그들이 마땅하다고 생각하는 여타 기준들을 바꾸지는 않는다.

集說 居, 謂儲積以備用, 如懋遷有無化居之居. 材者, 夫人日用所須之物, 如天生五材之材. 天地之氣, 東南多煖, 西北多寒. 地勢, 高者必燥, 卑者必濕, 因其地之所宜而爲之備, 如氈裘可以備寒, 絺綌可以備暑, 車以行陸, 舟以行水, 此皆因天地所宜也. 廣谷·大川, 自天地初分, 其形制已不同矣. 民生異俗, 理有固然, 其情性之緩急, 亦

---

4) 오미(五味)는 다섯 가지 맛을 뜻한다. 맛의 종류를 총칭하는 용어로도 사용된다. '오미'는 구체적으로 산(酸: 신맛), 고(苦: 쓴맛), 신(辛: 매운맛), 함(鹹: 짠맛), 감(甘: 단맛)을 가리킨다. 『예기』「예운(禮運)」편에는 "五味, 六和, 十二食, 還相爲質也."라는 기록이 있는데, 이에 대한 정현의 주에서는 "五味, 酸, 苦, 辛, 鹹, 甘也."라고 풀이하였다.

氣之所禀殊也. 飮食器械衣服之有異, 聖王亦豈必强之使同哉? 惟脩其三綱五常之敎, 齊其禮樂刑政之用而已, 所謂財成輔相以左右民也.

'거(居)'는 재료들을 비축하고 모아서 쓰임에 대비하는 것이니, "힘써 풍부한 곳의 것을 부족한 곳으로 옮겨서 쌓아둠을 조화케 한다."5)고 할 때의 '거(居)'자와 같다. '재(材)'는 백성들이 날마다 사용하는 데 필요한 물건이니, "하늘이 오재(五材)6)를 낳았다."7)고 할 때의 '재(材)'와 같다. 천지의 기후는 동남쪽은 더운 기운이 많고 서북쪽은 추운 기운이 많다. 지형의 형세는 고지대는 반드시 건조하고 저지대는 반드시 습하니, 그 지역의 알맞은 것에 연유하여 그에 대한 대비를 하는 것으로, 마치 양탄자와 가죽이 추운 것을 방비할 수 있고, 고운 갈포와 거친 갈포가 더운 것을 방비할 수 있으며, 수레로써 육지에서 빠르게 다니고, 배로써 물에서 다닐 수 있는 것과 같은 뜻이다. 이것들은 모두 천지의 알맞음에 연유한 것들이다. 넓은 계곡과 큰 하천은 천지가 최초 갈라졌을 때부터 그 지형의 형태가 이미 같지 않은 것이다. 백성들이 다른 풍속에서 살아가는 것은 이치상 당연한 것이며, 그들의 성격에 나타나는 완만하거나 급한 차이도 또한 기를 품수 받은 차이 때문이다. 그들이 먹는 음식들과 사용하는 기계들과 입는 의복들에도 차이가 있는 것인데, 성왕이 또한 어찌 반드시 강제로

---

5) 『서』「우서(虞書)·익직(益稷)」: 曁稷播, 奏庶艱食鮮食, 懋遷有無化居.

6) 오재(五材)는 다섯 가지 물질을 뜻한다. 오행(五行)에 맞춰서, '오재'를 금(金), 목(木), 수(水), 화(火), 토(土)로 보기도 하며, 금(金), 목(木), 가죽[皮], 옥(玉), 토(土)로 보기도 한다. 또한 인간의 생활에서 필요로 하는 물질들을 총칭하는 의미로도 사용된다. 『춘추좌씨전』「양공(襄公) 27년」 편에는 "天生五材, 民竝用之, 廢一不可."라는 기록이 있는데, 이에 대한 두예(杜預)의 주에서는 "五材, 金, 木, 水, 火, 土也."라고 풀이했다. 그리고 『주례』「동관고공기(冬官考工記)」 편에는 "或審曲面藝, 以飭五材, 以辨民器."라는 기록이 있는데, 이에 대한 정현의 주에서는 "此五材, 金, 木, 皮, 玉, 土."라고 풀이했다.

7) 『춘추좌씨전』「양공(襄公) 27년」: 天生五材, 民竝用之, 廢一不可,

해서 그것들을 동일하게 만들었겠는가? 오직 그 삼강과 오상의 가르침을
정비하고, 예악과 형정의 쓰임을 정제할 따름이니, 이른바 "천지의 도를
계획하여 이루고, 천지의 마땅함을 도와서, 백성들을 돕는다."[8]는 것이다.

【076】

中國戎夷五方之民, 皆有性也, 不可推移. 〈076〉

중앙의 중국과 사방 오랑캐들의 오방 백성들은 모두 각자의 성격을 가지고
있는데, 이것을 변화시킬 수 없다.

集說 馮氏曰: 五方之民, 以氣稟之不齊, 兼習俗之異尙. 是以其性
各隨氣稟之昏明習俗之薄厚, 而不可推移焉. 若論其本然之性, 則一
而已矣. 鄭氏亦曰: "地氣使之然."

풍씨가 말하길, 다섯 방위에 각자 살아가고 있는 백성들은 기질을 품수
받은 것이 한결같지 않아서, 습속의 차이를 겸하고 있다. 이러한 까닭으
로 성격이 각자 기질을 품수 받음의 혼탁함과 밝음, 습속의 엷음과 두터
움의 차이를 따르고 있으니, 변화시킬 수 없다. 만약 그들이 가진 본연의
성을 논한다면 같다고 할 수 있을 따름이다. 정현 또한 "땅의 기후가 그렇
게 만든 것이다."라고 했다.

【077】

東方曰夷, 被髮文身, 有不火食者矣. 南方曰蠻, 雕題交趾, 有不火
食者矣. 西方曰戎, 被髮衣[去聲]皮, 有不粒食者矣. 北方曰狄, 衣[去
聲]羽毛穴居, 有不粒食者矣. 〈077〉

---

8) 『역』「태괘(泰卦)」: 象曰, 天地交, 泰, 后以財成天地之道, 輔相天地之宜, 以左
右民.

동쪽 방위에 있는 오랑캐들을 '이(夷)'라 부르니, 머리를 풀어헤치고 몸에 문신을 했으며, 음식을 익혀 먹지 않는 경우도 있다. 남쪽 방위에 있는 오 랑캐들을 '만(蠻)'이라 부르니, 이마에 먹물을 새기고 상호간에 엄지발가락 이 서로 마주보게 하고 지내며, 음식을 익혀 먹지 않는 경우도 있다. 서쪽 방위에 있는 오랑캐들을 '융(戎)'이라 부르니, 머리를 풀어헤치고 짐승 가 죽으로 옷을 만들어 입고['衣'자는 거성으로 읽는다.] 곡식을 먹지 않는 경우도 있다. 북쪽 방위에 있는 오랑캐들을 '적(狄)'이라 부르니, 깃과 털로 된 옷 을 만들어 입고['衣'자는 거성으로 읽는다.] 혈거를 하며, 곡식을 먹지 않는 경우 도 있다.

集說 雕, 刻也. 題, 額也. 刻其額以丹靑涅之. 交趾, 足拇指相向也. 東南地氣煖, 故有不火食者. 西北地寒, 少五穀, 故有不粒食者.

'조(雕)'자는 새긴다는 뜻이다. '제(題)'자는 이마를 뜻한다. 이마에 문신 을 새겨서 단청색을 사용하여 검게 물들인다. '교지(交趾)'라는 것은 다 리의 엄지발가락이 서로 마주보는 것이다. 동쪽과 남쪽 방위의 땅은 그 기후가 따뜻하기 때문에, 음식을 익혀 먹지 않는 경우도 있다. 서쪽과 북쪽 방위의 땅은 그 기후가 추워서 오곡이 드물다. 그렇기 때문에 곡식 을 먹지 않는 경우도 있다.

【078】
中國 · 夷 · 蠻 · 戎 · 狄, 皆有安居 · 和味 · 宜服 · 利用 · 備器.〈078〉
중국 · 동이 · 남만 · 서융 · 북적의 백성들은 모두 각자 편안히 여기는 집, 입에 맞는 맛, 적절한 의복, 편리한 도구, 갖추고 있는 기계들이 있다.

集說 俗雖不同, 亦皆隨地, 以資其生, 無不足也.

풍속은 비록 같지 않지만 또한 모두들 땅의 기후에 따라서 생활의 바탕으 로 삼고 있으니 부족함이 없다.

【079】

五方之民, 言語不通, 嗜欲不同. 達其志, 通其欲, 東方曰寄, 南方曰
象, 西方曰狄鞮[低], 北方曰譯.〈079〉

다섯 방위에 있는 백성들은 말과 글이 서로 통하지 않고, 좋아하고 원하는
것이 같지 않다. 그렇기 때문에 그들의 뜻에 통달하고 그들이 요구하는
것을 알아차리기 위해서 통역관을 두니, 동이의 통역관을 '기(寄)'라 부르
고, 남만의 통역관을 '상(象)'이라 부르며, 서융의 통역관을 '적저(狄鞮)'라
['鞮'자의 음은 '低(저)'이다.] 부르고, 북적의 통역관을 '역(譯)'이라 부른다.

〔集說〕 方氏曰: 以言語之不通也, 則必達其志. 以嗜欲之不同也, 則
必通其欲. 必欲達其志, 通其欲, 非寄象鞮譯, 則不可, 故先王設官以
掌之. 寄, 言能寓風俗之異於此. 象, 言能倣象風俗之異於彼. 鞮, 則
欲別其服飾之異. 譯, 則欲辨其言語之異,周官通謂之象胥, 而世俗
則通謂之譯也.

방씨가 말하길, 말과 글이 서로 통하지 않기 때문에 반드시 그들의 뜻에
통달해야 한다. 그들이 좋아하고 원하는 것이 서로 같지 않기 때문에 반
드시 그들이 요구하는 것을 알아차려야 한다. 반드시 그들의 뜻에 통달하
고자 하고 그들이 요구하는 것을 알아차리고자 한다면, 각 방위의 통역관
인 기·상·저·역이 아니고서는 가능하지 않다. 그렇기 때문에 선왕이
통역관의 관직을 설치하여 그러한 일들을 담당하게 한 것이다. '기(寄)'자
는 여기와는 다른 풍속에 대해서 잘 맡길 수 있다는 뜻이다. '상(象)'자는
저기와는 다른 풍속을 잘 모방할 수 있다는 뜻이다. '저(鞮)'자는 곧 복식
의 차이를 구별하고자 함을 뜻하고, '역(譯)'자는 말과 글의 차이를 분별
하고자 함을 뜻한다. 『주례』에서는 이것들을 통칭하여 '상서(象胥)'라 불
렀고,[9] 세속에서는 이것들을 통칭하여 '역(譯)'이라 불렀다.

---

9) 『주례』「추관(秋官)·상서(象胥)」: 象胥, 掌蠻夷閩貉戎狄之國使, 掌傳王之言
而諭說焉, 以和親之.

劉氏曰: 此四者, 皆主通遠人言語之官. 寄者, 寓也, 以其言之難通, 如寄託其意於事物而後能通之. 象, 像也, 如以意倣像其形似而通之, 周官象胥, 是也. 狄, 猶逖也. 鞮, 戎狄屨名, 猶履也. 遠履其事, 而知其言意之所在而通之, 周官鞮屨氏, 亦以通其聲歌, 而以舞者所履爲名. 譯, 釋也, 猶言謄也, 謂以彼此言語相謄釋而通之也. 越裳氏重九譯而朝, 是也.

유씨가 말하길, 이 네 가지 통역관들은 모두 먼 지방 사람들의 언어를 통역하는 것을 주관하는 관리들이다. '기(寄)'는 맡긴다는 뜻으로, 그 말이 통하기 어려워서 그 뜻을 사물에게 의탁한 이후에야 잘 통한다는 것과 같은 뜻이다. '상(象)'은 본뜬다는 뜻이니, 그 뜻으로 그 형식이나 형상을 본떠서 통하게 되는 뜻과 같으니, 『주례』의 상서(象胥)가 이러한 것이다. '적(狄)'은 멀다는 뜻의 적(逖)자와 같다. '제(鞮)'는 서융과 북적의 오랑캐들이 신는 신발 이름으로, 밟다는 뜻의 이(履)자와 같은 뜻이다. 그 일을 멀리까지 밟아나가서 그 말과 뜻이 있는 곳을 알고, 그것을 통하게 하는 것이니, 『주례』의 제구씨(鞮屨氏)도 오랑캐들의 음악을 통달하여,[10] 춤추는 사람이 신는 신발로써 관직명을 삼은 것이다. '역(譯)'은 해석한다는 뜻으로, 등사한다고 말하는 것과 같으니, 피차간의 언어를 서로 등사하고 해석하여, 통하게 하는 것을 말한다. 월상씨(越裳氏)가 먼 길을 거듭 여러 차례 통역을 하며 조회를 왔다는 것[11]이 이것이다.

【080】

凡居民, 量地以制邑, 度[待洛反]地以居民, 地邑民居, 必參相得也.〈080〉

---

10) 『주례』「춘관(春官)·제루씨(鞮鞻氏)」: 鞮鞻氏, 掌四夷之樂與其聲歌.
11) 『후한서』「남만전(南蠻傳)」: 交趾之南, 有越裳國. 周公居攝六年, 制禮作樂, 天下和平, 越裳以三象重譯而獻白雉.

백성들을 거주시킬 때에는 땅을 측량해서 읍을 만들고, 땅을 구획하여['度' 자는 '待(대)'자와 '洛(락)'자의 반절음이다.] 백성들을 거주하게 하니, 땅과 읍과 백성들이 거주하는 것에는 반드시 이 세 가지가 서로 알맞아야 한다.

集說 九夫爲井, 四井爲邑. 田有常制, 民有定居, 則無偏而不擧之弊. 地也·邑也·居也三者, 旣相得, 則由小以推之大, 而通天下, 皆相得矣. 此所謂井田之良法也.

9부(夫)는 1개의 정(井)이 되고, 4개의 정은 1개의 읍(邑)이 된다.[12] 전지에 관해서는 일정한 제도가 있고, 백성들에게는 안정된 거주지가 있으면, 치우쳐서 시행되지 못하는 폐단이 없게 된다. 땅이라는 것과 읍이라는 것과 거주함이라는 이 세 가지가 서로 알맞게 되었다면, 작은 것으로부터 큰 것으로 미루어 나가서, 천하에 두루 통하게 되어, 모두가 서로 알맞게 된다. 이것이 이른바 정전의 좋은 법도이다.

[081]

無曠土, 無游民, 食節, 事時, 民咸安其居, 樂[洛]事勸功, 尊君親上, 然後興學. ⟨081⟩

버려져 황폐해진 땅이 없게 하고, 정처 없이 떠도는 백성들이 없게 하며, 먹는 것에는 절도가 있게 하고, 일함에 알맞은 때로써 하면, 백성들이 모두 그들의 거처를 편안히 여기고, 일하기를 즐거워하고['樂'자의 음은 '洛(락)'이다.] 노력하는 것을 서로 권면하며, 군주를 높이고 윗사람을 친하게 여기니, 그런 연후에야 학교를 세운다.

集說 劉氏曰: 富而後敎, 理勢當然. 若救死, 恐不贍, 則必疾視其上, 而欲與偕亡矣, 雖欲興學, 其可得乎? 此篇自分田制祿, 命官論

---

12) 『주례』「지관(地官)·소사도(小司徒)」: 九夫爲井, 四井爲邑.

材, 朝聘巡狩, 行賞罰, 設國學, 爲田漁, 制國用, 廣儲蓄, 修葬祭, 定賦役, 安邇人, 來遠人, 使中國五方, 各得其所, 而養生喪死無憾, 是王道之始也. 至此, 則君道旣得, 而民德當新, 然後立鄕學, 以敎民而興其賢能. 下文司徒修六禮以下, 至庶人耆老不徒食, 皆化民成俗之事, 是王道之成也. 後段自方一里者爲田九百畝以下, 至篇終, 是王制傳文.

유씨가 말하길, 풍족하게 한 이후에 가르치는 것은 이치상 당연한 것이다. 만약 죽을 지경에 이른 것만 겨우 구제해주어 넉넉하지 못함을 염려하게 된다면, 반드시 윗사람을 질시하고 함께 망하고자 할 것이니, 비록 학교를 세우고자 하더라도 그것이 가능하겠는가? 「왕제」편은 전지를 분배하고 작위와 녹봉을을 제정하는 것으로부터, 관리를 명하여 등급 매기고 인재를 가려내는 것, 제후가 조빙하고 천자가 순수하는 것, 상벌을 시행하는 것, 국학을 설치하는 것, 경작과 수렵을 하는 것, 국가의 재용을 제정하는 것, 재용의 저축을 넓히는 것, 장례와 제례를 정비하는 것, 부역을 정하는 것, 가까이 있는 중국의 백성들을 편안히 해주는 것, 멀리 있는 사방 오랑캐의 백성들을 잘 따르게 하는 것 등은 중앙의 중국을 포함한 다섯 방위에 있는 모든 백성들로 하여금 각자 그 자신의 자리를 얻게 해서 생활을 부양하고 죽은 이를 보내는 데에 서운함이 없게 하는 것이니, 이것이 바로 왕도의 시작이다. 이곳에 이르러서는 군주의 도를 얻었다면 백성들의 덕을 새롭게 해야 하고, 그런 뒤에는 향리의 학교를 세워서 백성들을 교육하고, 그들 중 현명하고 재능 있는 자들을 선출하게 된다. 뒤의 문장에서 "사도가 육례를 다스린다."[13]라는 말로부터 "서인들 중 60세와 70세 이상인 자들은 고기반찬 없이 식사를 하지 않는다."[14]까

---

13) 『예기』「왕제」 082장: 司徒修六禮, 以節民性, 明七敎, 以興民德, 齊八政, 以防淫, 一道德, 以同俗, 養耆老, 以致孝, 恤孤獨, 以逮不足, 上賢, 以崇德, 簡不肖, 以絀惡.

14) 『예기』「왕제」 143장 : 君子耆老, 不徒行, 庶人耆老, 不徒食.

지는 모두 백성들을 교화하여 좋은 풍속을 이루는 일들이니, 이것은 바로 왕도의 완성이다. 그 다음 단락인 "사방 1리는 농지로 따지자면 900묘이다."15)라는 말로부터 그 이하로 끝까지는 「왕제」편의 전문에 해당한다.

類編 右度地居民.

여기까지는 '탁지거민(度地居民)'에 대한 내용이다.

---

15) 『예기』「왕제」 144장 : 方一百里者, 爲田, 九百畝.

禮記類編大全卷之六

『예기유편대전』6권

◇ 王制第五(下) / 「왕제」 5편(하편)

◇ 백성들의 교화와 선비의 양성[敎民造士]

【082】

司徒修六禮, 以節民性; 明七敎, 以興民德; 齊八政, 以防淫; 一道德,
以同俗; 養耆老, 以致孝; 恤孤獨, 以逮不足; 上賢, 以崇德; 簡不肖,
以絀惡.〈082〉

사도는 육례(六禮)를 정비하여 백성들의 성격을 절제시키고, 칠교를 밝혀
서 백성들의 덕을 흥기시키며, 팔정(八政)을 정제하여 음란함을 방지하고,
도덕을 한결같이 해서 백성들의 습속을 동일하게 만들며, 기로(耆老)1)를
봉양해서 효를 이루고, 고아와 늙어 자식이 없는 자들을 구휼하여 의식이
부족한 자에게까지 은택이 미치게 하며, 현인을 높여서 덕을 숭상하게 하
고, 불초한 자들을 가려내서 악을 내쫓는다.

集說 此鄕學敎民·取士之法, 而大司徒, 則總其政令者也. 六禮·
七敎·八政, 見篇末, 皆道德之用也. 道德則其體也, 體旣一則俗無
不同矣.

이것은 향학에서 백성들을 가르치고, 선비들을 선발하는 법도이고, 대사
도는 그러한 정책과 법령을 총괄하는 자이다. 육례(六禮)2)·칠교(七
敎)3)·팔정(八政)4)에 대한 설명은 「왕제」편의 끝에 보이니, 모두 도덕

---

1) 기로(耆老)에서의 기(耆)자는 60세 이상의 노인을 뜻하고, 노(老)자는 70세 이상의
노인을 뜻한다. 또한 '기로'는 노인들을 일반적으로 지칭하는 용어로도 사용된다.
2) 육례(六禮)는 관례(冠禮), 혼례(昏禮: =婚禮), 상례(喪禮), 제례(祭禮), 향례(鄕
禮), 상견례(相見禮)를 뜻한다.
3) 칠교(七敎)는 부자(父子), 형제(兄弟), 부부(夫婦), 군신(君臣), 장유(長幼), 붕우
(朋友), 빈객(賓客) 사이에서 지켜야 할 도리를 뜻한다. 『예기』「왕제(王制)」편에
는 "司徒脩六禮以節民性, 明七敎以興民德."이라는 기록이 있는데, 이에 대한

을 운용하는 방편이다. 도덕은 곧 그것의 본체가 되니, 본체가 한결같이
되면 습속에 동일하지 않은 것이 없게 된다.

【083】

命鄉, 簡不帥敎者以告. 耆老皆朝于庠, 元日習射上功, 習鄉上齒.
大司徒帥國之俊士, 與[去聲]執事焉.〈083〉

향에 명령하여 가르침을 따르지 않는 자를 간별해내서 보고하게 한다. 향
의 기로들은 모두 향학인 상에 모여서, 길하다고 정한 날에 사례(射禮)를
익히며 적중을 많이 시킨 공이 있는 자를 높이고, 향음례(鄕飮禮)를 익히며

공영달(孔穎達)의 소(疏)에서는 "七敎, 卽父子一·兄弟二·夫婦三·君臣四·
長幼五·朋友六·賓客七也."라고 풀이했다.

4) 팔정(八政)은 국가의 정책 시행에 있어서, 주요 대상이 되는 여덟 가지 방면을
뜻한다. 그러나 여덟 가지가 가리키는 구체적 대상들에 대해서는 이견이 많다.
첫 번째는 '팔정'을 농사[食], 재화[貨], 제사[祀], 사공(司空), 사도(司徒), 사구(司
寇), 빈객[賓], 군대[師]로 보는 주장이다. '사공', '사도', '사구'는 관직명이기도 한
데, 이들이 구체적으로 가리키는 것에 대해 설명하자면, '사공'은 토목 공사에 힘써
서 백성들의 거주지를 마련해주는 것이며, '사도'는 백성들을 예의(禮義)에 따라
교화하는 것이고, '사구'는 도적 등을 근절하여, 백성들이 간사한 무리에 휩쓸리지
않도록 하는 것이다. 『서』「주서(周書)·홍범(洪範)」편에는 "三, 八政. 一曰食,
二曰貨, 三曰祀, 四曰司空, 五曰司徒, 六曰司寇, 七曰賓, 八曰師."라는 기록이
있다. '팔정'을 언급할 때에는 대부분 첫 번째 의미로 사용된다. 두 번째는 음식(飮
食), 의복(衣服), '공인들의 재주[事爲]', '각 지역에서 사용되는 기구의 차이[異別]',
길이[度], 수량[量], 숫자[數], '견직물의 치수[制]로 보는 주장이다. 『예기』「왕제
(王制)」편에는 "齊八政以防淫."이라는 기록이 있다. 또한 「왕제」편에는 "八政,
飮食·衣服·事爲·異別·度·量·數·制."라는 기록이 있는데, 이에 대한 정
현의 주에서는 "飮食爲上, 衣服次之. 事爲, 謂百工技藝也. 異別, 五方用器不同
也. 度, 丈尺也. 量, 斗斛也. 數, 百十也. 制, 布帛幅廣狹也."라고 풀이했다.
세 번째는 부처(夫妻), 부자(父子), 형제(兄弟), 군신(君臣)의 대상들로 보는 주장
이다. 『일주서(逸周書)』「상훈(常訓)」편에는 "八政, 夫妻·父子·兄弟·君臣.
八政不逆, 九德純恪."이라는 기록이 있다.

연배가 많은 자를 높인다. 대사도는 나라의 준사들을 거느리고 가서, 그러한 일들을 집정하는 데 참여한다.['與'자는 거성으로 읽는다.]

集說 此下言簡不肖以絀惡之事. 鄕, 畿內六鄕也, 在遠郊之內, 每鄕, 萬二千五百家. 庠則鄕之學也. 耆老, 鄕中致仕之卿大夫也. 元日, 所擇之善日也. 期日定, 則耆老皆來會聚於是, 行射禮與鄕飮酒之禮. 射以中爲上, 故曰上功. 鄕飮則序年之高下, 故曰上齒. 大司徒, 敎官之長也. 率其俊秀者, 與執禮事, 蓋欲使不帥敎之人, 得於觀感而改過以從善也.

이 경문 이하로는 "불초한 자들을 가려내서 악을 내쫓는다."는 일에 대해 말하고 있다. '향(鄕)'5)은 천자의 수도 안에 있는 육향을 말하며, 원교(遠郊) 안에 위치하고, 각 향은 12,500가(家)의 규모이다. '기로(耆老)'는 향에 거주하고 있는 경과 대부들 중 퇴임한 자들을 뜻한다. '원일(元日)'은 날짜를 정한 길한 날을 뜻한다. 기약한 날이 정해지면 기로들은 모두 상(庠)6)에 모여서 사례와 향음주례를 시행한다. 사례에서는 적중시키는 것

---

5) 향(鄕)은 주대(周代)의 행정단위이다. '향' 밑에는 주(州), 당(黨), 족(族), 여(閭), 비(比), 가(家)가 순차적으로 있었다. '향'을 기준으로 봤을 때, 1향은 5주=25당=125족=500여=2500비=12500가의 규모와 같다. 『주례』「지관(地官)・대사도(大司徒)」편에는 "令五家爲比, 使之相保. 五比爲閭, 使之相受. 四閭爲族, 使之相葬. 五族爲黨, 使之相救. 五黨爲州, 使之相賙. 五州爲鄕, 使之相賓."이라는 기록이 있고, 이에 대한 정현의 주에서는 "鄕萬二千五百家."라고 풀이했다.

6) 상(庠)은 본래 향(鄕) 밑의 행정단위인 당(黨)에 건립된 학교를 뜻한다. 『예기』「학기(學記)」편에는 "古之敎者, 家有塾, 黨有庠, 術有序, 國有學."이란 기록이 있는데, 이에 대한 공영달(孔穎達)의 소(疏)에서는 "庠, 學名也. 於黨中立學, 敎閭中所升者也."라고 풀이했다. 또 '상'은 국학(國學)에 대비되는 향학(鄕學)을 뜻하는 용어로도 사용되었으며, 학교를 범칭하는 용어로도 사용되었다. 『예기』「향음주의(鄕飮酒義)」편에는 "主人拜迎賓於庠門之外"란 기록이 있고, 이에 대한 정현의 주에서는 "庠, 鄕學也."라고 풀이했다. 또 『맹자』「등문공상(滕文公上)」편에는 "夏曰校, 殷曰序, 周曰庠, 學則三代共之, 皆所以明人倫也."라는 기록이 있다. 한편 학교를 뜻하는 용어로 '상'이라는 명칭이 생긴 이유는 '상'자에 봉양한다

을 높이기 때문에, 적중을 많이 시킨 공이 있는 자를 높인다고 말한 것이다. 향음주례에서는 나이의 고하에 따라 서열을 정하기 때문에, 연배가 많은 자를 높인다고 말한 것이다. 대사도는 교화를 담당하는 관리들의 우두머리이다. 덕행과 재예가 준수한 사들을 이끌고서 예의 일들을 집정하는데 참여하는 것은 가르침을 따르지 않는 자들로 하여금 준수한 사들이 시행하는 것을 보고 느끼게 해서 잘못을 고치고 선에 따르게끔 하고자 해서이다.

【084】

不變, 命國之右鄕, 簡不帥敎者, 移之左. 命國之左鄕, 簡不帥敎者, 移之右, 如初禮.〈084〉

그런데도 교화되지 않으면, 수도의 우측에 있는 향에 명령하여, 그 향에서 가르침을 따르지 않는 자들을 간별해내서 좌측의 향으로 옮기고, 수도의 좌측에 있는 향에 명령하여, 그 향에서 가르침을 따르지 않는 자들을 간별해내서 우측의 향으로 옮기며, 옮긴 이후에는 최초 이전의 향에서 사례와 향음례를 시행하며 예를 가르친 것처럼 한다.

集說 左右對移, 以易其藏脩游息之所, 新其師友講切之方, 庶幾其變也.

좌측과 우측의 향에서 대칭으로 이동시키는 것은 이전에 학문을 익히며 배운 것을 마음에 간직하고 평소 실천하며 쉬면서도 학예를 익히고 유람하면서 견문을 넓혔던 장소를 바꾸고, 그들의 스승과 학우와 강습하고 절차탁마하는 방법을 새롭게 하여, 그들이 교화되길 바라는 것이다.

는 양(養)의 뜻이 포함되어 있기 때문이다.

【085】

不變, 移之郊, 如初禮. 不變, 移之遂, 如初禮. 不變, 屛[丙]之遠方,
終身不齒.〈085〉

그런데도 교화되지 않으면, 옮긴 향에서도 가르침을 따르지 않는 자들을
원교에서도 끝 경계지역으로 옮기며, 옮긴 이후에는 이전의 옮긴 향에서
사례와 향음례를 시행하며 예를 가르친 것처럼 한다. 그런데도 교화되지
않으면, 재차 옮겨간 곳에서도 가르침을 따르지 않는 자들을 수(遂)[7]로
옮기며, 옮긴 이후에는 이전의 재차 옮긴 곳에서 사례와 향음례를 시행하
며 예를 가르친 것처럼 한다. 그런데도 교화되지 않으면, 그들을 먼 변방으
로 내치고['屛'자의 음은 '丙(병)'이다.] 그가 죽을 때까지도 불러들이지 않는다.

集說 四郊, 去國百里, 在鄉界之外, 遂, 又在遠郊之外, 蓋示之以漸
遠之意也. 四次示之, 以禮敎而猶不悛焉, 則其人終不可與入德矣,
於是乃屛棄之.

'사교(四郊)'는 국성으로부터 직선거리로 각각 100리씩 떨어져 있으니,

---

7) 수(遂)는 주(周)나라 때 원교(遠郊) 밖에 설치되었던 행정구역이다. 원교 안에는
 6개의 향(鄉)을 설치했고, 원교 밖에는 6개의 '수'를 설치했다. 『서』「주서(周書)·
 비서(費誓)」편에는 "魯人三郊三遂, 峙乃楨幹."이란 기록이 있는데, 이에 대한
 채침(蔡沈)의 『집전(集傳)』에서는 "國外曰郊, 郊外曰遂."라고 풀이했다. 후대의
 해석으로는 송대(宋代)의 이여호(李如箎)가 『동원총설(東園叢說)』「삼례설(三禮
 說)·향수(鄉遂)」편에서 "周家鄉遂之制, 兵寓其中. 近國爲鄉, 爲鄉者六, 郊之
 外爲遂, 爲遂亦六."이라고 했던 해석이 있고, 또 청대(淸代)의 운경(惲敬)은 『삼
 대인혁론이(三代因革論二)』에서 "古之爲國有軍有賦, 軍出於郊者也, 賦出於
 遂者也."라고 했다. 즉 향(鄉)에서는 군대를 동원했고, '수'에서는 부역을 징수했
 다는 설명이다. 또 『주례』에 따르면, '수'는 5개의 현(縣)이 모인 행정규모이다.
 '수' 밑에는 현(縣)을 비롯하여 비(鄙), 찬(酇), 리(里), 린(鄰)의 행정단위가 있었
 다. '수'를 기준으로 봤을 때, 1개의 '수'는 5개의 현(縣), 25개의 비(鄙), 125개의
 찬(酇), 500개의 리(里), 2500개의 린(鄰), 12500개의 가(家) 규모가 된다. 즉 향
 (鄉)의 규모와 같은 크기이다. 『주례』「지관(地官)·수인(遂人)」편에는 "五家爲
 鄰, 五鄰爲里, 四里爲酇, 五酇爲鄙, 五鄙爲縣, 五縣爲遂."라는 기록이 있다.

원교에 있는 향의 경계 바깥지역에 있다. '수(遂)' 또한 원교의 바깥에 있으니, 점점 멀어지게 한다는 뜻을 보인 것이다. 네 차례에 걸쳐서 한다고 기술한 것은 예로 교화를 시켰으나 오히려 고치지 않는다면, 그 사람은 끝내 덕으로 들어가는 것에 참여할 수 없으므로, 먼 변방으로 유폐시키는 것이다.

【086】

命鄕, 論秀士, 升之司徒曰選[去聲]士. 司徒論選士之秀者, 而升之學曰俊士.〈086〉

향에 명령하여 덕행과 재예가 뛰어난 수사들을 논정해서 사도에게 천거하게 하니, 그렇게 천거된 이들을 '선사(選士)'라['選'자는 거성으로 읽는다.] 부른다. 사도는 선사를 중에서도 뛰어난 자를 논정에서 국학에 천거하니, 그렇게 천거된 이들을 '준사(俊士)'라 부른다.

集說 此言上賢崇德之事.

이 문장은 현명한 자를 높이고 덕을 숭상하는 일을 말한 것이다.

集說 劉氏曰: 論者, 述其德藝, 而保擧之也. 苗之穎出曰秀. 大司徒命鄕大夫, 論述鄕學之士才德穎出於同輩者, 而禮賓之, 升其人於司徒. 司徒考試之, 量才而用之爲鄕遂之吏, 曰選士. 選者, 擇而用之也. 其有才德, 又穎出於選士, 不安於小成, 而願升國學者, 司徒論述其美, 而擧升之於國學, 曰俊士. 俊者, 才過千人之名也.

유씨가 말하길, 논(論)은 그 사람의 덕행과 재예를 기술해서 그를 보증하여 천거하는 것이다. 모종에서 새싹이 나온 것을 '수(秀)'라 부른다. 대사도는 향대부에게 명령하여, 향학의 사들 중 덕행과 재예가 동년배들보다 빼어난 자들을 논정하고 기술해서, 그들을 예우하고, 그들을 사도에게 천거하도록 한다. 사도는 그들을 살펴보고 시험하니, 덕행과 재예를 헤아리고, 그들을 등용하여 향과 수의 하위 관리로 삼는데, 이들을 '선사(選士)'라 부른다. '선(選)'은 채택해서 등용한다는 뜻이다. 그가 가지고 있는 덕행과 재예가 또한 선사들 중에서 빼어나서, 작은 성취에 안주하지 않고 국학에 천거되길 원하는 자는 사도가 그의 뛰어난 점을 논정하고 기술해서 국학에 천거하니, 이들을 '준사(俊士)'라 부른다. '준(俊)'은 덕행과 재예가 1,000명 중에서 가장 뛰어나다는 명칭이다.

【087】

升於司徒者, 不征於鄕, 升於學者, 不征於司徒曰造士.〈087〉

사도에게 천거된 자인 선사들은 향에서 요역을 징수 당하지 않고, 국학에 천거된 자인 준사들은 사도에게도 요역을 징수 당하지 않으니, 그러한 자를 '조사(造士)'라 부른다.

集說 旣升於司徒, 則免鄕之徭役, 而猶給徭役於司徒也. 及升國學, 則弁免司徒之役矣. 造者, 成也, 言成就其才德也.

이미 사도에게 천거되었으면 향의 요역이 면제되지만, 아직 사도에게 징수당하는 요역은 부여된다. 國學에 천거됨에 이르게 되면, 사도에게 징수당하는 요역도 면제된다. '조(造)'는 성취했다는 뜻이니, 덕행과 재예를 성취했다는 의미이다.

【088】

樂正崇四術, 立四敎, 順先王詩・書・禮・樂以造士, 春・秋, 敎以禮・樂, 冬・夏, 敎以詩・書.〈088〉

악정은 사술을 숭배하고 사교를 세우니, 선왕이 남긴 『시』・『서』・『예』・『악』에 따라서 사들을 완성시킨다. 봄과 가을에는 『예』와 『악』으로 가르치고, 겨울과 여름에는 『시』와 『서』로 가르친다.

集說 此以下言國學敎國子民俊, 及取賢才之法. 樂正, 掌其敎, 司馬, 則掌選法也. 術者, 道路之名, 言詩書禮樂四者之敎, 乃入德之路, 故言術也. 文王世子言春誦・夏絃, 與此不同者, 古人之敎, 雖曰四時各有所習, 其實亦未必截然棄彼而習此, 恐亦互言耳, 非春・秋不可敎詩・書, 冬夏不可敎禮樂也. 舊註, 陰陽之說, 似爲拘泥.

이곳 문장으로부터 아래의 내용들은 국학에서 국자(國子)[8]와 백성들 중 빼어나서 선발된 자들을 교육하는 법과 현명하고 재덕있는 자를 선발하는 법을 말하고 있다. 악정(樂正)[9]은 교육을 담당하고, 사마는 선발하는 법을 담당한다. '술(術)'은 도로의 명칭으로, 『시』・『서』・『예』・『악』 등의 네 가지 교육이 곧 덕으로 들어가는 길이 됨을 말한다. 그렇기 때문에 '술(術)'이라고 말한 것이다. 『예기』「문왕세자(文王世子)」편에서 "봄에는 국자들에게 노랫말을 암송하도록 가르치고, 여름에는 현악기로 음

---

8) 국자(國子)는 천자 및 공(公), 경(卿), 대부(大夫)의 자제들을 말한다. 때론 상황에 따라 천자의 태자(太子) 및 왕자(王子)를 포함시키지 않는 경우도 있다. 『주례』「지관(地官)・사씨(師氏)」편에는 "以三德敎國子"라는 기록이 있고, 이에 대한 정현의 주에서 "國子, 公卿大夫之子弟."라고 풀이한 용례와 『한서(漢書)』「예악지(禮樂志)」편에서 "朝夕習業, 以敎國子. 國子者, 卿大夫之子弟也."라고 풀이한 용례가 바로 여기에 해당한다. 그러나 이것은 천자에 대한 언급을 가급적 회피했기 때문에, 생략하여 기술하지 않은 것이다. 청대(淸代) 유서년(劉書年)의 『유귀양설경잔고(劉貴陽說經殘稿)』「국자증오(國子證誤)」편에서 "國子者, 王大子, 王子, 諸侯公卿大夫士之子弟, 皆是, 亦曰國子弟."라고 풀이하고 있는 것처럼, '국자'에는 천자의 태자와 왕자들까지도 포함된다.

9) 악정(樂正)은 음악을 담당했던 관리들의 우두머리를 뜻한다. 정(正)자는 우두머리를 뜻하는 장(長)자와 같다. 한편 『주례』에는 '악정'이라는 직책은 보이지 않으며, 대신 대사악(大司樂)이라는 직책이 있다. 한편 『의례』「향사례(鄕射禮)」편에는 "樂正先升, 北面立于其西."라는 기록이 있는데, 이에 대한 가공언(賈公彦)의 소(疏)에서는 "案周禮有大司樂, 樂師, 天子之官. 此樂正, 諸侯及士大夫之官."이라고 풀이했다. 즉 '악정'은 제후 및 대부(大夫)의 관리였고, 천자에게는 대신 '대사악'과 악사(樂師)라는 관리가 소속되어 있었다. 따라서 간혹 '악정'을 '대사악'과 같은 의미로 사용하기도 한다.

악을 연주하게 한다."10)라고 하여, 이곳에서 말한 것과 차이가 나는 이유
는 옛 사람들이 교육을 할 때에는 비록 사계절마다 각각 익히는 바가
있다고 말했지만, 실상은 또한 반드시 확연하게 저것은 버려두고 익히지
않으며 이것만을 익히는 것이 아니니, 아마도 또한 서로 호응되도록 말한
것일 뿐이다. 그러므로 봄과 가을에 『예』와 『악』을 가르친다고 해서, 『
시』와 『서』를 가르치지 못하고, 겨울과 여름에는 『시』와 『서』를 가르친
다고 해서, 『예』와 『악』을 가르치지 못하는 것이 아니다. 『시』·『서』·
『예』·『악』을 사계절에 따라 확연하게 구분했던 옛 주석들은 음양의 설
에 구애되었던 것 같다.

【089】

王大子·王子, 群后之大子, 卿·大夫·元士之適子, 國之俊選, 皆
造焉. 凡入學以齒. 〈089〉

천자의 태자, 나머지 왕자들과 여러 제후들의 태자와 경·대부·원사의 적
자들과 민간에서 선발된 나라의 인재들은 모두 태학에서 악정에게 교육을
받는다. 태학에 입학하게 되면 나이로 순서를 정한다.

集說 皆造, 皆來受敎于樂正也. 惟次長幼之序, 不分貴賤之等.
'개조(皆造)'는 모두 태학에 와서 악정에게 교육을 받는다는 뜻이다. 오
직 장유의 차례만을 따지고, 신분적 귀천의 등급은 나누지 않았다.

【090】

將出學, 小胥·大胥·小樂正簡不帥敎者, 以告于大樂正, 大樂正以

---

10) 『예기』「문왕세자(文王世子)」008장 : <u>春誦, 夏弦</u>, 大師詔之瞽宗. 秋學禮, 執禮
    者詔之, 冬讀書, 典書者詔之, 禮在瞽宗, 書在上庠.

告于王. 王命三公·九卿·大夫·元士皆入學. 不變, 王親視學. 不
變, 王三日不擧, 屛[去聲]之遠方. 西方曰棘, 東方曰寄, 終身不
齒.〈090〉

국학에 입학했던 자들이 학업을 끝내고 장차 국학을 졸업할 때 소서(小
胥)11)·대서(大胥)12)·소악정(小樂正)13)은 가르침을 따르지 않았던 자들
을 간별해서 대악정에게 보고하고, 다시 대악정은 천자에게 보고한다. 천
자는 삼공·구경·대부·원사에게 명령하여, 모두 국학에 들어가서 가르
침을 따르지 않는 자들을 재차 가르치게 한다. 그런데도 고쳐지지 않으면,
천자가 친히 국학에 가서 살펴본다. 그런데도 고쳐지지 않으면, 천자는 3일
동안 식사 때 마시는 음주와 음악을 거행 하지 않고, 가르침을 따르지 않는
자들을 먼 변방으로 내쫓는다.['屛'자는 거성으로 읽는다.] 서쪽 변방으로 쫓아낸
것을 '극(棘)'이라 부르고, 동쪽 변방으로 쫓아낸 것을 '기(寄)'라 부르니,
그가 죽을 때까지도 불러들이지 않는다.

集說 古之敎者, 九年而大成, 出學, 九年之期也. 小胥·大胥, 皆樂
官之屬. 鄭注以棘爲僰, 又以僰訓偪, 僰本西戎地名. 愚謂不若讀如

---

11) 소서(小胥) : '소서'는 악관(樂官)에 소속된 하위관리이다. 학사(學士)들에 대한
   음악 교육을 돕고, 태만하게 행동하는 자에 대해서는 회초리를 치기도 하였다.
   『주례』「춘관(春官)·소서(小胥)」편에는 "小胥掌學士之徵令而比之, 觵其不敬
   者, 巡舞列而撻其怠慢者, 正樂縣之位."라는 기록이 있다.
12) 대서(大胥)는 악관(樂官)에 소속된 하위관리이다. 학사(學士)들의 호적 기록부를
   담당하였고, 봄에는 태학(太學)에 들어가서 학사들에게 춤을 가르쳤고, 가을에는
   분반을 편성하여, 노래를 가르치는 일 등을 담당했다. 『주례』「춘관(春官)·대서
   (大胥)」편에는 "大胥, 掌學士之版以待致諸子. 春入學舍采合舞. 秋頒學合聲.
   以六樂之會正舞位."라는 기록이 있다.
13) 소악정(小樂正)은 대악정(大樂正)의 부관으로, 『주례(周禮)』의 체제에 따르면
   악사(樂師)에 해당한다. 악사는 『주례』에 나온 관직명으로, 음악을 담당했던 관리
   중 하나이다. 총 책임자였던 대사악(大司樂)의 부관으로, 국학(國學)에 있는 국자
   (國子)들에게 소무(小舞) 등을 가르쳤다고 기록되어 있다. 『주례』「춘관(春官)·
   악사(樂師)」편에는 "樂師, 掌國學之政, 以敎國子小舞."라는 기록이 있다.

本字, 急也, 欲其遷善之速也. 寄者, 寓也, 暫寓而終歸之意. 蓋雖屛
之, 終身不齒, 然猶爲此名, 以示不忍終棄之意. 蓋國子, 皆世族之
親, 與庶人踈賤者異, 故親親而有望焉.

옛날의 가르침에서는 9년이면 학문적으로 크게 성취한다고 하였으니, 출
학은 9년의 기간을 뜻한다. 소서와 대서는 모두 악관의 무리이다. 정현의
주에서는 극(棘)을 북(僰)으로 여겼고, 또 극(棘)을 핍박하다로 뜻풀이
했으나 북(僰)은 본래 서융에 있는 지명이다. 내가 생각하기에, 정현의
풀이는 극(棘)자를 본래의 글자와 같이 읽는 것만 못하니, '극(棘)'자는
급박하다는 뜻으로, 그가 선한 곳으로 옮겨가기를 빠르게 하고자 함이다.
'기(寄)'자는 맡긴다는 뜻으로, 먼 변방 지방에 잠시 맡기지만 끝내는 돌
아온다는 뜻이다. 비록 가르침을 따르지 않는 자들을 먼 변방으로 내쳐서
그가 죽을 때까지 불러들이지 않았지만, 오히려 이러한 명칭을 붙여서
끝까지 그를 버린다는 것을 차마 할 수 없다는 뜻을 보인 것이다. 국자는
모두 세족(世族)[14]의 친족들이니, 서인들처럼 관계가 소원하고 신분이
천한 자들과는 다르다. 그렇기 때문에 천자의 입장에서 국자들을 친근하
게 대하면서 고쳐지기를 바라는 것이다.

集說 方氏曰: 賤者, 至於四不變, 然後屛之; 貴者, 止於二不變, 遂
屛之者, 陳氏謂先王以衆庶之家爲易治, 世祿之家爲難化. 以其易治
也, 故鄕遂之所考, 常在三年大比之時. 以其難化也, 故國子之出學,
常在九年大成之後. 以三年之近而考焉, 故必四不變而後屛之, 以九
年之遠而簡焉, 則雖二不變屛之, 可也.

방씨가 말하길, 신분이 미천한 자들에 대해서 4번까지 고쳐지지 않는 경

---

14) 세족(世族)은 세공(世功)과 관족(官族)을 합쳐 부르는 말이다. '세족'은 선대(先
代)에 공적(功績)을 쌓았던 관족(官族)을 뜻한다. 후대에는 대대로 녹봉을 받는
명문 있는 가문을 뜻하는 용어로도 사용하였다. 『춘추좌씨전』「은공(隱公) 8년」편
에는 "官有世功, 則有官族."라는 기록이 있다.

우에 도달한 연후에야 그들을 먼 변방으로 내치는데, 국자처럼 신분이
귀한 자들은 단지 두 번만 고쳐지지 않으면 마침내 그들을 먼 변방으로
내친다. 그 이유에 대해 진씨는 "선왕은 신분이 비천한 백성들의 집안은
다스리기 쉽고, 대대로 녹봉을 받는 집안은 교화시키기 어렵다고 여겼다.
백성들의 집안은 다스리기 쉽기 때문에, 육향(六鄕)15)과 육수(六遂)에서
그들을 시험한 것은 항상 3년마다 보는 시험인 대비(大比)16) 때였다. 대
대로 녹봉을 받는 집안은 교화시키기 어렵기 때문에, 국자들이 국학을
졸업하는 것은 항상 9년 이후 대성한 후였다. 백성들의 집안들에 대해서
는 3년이라는 비교적 짧은 시간으로 그들을 시험하였기 때문에, 반드시
4번까지 고쳐지지 않은 이후에야 그들을 먼 변방으로 내친 것이고, 국자
들에 대해서는 9년이라는 비교적 긴 시간으로 그들을 간별해냈으니, 비
록 그들이 2번만 가르침을 따르지 않아서 그들을 내친다 하더라도 괜찮
았던 것이다."라고 했다.

集說　疏曰: 周立四代之學於國, 而以有虞氏之庠, 爲鄕學.
소에서 말하길, 주대에는 사대의 학교를 천자가 살고 있는 수도에 세웠기
때문에, 유우씨 때의 학교 명칭인 상(庠)으로써 향학의 명칭으로 삼은
것이다.

---

15) 육향(六鄕)은 주(周)나라 때 원교(遠郊)에 설치된 여섯 개의 향(鄕)을 뜻한다.
주나라의 제도에서는 국성(國城)과 가까이 있는 교외(郊外)를 근교(近郊)라고 불
렀고, 근교 밖을 원교(遠郊)라고 불렀다. 그리고 원교 안에는 6개의 향(鄕)을 설치
했고, 원교 밖에는 6개의 수(遂)를 설치했다.

16) 대비(大比)는 주대(周代) 때 3년마다 향(鄕)과 수(遂)의 관리들이 백성들 중의
인재를 대상으로 시행한 시험이다. 『주례』「지관(地官)・향대부(鄕大夫)」편에는
"三年則大比. 考其德行, 道藝, 而興賢者能者."라는 기록이 있고, 이에 대한 정
현의 주에서는 정사농(鄭司農)의 주장을 인용하여, "興賢者謂若今擧孝廉, 興能
者謂若今擧茂才."라고 풀이했다.

大樂正論造士之秀者, 以告于王, 而升諸司馬, 曰進士. 〈091〉

대악정(大樂正)17)은 조사 중에서도 빼어난 자를 논정해서 천자에게 보고하고, 사마에게 천거하니, 이러한 자들을 '진사(進士)'라 부른다.

集說 疏曰: 司馬掌爵祿, 但入仕者, 皆司馬主之.

소에서 말하길, 사마(司馬)18)는 작록을 관장하지만, 새로 들어와 벼슬할 자들에 대해서는 모두 사마가 그들을 주관한다.

---

17) 대악정(大樂正)은 악관(樂官)의 수장으로, 악정(樂正)이라고 부르기도 한다. 『주례』의 체제에서는 대사악(大司樂)이 된다. 『주례』의 기록에 따르면, 대사악은 중대부(中大夫) 2명이 담당하였다. 대사악에게 소속된 직속 관부에는 악사(樂師)가 있었는데, 이 관부는 하대부(下大夫) 4명이 담당하였으며, 그 휘하에는 상사(上士) 8명, 하사(下士) 16명이 있었고, 잡무를 보는 부(府) 4명, 사(史) 8명, 서(胥) 8명, 도(徒) 80명이 있었다. 이때의 서(胥)는 잡무를 처리하는 말단 관리이며, 대서(大胥) 및 소서(小胥)와는 다른 것이다. 대서와 소서는 악관에 소속된 관리이지만, 대서에게 소속된 관리 명단에는 잡무를 보는 서(府)와 사(史) 등이 열거되어 있다. 이것을 통해서 대서와 소서는 대사악에게 소속된 관부이긴 하지만, 대서를 필두로 한 별개의 부서였던 것으로 추정된다. 참고로 대서는 중사(中士) 4명이 맡았으며, 직속된 관리로는 소서인 하사 8명, 부(府) 2명, 사(史) 4명, 도(徒) 40명이 있었다. 『주례』「춘관종백(春官宗伯)」편에는 "大司樂, 中大夫二人, 樂師, 下大夫四人, 上士八人, 下士十有六人, 府四人, 史八人, 胥八人, 徒八十人. 大胥中士四人, 小胥下士八人, 府二人, 史四人, 徒四十人."이라는 기록이 있다.

18) 사마(司馬)라는 관직은 전설상으로는 소호(少昊) 시대부터 설치되었다고 전해진다. 주(周)나라 때에는 육경(六卿) 중 하나였으며, 하관(夏官)의 수장이며, 대사마(大司馬)라고도 불렀다. 군대와 관련된 일을 담당했다. 한(漢)나라 무제(武帝) 때에는 태위(太尉)라는 관직명을 고쳐서 대사마(大司馬)라고 불렀고, 후한(後漢) 때에는 다시 태위(太尉)로 고쳐 불렀다. 남북조시대(南北朝時代)에는 대장군(大將軍)과 함께 이대(二大)로 칭해지기도 했으나, 청(淸)나라 때 폐지되었다. 후세에서는 병부상서(兵部尙書)의 별칭으로 사용하기도 했고, 시랑(侍郎)을 소사마(少司馬)로 칭하기도 하였다.

【092】

司馬辨論官材. 論進士之賢者, 以告于王, 而定其論. 論定然後官之, 任[壬]官然後爵之, 位定然後祿之.〈092〉

사마는 논정을 판별하고 국자 중 인재를 관리로 등용한다. 진사 중의 현명한 자를 논정하여 천자에게 보고하고 논정을 결정한다. 논정이 결정된 연후에 그에게 관직을 주고, 관직을 임명한['任'자의 음은 '壬(임)'이다.] 연후에 그에게 작위를 주며, 작위가 결정된 연후에 그에게 녹봉을 준다.

集說 劉氏曰: 古者鄉學教庶人, 國學教國子及庶人之俊, 而其仕進, 有二道. 鄉學秀者之升曰選士, 國學秀者之升曰進士. 其選士者, 不過用爲鄉遂之吏, 而選用之權, 在司徒也. 其進士, 則必命爲朝廷之官, 而爵祿之定, 其權, 皆在大司馬. 此鄉學國學教選之異, 所以爲世家編戶之別. 然庶人仕進, 亦是二道, 可爲選士者, 司徒試用之, 此其一也; 司徒升之國學, 則論選之法, 與國子弟同矣, 此其二也.

유씨가 말하길, 옛날에는 향학에서 서인들을 가르쳤고 국학에서는 국자 및 서인 중 준수한 자들을 가르쳤으니, 그곳에서 관직에 등용되는 방법에는 두 가지 길이 있었다. 향학에서 교육받는 이들 중 빼어나서 천거된 자를 '선사(選士)'라 부르고, 국학에서 교육받는 이들 중 빼어나서 천거된 자를 '진사(進士)'라 부른다. 향학에서 천거된 선사들은 등용되는 수위가 향과 수의 하급관리가 되는 것에 지나지 않았고, 그들을 가려내서 등용하는 권한도 사도에게 있었다. 국학에서 천거된 진사들은 반드시 명(命)의 등급을 받아 조정의 관리가 되고, 그의 작위와 녹봉도 정해지는데 그러한 권한은 모두 대사마에게 있었다. 이것이 향학과 국학의 교육과 선발의 차이이니, 세가(世家)[19]와 편호(編戶)[20]의 구별이 되는 이유이다. 그런

---

19) 세가(世家)는 대대로 녹(祿)을 받는 세록(世祿)의 가문을 뜻한다. 후대에는 대대로 존귀하게 대접받고 명망이 있었던 가문을 지칭하는 용어로 사용되었다. 『맹자』 「등문공하(滕文公下)」편에는 "仲子, 齊之世家也."라는 용례가 있고, 『한서(漢

데 서인들이 관직에 등용되는 방법에는 또한 두 가지 길이 있었으니, 선사가 될 만한 자들은 사도가 그를 시험하여 등용하니, 이것이 첫 번째 방법이고, 사도가 그들 중 뛰어난 사람을 국학에 천거하면, 그들을 논정해서 선발하는 방법은 나라의 귀족 집안 자제들을 논정해서 선발하는 방법과 같았으니, 이것이 두 번째 방법이다.

【093】

爵人於朝, 與士共之, 刑人於市, 與衆棄之.〈022〉[21] [連下段, 本在第一節下.]

조정에서 사람에게 작위를 주는 것은 사들과 함께 그 일을 하고, 시장에서 사람에게 형벌을 내리는 것은 대중들과 함께 그 사람을 내치기 위해서이다. [아래 단락과 연결해서 본래는 제1절의 뒤에 수록되어 있었다.]

集說 疏曰: 爵人於朝, 殷法也, 周則天子假祖廟而拜授之. 刑人於市, 亦殷法, 謂貴賤, 皆刑於市, 周則有爵者, 刑于甸師氏也.

소에서 말하길, 조정에서 사람에게 작위를 준다는 것은 은대의 법제이다. 주대에는 천자가 조묘에 이르러 제사를 지내고 나서야 그에게 작위를 내렸다. 시장에서 사람에게 형벌을 내리는 것도 또한 은대의 법제이니, 신

書)』「식화지하(食貨志下)」편에는 "世家子弟富人或鬪雞走狗馬, 弋獵博戲, 亂齊民."이라는 기록이 있는데, 이에 대한 안사고(顔師古)의 주에서는 여순(如淳)의 말을 인용하여, "世家, 謂世世有祿秩家也."라고 풀이했다.

20) 편호(編戶)는 백성들의 집을 뜻한다. 일반 사람들의 집은 집을 단위로 삼아서, 국가가 관리하는 호적에 편입되는데, '편호'는 바로 호적에 편입된 집들을 뜻하는 말이다. 『한서(漢書)』「매복전(梅福傳)」편에는 "今仲尼之廟不出闕里, 孔氏子孫不免編戶."라는 용례가 있다.

21) 『예기』「왕제」022장 : 凡官民材, 必先論之, 論辨然後使之, 任事然後爵之, 位定然後祿之. 爵人於朝, 與士共之, 刑人於市, 與衆棄之.

분이 귀한 자나 천한 자나 모두 시장에서 형벌을 주었다는 것을 말하는 것이며, 주대에는 작위를 가진 자의 경우는 전사씨에게 형벌을 받았다.[22]

【094】

是故公家不畜刑人, 大夫弗養, 士遇之塗, 弗與言也. 屛之四方, 唯其所之. 不及以政, 示弗故生也.〈023〉

이렇기 까닭으로 공가에서는 형벌을 받은 자를 키우지 않으며, 대부는 형벌을 받은 자를 부양하지 않고, 사는 길에서 형벌을 받은 자를 만나면 함께 대화를 나누지 않는다. 형벌을 받은 자는 사방으로 내치니, 그곳이 오직 그가 가야할 곳이며, 정사가 미치지 않게 하여 일부러 살게끔 하지 않음을 보이는 것이다.

集說 公家不畜刑人, 舊說, 以爲商制, 以周官, 墨者守門, 劓者守關, 宮者守內, 刖者守囿, 髡者守積也. 唯其所之者, 量其罪之所當往適之地, 而居之, 如虞書"五流有宅, 五宅三居", 是也. 不及以政, 賦役不與也. 示弗故生, 不授之田, 不賙其乏, 示不故欲其生也.

"공가가 형인을 키우지 않는다."는 것을 옛 학설에서는 은나라 때의 제도로 여겼는데, 그렇게 여기게 된 이유는 『주례』에 기술된 "묵형(墨刑)[23]을 받은 자는 문을 지키고, 의형(劓刑)[24]을 받은 자는 관을 지키고, 궁형

---

22) 『주례』「천관(天官)·전사(甸師)」: 甸師, 掌帥其屬而耕耨王藉, 以時入之, 以共齋盛. 祭祀, 共蕭茅. 共野果蓏之薦. 喪事, 代王受眚災. 王之同姓有罪, 則死刑焉, 帥其徒以薪蒸役外內饔之事.

23) 묵형(墨刑)은 묵벽(墨辟)이라고도 부르며, 오형(五刑) 중의 하나이다. 범죄자의 얼굴 및 이마에 상처를 내고, 먹물로 새겨 넣어서 죄인의 신분임을 표시하는 형벌이다. 『서』「주서(周書)·여형(呂刑)」편에는 "墨辟疑赦."라는 기록이 있고, 이에 대한 공안국(孔安國)의 전(傳)에서는 "刻其顙而涅之, 曰墨刑."이라고 풀이했다.

24) 의형(劓刑)은 의벽(劓辟)이라고도 부르며, 오형(五刑) 중의 하나이다. 범죄자의 코를 베는 형벌이다. 『서』「주서(周書)·여형(呂刑)」편에는 "惟作五虐之刑曰法,

(宮刑)²⁵⁾을 받은 자는 궁내를 지니고, 월형(刖刑)²⁶⁾을 받은 자는 유를 지키고, 곤형(髡刑)²⁷⁾을 받은 자는 적을 지킨다.”²⁸⁾는 기술 때문이다. “오직 그가 가야할 곳이다.”라는 것은 그 사람의 죄값에 합당한 정도의 귀양보낼 땅을 헤아려서, 그가 그곳에 살도록 하는 것이니, 『서』「우서 (虞書)」의 “다섯 가지 유배에는 택이 있고, 다섯 가지 택에는 세 가지 거가 있다.”²⁹⁾는 것과 같은 내용들이 여기에 해당한다. “정을 미치지 않게 한다.”는 것은 부역을 부여하지 않는 것이다. “일부러 살게끔 하지 않음을 보인다.”는 것은 그에게 전답을 부여하지 않고, 그의 궁핍함을 구휼하지 않아서, 일부러 그를 살게끔 하지 않음을 보이는 것이다.

【095】

大夫廢其事, 終身不仕, 死以士禮葬之.〈093〉

대부가 자신의 맡은 직무를 유기하면, 그를 종신토록 다시 등용하지 않고,

殺戮無辜, 爰始淫爲劓刵椓黥.”이라는 기록이 있고, 이에 대한 공영달(孔穎達)의 소(疏)에서는 “劓, 截人鼻.”라고 풀이했다.

25) 궁형(宮刑)은 궁벽(宮辟)이라고도 부르며, 오형(五刑) 중 하나이다. 남자의 생식 기를 자르거나, 여자의 생식 기능을 파괴하는 형벌이다. 일설에는 여자에 대한 ‘궁형’은 감금을 하여 노비로 전락시키는 것이라고 설명한다. 『서』「주서(周書)· 여형(呂刑)」편에는 “宮辟疑赦.”라는 기록이 있고, 이에 대한 공안국(孔安國)의 전(傳)에서는 “宮, 淫刑也. 男子割勢, 婦人幽閉, 次死之刑.”이라고 풀이했다.

26) 월형(刖刑)은 비벽(剕辟)·비형(剕刑)이라고도 부르며, 오형(五刑) 중의 하나이 다. 범죄자의 다리를 자르는 형벌이다. 『춘추좌씨전』「장공(莊公) 16년」편에는 “九月, 殺公子閼, 刖强鉏.”라는 용례가 있다.

27) 곤형(髡刑)은 오형(五刑) 중에는 포함되지 않으며, 죄인의 머리를 깎아서 치욕을 주는 형벌이다.

28) 『주례』「추관(秋官)·장륙(掌戮)」: 墨者使守門. 劓者使守關. 宮者使守內. 刖 者使守囿. 髡者使守積.

29) 『서』「우서(虞書)·순전(舜典)」: 帝曰, 皋陶, 蠻夷猾夏, 寇賊姦宄, 汝作士, 五刑有服, 五服三就, 五流有宅, 五宅三居, 惟明克允.

그가 죽거든 사의 예로 장례를 지낸다.

集說 廢其事, 如戰陣無勇, 而敗國殘民, 或荒淫失行, 而悖常亂俗, 生則擯棄, 死則貶降也.

그의 직무를 유기한다는 것은 예를 들어 전쟁으로 서로 대치하고 있을 때 용기가 없어서 자국을 패망시키고 자국의 백성들을 죽음에 이르게 하는 것과 같은 것이며, 혹은 음탕한데 빠지고 행동을 그르쳐서 상도를 어그러트리고 세속을 어지럽히는 것과 같은 것이니, 그런 사람에 대해서는 살아서는 물리쳐서 버려버리고, 죽어서는 그가 살아있었을 때의 관직을 폄하하고 낮춰버리는 것이다.

【096】
有發, 則命大司徒, 敎士以車甲.〈094〉
군대를 출동시킬 일이 발생하면, 대사도에게 명령하여 사에게 수레와 병장기 다루는 것을 교육시킨다.

集說 發, 師旅之役也.
'발(發)'은 군대와 관련된 요역을 뜻한다.

集說 方氏曰: 先王設官, 未嘗不辨, 亦未嘗不通. 司徒掌敎, 司馬掌政, 是分職而辨之也. 有發, 則司徒敎士以車甲, 造士, 則司馬辨論官材, 是聯事而通之也.

방씨가 말하길, 선왕이 관직을 설치함에 일찍이 구별하지 않음이 없었고, 또한 일찍이 통하지 않게 함이 없었다. 사도가 교육을 담당하고 사마가 군정을 담당하니, 이것은 직책을 나누어 구별한 것이다. 군대가 출동할 일이 발생하면, 사도가 사에게 수레와 병장기 다루는 일을 교육하고, 조사에 대해서는 사마가 논정을 분별하고 인재를 관리로 임용하니, 이것은 일을 연관시켜서 통하게 한 것이다.

【097】

凡執技論力. 適四方, 贏[力果反]股肱, 決射御.〈095〉

기술을 가지고 있는 하급 관리에 대해서는 그 실력을 논정한다. 기능을 가진 관리가 사방으로 갈 일이 생기면, 팔과 다리를 걷어 올리고['贏'자는 '力(력)'자와 '果(과)'자의 반절음이다.] 활쏘기와 수레 모는 기술로 결판을 내서 선별한다.

集說 射 · 御之技, 四方惟所之, 然但論力之優劣而已. 所以攓衣而出其股肱者, 欲以決勝負而示武勇也.

활쏘기와 수레를 모든 기술은 사방으로 갈 때에 필요한 것이다. 그래서 단지 그 실력의 우열을 논정할 따름이다. 옷을 입되 팔과 다리를 내보이는 까닭은 승부를 결판내고 무용을 보이고자 함이다.

【098】

凡執技以事上者, 祝 · 史 · 射 · 御 · 醫 · 卜及百工. 凡執技以事上者, 不貳事, 不移官. 出鄕, 不與士齒. 仕於家者, 出鄕, 不與士齒.〈096〉

기술을 가지고서 윗사람을 섬기는 하급 관리들은 축(祝) · 사(史) · 사(射) · 어(御) · 의(醫) · 복(卜) 및 백공(百工)들이다. 기술을 가지고서 윗사람을 섬기는 하급 관리들은 자기가 맡은 일 이외의 다른 일을 맡지 않으며, 다른 관직으로 옮기지도 않는다. 소속된 향을 나가서는 사와 나란히 서지 못한다. 대부의 가에서 일하는 하급 관리들도 소속된 향을 나가서는 사와 나란히 서지 못한다.

集說 不貳事, 則所業彌至於精. 不移官, 恐他職非其所長. 以技名

者賤, 爲大夫之臣亦賤, 故不得與爲士者齒列. 然必出鄕乃爾者, 於
其本鄕, 有族人親戚之爲士者, 或不忍卑之故也.

하급 관리들이 자기가 맡은 일 이외의 다른 일을 맡지 않으면, 맡은 일이
매우 정밀하게 되는 경지에 이르게 된다. 하급 관리들이 다른 관직으로
옮기지 않는 것은 다른 직책의 일은 그가 잘할 수 있는 것이 아니기 때문
이다. 기술로 관직명을 삼은 관리들은 신분이 미천하고, 대부의 가신이
된 자들도 또한 신분이 미천하다. 그렇기 때문에 그보다 신분이 높은 사
와 나란히 설 수 없는 것이다. 그러나 경문에서 기어코 소속된 향을 나가
서라는 단서를 달았으니, 그들의 본향에 있는 족인들 중 가까운 인척 중
에서 사가 된 자가 간혹 그들을 차마 낮게 대할 수 없는 경우도 있기
때문이다.

【099】

士依於德, 游於藝; 工依於法, 游於說. 〈少儀-030〉 [少儀. 本在"毋側未至"
下.]

선비는 덕에 의거해서 따르고, 어느 때이건 도예를 익히는데 힘써야 한다.
공인은 규범에 의거해서 따르고, 어느 때이건 강론 등을 익히는데 힘써야
한다. [「소의」편의 문장이다. 본래는 "아직 오지 않은 일을 함부로 예측해서는 안 된다."[30)
라고 한 문장 뒤에 수록되어 있었다.]

集說 依者, 據以爲常. 游, 則出入無定. 工之法, 規矩尺寸之制也.
說, 則講論變通之道焉.

'의(依)'자는 그에 따라서 항상된 법칙으로 삼는다는 뜻이다. '유(游)'자는
출입함에 고정됨이 없다는 뜻이다. 공인의 법은 규구에 따른 길이 등의
제도를 뜻한다. '설(說)'은 강론하고 변화된 이치에 소통되는 도를 뜻한다.

---

30) 『예기』「소의(少儀)」 029장 : 毋瀆神, 毋循枉, <u>毋測未至</u>.

여기까지는 '교민조사(敎民造士)'에 대한 내용이다.

◇ 형벌과 금칙을 밝힘[明刑禁]

【100】

司寇正刑明辟[婢亦反], 以聽獄訟, 必三刺[次]. 有旨無簡, 不聽. 附從輕, 赦從重.〈097〉[本在"不與士齒"下.]

사구(司寇)1)는 형벌을 바르게 하고 죄를['辟'자는 '婢(비)'자와 '亦(역)'자의 반절음이다.] 밝혀서, 옥송의 일들을 처리하는데, 벌을 줄 때에는 반드시 세 번 검토를 한다.['刺'자의 음은 '次(차)'이다.] 의도는 있었으나 시행함이 없었다면, 옥송으로 처리하지 않는다. 다만 죄에 따른 벌을 내릴 때에는 형벌을 될 수 있는 한 가볍게 하고, 사면할 때에는 될 수 있는 한 두텁게 한다. [본래는 "사와 나란히 서지 못한다."2)라고 한 문장 뒤에 수록되어 있었다.]

集說 周禮以三刺斷庶民獄訟之中, 一曰訊群臣, 二曰訊群吏, 三曰訊万民. 刺, 殺也. 有罪當殺者先問之群臣, 次問之群吏, 又問之庶民, 然後決其輕重也. 若有發露之旨意, 而無簡覈之實迹, 則難於聽斷矣. 於是有附有赦焉, 附而入之, 則施刑從輕, 赦而出之, 則宥罪從重. 所謂與其殺不辜, 寧失不經也.

『주례』에서는 "삼자(三刺)로 서민들의 옥송(獄訟)3)에 대한 합당함을 판

---

1) 사구(司寇)는 주(周)나라 때 설치되었던 관직이다. 하(夏)나라와 은(殷)나라 때에도 이미 존재했었다고 주장하기도 한다. 주나라 때에는 육경(六卿) 중 하나였으며, 대사구(大司寇)라고도 불렀다. 형벌이나 옥사에 관련된 일을 담당하였고, 감찰 임무를 맡기도 하였다. 춘추시대(春秋時代)에는 여러 제후국들에 이 관직이 설치되었으며, 공자(孔子) 또한 노(魯)나라에서 '사구'를 지냈다고 전해지기도 한다. 청(淸)나라 때에는 형부상서(刑部尙書)를 '대사구'로 불렀으며, 시랑(侍郎)을 소사구(少司寇)로 불렀다.

2) 『예기』「왕제」096장 : 凡執技以事上者, 祝・史・射・御・醫・卜及百工. 凡執技以事上者, 不貳事, 不移官. 出鄕, 不與士齒. 仕於家者, 出鄕, <u>不與士齒</u>.

3) 옥송(獄訟)은 일종의 재판을 뜻하는 말이다. '옥(獄)'자는 죄를 따지는 것이며, '송(訟)'자는 재화의 손실 등을 따져서 벌금을 결정하는 것이다. 『주례』「지관(地

별한다고 하니, 첫 번째는 여러 신하들에게 하문하는 것을 말하고, 두 번째는 여러 하급 관리들에게 하문하는 것을 말하며, 세 번째는 만민에게 하문하는 것을 말한다."4)라고 했다. '자(刺)'자는 죽인다는 뜻이다. 그 죄로 보아 마땅히 죽여야 할 자가 있으면, 우선 여러 신하들에게 하문하고, 다음으로 여러 하급 관리들에게 하문하며, 또한 서민들에게 하민한 연후에야 그 죄에 따른 처벌의 경중을 결정한다. 만약 겉으로 드러난 범죄의 뜻이 있었더라도, 그 실상을 조사함에 있어서 실제로 시행함이 없었다면, 옥송을 들어 죄를 판정하기가 어렵다. 이때에는 형벌을 가할 경우도 있고 사면해줄 경우도 있으니, 형벌을 가해서 감옥에 들여보낼 때에는 형벌을 될 수 있는 한 가볍게 하고, 사면해서 내보냄이 있을 때에는 될 수 있는 한 두텁게 한다. 이것은 이른바 "무고한 사람을 죽이느니, 차라리 법대로 하지 못한 실수를 범하겠다."5)는 뜻이다.

附註 三刺, 刺, 議也, 如風刺·譏刺之類. 註訓殺, 恐未然.
'삼자(三刺)'라 했는데, '자(刺)'자는 의론한다는 뜻으로, 풍자(風刺)나 기자(譏刺)와 같은 부류이다. 주에서는 죽인다는 뜻으로 풀이했는데, 아마도 그렇지 않을 것이다.

官)·대사도(大司徒)」편에는 "凡萬民之不服教而有獄訟者, 與有地治者聽而斷之, 其附于刑者歸于士."라는 기록이 있고, 이에 대한 정현의 주에서는 "爭罪曰獄, 爭財曰訟."이라고 풀이했다. 한편 '옥송'은 '옥'자와 '송'자를 구별하지 않고, 재판 및 분쟁을 범칭하는 용어로도 사용된다.

4) 『주례』「추관(秋官)·소사구(小司寇)」: 以三刺斷庶民獄訟之中. 一曰訊群臣, 二曰訊群吏, 三曰訊萬民.

5) 『서』「우서(虞書)·대우모(大禹謨)」: 罪疑惟輕, 功疑惟重, 與其殺不辜, 寧失不經.

【101】

凡制五刑, 必卽天論[倫], 郵罰, 麗於事.〈098〉

오형(五刑)1)을 판결할 때에는 반드시 천륜에[論'자의 음은 '倫(륜)'이다.] 따르고, 벌을 규명하여 밝힐 때에는 실정에 맞게 한다.

集說 制, 斷也. 天倫, 天理也. 天之理至公而無私, 斷獄者體而用之, 亦至公而無私. 郵, 與尤同, 責也. 凡有罪責而當誅罰者, 必使罰與事相附麗, 則至公無私, 而刑當其罪矣.

'제(制)'자는 판결한다는 뜻이다. '천륜(天倫)'은 곧 천리이다. 하늘의 이치는 지극히 공평하고 삿됨이 없으니, 옥송을 판결하는 자는 이것을 본체로 삼아 사용해야만 또한 지극히 공평하게 되어 삿됨이 없게 된다. '우(郵)'자는 허물을 뜻하는 '우(尤)'자와 뜻이 같으니, 규명하여 밝힌다는 뜻이다. 죄를 규명하여 밝힘에 마땅히 벌을 주어야 함이 있더라도, 반드시 벌을 줌에는 그 일의 실정과 부합되어야만, 지극히 공평하고 삿됨이 없게 되어, 형벌이 그 죄에 합당하게 된다.

【102】

凡聽五刑之訟, 必原父子之親, 立君臣之義, 以權之. 意論輕重之序, 愼測淺深之量, 以別之. 悉其聰明, 致其忠愛, 以盡之. 疑獄, 氾與衆共之, 衆疑, 赦之. 必察小大之比[俾], 以成之.〈099〉

오형의 송사를 처리할 때에는 반드시 부자간 친함의 도리에 근원하고, 군

---

1) 오형(五刑)은 다섯 가지 형벌을 뜻한다. '오형'의 구체적 항목에 대해서는 각 시대별 차이가 있지만, 『주례』의 기록에 근거하면, 묵형(墨刑), 의형(劓刑), 궁형(宮刑), 비형(剕刑: =刖刑), 대벽(大辟: =殺刑)이 된다. 『주례』「추관(秋官)·사형(司刑)」편에는 "掌五刑之灋, 以麗萬民之罪, 墨罪五百, 劓罪五百, 宮罪五百, 剕罪五百, 殺罪五百."이라는 기록이 있다.

신간 의로움의 도리에 입각하여, 저울질하여 처리한다. 죄의 가볍고 무거운 순서를 깊이 논의하며, 죄의 깊고 얕은 양을 신중히 헤아려서, 형량을 구별한다. 사구는 총명함을 다하고 충애를 지극히 해서, 직무를 다한다. 옥사가 의심스러우면, 널리 여러 사람들과 함께 그 일을 처리하되 여러 사람들이 그 일이 죄가 될지 의심스러워한다면 그를 사면해 준다. 반드시 옛 일들 중에 있었던 크고 작은 사례들을['比'자의 음은 '俾(비)'이다.] 살펴서, 그 일을 완수한다.

集說 父爲子隱, 子爲父隱, 而直在其中者, 以其有父子之親也. 刑亂國用重典, 以其無君臣之義也. 推類可以通其餘, 顧所以權之何如耳. 父子·君臣, 人倫之重者, 故特擧以言之, 亦承上文天倫之意. 所犯雖同, 而有輕重淺深之殊者, 不可槩議也, 故別之, 所謂權也. 明視聰聽, 而察之於詞色之間, 忠愛惻怛, 而體之於言意之表, 庶可以盡得其情也. 汎, 猶廣也. 其或在所可疑, 則泛然而廣詢之衆見焉. 衆人共謂可疑, 則宥之矣. 比, 猶例也. 小者有小罪之比, 大者有大罪之比, 察而成之, 無往非公也.

"아비는 자식을 위해 숨겨주고, 자식은 아비를 위해 숨겨주니, 정직함은 그 가운데 있다."[2]는 것은 부자간에 친함이 있기 때문이다. "어지러운 나라를 형벌할 때에는 중대한 법률을 적용한다."[3]는 것은 군신간에 의로움이 없기 때문이다. 이것을 유추하여 그 나머지에도 통용할 수 있는 것은 분별함이 어떠했는지를 살펴보는 것일 뿐이다. 부자관계와 군신관계는 인륜 중에서도 중대한 것이기 때문에, 특별히 이 둘을 제시해서 말했을 따름이며, 또한 앞 문장에서 말한 천륜의 뜻을 이은 것이다. 죄를 범한 것이 비록 같다 하더라도, 경중과 천심의 차이가 있으니, 개괄적으로 의

---

2) 『논어』「자로(子路)」 : 孔子曰, 吾黨之直者異於是, <u>父爲子隱, 子爲父隱, 直在其中矣</u>.

3) 『주례』「추관(秋官)·대사구(大司寇)」 : 大司寇之職, 掌建邦之三典, 以佐王刑邦國, 詰四方. 一曰刑新國用輕典. 二曰刑平國用中典. 三曰<u>刑亂國用重典</u>.

론할 수 없기 때문에 구별하는 것으로, 이른바 저울질한다는 뜻에 해당한다. 보는 것과 듣는 것이 총명하면서도 죄인의 언어와 낯빛 사이에서 그것을 살피고, 충직하고 자애로우며 진심으로 슬퍼하면서도 판결자의 말과 생각의 표출함에서 그것을 체현해내면, 아마도 그 죄의 실정을 다 알 수 있을 것이다. 범(汎)자는 넓다는 뜻이니, 그 사안에 혹여 의심할 만한데가 있다면, 널리 많은 사람들의 견해를 묻는다. 많은 사람들이 모두 죄가 될지 의심스러워할 만하다고 판단한다면, 그를 용서해준다. '비(比)'자는 유사한 사례를 뜻한다. 사안이 작은 것에 있어서는 작은 죄를 처벌했을 때의 사례가 있고, 큰 것에 있어서는 큰 죄를 처벌했을 때의 사례가 있으니, 그것들을 살펴서 일을 완수한다면, 일을 처리함마다 공평하지 않음이 없게 된다.

【103】
成獄辭, 史以獄成告於正. 正聽之, 正以獄成告于大司寇. 大司寇聽之棘木之下, 大司寇以獄之成告於王. 王命三公, 參聽之. 三公以獄之成告於王. 王三又[宥], 然後制刑.〈100〉

옥과 관련된 보고서가 완성되면, 문서 담당관인 사가 옥에 대한 조사가 끝났음을 정에게 보고한다. 정은 그것을 검토하고, 이상이 없으면 정은 옥에 대한 조사가 끝났음을 대사구에게 보고한다. 대사구는 가시나무 아래에서 그것을 검토하고, 이상이 없으면 대사구는 옥에 대한 조사가 최종적으로 끝났음을 천자에게 보고한다. 천자는 삼공에게 명령하여, 참여해서 그것을 검토하게 한다. 이상이 없으면 삼공은 옥에 대한 최종보고가 이상이 없음을 천자에게 보고한다. 그러면 천자는 세 번 용서해줄['又'자의 음은 '宥(유)'이다.] 것을 생각 한 연후에야 최종 형을 결정한다.

集說 成獄詞者, 謂治獄者責取犯者之言辭, 已成定也. 史, 掌文書者. 正, 士師之屬. 聽, 察也. 棘木, 外朝之卿位也. 又, 當作宥, 周禮一宥曰不識, 再宥曰過失, 三宥曰遺忘, 謂行刑之時, 天子猶欲以此三者免其罪也. 自下而上, 咸無異說, 而天子猶必三宥, 而後有司行刑者, 在君爲愛下之仁, 在臣有守法之義也.

옥사를 완성했다는 것은 옥을 담당하는 자가 범죄를 저지른 자를 책문한 글이 완성되었다는 것을 말한다. '사(史)'는 문서를 담당하는 관리이다. '정(正)'은 사사(士師)의 부류이다. '청(聽)'자는 살핀다는 뜻이다. 극목(棘木)[4]은 외조에 있는 경의 자리에 해당한다. '우(又)'자는 마땅히 유(宥)자로 기록해야 하니, 『주례』에는 "첫 번째 관대하게 처리해주는 대상은 인식하지 못한 것을 말하며, 두 번째 관대하게 처리해주는 대상은 과실에 의한 것을 말하고, 세 번째 관대하게 처리해주는 대상은 약간의 망각함이 있는 것이다."[5]라고 했으니, 형을 집행할 때에도 천자는 오히려 이러한 세 가지로 그의 죄를 사면하게 해주고자 한다는 뜻이다. 아래의 실무 관리로부터 위로의 고위직 관리까지 모두 다른 의견이 없는데도, 천자가 오히려 이처럼 세 가지 기준으로 관대하게 처리하는 것을 고려한 이후에야 유사가 형을 집행하는 것은 군주에게는 아랫사람을 사랑하는 인함이 있고, 신하에게는 법을 수호하는 의로움이 있기 때문이다.

---

4) 극목(棘木)은 외조(外朝)에 심는 나무를 가리킨다. 고대에는 천자 및 제후가 외조에서 신하들과 함께 정사(政事)를 처리했는데, 외조의 좌우에는 각각 9개의 '극목'을 심어서, 신하들의 위치를 표시하였다. 『주례』「추관(秋官)·조사(朝士)」편에는 "掌建邦外朝之法. 左九棘, 孤卿大夫位焉, 群士在其後. 右九棘, 公侯伯子男位焉, 群吏在其後."라는 기록이 있고, 이에 대한 정현의 주에서는 "樹棘以爲立者, 取其赤心而外刺, 象以赤心三刺也."으로 풀이했다. 이후에는 '구극(九棘)'을 구경(九卿)을 가리키는 용어로도 사용했다.

5) 『주례』「추관(秋官)·사자(司刺)」: 司刺, 掌三刺三宥三赦之法, 以贊司寇聽獄訟. …… 壹宥曰不識, 再宥曰過失, 三宥曰遺忘.

【104】

凡作刑罰, 輕無赦.〈101〉

형벌을 결정하면 가벼운 것이라도 사면해줌이 없다.

集說 馮氏曰: 此言立法制刑之意. 雖輕無赦, 所以使人難犯也. 惟其當刑必刑, 輕且不赦, 而況於重者乎? 故君子不容不盡心焉.

풍씨가 말하길, 이것은 형법을 제정하고 형벌을 결정하는 뜻을 말한 것이다. 비록 가벼운 죄일지라도 사면해줌이 없는 것은 사람들로 하여금 법을 범하길 어려워하게 만드는 방법이다. 오직 그 형벌에 해당한다면 반드시 해당 형벌을 내리고, 아무리 가벼운 죄일지라도 또한 사면해주지 않으니, 하물며 무거운 죄는 어떠하겠는가? 그렇기 때문에 군자는 판결함에 있어서, 마음을 다하지 않는 것을 용납하지 않는다.

【105】

刑者, 侀也; 侀者, 成也. 一成而不可變, 故君子盡心焉.〈102〉

'형(刑)'자는 형(侀)자의 뜻이니, '형(侀)'이란 이룬다는 의미이다. 한번 이루어지면 변할 수 없다. 그렇기 때문에 군자는 판결함에 마음을 다한다.

集說 疏曰: 侀, 是形體.

소에서 말하길, '형(侀)'자는 사람의 형체와 같은 것이다.

集說 馬氏曰: 刑之所以爲刑者, 猶人之有刑也. 一辭不具, 不足以爲刑. 一體不備, 不足爲成人. 辭之所成, 則刑有所加而不可變, 故君子盡心焉. 君子無所不盡其心, 至於用刑, 則尤愼焉者也.

마씨가 말하길, 형벌의 '형(刑)'자가 고정되어 변할 수 없는 형체를 뜻하는 형(刑)자가 되는 까닭은 사람에게 형체가 있는 것과 같다. 판결과 관련된 문서에 하나의 말이라도 갖추어지지 않았다면, 제대로 된 형벌집행이라고 하기에는 부족하다. 하나의 신체라도 갖추어지지 않았다면, 완전한 사람이라고 여기기에는 부족하다. 옥사가 다 갖추어져 완성되었다면, 형벌을 부여함에 있어서 잘못됨이 있더라도 바꿀 수 없다. 그렇기 때문에 군자는 판결함에 마음을 다한다. 군자는 그 마음을 다하지 않는 데가 없지만, 형벌을 사용함에 이르러서는 더욱 신중을 기한다.

【106】

析言破律, 亂名改作, 執左道, 以亂政, 殺.〈103〉

말을 쪼개 분석하여 교묘히 하고 법률을 파괴하며 바른 명칭을 혼란스럽게 하고 제도를 제멋대로 고치며 이단의 사악한 도리에 따라서 정사를 혼란케 하면, 사형을 내린다.

集說 剖析言辭, 破壞法律, 所謂舞文弄法者也. 變亂名物, 更改制度, 或挾異端邪道, 以罔惑于人, 皆足以亂政, 故在所當殺.

말을 쪼개 분석하여 교묘히 하고, 법률을 파괴하는 것은 이른바 말장난을 하며 법률을 곡해하는 것이다. 문물의 명칭을 혼란스럽게 하고, 제도를 제멋대로 고치며, 혹은 이단의 사악한 도리를 가지고서 사람들을 미혹시키는 것은 모두 정사를 혼란하게 만들기에 충분하다. 그렇기 때문에 마땅히 죽여야 할 죄에 해당하는 것이다.

【107】

作淫聲異服, 奇技奇器, 以疑衆, 殺. 行[去聲]僞而堅, 言僞而辨, 學非而博, 順非而澤, 以疑衆, 殺. 假於鬼神時日卜筮, 以疑衆, 殺. 此四誅者, 不以聽.〈104〉

선왕의 음악이 아닌 음란한 음악과 선왕의 복식이 아닌 바르지 못한 복식을 만들고, 기이한 재주와 기이한 기물을 만들어서, 민중을 현혹시키면,

사형을 내린다. 거짓을 행하면서도['行'자는 거성으로 읽는다.] 굳건하여 빈틈이 없고, 거짓을 말하면서도 변설이 뛰어나 굽히지 않으며, 부정한 학문을 배웠음에도 박식하고, 부정한 것을 꾸미고 유창하게 해서, 민중을 현혹시키면, 사형을 내린다. 귀신이나 날짜 점치는 것이나 거북점과 시초점에 가탁해서, 민중을 현혹시키면, 사형을 내린다. 이 네 가지 주살될 죄에 해당하는 자는 판결을 듣지 않고 즉각 처분한다.

集說 淫聲, 非先王之樂也, 異服, 非先王之服也. 奇技奇器, 如偃師舞木之類. 書云: "紂作奇技淫巧以悅婦人." 所行雖僞, 而堅不可攻, 所言雖僞, 而辨不可屈, 如白馬非馬之類. 所學雖非正道, 而涉獵甚廣, 則亦難於窮詰. 順非, 文過也. 所行雖非, 而善於文飾, 其言滑澤無滯, 衆皆疑其爲是也. 至於假託鬼神之禍福, 時日之吉凶, 卜筮之體咎, 皆足以使人惑於見聞, 而違悖禮法. 故亂政者一, 疑衆者三, 皆決然殺之, 不復審聽, 亦爲其害大而辭不可明也.

음란한 음악은 선왕이 만든 음악이 아니며, 바르지 못한 복식은 선왕이 제정한 복식이 아니다. 기이한 재주와 기이한 기물은 언사가 주나라 목왕에게 바쳤던 춤추는 나무 인형과 같은 부류이다. 『서』에 말하길, "은의 주왕은 기이한 재주와 지나치게 교묘한 것들을 만들어서 부인을 기쁘게 하였다."[6]라고 했다. 행동하는 것이 비록 거짓되나 굳건하여 빈틈을 공략할 수 없고, 말하는 것이 비록 거짓되나 변설이 뛰어나 굽힐 수가 없는 것은 공손룡이 말한 흰 말은 말이 아니라는 변설과 같은 부류이다. 배운 것이 비록 정도가 아니나 학문을 섭렵함이 매우 넓다면, 또한 따져 묻기가 어렵다. '순비(順非)'라는 것은 꾸밈이 지나친 것을 뜻한다. 행동하는 것이 비록 바르지 못하나 꾸미는데 뛰어나서, 그 말이 유창하여 막힘이 없으니, 민중들이 모두 그것이 옳다고 의심하는 것이다. 귀신이 내려준다는 화복, 일시에 따른 길흉, 복서에 나타난 좋고 나쁨에 가탁하는데 대해

---

6) 『서』「주서(周書)·태서하(泰誓下)」: 作奇技淫巧, 以悅婦人

서는 이것들은 모두 사람들로 하여금 견문을 미혹시켜서, 예법을 어그러
트리기에 충분하다. 그렇기 때문에 정사를 혼란시키는 경우 한 가지와
민중을 현혹시키는 경우 세 가지는 모두 과감하게 그런 사람들을 사형에
처하며, 다시 심문하여 판결하지 않는 것은 또한 그들이 끼치는 해가 크
고 그들의 언설에 의해 옥사가 명확해지지 않기 때문이다.

【108】

凡執禁, 以齊衆, 不赦過.〈105〉

금지하는 법령을 집행하여 민중을 다스릴 때에는 작은 과실이라도 사면해
주지 않는다.

集說 **立法有典, 司刑有官, 雖過失不赦, 所以齊衆人之不齊也. 若
先示之以赦過之令, 則人將輕於犯禁矣, 豈能齊之乎?**

법령을 세움에는 법전이 있고, 형벌을 다스림에는 관리가 있으니, 비록
작은 과실이라도 용서해주지 않는 것은 민중들의 가지런하지 못함을 다
스리기 위해서이다. 만약 먼저 과실을 사면해주는 법령을 보여주게 된다
면, 사람들은 장차 금법 범하기를 가볍게 여길 것이니, 어찌 다스릴 수
있겠는가?

【109】

**有圭璧·金璋, 不粥於市. 命服·命車, 不粥於市. 宗廟之器, 不粥於
市. 犧牲, 不粥於市. 戎器, 不粥於市.**〈106〉

규벽과 금장(金璋)[7]은 시장에서 팔아서는 안 된다. 하사받은 의복과 하사

---

7) 금장(金璋)은 금으로 장식한 장(璋)을 뜻한다. '장'은 본래 옥(玉)으로 된 기물로써,
   고대에는 조빙(朝聘)이나 제사(祭祀) 때 사용하던 물건이었다. 규(圭)의 절반이

받은 수레는 시장에서 팔아서는 안 된다. 종묘에서 사용하는 기물은 시장에서 팔아서는 안 된다. 제사에 사용하는 희생은 시장에서 팔아서는 안 된다. 하사받은 병기는 시장에서 팔아서는 안 된다.

集說 方氏曰: 此所以禁民之不敬. 金璋, 以金飾之. 考工記大璋·中璋·黃金勺·靑金外者, 是矣.

방씨가 말하길, 이 문장은 백성들의 불경스러움을 금지하는 것이다. '금장(金璋)'은 금으로 장식한 장이니, 『고공기』에 나오는 대장·중장·황금작·청금외라는 것8) 등이 이것이다.

【110】
用器不中[去聲]度, 不粥於市. 兵車不中度, 不粥於市. 布帛, 精麤不中數, 幅廣狹不中量, 不粥於市. 姦色亂正色, 不粥於市.〈107〉

일상적으로 사용하는 기물 중에서 정해진 기준 척도에 맞지['中'자는 거성으로 읽는다.] 않는 것은 시장에서 팔아서는 안 된다. 전쟁용 수레 중에서 정해진 기준 척도에 맞지 않는 것은 시장에서 팔아서는 안 된다. 포와 백 중에서 곱고 거친 올의 수가 정해진 기준 승수에 맞지 않고, 폭의 넓고 좁음이 정해진 기준 양에 맞지 않는 것은 시장에서 팔아서는 안 된다. 간색이 정색을 어지럽히는 것들은 시장에서 팔아서는 안 된다.

集說 此所以禁民之不法. 用器, 人生日用之器也. 數, 升縷多寡之數也. 布幅廣二尺二寸, 帛廣二尺四寸.

이 문장은 백성들의 불법적인 것들을 금지하는 것이다. '용기(用器)'는

되는 크기이다. 『서』「주서(周書)·고명(顧命)」편에는 "秉璋以酢."이란 기록이 있는데, 이에 대한 공안국(孔安國)의 전(傳)에서는 "半圭曰璋."이라고 풀이했다.
8) 『주례』「동관고공기(冬官考工記)·옥인(玉人)」: 大璋中璋九寸, 邊璋七寸, 射四寸, 厚寸, 黃金勺, 靑金外, 朱中, 鼻寸, 衡四寸, 有繅, 天子以巡守, 宗祝以前馬.

사람이 살아가면서 일상적으로 사용하는 기물이다. '수(數)'는 피륙의 올이 많고 적음의 수를 말한다. 포의 폭 너비는 2척 2촌이고, 백의 폭 너비는 2척 4촌이다.

【111】

錦文·珠玉·成器, 不粥於市. 衣服·飲食, 不粥於市. 〈108〉

무늬를 수놓은 비단, 값비싼 주옥, 좋은 기물들은 시장에서 팔아서는 안 된다. 의복과 음식은 시장에서 팔아서는 안 된다.

> 集說 此所以禁民之不儉.

이 문장은 백성들의 검소하지 못함을 금지하는 것이다.

【112】

五穀不時, 果實未孰, 不粥於市. 木不中伐, 不粥於市. 禽獸魚鼈不中殺, 不粥於市. 〈109〉

오곡 중 제철이 아니어서 익지 않은 것과 과실 중 아직 익지 않은 것은 시장에서 팔아서는 안 된다. 벌목한 나무 중 벌목할 시기에 해당되지 않는데도 성장 중에 있는 나무를 벌목한 것은 시장에서 팔아서는 안 된다. 수렵한 금수와 어별 중 수렵할 시기에 해당되지 않는데도 불법으로 수렵한 것은 시장에서 팔아서는 안 된다.

> 集說 此所以禁民之不仁. 凡十有四事, 皆所以齊其衆, 而使風俗之同也.

이 문장은 백성들의 인하지 못함을 금지하는 것이다. 이와 같이 총 14가지 금지하는 일들은 모두 민중들을 가지런히 하여 풍속을 같게 하는 것이다.

【113】

關, 執禁以譏, 禁異服, 識異言.〈110〉

관문에서는 이러한 금지법들을 집행하여 기찰하니, 다른 복식을 입는 사람들을 금지하고, 다른 언어를 사용하는 사람들을 기록하고 금지한다.

集說 劉氏曰: 凡上文所當禁戒之事, 雖有司刑司市之屬以治之, 然不有以譏察之, 則犯者衆而獲者寡矣. 故令司關者, 執禁戒之令以譏察之, 見異服則禁之, 聞異言則識之. 衣服易見, 故直曰禁, 言語難知, 故必曰識. 關, 境上門, 擧關則郊門·城門, 亦在其中矣. 司徒之屬有司門·司關者, 皆職之大略也.

유씨가 말하길, 앞 문장에서 마땅히 금지하고 경계해야 하는 일들은 비록 사형(司刑)[9]이나 사시(司市)[10]와 같은 관리들을 두어서 다스린다고 하

---

[9] 사형(司刑)은 주대(周代) 때의 관리로, 형벌에 대한 임무를 담당하였다. 형벌은 크게 다섯 가지가 있었는데, 이것을 통해 죄의 경중(輕重)을 변별하여, 형벌의 수위를 정하였다. 『주례』「추관사구(秋官司寇)」편에는 "司刑中士二人, 府一人, 史二人, 胥二人, 徒二十人."이라는 기록이 있다. 즉 '사형'은 사구(司寇)에게 소속된 관리이며, 중사(中士) 2명이 직책의 담당관이 되고, 그 휘하에는 여러 잡무를 맡아보던 하급관리들이 배속되어 있었다. 또한 『주례』「추관(秋官)·사형(司刑)」편에는 "司刑掌五刑之法, 以麗萬民之罪. 墨罪五百, 劓罪五百, 宮罪五百, 刖罪五百, 殺罪五百. 若司寇斷獄弊訟, 則以五刑之法詔刑罰, 而以辨罪之輕重."이라는 기록이 있다.

[10] 사시(司市)는 주대(周代) 때의 관리로, 시장에 대한 일을 담당하였다. 시장에 대한 단속 및 도량형의 준수 여부 등을 감시하였고, 금령(禁令)을 시행하고, 시장에서 이루어지는 거래가 공정하도록 단속하였다. 『주례』「지관사도(地官司徒)」편에는 "司市下大夫二人, 上士四人, 中士八人, 下士十有六人, 府四人, 史八人, 胥十有二人, 徒百有二十人."이라는 기록이 있다. 즉 '사시'는 사도(司徒)에게 소속된 관리이며, 하대부(下大夫) 2명이 이 직책의 담당관이 되고, 그 휘하에는 상사(上士) 4명을 비롯하여, 여러 하급 관리들이 배속되어 있었다. 또한 『주례』「지관(地官)·사시(司市)」편에는 "司市, 掌市之治教政刑量度禁令. …… 凡會同師役市司帥賈師而從, 治其市政, 掌其賣儥之事."라는 기록이 있다.

지만, 그들만 가지고 자세히 기찰할 수 없어서, 범하는 자는 많아지는데 잡아들이는 자는 적게 된다. 그렇기 때문에 사관(司關)[11]으로 하여금 금지하고 경계하는 법령을 집행하여 자세히 기찰하니, 다른 복식을 보게 되면 그것을 금지하고, 다른 언어를 들으면 그것을 기록하는 것이다. 의복은 쉽게 드러나는 것이기 때문에, 곧바로 금지한다고 말한 것이고, 언어는 곧바로 알아차리기 어려운 것이기 때문에, 기어코 기록한다고 말한 것이다. 관문은 경계 상에 있는 문이니, 경문에서 관문만을 제시하였다면, 교문과 성문 또한 그 가운데 포함된다. 사도에 소속된 관리 중 사문(司門)[12]이나 사관과 같은 자들이 있는데, 여기에서 말하는 것들이 모두 그 직책의 대략적인 내용들이다.

類編 右明刑禁.

여기까지는 '명형금(明刑禁)'에 대한 내용이다.

---

11) 사관(司關)은 주대(周代) 때의 관리로, 관문(關門)을 담당하였다. 관문의 출입을 통제하였고, 고대의 시장들은 주로 관문의 주위에 설치되었으므로, 시장에 대한 통제 또한 실시하였다. 『주례』「지관사도(地官司徒)」편에는 "司關上士二人, 中士四人, 府二人, 史四人, 胥八人, 徒八十人. 每關, 下士二人, 府一人, 史二人, 徒四人."이라는 기록이 있다. 즉 '사관'은 사도(司徒)에게 소속된 관리이며, 상사(上士) 2명이 이 직책의 담당관이 되고, 중사(中士) 4명이 보좌를 하였다. 그리고 각 관문에는 하사(下士) 2명과 하급관리 몇 명이 배치되어 있었다. 『주례』「지관(地官)·사관(司關)」편에는 "司關, 掌國貨之節以聯門市. …… 有外內之送令, 則以節傳出內之."라는 기록이 있다.

12) 사문(司門)은 주대(周代) 때의 관리로, 문(門)을 담당하였다. 국문(國門)을 개폐하거나, 외부의 빈객(賓客)들이 찾아오면, 그 사실을 보고하는 일 등을 하였다. 『주례』「지관사도(地官司徒)」편에는 "司門下大夫二人, 上士四人, 中士八人, 下士十有六人, 府二人, 史四人, 胥四人徒, 四十人. 每門, 下士二人, 府一人, 史二人, 徒四人."이라는 기록이 있다. 즉 '사문'은 사도(司徒)에게 소속된 관리이며, 하대부(下大夫) 2명이 이 직책의 담당관이 되고, 상사(上士)를 비롯하여 여러 명의 보좌관을 거느렸다. 또한 각 문에는 하사(下士) 2명과 하급관리들이 배치되었다. 『주례』「지관(地官)·사문(司門)」편에는 "司門, 掌授管鍵以啓閉國門. …… 凡四方之賓客造焉, 則以告."라는 기록이 있다.

◇ 간언과 질정을 받아들임[受諫質]

【114】

大史典禮, 執簡記, 奉諱惡[去聲], 天子齊戒, 受諫. 〈111〉

태사는 예에 대한 전적을 담당하니, 간책에 기록된 것을 가지고 와서 피휘
해야 할 것과 싫어하는 것들을[‘惡’자는 거성으로 읽는다.] 기재하여 바치면, 천자
는 몸을 가다듬고 스스로를 경계하며, 간언해준 것을 받아들인다.

集說 周官・大史典歷代禮儀之籍. 國有禮事, 則豫執簡策, 記載所
當行之禮儀, 及所當知之諱惡, 如廟諱忌日之類, 奉而進之天子. 天
子重其事, 故齊戒以受其所敎詔. 諫, 猶敎詔也. 不言大宗伯者, 體
貌尊, 惟詔相大禮於臨時耳.

『주례』의 태사는 역대 예의 의식에 대한 전적을 담당한다.[1] 나라에 예와
관련된 일이 생기면, 미리 간책을 가지고 와서, 마땅히 행해야할 예의
의식과 마땅히 알아야할 피휘할 것과 싫어하는 것들을 기록하니, 예를
들어 묘에서 피휘해야 할 것과 부모나 친족 등이 돌아가셔서 꺼리는 날인
기일과 같은 부류 등인데, 이런 것들을 기록하여 받들고서 천자에게 올린
다. 천자는 그 일을 중대하게 여기기 때문에, 몸을 가다듬고 스스로를
경계하여 교조해야 할 것들을 받아들인다. '간(諫)'은 교조와 같은 것이
다. 대종백을 언급하지 않은 것은 대종백이 예를 돕는 것은 존귀한 경우
이니, 오직 천자가 그 일에 직접 임할 때 보다 큰 예를 아뢰며 도울 따름
이다.

---

1) 『주례』「춘관(春官)・대사(大史)」 : 大史, 掌建邦之六典, 以逆邦國之治, 掌法
以逆官府之治, 掌則以逆都鄙之治.

【115】

司會[古外反]以歲之成, 質於天子, 冢宰齊戒, 受質.〈112〉

사회가[會'자는 '古(고)'자와 '外(외)'자의 반절음이다.] 한 해의 성과에 대한 회계를
완성한 것으로 천자에게 질정하는데, 총재는 몸을 가다듬고 스스로 경계하
며, 사회가 질정한 것을 받아들인다.

集說 司會, 冢宰之屬, 掌治法之財用會計, 及王與冢宰廢置等事.
故歲之將終也, 質平其一歲之計要於天子, 而先之冢宰冢. 宰重其
事, 而齊戒以受其質. 質者, 質於上而考正其當否也.

사회(司會)²⁾는 총재에게 소속된 관리로, 법 시행에 있어서의 재물 사용
과 회계, 그리고 천자 및 총재에게 폐지해야 할 것과 설치해야 할 것 등을
건의하는 일을 담당한다.³⁾ 그렇기 때문에 한 해가 장차 끝나가려고 할
때, 그 해의 성과를 천자에게 질정하여 바로잡는데, 총재에게 먼저 바친
다. 총재는 그 일을 중대하게 여기기 때문에, 몸을 가다듬고 스스로 경계
하며 질정한 내용을 받아들인다. '질(質)'이라는 것은 윗사람에게 질정하
여 마땅하거나 그렇지 않음을 상고해서 바로잡는 것이다.

---

2) 사회(司會)는 주(周)나라 때의 관직이다. 『주례』의 체제에 따르면, 천관(天官)에
   소속되어 있었으며, 중대부(中大夫) 2명이 담당을 하였고, 그 휘하에는 하대부(下
   大夫) 4명, 상사(上士) 8명, 중사(中士) 16명이 포함되어, '중대부'를 보좌를 하였
   다. 한편 잡무를 맡아보는 부(府) 4명, 사(史) 8명, 서(胥) 5명, 도(徒) 50명이
   배속되어 있었다. 『주례』「천관총재(天官冢宰)」편에는 "司會, 中大夫二人, 下大
   夫四人, 上士八人, 中士十有六人, 府四人, 史八人, 胥五人, 徒五十人."이라는
   기록이 있다. '사회'는 주로 국가의 재화에 대한 일을 담당하여, 필요한 수량에
   따라 각 관부에 공급을 하거나, 각 관부의 정치적 업적 등을 평가하는 임무를
   담당하였다.
3) 『주례』「천관(天官)·사회(司會)」: 掌國之官府郊野縣都之百物財用, 凡在書契
   版圖者之貳, 以逆群吏之治, 而聽其會計. …… 以周知四國之治, 以詔王及冢
   宰廢置.

【116】

大樂正・大司寇・市三官, 以其成從質於天子, 大司徒・大司馬・大司空齊戒受質.〈113〉

대악정・대사구・사시 등 세 명의 관리가 그 해의 성과에 대한 회계를 완성한 것으로 사회를 통해 천자에게 질정하는데, 대사도・대사마・대사공은 몸을 가다듬고 스스로를 경계하며, 질정한 것을 받아들인다.

集説　市, 司市也. 周官司市下大夫二人. 司會所質, 冢宰旣受之矣. 此三官各以其計要之成, 從司會而質於天子, 則司徒・司馬・司空亦齊戒而受之.

'시(市)'는 사시이다. 『주례』에 사시는 하대부 2명이 담당한다고 했다.[4] 사회가 질정하는 것은 총재가 이미 접수했다. 여기에서 말한 세 명의 관리는 각각 그들이 집계한 한 해의 성과를 정리한 결과물을 가지고 사회를 통해 천자에게 질정하는데, 사도・사마・사공은 또한 몸을 가다듬고 경계하며, 그것을 받아들인다.

【117】

百官, 各以其成質於三官, 大司徒・大司馬・大司空以百官之成質於天子, 百官齊戒受質, 然後休老勞[去聲]農, 成歲事, 制國用.〈114〉

백관이 각각 그 해의 성과에 대한 회계를 완성한 것으로, 세 명의 관리인 대악정・대사구・사시에게 질정함을 청하면, 이들은 다시 대사도・대사마・대사공에게 보고하고, 대사도・대사마・대사공은 백관이 제출한 성과에 대한 회계를 완성한 것으로 천자에게 질정하고, 천자가 질정한 내용에 대한 결과를 백관에게 내려주면, 백관은 몸을 가다듬고 스스로를 경계하

---

4) 『주례』「지관사도(地官司徒)」: 司市下大夫二人, 上士四人, 中士八人, 下士十有六人, 府四人, 史八人, 胥十有二人, 徒百有二十人.

며, 질정한 결과물을 받아들이니, 그런 연후에야 나이든 사람을 휴식시키고, 농부를 위로해주며['勞'자는 거성으로 읽는다.] 한 해의 일을 마무리 짓고, 다음해 국가의 재용을 제정한다.

> 集說 百官位卑, 不敢專達, 故但質於三官. 三官達於司徒·司馬·司空, 而爲之質於天子. 天子與六卿受而平斷畢, 則還報其平於下. 故百官齊戒, 以受上之平報焉, 君臣上下, 莫不齊戒以致其敬者, 以天功天職, 不敢忽也. 六官獨不言大宗伯者, 宗伯禮樂事行, 則天子六卿皆在, 無可歲會者. 惟大樂正敎國子, 及一歲禮樂之費用, 當質正之爾. 然雖不言宗伯, 而先言大史典禮於前, 則其尊重禮樂之意, 可見矣. 已上竝劉氏說.

백관(百官)[5]은 지위가 낮기 때문에 감히 천자에게 직접 전달할 수 없다. 그렇기 때문에 단지 세 명의 관리인 대악정·대사구·사시에게 질정함을 청하는 것이다. 세 명의 관리들은 다시 사도·사마·사공에게 전달하여, 그들을 대신해 천자에게 질정함을 구하게 된다. 천자와 육경은 그것을 받아들이고 평가하여 결정이 끝나면, 다시 아래로 그 평가한 결과를 알려준다. 그렇기 때문에 백관이 몸을 가다듬고 스스로 경계하며, 위에서 내려온 평가결과를 받아들이는 것이다. 군신 상하가 몸을 가다듬고 스스로를 경계하여, 공경스러움을 지극히 하지 않음이 없는 것은 하늘이 도와 이루어진 공적과 하늘이 내려준 직임을 감히 소홀히 할 수 없기 때문이다. 여섯 관부 중에서 유독 대종백만을 언급하지 않은 것은 종백이 집행하는 예악의 일과 시행에는 천자와 육경이 모두 그 자리에 참가하기 때문에 한 해의 성과를 총결산할 것이 없다. 다만 대종백에게 소속된 대악정

---

5) 백관(百官)은 공경(公卿) 이하의 관리들을 뜻한다. 또한 각 부서의 하급 관리들을 총칭하는 용어로도 사용되었다. 『예기』「교특생(郊特牲)」편에는 "獻命庫門之內, 戒百官也."라는 기록이 있고, 이에 대한 정현의 주에서는 "百官, 公卿以下也."라고 풀이하였다.

이 국자들을 가르치고, 한 해의 예악을 시행하며 사용되는 비용 등에 대해서는 마땅히 질정해야 할 따름이다. 그렇기 때문에 비록 종백을 언급하지 않았더라도 앞서 태사가 예에 대한 전적을 담당한다고 먼저 언급했으니, 예악을 존중했던 의의를 볼 수 있다. 이상은 모두 유씨의 주장이다.

集說 石梁王氏曰: 大史典禮以下, 至制國用, 此一節與周制異, 與夏殷無考.

석량왕씨가 말하길, 태사가 예에 대한 전적을 담당한다는 문장으로부터, 다음 해의 국가 재용을 제정한다는 것까지, 이 한 절의 내용은 주나라의 제도와는 다르고, 하나라 은나라의 제도와는 상고해볼 자료가 없다.

類編 右受諫質.

여기까지는 '수간질(受諫質)'에 대한 내용이다.

【118】

凡養老, 〈115〉

노임을 봉양함에 있어서,

集說 養老之禮, 其目有四. 養三老五更, 一也; 子孫死於國事, 則養其父祖, 二也; 養致仕之老, 三也; 養庶人之老, 四也. 一歲之間, 凡七行之. 飮養陽氣, 則用春 · 夏. 食養陰氣, 則用秋 · 冬. 四時各一也. 凡大合樂, 必遂養老, 謂春入學, 舍菜合舞, 秋頒學合聲, 則通前爲六. 又季春大合樂, 天子視學亦養老, 凡七也.

노인을 봉양하는 예는 그 절목에 네 가지가 있다. 삼로오경(三老五更)[1]을 봉양하는 것이 첫 번째이다. 자손이 국가의 공무를 수행하다 죽었다면, 그의 부친과 조부를 봉양하는 것이 두 번째이다. 나이가 들어 관직에

---

1) 삼로오경(三老五更)은 삼로(三老)와 오경(五更)을 뜻한다. 이들은 국가의 요직에 있다가 나이가 들어 퇴직한 자들이다. 정현은 '삼로'와 '오경'은 3명과 5명이 아닌 각각 1명씩이라고 풀이했다. 그리고 1명씩인데도 '삼(三)'자와 '오(五)'자를 붙여서 부르는 이유에 대해서, '삼신(三辰)'과 '오성(五星)'에서 명칭을 빌려왔기 때문이라고 해석하였고, 또한 '삼덕(三德)'과 '오사(五事)'를 알고 있는 자들이기 때문에, 이러한 명칭이 붙었다고 풀이하기도 한다. 『예기』 「문왕세자」편에는 "適東序, 釋奠於先老, 遂設三老, 五更, 群老之席位焉."이란 기록이 있는데, 이에 대한 정현의 주에서는 "三老五更各一人也, 皆年老更事致仕者也. 天子以父兄養之, 示天下之孝悌也. 名以三五者, 取象三辰五星, 天所因以照明天下者."라고 풀이했고, 또한 『예기』 「악기(樂記)」편에는 "食三老五更於大學."이란 기록이 있는데, 이에 대한 정현의 주에서는 "三老五更, 互言之耳, 皆老人更知三德五事者也."라고 풀이했다. 그리고 참고적으로 공영달(孔穎達)의 소(疏)에서는 "三德謂正直, 剛, 柔. 五事謂貌, 言, 視, 聽, 思也."라고 해석하여, '삼덕'은 정직(正直), 강직함[剛], 부드러움[柔]이라고 풀이했고, 오사(五事)는 '올바른 용모[貌]', '올바른 말[言]', '올바르게 봄[視]', '올바르게 들음[聽]', '올바르게 생각함[思]'이라고 풀이했다.

서 퇴임한 노인을 봉양하는 것이 세 번째이다. 서인들 중에서 나이든 노인을 봉양하는 것이 네 번째이다. 한 해 동안에는 모두 일곱 번 봉양의 예를 시행한다. 술을 마시게 하여 양기를 키워주는 것은 곧 봄과 여름에 한다. 맛좋은 음식을 먹게 하여 음기를 키워주는 것은 곧 가을과 겨울에 한다. 사계절에 각각 1번씩 시행한다. 대합악(大合樂)2)을 하게 되면 반드시 노인을 봉양하는 의식까지 치르는데, 봄에 학사들이 학궁에 입학하게 되면, 향기 있는 풀인 채를 들고 춤을 화합되게 추게 하고, 가을에는 재목에 따라 배우는 과정을 구분하고, 노래를 화합되게 부르게 한다는 것을 뜻하며,3) 앞에서 말한 것과 합하면 여섯 가지가 된다. 또한 계춘에는 대합악을 하며 천자가 태학에 친히 가서 보게 되는데, 이 때에도 노인을 봉양하니, 이것이 일곱 번째이다.

【119】

有虞氏以燕禮. 〈116〉

유우씨 때에는 연례(燕禮)로써 노인을 봉양했다.

集說 燕禮者, 一獻之禮旣畢, 皆坐而飮酒, 以至於醉. 其牲用狗, 其禮亦有二, 一是燕同姓; 二是燕異姓也.

'연례(燕禮)'라는 것은 처음 술잔을 따라 바치는 예가 끝나면, 모두 자리에 앉아서 술을 마시는데, 취할 때까지 마시는 것이다. 희생물에는 개를

---

2) 대합악(大合樂)은 일반적으로 음악을 합주한다는 합악(合樂)의 뜻과 같다. 한편 계춘(季春)의 달에 국학(國學)에서 성대하게 시행한 합주를 뜻하기도 한다. 계춘에는 천자가 직접 주요 신하들을 이끌고 국학에 와서 합악을 관람하기 때문에, 성대하다는 의미에서 '대(大)'자가 붙여진 것이다.

3) 『주례』「춘관(春官)·대서(大胥)」: 大胥, 掌學士之版以待致諸子. <u>春入學舍采合舞, 秋頒學合聲.</u>

쓰고, 그 예법에도 또한 두 가지가 있으니, 첫 번째는 성이 같은 이들과 연회를 하는 것이며, 두 번째는 성이 다른 이들과 연회를 하는 것이다.

【120】
夏后氏以饗禮.〈117〉
하후씨 때에는 향례(饗禮)로써 노인을 봉양했다.

集說 饗禮者, 體薦而不食, 爵盈而不飮, 立而不坐, 依尊卑爲獻, 數畢而止. 然亦有四焉, 諸侯來朝, 一也; 王親戚及諸侯之臣來聘, 二也; 戎狹之君使來, 三也; 享宿衛及耆老孤子, 四也; 惟宿衛及耆老孤子, 則以酒醉爲度, 酒正云.

'향례(饗禮)'라는 것은 희생물을 통째로 바치지만 그것을 먹지 않고, 술잔을 가득 채우지만 마시지는 않고, 서 있고 자리에 앉지 않으며, 신분의 서차에 의거해서 술잔을 바치며, 정해진 술잔 바치는 회수가 끝나면 의식을 끝낸다. 그런데 이 예법에도 네 가지 종류가 있으니, 제후가 천자의 수도로 찾아와 조회를 할 때 시행하는 것이 첫 번째이다. 천자의 친척이나 제후의 신하가 찾아와서 조회를 할 때 시행하는 것이 두 번째이다. 오랑캐 군주나 그 사신이 찾아왔을 때 시행하는 것이 세 번째이다. 경호를 담당하는 숙위들과 기로 및 고아들에게 잔치를 열어줄 때 시행하는 것이 네 번째이다. 오직 숙위들과 기로 및 고아들에게 잔치를 열어줄 때 시행하는 것에 한해서만 술을 취할 때까지 마시게 하는 것을 법도로 삼았으니, 『주례』「주정(酒正)」에서 그렇게 이야기했다.[4]

---

4) 『주례』「천관(天官)·주정(酒正)」: 凡饗士庶子, 饗耆老孤子, 皆共其酒, 無酌數.

【121】

殷人以食[嗣]禮.〈118〉

은인 때에는 사례(食禮)로써['食'자의 음은 '嗣(사)'이다.] 노인을 봉양했다.

集說 食禮者, 有飯有殽, 雖設酒而不飮, 其禮以飯爲主, 故曰食也. 然亦有二焉, 大行人云食禮九擧, 及公食大夫之類, 謂之禮食. 其臣下自與賓客旦夕共食, 則謂之燕食也. 饗食禮之正, 故行之於廟. 燕以示慈惠, 故行之於寢也.

'사례(食禮)'라는 것은 그 행사에 밥이 있고 반찬이 있는 것으로, 비록 술도 두었지만 마시지는 않는다. 그 예법에서는 밥을 위주로 하기 때문에 '사(食)'라고 부른 것이다. 그런데 이 예법에도 두 가지가 있으니, 첫 번째는 『주례』 「대행인(大行人)」편에서 말한 것처럼, 상공의 사례에서 희생물로 만든 아홉 가지의 성찬을 먹는 예법이나5) 『의례』 「공사대부례(公食大夫禮)」편과 같은 부류인데, 이러한 것들을 '예사(禮食)'라고 부른다. 두 번째는 신하들이 스스로 빈객과 더불어 아침저녁으로 함께 식사를 하는 것으로, 이러한 것들을 '연사(燕食)'라고 부른다. 하후씨 때의 향례와 은인 때의 사례는 예 중에서도 정식적인 것이기 때문에, 묘에서 그 예법을 시행한다. 유우씨 때의 연례는 그것으로 자혜로움을 보이는 것이기 때문에, 침에서 그 예법을 시행한다.

---

5) 『주례』 「추관(秋官)·대행인(大行人)」: 上公之禮, 執桓圭九寸, 繅藉九寸, 冕服九章, 建常九斿, 樊纓九就, 貳車九乘, 介九人, 禮九牢, 其朝位, 賓主之間九十步, 立當車軹, 擯者五人, 廟中將幣三享, 王禮再祼而酢, 饗禮九獻, <u>食禮九擧</u>, 出入五積, 三問三勞.

【122】

周人脩而兼用之.〈119〉

주인 때에는 이 세 가지 제도를 잘 다듬어서 함께 사용했다.

集說 春·夏則用虞之燕·夏之饗, 秋冬則用殷之食禮. 周尙文, 故
兼用三代之禮也.

봄과 여름에는 유우씨 때의 제도인 연례를 사용했고, 하후씨 때의 제도인
향례를 사용했으며, 가을과 겨울에는 은인들의 사례를 사용했다. 주나라는
화려함을 숭상했기 때문에, 우·하·은 삼대의 예를 함께 사용한 것이다.

【123】

五十養於鄉, 六十養於國, 七十養於學, 達於諸侯.〈120〉

나이가 50세인 사람들은 향학에서 봉양을 받고, 60세인 사람들은 소학에서
봉양을 받으며, 70세인 사람들은 대학에서 봉양을 받으니, 이러한 제도의
시행은 천자로부터 제후까지 해당된다.

集說 鄉, 鄉學也. 國, 國中小學也. 學, 大學也. 達於諸侯者, 天子
養老之禮, 諸侯通得行之, 無降殺也.

'향(鄉)'자는 지방학교인 향학을 뜻한다. '국(國)'자는 수도 안에 있는 소
학을 뜻한다. '학(學)'자는 대학을 뜻한다. 제후에게까지 통한다는 것은
천자가 노인을 봉양하는 예법을 제후도 시행할 수 있다는 뜻으로, 그 예
법을 시행할 때에는 주관하는 자의 작위에 따른 높이거나 낮추는 차이가
없다.

【124】

八十拜君命, 一坐再至. 瞽亦如之. 九十使人受.〈121〉

나이가 80세인 자가 군주의 명을 받을 때 절을 할 때에는 한쪽 다리만 꿇고
머리만 두 번 땅에 닿게 절한다. 장님도 이와 같이 한다. 나이가 90세인
자는 사람을 시켜서 대신 명을 받게 한다.

集說 人君有命, 人臣拜受, 禮也. 惟八十之老, 與無目之人, 惟難備
禮, 故其拜也, 足一跪而首再至地, 以備再拜之數. 九十則又不必親
拜, 特使人代受. 此言君致饗食之禮於其家, 而受之之禮如此, 然他
命則亦必然矣.

군주가 명을 내리면 신하는 절을 하며 받는 것이 예이다. 오직 80세가
된 노인들과 눈이 먼 사람들만은 예를 갖추기가 어렵기 때문에, 그가 절
을 할 때 다리는 한쪽만 꿇고서 머리는 두 번 땅에 닿게 절하여, 원래
채워야 하는 재배의 수를 맞추게 한다. 나이가 90세가 된 자들은 또한
반드시 직접 절을 할 필요가 없고, 단지 사람을 시켜서 대신 명을 받게
한다. 이것은 80~90세가 된 자들에 대해서 군주가 그의 집에 흠향할 수
있는 예물을 보내줄 때, 그것을 받는 예가 이와 같음을 말하는 것인데,
그렇다면 군주의 다른 명을 받아들일 때에도 반드시 이렇게 했던 것이다.

【125】

五十異粮[張], 六十宿肉, 七十貳膳, 八十常珍, 九十飲食不離寢, 膳
飲從於遊, 可也.〈122〉

나이가 50세인 자에게는 젊은이들과 달리 좋은 양식을['粮'자의 음은 '張(장)'이
다.] 주며, 나이가 60세인 자에게는 항상 격일로 고기를 먹게 하고, 나이가
70세인 자에게는 맛좋은 음식을 두 가지 이상 준비하며, 나이가 80세인
자에게는 항상 맛좋고 귀한 음식이 있어야 하며, 나이가 90세인 자에게는
마시고 먹는 것들이 그가 거쳐하는 곳에서 떨어져서는 안 되고, 맛좋은

음식과 마실 것들을 가지고 그가 가는 곳마다 따라다니는 것이 좋다.

集説 粻, 糧也. 異者, 精粗與少者殊也. 宿肉, 謂恒隔日備之, 不使
求而不得也. 膳, 食之善者. 每有副貳, 不使闕乏也. 常珍, 常食皆珍
味也. 不離寢, 謂寢處之所恒有庋閣之飮食也. 美善之膳, 水漿之飮,
隨其常遊之處, 而爲之備具, 可也.

'장(粻)'은 양식이다. 달리한다는 것은 양식의 정결하거나 거친 차이가
젊은이들의 것과는 다르다는 뜻이다. '숙육(宿肉)'은 항상 격일로 고기를
준비하여 그가 고기를 찾았는데도 그것을 먹을 수 없게 해서는 안 된다는
뜻이다. '선(膳)'은 음식 중에서도 좋은 것이다. 식사 때마다 두 가지 이상
의 맛좋은 음식을 곁들이게 하며, 이것을 빠트려서는 안 된다. '상진(常
珍)'은 일상적인 식사 때마다 항상 맛좋고 귀한 음식을 곁들인다는 뜻이
다. "침에서 떨어트리지 않는다."는 말은 그가 거처하는 곳에 항상 시렁
위에 마실 것과 먹을 것이 있어야 한다는 것을 뜻한다. 보기 좋고 맛좋은
음식과 물이나 음료와 같은 마실 것들을 준비하여, 그가 항상 가는 곳마
다 따라가서 그를 위해 준비해 놓는 것이 좋다.

【126】
六十歲制, 七十時制, 八十月制, 九十日脩, 唯絞[爻]紟[其鳩反]衾冒,
死而后制. ⟨123⟩

나이가 60세가 되면 관을 미리 제작해서 준비해 두고, 70세가 되면 부장하
게 될 의복과 기물들 중 비교적 얻기 힘든 것들을 미리 제작해서 준비해
두며, 80세가 되면 부장하게 될 의복과 기물들 중 비교적 얻기 쉬운 것들을
미리 제작해서 준비해 두고, 90세가 되면 미리 준비해둔 것들을 날마다
손질하며, 염을 할 때 시신을 묶는 끈['絞'자의 음은 '爻(효)'이다.] · 홑이불 · ['紟'
자는 '其(기)'자와 '鳩(짐)'자의 반절음이다.] · 이불 · 시신을 전체적으로 감싸는 모
(冒)는 그가 죽은 뒤에야 제작한다.

集說 此言漸老, 則漸近死期, 當豫爲送終之備也. 歲制, 謂棺也, 不易可成, 故歲制. 衣物之難得者, 須三月可辨, 故云時制. 衣物之易得者, 則一月可就, 故云月制. 至九十, 則棺衣皆具, 無事於制作, 但每日脩理之, 恐或有不完整也. 絞, 所以收束衣服爲堅急者也. 紟, 單被也. 絞與紟, 皆用十五升布爲之. 凡衾皆五幅, 士小斂, 緇衾赬裏, 大斂則二衾. 冒, 所以韜尸, 制如直囊, 上曰質, 下曰殺. 其用之, 先以殺韜足而上, 次以質韜首而下, 齊于手. 士緇冒赬殺, 象生時玄衣纁裳也. 此四物須死乃制, 以其易成故也.

이 문장에서는 점차 늙어갈 수록 점점 죽을 때와 가까워지게 되니, 마땅히 미리 상을 지낼 때의 준비물들을 만들어야 함을 말하고 있다. '세제(歲制)'는 관을 뜻하니, 쉽게 완성시킬 수 없기 때문에 한 해 동안 제작한다. 의복과 기물들 중 얻기 어려운 것들은 모름지기 3개월 정도 걸려야 갖출 수 있기 때문에, 한 계절 동안 제작한다는 의미에서 '시제(時制)'라고 말한 것이다. 의복과 기물들 중 얻기 쉬운 것들은 한 달이면 얻을 수 있기 때문에, 한 달 동안 제작한다는 의미에서 '월제(月制)'라고 말한 것이다. 나이가 90세에 이르게 되면, 관과 의복 등이 모두 갖추어져서 제작하는 일에 종사할 것이 없고, 다만 매일 그것들을 손질하게 되니, 혹시 완전하지 못한 것이 있을까를 걱정해서이다. '효(絞)'는 의복을 묶어서 단단히 결속시키는 것이다. '금(紟)'은 홑이불이다. 효와 금은 모두 그 올이 15승이 되는 포를 사용해서 만든다. '금(衾)'은 모두 너비가 5폭인데, 사의 소렴을 할 때에는 금을 흑색으로 하고 안감을 적색으로 하며, 대렴 때에는 두 개의 금을 사용한다. '모(冒)'는 시신을 가리는 것으로, 제단된 것이 마치 직사각형의 주머니처럼 생겼고, 시신의 윗부분을 덮는 것을 '질(質)'이라 부르고 아랫부분을 덮는 것을 '쇄(殺)'라 부른다. 그것을 사용할 때에는 먼저 쇄를 이용해서 발부터 덮어 위로 올리고, 다음으로는 질을 이용해서 머리부터 덮어 아래로 내린 뒤, 시신의 손이 있는 곳에서 두 부분을 포갠다. 사는 모를 흑색으로 하고 쇄부분은 적색으로 하는데, 이것은

그가 살아있을 때에 입었던 검은 상의와 분홍빛의 하의를 형상화한 것이
다. 이러한 네 가지 물건들은 모름지기 그가 죽고 나서야 제작하니, 그것
들은 손쉽게 만들 수 있는 것들이기 때문이다.

【127】

五十始衰, 六十非肉不飽, 七十非帛不煖, 八十非人不煖, 九十雖得
人不煖矣.〈124〉6)

나이가 50세가 되면 쇠약해지기 시작하며, 60세가 되면 고기로 만든 음식
이 아니라면 배가 부르지 않게 되고, 70세가 되면 비단으로 된 옷이 아니라
면 따뜻해지지 않게 되며, 80세가 되면 다른 사람의 체온이 아니라면 따뜻
해지지 않게 되고, 90세가 되면 비록 다른 사람의 체온을 얻게 되더라도
따뜻해지지 않게 된다.

【128】

五十杖於家, 六十杖於鄕, 七十杖於國, 八十杖於朝, 九十者, 天子
欲有問焉, 則就其室, 以珍從[去聲].〈124〉7)

나이가 50세가 되면 그의 집안에서 지팡이를 짚을 수 있고, 60세가 되면
향 안에서 지팡이를 짚을 수 있으며, 70세가 되면 나라 안에서 지팡이를
짚을 수 있고, 80세가 되면 조정에서도 지팡이를 짚을 수 있으며, 나이가
90세가 된 자에게 천자가 자문하고자 한다면, 천자는 그의 집에 직접 찾아
가서 자문을 구하되 맛좋고 귀한 음식물을 가지고 간다.['從'자는 거성으로 읽는

---

6) 『예기』「왕제」124장 : 五十始衰, 六十非肉不飽, 七十非帛不煖, 八十非人不煖,
   九十雖得人不煖矣. 五十杖於家, 六十杖於鄕, 七十杖於國, 八十杖於朝, 九十
   者, 天子欲有問焉, 則就其室, 以珍從.
7) 『예기』「왕제」124장 : 五十始衰, 六十非肉不飽, 七十非帛不煖, 八十非人不煖,
   九十雖得人不煖矣. 五十杖於家, 六十杖於鄕, 七十杖於國, 八十杖於朝, 九十
   者, 天子欲有問焉, 則就其室, 以珍從.

다.]

集說 杖, 所以扶衰弱. 五十始衰, 故杖. 未五十者, 不得執也. 巡守
而就見百年者, 泛言衆庶之老也. 此就見九十者, 專指有爵者也. 祭
義又言八十君問則就之者, 亦異禮也. 珍, 與常珍之珍同. 從之以往,
致尊養之義也.

지팡이는 쇠약해진 몸을 부축해주는 도구이다. 나이가 50세가 되면 쇠약
해지기 시작하기 때문에 지팡이를 짚는다. 나이가 50세가 안 된 자는 지
팡이를 짚을 수 없다. 천자가 순수를 할 때 나이가 100세인 자에게는
직접 찾아가서 본다고 했는데,8) 이것은 일반 백성들 중 나이든 노인까지
포함하여 범범하게 말한 것이다. 여기에서 천자가 90세가 된 자에게 찾
아가서 본다고 했는데, 이것은 전적으로 작위를 가지고 있는 자들만을
가리킨다. 『예기』「제의(祭義)」편에서는 또한 "80세가 된 자에게 군주가
자문하게 되면 직접 찾아간다."9)고 했는데, 이것은 다른 경우의 예법이
다. '진(珍)'이란 앞에 나온 '상진(常珍)'이라고 할 때의 진과 같은 뜻이다.
그것을 가지고서 찾아가는 것은 그를 존중하고 봉양하는 뜻을 지극히 하
기 위해서이다.

[129]
七十不俟朝, 八十月告存, 九十日有秩.〈125〉
나이가 70세인 자는 군주를 알현할 때 조정의 일이 끝날 때까지 기다리지
않고, 군주가 읍을 하면 곧바로 물러나오며, 80세인 자에 대해서 군주는

---

8) 『예기』「왕제」 026장 : 歲二月, 東巡守, 至於岱宗, 柴而望祀山川, 覲諸侯, 問百
年者, 就見之.
9) 『예기』「제의(祭義)」 040장 : 是故朝廷同爵則尙齒. 七十杖於朝, 君問則席, 八
十不俟朝, 君問則就之, 而弟達乎朝廷矣.

사람을 시켜 달마다 맛좋은 음식을 가지고 가서 안부를 묻고, 90세인 자에 대해서 군주는 사람을 시켜 날마다 맛좋은 음식을 보내 그 음식들을 먹게끔 한다.

集說 不俟朝者, 謂朝君之時, 入至朝位, 君出揖卽退, 不待朝事畢也, 此謂當致仕之年而不得謝者. 告, 猶問也, 君每月使人致膳告問存否也. 秩, 常也. 日使人以常膳致之也.

"조회를 기다리지 않는다."는 것은 군주를 조회할 때 궁으로 들어가 조정의 자기 자리에 가서 군주가 조정으로 나와 신하들에게 읍하면 곧바로 물러나오며, 조정의 일이 끝날 때까지 기다리지 않는다는 뜻이니, 이러한 자들은 퇴임해야 할 나이가 되었음에도 사퇴할 수 없었던 자들을 말한다. '고(告)'자는 안부를 묻는다는 뜻으로, 군주는 달마다 사람을 시켜서 좋은 음식을 가지고 가서 그의 안부를 묻는다. '질(秩)'은 항상이라는 뜻으로, 군주는 날마다 사람을 시켜 맛좋은 음식을 가지고 그에게 찾아가도록 한다.

【130】
五十不從力政, 六十不與[去聲]服戎, 七十不與賓客之事, 八十齊[側皆反]喪之事, 弗及也.〈126〉

나이가 50세가 되면 힘으로 복역해야 하는 정사에는 나아가지 않고, 60세가 되면 병역의 일에는 참여하지['與'자는 거성으로 읽는다.] 않으며, 70세가 되면 국가에서 시행하는 행사 중 빈객을 접대하는 일에는 참여하지 않고, 80세가 되면 재계를['齊'자는 '側(측)'자와 '皆(개)'자의 반절음이다.] 하여 상을 지내는 일이 그에게는 해당하지 않는다.

集說 方氏曰: 力政, 力役之政也. 服戎, 兵戎之事也. 力政事之常者, 故五十已不從矣. 服戎則事之變者, 必六十然後不與焉. 從, 謂行其事也. 與, 則與之而已. 及, 則旁有所加之謂, 以其老甚, 非特不能從與於事, 而事固不當及於我矣.

방씨가 말하길, '역정(力政)'은 힘으로 복역해야 하는 정사이다. '복융(服戎)'은 병역의 일이다. 역정은 정사 중 항상 해야 하는 것이기 때문에, 나이가 50세가 되면 이미 거기에 나아가지 않게 된다. 복융은 정사 중 갑작스럽게 생긴 것이기 때문에, 반드시 60세가 된 연후에야 거기에 참여하지 않는다. '종(從)'이란 그 일을 시행한다는 뜻이다. '여(與)'는 거기에 참여만할 따름이다. '급(及)'은 곁에서 도움을 주는 것만을 뜻하니, 그의 노쇠함이 깊어져서 단지 일을 시행하거나 참여할 수 없을 뿐만 아니라, 일이 진실로 그 자신에게 이르는 것에도 해당되지 않는다.

【131】

五十而爵, 六十不親學, 七十致政, 唯衰[催]麻爲喪. 〈127〉

나이가 50세가 되면 작위를 받고, 60세가 되면 직접 제자의 예를 갖춰 배우는 것을 하지 않으며, 70세가 되면 정사에서 물러나며, 오직 상복을['衰'자의 음은 '催(최)'이다.] 입고서 상례를 치른다.

集說 五十而爵, 命爲大夫也. 不親學, 以其不能備弟子之禮也. 致政事, 以其不能勝職任之勞也. 或有死喪之事, 惟備衰麻之服而已, 其他禮節, 皆在所不責也.

"50세가 되면 작위를 받는다."는 것은 명을 받아 대부가 된다는 뜻이다. 직접 제자의 예를 갖춰 배우지 않는 것은 그가 제자의 예를 갖출 수 없는 상태이기 때문이다. 정사에서 물러나는 것은 그가 직위와 임무에 소요되는 노고를 이겨낼 수 없기 때문이다. 간혹 누가 죽는 일이 생기게 되면, 오직 상복만 갖춰 입을 뿐이니, 다른 예절들은 모두 그에게 책무할 수 없는 상태에 놓인다.

【132】
有虞氏養國老於上庠, 養庶老於下庠. 〈128〉

유우씨 때에는 태학인 상상에서 국로를 봉양했고, 소학인 하상에서 서로를
봉양했다.

集說 行養老之禮必於學, 以其爲講明孝悌禮義之所也. 國老, 有爵
有德之老, 庶老, 庶人及死事者之父祖也. 國老尊, 故於大學, 庶老
卑, 故於小學. 上庠, 大學在西郊, 下庠, 小學在國中王宮之東.

노인을 봉양하는 예를 시행할 때에는 반드시 학교에서 했는데, 그곳이
효제의 예의를 강의하고 천명하던 장소가 되기 때문이다. '국로(國老)'는
작위를 가지고 있고 덕이 있는 노인이며, '서로(庶老)'는 서인들과 국가의
정사를 시행하다 죽은 자들의 부모 및 조부들이다. 국로는 존귀하기 때문
에 태학에서 시행하며, 서로는 상대적으로 신분이 낮기 때문에 소학에서
시행한다. '상상(上庠)'은 태학으로 서교에 위치하며, '하상(下庠)'은 小
學으로 국성 안 중에서도 왕궁의 동쪽에 위치한다.

【133】
夏后氏養國老於東序, 養庶老於西序. 〈129〉

하후씨 때에는 태학인 동서에서 국로를 봉양했고, 소학인 서서에서 서로를
봉양했다.

集說 東序, 大學在國中王宮之東. 西序, 小學在西郊.

'동서(東序))'는 태학으로 국성 안 중에서도 왕궁의 동쪽에 위치하고, '서
서(西序)'는 소학으로 서교에 위치한다.

【134】

殷人養國老於右學, 養庶老於左學.〈130〉

은인 때에는 태학인 우학에서 국로를 봉양했고, 소학인 좌학에서 서로를
봉양했다.

集說 右學, 大學在西郊. 左學, 小學在國中王宮之東.

'우학(右學)'은 태학으로 서교에 위치하고, '좌학(左學)'은 소학으로 국성
안 중에서도 왕궁의 동쪽에 위치한다.

【135】

周人養國老於東膠, 養庶老於虞庠, 虞庠在國之西郊.〈131〉

주인 때에는 태학인 동교에서 국로를 봉양했고, 소학인 우상에서 서로를
봉양했는데, 우상은 수도의 서교에 위치했다.

集說 東膠, 大學在國中王宮之東. 虞祥, 小學.

'동교(東膠)'는 태학으로 국성 안 중에서도 왕궁의 동쪽에 위치하고, 우상
은 소학이다.

【136】

有虞氏皇而祭, 深衣而養老.〈132〉

유우씨 때 천자는 황이라는 면류관을 쓰고 제사를 지냈으며, 심의를 입고
노인을 봉양했다.

集說 皇·收·冔, 皆冠冕之名. 然制度詳悉, 則不可考矣. 深衣, 白
布衣也.

'황(皇)'·'수(收)'·'후(冔)'는 모두 면류관의 이름이다. 그러나 그 제도의

상세한 내용은 고찰할 수 없다. '심의(深衣)'는 백색의 포로 만든 옷이다.

【137】

夏后氏收而祭, 燕衣而養老.〈133〉

하후씨 때 천자는 수라는 면류관을 쓰고 제사를 지냈으며, 연의를 입고 노인을 봉양했다.

集說 燕衣, 黑衣也, 夏后氏尙黑. 君與群臣燕飮之服, 卽諸侯日視朝之服也. 其冠則玄冠, 而緇帶素韠白舄也.

'연의(燕衣)'는 흑색의 옷이니, 하후씨 때에는 흑색을 숭상했다. 천자가 여러 신하들과 함께 연회를 할 때 입는 복장은 곧 제후가 날마다 조정에서 정사를 들을 때의 복장이다. 그 때의 관은 검은색의 현관이며, 검은색 띠인 치대와 흰색 슬갑인 소필, 흰색 신인 백석을 착용한다.

【138】

殷人冔[火羽反]而祭, 縞衣而養老.〈134〉

은인 때 천자는 후라는['冔'자는 '火(화)'자와 '羽(우)'자의 반절음이다.] 면류관을 쓰고 제사를 지냈으며, 호의를 입고 노인을 봉양했다.

集說 縞, 生絹, 亦名素, 此縞衣, 則謂白布深衣也.

'호(縞)'는 가공하지 않은 명주로, 또한 '소(素)'라고 부르기도 하니, 여기에서 '호의(縞衣)'라고 한 것은 백색의 베로 만든 심의를 말한다.

【139】

周人冕而祭, 玄衣而養老.〈135〉

주인 때 천자는 면류관을 쓰고 제사를 지냈으며, 현의를 입고 노인을 봉양
했다.

集說 玄衣, 亦朝服也. 緇衣素裳, 十五升布爲之, 六入爲玄, 七入爲
緇, 故緇衣亦名玄衣也. 又按夏氏尙黑, 衣裳皆黑, 殷尙白, 則衣裳皆
白. 周兼用之, 故玄衣而素裳. 凡諸侯朝服, 卽天子燕服, 而諸侯之
行燕禮, 亦此服也.

'현의(玄衣)'는 또한 조회할 때 입는 조복(朝服)10)이다. 검은 색 상의와
흰색 하의로, 올 수가 15승으로 된 베로 그것을 만드는데, 여섯 번 물들인
것은 현(玄)이 되고, 일곱 번 물들인 것은 치(緇)가 되기 때문에,11) 치의
(緇衣)를 또한 현의(玄衣)라고 부르는 것이다. 또한 하후씨 때에는 흑색
을 숭상해서 상의와 하의가 모두 흑색이었고, 은인 때에는 백색을 숭상해
서 상의와 하의가 모두 백색이었다는 것을 고찰해보면, 주나라에서는 이
둘을 겸용하였기 때문에, 상의는 검은색으로 하고 하의는 흰색으로 한
것이다. 무릇 제후의 조복은 곧 천자한테는 연복에 해당하고, 제후가 연
례를 시행할 때에도 이 조복의 복식을 입었다.

---

10) 조복(朝服)은 군주와 신하가 조회를 열 때 착용하는 복장을 뜻한다. 중요한 의식
을 치를 때 착용하는 예복(禮服)을 가리키기도 한다.

11) 『주례』「동관고공기(冬官考工記)·종씨(鍾氏)」: 鍾氏, 染羽以朱湛丹秫三月而
熾之. 淳而漬之. 三入爲纁, 五入爲緅, 七入爲緇.

【140】

凡三王養老, 皆引年.〈136〉

하·은·주 삼대의 삼왕이 노인을 봉양할 때에는 모두 인년(引年)으로 하였다.

集說 四海之內, 老者衆矣, 安得人人而養之? 待國老庶老之禮畢, 卽行引戶校年之令, 而恩賜其老者焉.

천하에는 노인이 매우 많은데, 어떻게 일일이 모든 개개인을 봉양해줄 수 있었겠는가? 국로와 서로를 봉양하는 예가 끝나길 기다렸다가 곧 집집마다 나이든 사람을 맞아들여 대면해서 나이를 비교해보는 교령을 시행하여, 그 중 나이가 많은 자에게 하사품을 내리는 것이다.

【141】

八十者一子不從政, 九十者其家不從政. 廢疾非人不養者, 一人不從政. 父母之喪, 三年不從政, 齊衰大功之喪, 三月不從政. 將徙於諸侯, 三月不從政, 自諸侯來徙於家, 期[期]不從政.〈137〉

나이가 80세가 되면 자식 한 명을 부역에 종사하지 않게 하고, 90세가 되면 그 집안 전체를 부역에 종사하지 않게 한다. 매우 위독한 병에 걸린 자들은 남이 봉양해주지 않으면 안 되는 자들이니, 그 집안의 한 사람에게는 부역에 종사하지 않게 한다. 부모의 상중에 있는 자에게는 3년간 부역에 종사하지 않게 한다. 자최복·대공복의 상을 치르는 자에게는 3개월간 부역에 종사하지 않게 한다. 장차 대부의 땅에서 제후의 땅으로 이사를 가려는 자에게는 3개월간 부역에 종사하지 않게 한다. 제후의 땅에서 대부의 땅으로 이사를 오는 자에게는 1년간['期'자의 음은 '期(기)'이다.] 부역에 종사하지 않게 한다.

集說 從政, 謂給公家之力役也.

'종정(從政)'은 제후의 공실에서 부여한 부역에 나가는 것을 뜻한다.

集說 方氏曰: 將徙, 欲去者; 來徙, 已來者. 夫人莫衰於老, 莫苦於疾, 莫憂於喪, 莫勞於徙, 此王政之所宜恤者, 故皆不使之從政焉.

방씨가 말하길, 장차 이사를 간다는 것은 그 땅을 떠나려고 하는 것이고, 이사를 온다는 것은 이미 그 땅에 온 것이다. 사람에겐 늙는 것보다 쇠약해지는 것이 없고, 질병보다 고통스러운 것이 없으며, 상을 당한 것보다 근심스러운 것이 없고, 이사를 하는 것보다 수고스러운 것이 없으니, 이러한 사람들은 국가의 정책으로 마땅히 구휼해주어야 하는 자들이다. 그렇기 때문에 이들 모두에게 부역에 종사하지 않게 한 것이다.

集說 舊說將徙於諸侯者, 謂大夫采地之民, 徙於諸侯爲民. 自諸侯來徙者, 諸侯之民, 來徙於大夫之邑, 以其新徙當復除. 諸侯地寬役少, 故惟三月不從政. 大夫役多地狹, 欲令人貪慕, 故期不從政. 一說, 謂從大夫家出仕諸侯, 從諸侯退仕大夫, 未知孰是.

옛 학설에서 말하길, 장차 제후의 땅으로 이사를 가려는 자들은 대부의 채읍에 사는 백성이 제후의 땅으로 이사를 가서 제후의 백성이 된다는 것을 말하는 것이고, 제후의 땅에서 이사를 온 자들은 제후의 백성이었으나 대부의 채읍으로 이사를 온 것을 말하는 것이며, 그들이 새로 이사를 왔기 때문에 마땅히 부역을 면제해 주어야 하는 것이다. 제후의 땅은 넓고 부역할 일도 적기 때문에, 오직 3개월만 부역에 종사하지 않게 하는 것이며, 대부의 땅에는 부역할 일도 많고 땅도 협소하며, 대부가 자신의 땅으로 이사 온 사람들로 하여금 대부 자신을 흠모하게 만들고자 했기 때문에, 1년 동안이나 부역에 종사하지 않도록 하는 것이다. 일설에는 대부의 가에서 나와 제후에게서 벼슬하는 것을 말하고, 제후의 조정에서 물러나 대부에게서 벼슬하는 것을 말한다고 하는데, 어느 것이 옳은 지는 잘 모르겠다.

附註 一子不從政, 註云: "不從公家之力役." 此以庶人言, 與雜記註同, 恐未然. 詳見下雜記附註.

"자식 한 명은 정(政)에 종사하지 않는다."라 했는데, 주에서는 "제후의 공실에서 부여한 부역에 나가지 않는다."라 했다. 이것은 서인을 기준으로 말한 것이니, 『예기』「잡기(雜記)」편의 주와 동일하므로, 아마도 주의 설명과 같지 않을 것이다. 자세한 내용은 아래 「잡기」편의 부주에 나온다.

【142】

少而無父者, 謂之孤. 老而無子者, 謂之獨. 老而無妻者, 謂之矜[鰥].
老而無夫者, 謂之寡. 此四者, 天民之窮而無告者也, 皆有常餼. ⟨138⟩

나이가 어린데 부모가 없는 자를 '고(孤)'라 부른다. 늙었는데 자식이 없는
자를 '독(獨)'이라 부른다. 늙었는데 아내가 없는 자를 '환(鰥)'이라[矜'자의 음은
'鰥(환)'이다.] 부른다. 늙었는데 남편이 없는 자를 '과(寡)'라 부른다. 이 네 사람들
은 천하의 백성들 중에서 가장 곤궁한 자들인데도 자기 사정을 하소연 할
곳이 없는 자들이니, 이들 모두에게는 일정한 구휼 양식을 하사해 준다.

集說 左傳崔杼生成及彊而寡, 是無妻者亦可言寡也. 皆有常餼, 謂
君上養以餼廩, 有常制也.

『좌전』에서는 "제나라 최저가 성과 강을 낳았으나 홀아비가 되었다."[1]고
했으니, 아내가 없는 자에 대해서도 '과(寡)'라 말할 수 있는 것이다. 모두
상희(常餼)를 가진다는 것은 군주가 양식으로 봉양해주는 일정한 제도가
있었다는 것을 말한다.

【143】

瘖[音]·聾·跛[彼我反]·躄[璧]·斷[段]者, 侏儒, 百工, 各以其器食[嗣]
之. ⟨139⟩

벙어리[瘖'자의 음은 '音(음)'이다.]·귀머거리·절름발이[跛'자는 '彼(피)'자와 '我
(아)'자의 반절음이다.]·앉은뱅이[躄'자의 음은 '璧(벽)'이다.]·사지 중 한 곳이 잘
린 사람과[斷'자의 음은 '段(단)'이다.]과 난장이, 잡된 기술을 가지고 있는 백공
들은 각각 그들의 기술로 벌어먹도록['食'자의 음은 '嗣(사)'이다.] 한다.

集說 瘖者, 不能言. 聾者, 不能聽. 跛者, 一足廢. 躄者, 兩足俱廢.
斷者, 支節脫絶. 侏儒, 身體短小者也. 百工, 衆雜技藝也. 器, 猶能
也. 此六類者, 因其各有技藝之能, 足以供官之役使, 故遂因其能而

---

1) 『춘추좌씨전』「양공(襄公) 27년」 : 齊崔杼生成及彊而寡, 娶東郭姜, 生明.

以廩給食, 養之. 疏引國語戚施植鎛等六者爲證.

'음(瘖)'은 말을 할 수 없는 자를 뜻한다. '농(聾)'은 들을 수 없는 자를
뜻한다. '파(跛)'는 한쪽 발을 못 쓰는 자를 뜻한다. '벽(躄)'은 양쪽 발을
모두 못 쓰는 자를 뜻한다. '단(斷)'은 사지 중 한 곳이 없어진 자를 뜻한다.
'주유(侏儒)'는 신체가 짧고 작은 자를 뜻한다. '백공(百工)'은 여러 잡된
기예를 익힌 자를 뜻한다. '기(器)'는 능력을 뜻한다. 이러한 여섯 부류의
사람에 대해서는 그들은 각자 세상에서 필요로 하는 기예들 중에서 잘하는
것을 가지고 있기 때문에 관청에서 부여하는 부역의 일에 이바지 할 수
있다. 그렇기 때문에 그들의 능력에 따라서 일을 부여하고, 그 대가로
양식을 먹을거리로 제공해서 그들을 부양하는 것이다. 소에서는 『국어』에
기록된 "곱사등이는 종을 치게 한다."2)는 등의 여섯 가지 기록을 인용해서
증명하였다.

附註 百工, 各以其器食之, 言廢疾之人, 在所哀矜, 故令百工養之,
如陶者致陶器, 冶者致金器是已. 食猶養也. 周制刖者司門, 聾聵司
火, 矇瞍司樂, 別是一義, 註說恐乖文理.

"백공이 각각 그 기(器)로 사(食)한다."고 했는데, 이것은 불치병에 걸린
사람은 불쌍히 여기는 대상이 되므로, 백공들로 하여금 그들을 부양토록
한다는 뜻이다. 예를 들어 도공은 도기를 보내고 대장장이는 쇠로 만든
기물을 보낸다는 것일 따름이다. '사(食)'자는 기른다는 뜻이다. 주나라의
제도에서 월형을 받은 자는 문을 담당하게 하고, 귀머거리는 불을 담당하
게 하며, 장님은 음악을 담당하도록 했는데, 이것은 별도의 한 의미가
되므로, 주의 설명은 아마도 문리에 어긋나는 것 같다.

類編 右養老恤窮民.

여기까지는 '양로휼궁민(養老恤窮民)'에 대한 내용이다.

---

2) 『국어』「진어사(晉語四)」 : 對曰, 官師之所材也, 戚施直鎛.

◇ 남녀에 대한 구별과 나이에 따른 차례[別男女序長幼]

【144】

道路, 男子由右, 婦人由左, 車從中央.〈140〉

도로에서 남자는 멀리 떨어져 부인의 우측으로 다니고, 부인은 멀리 떨어져 남자의 좌측으로 다니며, 수레는 중앙으로 다닌다.

<big>集說</big> 凡男子婦人同出一塗者, 則男子常由婦人之右, 婦人常由男子之左, 爲遠別也.

남자와 부인이 함께 한 길을 지나가게 된다면, 남자는 항상 부인의 우측으로 가고, 부인은 항상 남자의 좌측으로 가서 멀리 떨어진다.

【145】

父之齒隨行, 兄之齒鴈行, 朋友不相踰.〈141〉

아버지 연배의 사람과 길을 갈 때에는 그 사람의 뒤를 따라가고, 형 연배의 사람과 길을 갈 때에는 나란히 가되 조금 뒤쳐져 가며, 친구들과 길을 갈 때에는 서로 앞서거나 뒤서거나 하지 않는다.

<big>集說</big> 父之齒・兄之齒, 謂其人年與父等, 或與兄等也. 隨行, 隨其後也. 鴈行, 竝行而稍後也. 朋友年相若, 則彼此不可相踰越而有先後, 言竝行而齊也.

'부지치(父之齒)'나 '형지치(兄之齒)'라는 것은 그 사람의 나이가 자신의 아버지와 비슷하고, 혹은 형과 비슷한 경우를 뜻한다. '수행(隨行)'은 그 사람의 뒤를 따라가는 것이다. '안행(鴈行)'은 나란히 가되 조금 뒤쳐져 가는 것이다. 친구는 나이가 서로 비슷하니, 피차 길을 감에 서로 앞서려고 하여 대열에 선후가 생겨서는 안 된다는 뜻이니, 나란히 가며 대열을 나란히 맞추는 것을 의미한다.

【146】

輕任幷, 重任分, 班白不提挈. 〈142〉

가벼운 짐을 가지고 길을 갈 때에는 자신이 그것을 짊어지고, 무거운 짐을 가지고 갈 때에는 짐을 둘로 나눠서 젊은 사람과 함께 짊어지며, 머리카락이 반백인 노인은 짐을 가지고 길을 다니지 않는다.

集說 幷, 己獨任之也. 分, 析而二之也.

'병(幷)'은 자기 홀로 그것을 짊어지는 것이다. '분(分)'은 짐을 나누어 둘로 만드는 것이다.

【147】

君子耆老不徒行, 庶人耆老不徒食. 〈143〉

군자 중의 기로들은 탈 것 없이 도보로 길을 다니지 않으며, 서인 중의 기로들은 반찬 없이 밥을 먹지 않는다.

集說 方氏曰: 徒行, 謂無乘而行也. 徒食, 謂無羞而食也.

방씨가 말하길, '도행(徒行)'은 수레 없이 걸어가는 것을 뜻한다. '도식(徒食)'은 반찬 없이 밥 먹는 것을 뜻한다.

集說 應氏曰: 非人皆好德而士不失職, 安能使在路無徒行之賢? 非人各有養而俗尙孝敬, 安能使在家無徒食之老?

응씨가 말하길, 사람들이 모두 덕을 좋아하고 사가 자신의 본분을 잃지 않은 상태가 아니라면, 어찌 도로에서 탈것 없이 걸어 다니는 현자가 없게 할 수 있겠는가? 사람들에게 각각 먹고 살 것이 있고 풍속이 효와 경을 숭상하는 상태가 아니라면, 어찌 집안에서 반찬 없이 밥 먹는 노인을 없게 할 수 있겠는가?

類編 右別男女序長幼.

여기까지는 '별남녀서장유(別男女序長幼)'에 대한 내용이다.

◇ 녹봉과 작위의 제작에 대해 거듭 말함[申言制祿爵]

【148】

方一里者, 爲田九百畝. 〈144〉

사방 1리는 농지로 따지자면 900묘이다.

集說 步百爲畝, 是長一百步, 闊一步. 畝百爲夫, 是一頃, 長闊一百
步. 夫三爲屋, 是三頃, 闊三百步, 長一百步, 屋三爲井, 則九百畝也,
長闊一里. 孟子曰: "方里而井, 井九百畝."

보 100개가 1묘가 되니, 길이는 100보이고 폭은 1보이다. 묘 100개는
1부가 되니, 이것은 1경으로, 길이와 폭이 100보이다. 부 3개가 1옥이
되니, 이것은 3경으로, 폭은 300보이고 길이는 100보이며, 옥 3개가 1정
이 되니, 900묘로, 길이와 폭이 1리이다. 『맹자』에서는 "사방 1리가 1정
이 되니, 1정은 900묘이다."[1]라고 했다.

【149】

方十里者, 爲方一里者百, 爲田九萬畝. 方百里者, 爲方十里者百,
爲田九十億畝. 〈145〉

사방 10리는 사방 1리 크기의 땅이 100개인 것으로, 농지로 따지자면 9만묘
이다. 사방 100리는 사방 10리 크기의 땅이 100개인 것으로, 농지로 따지자
면 90억묘이다.

集說 一箇十里之方, 旣爲田九萬畝, 則十箇十里之方, 爲田九十萬
畝. 一百箇十里之方, 爲田九百万畝. 今云九十億畝, 是一億有十萬,

---

1) 『맹자』「등문공상(滕文公上)」: 方里而井, 井九百畝, 其中爲公田. 八家皆私百
畝, 同養公田, 公事畢, 然後敢治私事, 所以別野人也.

十億有一百万, 九十億, 乃九百萬畝也.

1개의 사방 10리의 땅은 곧 농지로 따지자면 9만묘가 된다고 했으니, 10개의 사방 10리의 땅은 농지로 따지자면 90억묘가 된다. 100개의 사방 10리의 땅은 농지로 따지자면 900만묘가 된다. 그런데 이곳에서 90억묘라고 말한 것은, 당시의 1억은 10만이고, 10억은 100만이었기 때문이니, 90억이라고 하면 곧 900만묘가 된다.

【150】

方千里者, 爲方百里者百, 爲田九萬億畝 〈146〉

사방 1,000리는 사방 100리 크기의 땅이 100개인 것으로, 농지로 따지자면 9만억묘이다.

集說 計千里之方, 爲方百里者百. 一箇百里之方, 旣爲九十億畝, 則十箇百里之方, 爲九百億畝, 百箇百里之方, 爲九千億畝. 今乃去九萬億畝, 與數不同者, 若以億言之, 當云九千億畝, 若以萬言之, 當云九萬萬畝, 經文誤也.

사방 1000리의 땅 크기를 계산해보면, 사방 100리의 땅이 100개가 된다. 1개의 사방 100리의 땅이 90억묘가 되니, 10개의 사방 100리의 땅은 900억묘가 되고, 100개의 사방 100리의 땅은 9,000억묘가 된다. 이곳 경문에서는 9만억묘라고 말하여 계산된 수치와 같지 않은데, 만약 억 단위로 말을 한다면 마땅히 9,000억묘라고 말해야 하고, 만약 만 단위로 말을 한다면 마땅히 9만만묘라고 말해야 하니, 경문이 잘못된 것이다.

集說 應氏曰: 自此至篇末, 皆覆解扁首, 及中間井田封建地里之界.

응씨가 말하길, 이곳 문장부터 끝까지는 모두 「왕제」편의 첫 부분과 중간에서 말했던 정전 · 봉건 · 지리의 경계 등에 대해서 재차 설명한 것이다.

【151】

自恒山至於南河, 千里而近. 自南河至於江, 千里而近. 自江至於衡
山, 千里而遙. 自東河至於東海, 千里而遙. 自東河至於西河, 千里
而近. 自西河至於流沙, 千里而遙. 西不盡流沙, 南不盡衡山, 東不
盡東海, 北不盡恒山.〈147〉

항산으로부터 황하까지는 1,000리가 조금 못된다. 황하로부터 장강까지는
1,000리가 조금 못된다. 장강으로부터 형산까지는 1,000리가 넘는다. 황하
의 하류 동쪽인 동하로부터 동해까지는 1,000리가 넘는다. 동하로부터 동
하의 서쪽인 서하까지는 1,000리가 조금 못된다. 서하로부터 사막 지역인
유사까지는 1,000리가 넘는다. 서쪽에 있어서 유사까지는 다 개척되지 않
았고, 남쪽에 있어서 형산까지는 다 개척되지 않았으며, 동쪽에 있어서 동
해까지는 다 개척되지 않았고, 북쪽에 있어서 항산까지는 다 개척되지 않
았다.

集說　方氏曰: 不足, 謂之近, 有餘, 謂之遙.

방씨가 말하길, 조금 부족한 것을 '근(近)'이라 말한 것이고, 넘는 것을
'요(遙)'라 말한 것이다.

集說　應氏曰: 此獨言東海者, 東海在中國封疆之內, 而西·南·北,
則夷徼之外也. 南以江與衡山爲限, 百越未盡開也. 河擧東·西·
南·北者, 河流縈帶周遶, 雖流沙分際, 亦與河接也. 自秦而上, 西·
北袤而東·南, 蹙秦而下, 東·南展而西·北縮. 先王盛時, 四方各
有不盡之地, 不勞中國以事外也. 禹貢東漸西彼, 朔南暨, 特聲教所
及, 非貢賦所限也.

응씨가 말하길, 이곳 경문에서 유독 '동해(東海)'를 언급한 것은 동해는
중국 영토 내에 있으며, 서쪽·남쪽·북쪽의 땅 끝은 오랑캐와 영토를
맞대고 있는 지역 밖이 되기 때문이다. 남쪽으로 장강과 형산을 영토의
한계로 삼았으니, 남쪽의 오랑캐들인 백월들의 땅은 아직 다 개척되지

않은 것이다. 황하에 동·서·남·북을 각각 붙여서 부른 것은 황하의 물줄기 흐름이 감싸듯 회전하고 굽어져서 에워싸며 흐르기 때문이며, 비록 유사로 서쪽 영토의 한계를 설명했지만, 유사 또한 황하와 접해 있다. 진나라 이전에는 영토가 서쪽과 북쪽으로는 길었지만 동쪽과 남쪽으로는 막혀 있었고, 진나라 이후에는 영토가 동쪽과 남쪽으로는 넓혀졌으나 서쪽과 북쪽으로는 줄어들었다. 선왕이 다스렸던 융성했던 시대에도 사방에는 각기 개척되지 않은 땅들이 있었는데, 이것은 외부에 대한 일에 힘을 쏟아 중국을 수고롭게 만들지 않고자 해서이다. 『서』「우공(禹貢)」편에서 동쪽으로는 바다에까지 무젖고, 서쪽으로는 유사까지 입혀지며, 북쪽과 남쪽에 모두 이르러서는 특별히 좋은 풍속과 교화가 영향을 미쳤다고 했는데,[2] 이것은 세금과 부역을 부여하는 경계로 삼았다는 뜻이 아니다.

【152】

凡四海之內, 斷[短]長補短, 方三千里, 爲田八十萬億一萬億畝. 方百里者, 爲田九十億畝, 山陵·林麓, 川澤·溝瀆, 城郭·宮室, 塗巷, 三分去[去聲]一, 其餘六十億畝. 〈148〉

사해의 안에서 땅의 길이가 긴 곳을 떼어다가['斷'자의 음은 '短(단)'이다.] 짧은 곳에 붙인다면, 전부 사방 3,000리가 되니, 농지로 따지자면 80만억 하고도 1만억묘가 된다. 사방 100리의 땅은 농지로 따지자면 90억묘인데, 농지가 아닌 산과 언덕, 수풀과 기슭, 내와 못, 봇도랑과 도랑, 성곽과 궁실, 마을 등이 90억묘를 3등분 한 것 중 하나를 차지한다 하더라도['去'자는 거성으로 읽는다.] 그 나머지 땅 크기는 60억묘가 된다.

集說 爲田八十万億一万億畝者, 以一州方千里, 九州方三千里, 三三爲九, 爲方千里者九. 一箇千里, 有九万億畝. 九箇千里, 九九八

---

2) 『서』「하서(夏書)·우공(禹貢)」: 東漸于海, 西被于流沙, 朔南暨, 聲教訖于四海.

十一, 故有八十一万億畝. 於八十整數之下云万億, 是八十箇万億.
又云一万億, 言八十箇万億之外, 更有一万億, 是共爲八十一萬億
畝. 先儒以"万億"二字爲衍, 非也. 此竝疏義, 然愚按, 方百里爲田九
十億畝, 則方三千里, 當云八万一千億畝. 如疏義, 亦承誤釋之也.

농지로 따지자면, 80만억 하고도 1만억묘가 된다는 것은 1개 주는 사방
1,000리인데, 9개 주는 사방 3,000리라는 것으로 3 곱하기 3은 9가 되니,
사방 1,000리 되는 땅이 9개가 된다. 1개의 사방 1,000리의 땅은 9만억묘
가 된다. 9개의 사방 1,000리 땅은 9 곱하기 9는 81이므로 81만억묘가
된다. 경문에서는 80이라는 정수 아래에 만억이라고 말했으니, 이것은
80개의 만억묘이다. 경문에서는 또한 1만억이라고 말했으니, 80개의 만
억묘 외에 다시 1만억의 묘가 있다는 것을 말하니, 이것은 모두 81만억묘
가 된다. 선대 학자들은 앞의 '만억(萬億)'이라는 두 글자를 연문으로 여
겼으나 잘못된 설명이다. 이 문장들은 모두 뜻이 소통되지만, 내가 생각
해보니 사방 100리의 땅은 농지로 따지자면 90억묘가 되니, 사방 3,000리
의 땅을 농지로 따지자면 마땅히 8만 1천억묘라고 말해야 한다. 소의 주
장 또한 앞서의 잘못을 이어서 해석하였다.

【153】
古者以周尺八尺爲步, 今以周尺六尺四寸爲步. 古者百畝, 當今東
田百四十六畝三十步. 古者百里, 當今百二十一里六十步四尺二寸
二分.〈149〉
고대에는 주나라 척도로 8척이 1보였는데, 지금은 주나라 척도로 6척 4촌
이 1보가 된다. 고대의 100묘는 오늘날의 농지로 146묘 30보에 해당한다.
고대의 100리는 오늘날의 121리 60보 4척 2촌 2분에 해당한다.

集說 疏曰: 古者八寸爲尺, 以周尺八尺爲步, 則一步有六尺四寸.
今以周尺六尺四寸爲步, 則一步有五十二寸, 是今步比古步每步剩

出一十二寸, 以此計之, 則古者百畝, 當今東田百五十二畝七十一步有餘, 與此百四十六畝三十步不相應. 又今步每步剩古步十二寸, 以此計之, 則古之百里, 當今百二十三里一百一十五步二十寸, 與此百二十一里六十步四尺二寸二分, 又不相應. 經文錯亂, 不可用也.

소에서 말하길, 고대에는 8촌이 1척이었으니, 주나라 척도로 8척이 1보가 된다면, 1보는 6척 4촌이다. 지금은 주나라 척도로 6척 4촌이 1보가 된다면, 1보는 52촌이다. 이것은 지금의 보 단위가 고대의 보 단위에 비해 매 보마다 12촌이 적은 것으로, 이를 통해 계산해보면, 고대의 100묘는 지금의 농지 152무 71보보다 조금 큰 크기에 해당하니, 이곳 경문에서 말하는 146묘 30보와는 상응되지 않는다. 또한 지금의 보 단위는 매 보마다 고대의 보 단위에서 12촌을 줄이므로, 이를 통해 계산해보면, 고대의 100리는 지금의 123리 115보 20촌에 해당하니, 이곳 경문에서 말하는 121리 60보 4척 2촌 2분과도 상응되지 않는다. 이것은 경문이 어지럽게 뒤섞여 있기 때문이니, 경문의 내용에 따를 수가 없다.

集說 愚按: 疏義所筭亦誤, 當云古者八寸爲尺, 以周尺八尺爲步, 則一步有六尺四寸. 今以周尺六尺四寸爲步, 則一步有五尺一寸二分, 是今步比古步每步剩出一尺二寸八分. 以此計之, 則古者百畝, 當今東田百五十六畝二十五步一寸六分千分寸之四, 與此百四十六畝三十步, 不相應. 里亦倣此推之.

내가 살펴보니, 소의 주장에서 계산한 것 또한 잘못되었으니, 마땅히 고대에는 8촌이 1척이 되었으니, 주나라 척도로 8척이 1보였다면, 1보는 6척 4촌이 되어야 하고, 지금은 주나라 척도로 6척 4촌이 1보가 되니, 1보는 5척 1촌 2분이 된다고 말해야 한다. 이것은 지금의 보 단위가 고대의 보 단위에 비해, 매 보마다 1척 2촌 8분이 적은 것이다. 이를 통해 계산해보면, 고대의 100묘는 지금의 농지 156무 25보 1촌 6분과 1,000분의 4촌으로, 이곳 경문에서 말하는 146묘 30보와는 상응되지 않는다. 리에 대해서도, 또한 이것을 기준으로 추론해야 한다.

集說 方氏曰: 東田者, 卽詩言南東其畝也, 言南則以廬在其北而向
南, 言東則以廬在其西而向東.

방씨가 말하길, '동전(東田)'은 『시』에서 말한 "그 이랑을 남쪽으로 하고
동쪽으로 한다."[3]는 것을 말하니, 남쪽으로 한다고 말한 것은 농지의 임
시거처가 이랑의 북쪽에 위치하여, 이랑이 있는 남쪽을 향하게 되는 것을
말한 것이며, 동쪽으로 한다고 말한 것은 임시거처가 이랑의 서쪽에 위치
하여, 이랑이 있는 동쪽을 향하게 되는 것을 말한 것이다.

集說 嚴氏說南東其畝云, 或南其畝, 或東其畝, 順地勢及水之所趨
也.

엄씨가 『시』의 "그 이랑을 남쪽으로 하고 동쪽으로 한다."는 것에 대해
설명하며, 어떤 것은 그 이랑을 남쪽에 두고, 어떤 것은 그 이랑을 동쪽에
두었다고 했는데, 지형의 형세 및 물이 공급되는 곳을 따랐기 때문이다.

【154】
方千里者, 爲方百里者百.〈150〉
사방 1,000리는 사방 100리 되는 땅이 100개이다.

集說 天下九州, 王畿居中, 外八州, 每州各方千里, 是一百箇百里
以開方之法推之, 合萬里也.

천자의 구주는 천자의 수도가 그 가운데 위치하여 1개의 주가 되고, 수도
밖으로 8개의 주가 있는데, 매 주마다 각각 사방 1,000리이니, 100개의

---

3) 『시』「소아(小雅)·신남산(信南山)」: 信彼南山, 維禹甸之. 畇畇原隰, 曾孫田
   之. 我疆我理, <u>南東其畝</u>.

사방 100리 땅을 면적으로 계산해보면, 모두 10,000리에 해당한다.

【155】

封方百里者三十國, 其餘方百里者七十. 〈151〉

1개의 주에는 사방 100리의 땅으로 분봉한 것이 30개의 제후국이고, 그 나머지는 사방 100리의 땅이 70개이다.

集說 公·侯皆方百里, 封三十箇百里, 剩七十箇百里.

공작과 후작에게는 모두 사방 100리가 되는 대국을 분봉해주는데, 30개의 사방 100리 땅을 분봉해주면, 70개의 사방 100리의 땅이 남는다.

【156】

又封方七十里者六十, 爲方百里者二十九, 方十里者四十. 〈152〉

나머지 사방 100리의 땅 70개 중에서 또한 사방 70리의 땅으로 분봉한 것이 60개인데, 그 땅이 차지하는 면적은 사방 100리의 땅이 29개이고, 사방 10리의 땅이 40개이다.

集說 伯七十里, 封六十箇七十里, 是占二十九箇百里, 四十箇十里. 於三十箇百里內, 剩六十箇十里.

백작은 사방 70리가 되는 차국(次國)을 분봉해주는데, 60개의 사방 70리 땅을 분봉해주면, 총 면적은 29개의 사방 100리 되는 땅과 40개의 사방 10리 되는 땅을 차지하니, 30개의 사방 100리되는 땅 중에서, 60개의 사방 10리 되는 땅이 남는 것이다.

【157】

其餘, 方百里者四十, 方十里者六十. 又封方五十里者百二十, 爲方
百里者三十, 其餘, 方百里者十, 方十里者六十.〈153〉

1개의 주에서 대국과 차국을 분봉해주고 나면, 그 나머지 땅은 사방 100리
의 땅이 40개이고, 사방 10리의 땅이 60개이다. 이 나머지 땅에서 또한 사
방 50리의 땅으로 분봉한 것이 120개인데, 그 땅이 차지하는 면적은 사방
100리의 땅이 30개이니, 그 나머지 땅은 사방 100리의 땅이 10개이고, 사방
10리의 땅이 60개이다.

集說 除上封二等國, 共占六十箇百里, 外止剩四十箇百里, 及六十
箇十里. 於此地內封子‧男五十里之國者百二十箇, 每一百里封四
箇, 實占三十箇百里. 通三等封, 外止剩十箇百里, 六十箇十里.

위에서 대국과 차국을 분봉해준 땅이 대략 60개의 사방 100리 땅을 차지
하니, 이것을 제외하면 그 밖에는 단지 40개의 사방 100리 되는 땅과
60개의 사방 10리 되는 땅이 남는다. 이 땅 안에 다시 자작과 남작에게
사방 50리 되는 소국을 분봉해준 것이 120개이니, 1개의 사방 100리 되는
땅마다 4개의 사방 50리 되는 제후국을 분봉해준 것으로, 소국 120개는
실제로 30개의 사방 100리 되는 땅을 차지하게 된다. 대국‧차국‧소국
등 세 등급의 제후국을 분봉해주게 되면, 단지 10개의 사방 100리 되는
땅과 60개의 사방 10리 되는 땅이 남는다.

集說 伯國方七十里, 七七四十九, 是四十九箇十里.

백작의 제후국은 사방 70리의 크기이니, 7 곱하기 7은 49로, 이것은 49개
의 사방 10리 되는 땅의 면적이다.

集說 子‧男方五十里, 五五二十五, 是二十五箇十里.

자작과 남작의 제후국은 사방 50리의 크기이니, 5 곱하기 5는 25로, 이것
은 25개의 사방 10리 되는 땅의 면적이다.

【158】

名山・大澤, 不以封, 其餘以爲附庸・間田. 諸侯之有功者, 取於間
田以祿之, 其有削地者, 歸之間田.〈154〉

명산과 대택으로는 분봉하지 않고, 분봉하고 난 나머지 땅들은 부용국을
봉해줄 땅과 한전으로 삼는다. 제후들 중 공적이 있는 자에게는 한전 중에
서 땅을 떼어 그것을 녹봉으로 주고, 제후들에게서 봉지를 삭탈한 것은
한전으로 돌린다.

集說 除名山大澤之外, 皆爲附庸之國及間田.

명산과 대택을 제외한 나머지는 모두 부용국을 봉해줄 땅과 한전으로 삼
는다.

【159】

天子之縣內, 方千里者, 爲方百里者百, 封方百里者九. 其餘方百里
者九十一, 又封方七十里者二十一, 爲方百里者十, 方十里者二十
九. 其餘方百里者八十, 方十里者七十一, 又封方五十里者六十三,
爲方百里者十五, 方十里者七十五. 其餘方百里者六十四, 方十里
者九十六.〈155〉

천자의 수도 안의 땅 사방 1,000리라는 것은 사방 100리 되는 땅이 100개이
니, 그 중 사방 100리 되는 땅을 분봉해주는 것이 9개이다. 그 나머지 사방
100리 되는 땅 91개에서는 또한 사방 70리 되는 땅을 분봉해주는 것이 21개
이니, 이 땅은 사방 100리 되는 땅 10개와 사방 10리 되는 땅 29개의 크기가
된다. 그 나머지 사방 100리 되는 땅 80개와 사방 10리 되는 땅 71개에서는
또한 사방 50리 되는 땅을 분봉해주는 것이 63개이니, 이 땅은 사방 100리
되는 땅 15개와 사방 10리 되는 땅 75개의 크기가 된다. 그 나머지는 사방
100리 되는 땅이 64개이고, 사방 10리 되는 땅이 96개이다.

集說 此倣上章畿外之法推之可見. 畿外封國多而餘地少, 廣封建

之制於天下也. 畿內封國少而餘地多, 備采邑之分於王朝也.

이 문장의 내용은 앞에서 말하고 있는 수도 밖의 8개 주에 적용되는 법을 기준으로 추론해보면 알 수 있다. 수도 밖의 8개 주에 제후국을 분봉해주는 것이 많고 나머지 땅들이 적은 이유는 천하에 봉건의 제도를 널리 확장시켰기 때문이다. 수도 안에는 제후국을 분봉해주는 것이 적고 나머지 땅들이 많은 이유는 천자의 조정에서 일하는 신하들에게 채읍으로 나눠줄 것을 대비한 것이다.

【160】

諸侯之下士祿, 食[嗣]九人, 中士食十八人, 上士食三十六人, 下大夫食七十二人, 卿二百八十八人, 君食二千八百八十人. 〈156〉

제후국 중 대국의 하사는 그 식록이 9명을 먹여 살릴['食'자의 음은 '嗣(사)'이다.] 만큼이며, 중사는 18명을 먹여 살릴 만큼이고, 상사는 36명을 먹여 살릴 만큼이며, 하대부는 72명을 먹여 살릴 만큼이고, 상대부인 경은 288명을 먹여 살릴 만큼이며, 제후는 2,880명을 먹여 살릴 만큼이다.

集說 此言大國之數.

이것은 대국에 대한 수치를 말한 것이다.

【161】

次國之卿食二百一十六人, 君食二千一百六十人. 〈157〉

제후국 중 차국의 경은 그 식록이 216명을 먹여 살릴 만큼이며, 제후는 2,160명을 먹여 살릴 만큼이다.

集說 次國大夫, 亦食七十二人, 卿三大夫祿, 故食二百一十六人.

차국의 하대부는 그 식록이 또한 대국의 하대부들과 같이 72명을 먹여

살릴 만큼인데, 경은 대부의 식록에 3배이기 때문에, 216명을 먹여 살릴
만큼이다.

【162】

小國之卿食百四十四人, 君食千四百四十人.〈158〉

제후국 중 소국의 경은 그 식록이 144명을 먹여 살릴 만큼이며, 제후는
1,440명을 먹여 살릴 만큼이다.

集說 小國大夫, 亦食七十二人, 卿倍大夫祿, 故食百四十四人.

소국의 하대부는 또한 그 식록이 대국이나 차국의 하대부들과 같이 72명
을 먹여 살릴 만큼인데, 경은 대부의 식록에 2배이기 때문에, 144명을
먹여 살릴 만큼이다.

【163】

次國之卿, 命於其君者, 如小國之卿.〈159〉

차국의 경 중에서 그 나라의 제후에게 임명된 자는 그 식록이 소국의 경과
같다.

集說 降於天子所命也.

천자에게서 직접 임명을 받은 자보다 낮추기 때문이다.

【164】

天子之大夫爲三監, 監於諸侯之國者, 其祿視諸侯之卿, 其爵視次
國之君, 其祿取之於方伯之地.〈160〉

천자의 대부들 중 제후들을 감독하는 삼감이 되어, 제후의 나라를 감독하

는 자는 그 식록이 제후의 경에 준하고, 그의 작위는 차국의 제후에 준하는데, 그의 식록은 방백의 영지에서 나온다.

集說 祿視諸侯之卿, 可食二百八十八人者也.
식록을 제후의 경에 준한다는 것은 288명을 먹여 살릴 만큼이라는 뜻이다.

【165】

方伯, 爲[去聲]朝天子, 皆有湯沐之邑於天子之縣內, 視元士.〈161〉
방백이 천자를 조회할 때를 위해서['爲'자는 거성으로 읽는다.] 방백 모두는 천자의 수도 안에 탕목이라는 읍을 가지게 되니, 그 규모는 천자의 원사가 받는 식읍에 준한다.

集說 謂之湯沐者, 言入至畿內, 卽暫止頓於此, 齊潔而往也. 春秋傳謂之朝宿之邑, 惟方伯有之, 其餘否. 許愼云周千八百諸侯, 若皆有之, 則盡京師地亦不能容.

그 읍을 '탕목(湯沐)'이라고 부르는 것은 방백이 천자의 수도로 들어오게 되면 잠시 이곳에서 머무르며, 제계를 하고 청결히 하여 천자에게 간다는 것을 뜻한다. 『춘추전』에서는 그것을 조숙의 읍이라고 했는데,[4] 오직 방백만이 받는 것이며, 나머지 계층은 갖지 못한다. 허신[5]은 "주나라에는 1,800명의 제후가 있었는데, 만약 모두 이러한 조숙의 읍을 가지고 있었다면, 천자의 수도 땅을 다 합친다 하더라도 또한 그만큼의 크기를 수용

---

4) 『춘추공양전』「환공(桓公) 1년」: 許田者何. 魯朝宿之邑也, 諸侯時朝乎天子, 天子之郊, 諸侯皆有朝宿之邑焉.

5) 허신(許愼, A.D.30~A.D.124): =허숙중(許叔重). 후한(後漢) 때의 학자이다. 자(字)는 숙중(叔重)이다. 『설문해자(說文解字)』의 저자로 널리 알려져 있으며, 다른 저서로는 『오경이의(五經異義)』가 있으나 산일되었다. 『오경이의』는 송대(宋代) 때 다시 편찬되었으나 진위를 따지기 힘들다.

할 수 없다."고 했다.

【166】

諸侯世子世國, 大夫不世爵. 使以德, 爵以功. 未賜爵, 視天子之元
士, 以君其國. 諸侯之大夫, 不世爵祿.〈162〉

제후의 세자는 제후국을 세습하지만, 천자의 대부는 작위를 세습하지 못한
다. 사람을 등용할 때에는 덕을 기준으로 하고, 작위를 줄 때에는 공적을
기준으로 한다. 제후의 세자가 천자로부터 아직 작위를 하사받지 못했다
면, 그의 의복 및 예의 등급 제도는 천자의 원사에 준하며, 작위를 하사받
은 이후에야 그 나라의 정식 군주가 된다. 제후의 대부는 작위와 식록을
세습하지 못한다.

集說 世子世國, 畿外之制也. 天子大夫不世爵, 而世祿. 先王使人
爵人, 必取其有德有功者. 列國之君薨, 其子未得爵賜, 則其衣服禮
數, 視天子之元士, 賜爵而後, 得如先君之舊也. 諸侯之大夫, 不世爵
祿, 而有大功德者, 亦世之. 左傳言官有世功, 則有官族.

세자가 나라를 세습한다는 것은 천자의 수도 밖에 해당하는 제도이다.
천자의 대부는 작위를 세습하지 못하지만 식록은 세습한다. 선왕이 사람
을 등용하고 사람에게 작위를 줄 때에는 반드시 그가 가진 덕과 공적을
기준으로 삼았다. 제후국의 군주가 죽었을 경우, 그 자식이 아직 천자로
부터 작위를 하사받지 못했다면, 그의 의복 및 예의 등급 제도는 천자의
원사에 준하고, 작위를 하사받은 이후에야 선대 군주가 옛적에 누렸던
것처럼 할 수 있다. 제후의 대부는 작위와 식록을 세습하지 못하지만,
큰 공덕이 있는 자는 또한 그것들을 세습할 수 있다. 『좌전』에서 "그 관
직에서 대대로 공적이 있다면, 관직명으로 족명을 삼을 수 있다."6)는 것

---

6) 『춘추좌씨전』「은공(隱公) 8년」: 天子建德, 因生以賜姓, 胙之土而命之氏. 諸

이 바로 이러한 자들을 가리킨다.

類編 右申言制祿爵.
여기까지는 '신언제록작(申言制祿爵)'에 대한 내용이다.

侯以字爲諡, 因以爲族. <u>官有世功, 則有官族</u>. 邑亦如之.

◇ 사도장을 풀이함[釋司徒章]

【167】

六禮: 冠·昏·喪·祭·鄉·相見.〈163〉

육례라는 것은 관례·혼례·상례·제례·향례·상견례이다.

集說 今所存者, 士冠·士昏·士喪·特牲·少牢饋食·鄉飲酒·士相見.

지금까지 남아있는 것은 『의례』의 「사관례」·「사혼례」·「사상례」·「특생궤식례」·「소뢰궤식례」·「향음주례」·「사상견례」이다.

【168】

七敎: 父子·兄弟·夫婦·君臣·長幼·朋友·賓客. 八政: 飮食·衣服·事爲·異別·度·量·數·制.〈164〉

칠교라는 것은 부자·형제·부부·군신·장유·붕우·빈객 간에 지켜야 할 도리에 대한 가르침이다. 팔정이라는 것은 음식, 의복, 백공들의 기예인 사위, 오방에서 기구를 사용함과 제작함을 달리하는 이별, 길이인 도, 수량인 량, 수, 폭인 제를 다스리는 것이다.

集說 六禮·七敎·八政, 皆司徒所掌. 禮節民性, 敎興民德, 脩則不壞, 明則不渝. 然非齊八政以防淫, 則亦禮敎之害也. 事爲者, 百工之技藝有正有邪, 異別者, 五方之械器有同有異. 度量, 則不使有長短小大之殊, 數制, 則不使有多寡廣狹之異. 若夫飮食衣服, 尤民生日用之不可闕者, 所以居八政之首, 齊之則不使有僭擬詭異之端矣. 此篇先儒謂雜擧歷代之典, 雖一一分別, 而不能皆有明證, 又且多祖緯書, 豈可謂決然無疑哉? 朱子有言, 漢儒說制度有不合者, 多推從殷禮去, 此亦疑其無徵矣. 然只據大綱而言, 興學以上, 脩六禮以下, 其坦明者, 亦可爲後王之法也.

육례 · 칠교 · 팔정은 모두 사도가 담당하는 것이다. 예는 백성들의 성품을 절제하고, 교는 백성들의 덕을 흥기시키는 것이니, 이것들을 잘 가다듬으면 무너지지 않게 되고, 잘 밝히면 풀어지지 않게 된다. 그러나 팔정을 가지런히 하여 음란한 것을 방지하지 않는다면, 또한 예와 교를 해치게 된다. '사위(事爲)'라는 것은 백공들의 기예에는 바른 것도 있고 바르지 않은 것도 있다는 뜻이고, '이별(異別)'이라는 것은 오방에서 사용되고 제작되는 기구들에는 같은 것도 있고 다른 것도 있다는 뜻이다. '도(度)'와 '양(量)'에는 길고 짧거나 작고 큰 차이가 있게 해서는 안 된다는 뜻이며, '수(數)'와 '제(制)'에는 많고 적거나 넓고 좁은 차이가 있게 해서는 안 된다는 뜻이다. 무릇 음식과 의복과 같은 것들은 더욱이 백성들이 매일 같이 사용하는 데 없어서는 안 될 것들이니, 팔정의 첫 부분에 위치하는 이유이며, 그것들을 잘 다스려서, 어긋나고 의심스럽거나 위배되고 괴이한 실마리가 있게 해서는 안 된다. 「왕제」편을 선대 학자들은 역대의 전적들을 뒤섞어 거론하고 있다고 여겨서, 비록 일일이 분별하고 있으나, 모두 명확하게 증명할 수 없고, 또한 위서를 본받은 설들이 많으니, 어찌 단호하게 의심스러운 것이 없다고 말할 수 있겠는가? 주자 또한 일찍이 이에 대해 언급하며, "한대 유학자들이 고대의 제도에 대해 설명한 것들 중에 서로 합치되지 않는 것들은 대부분 은나라의 예법을 거슬러 올라가 따른 것들이다."라고 했는데, 이 말 또한 명확한 증거가 없음을 의심한 것이다. 그러나 이 편의 대강의 뜻에 근거해서 말한다면, 학교를 부흥시킨다는 것 이상과 육례를 정비한다는 것 이하의 내용 중에 무난하고 명확한 것들은 또한 후대 제왕들의 모범이 될 만한 것들이다.

類編 右釋司徒章.
여기까지는 '석사도장(釋司徒章)'에 대한 내용이다.

禮記類編大全卷之七

『예기유편대전』 7권

◇ 月令第六(上) / 「월령」6편(상편)

類編 呂氏春秋著十二月紀, 月用夏正, 令則雜擧三代及秦事, 記禮
者錄爲此篇. 淮南子·時則訓亦本於此.

『여씨춘추』에서는 12개월에 대한 기(紀)를 작성하며, 각 월은 하정(夏
正)¹⁾에 따랐고, 정령은 삼대 및 진나라 때의 사안을 뒤섞어 거론하였는
데, 『예기』를 작성한 자는 그것을 기록하여 「월령」편으로 삼은 것이다.
『회남자』「시칙훈(時則訓)」편 또한 여기에 근본한 것이다.

類編 凡十二節.

모두 12절로 되어 있다.

「월령」편 문장 순서 비교		
『예기집설』	『예기유편대전』	
	구분	문장
001	上篇-孟春	001
002		002
003		003
004		004
005		005
006		006

---

1) 하정(夏正)은 하(夏)나라의 정월(正月)을 뜻한다. 이러한 뜻에서 파생되어 하나라
의 역법(曆法)을 지칭하기도 한다. 하력(夏曆)을 기준으로 두었을 때, 은(殷)나라는
12월을 정월로 삼았으며, 주(周)나라는 11월을 정월로 삼았다. 『사기(史記)』「역서
(曆書)」편에서는 "秦及漢初曾一度以夏曆十月爲正月, 自漢武帝改用夏正后,
曆代沿用."이라고 하여, 진(秦)나라와 전한초기(前漢初期)에는 하력에서의 10월
을 정월로 삼았다가, 한무제(漢武帝)부터는 다시 하력을 따랐다고 전해진다. 또한
'하력'은 농력(農曆)이라고도 부르는데, '하력'에 기준을 두었을 때, 농사의 시기와
가장 잘 맞았기 때문이다. 따라서 역대 왕조에서 역법을 개정할 때에는 '하력'에
기준을 두게 되었다.

『예기집설』	『예기유편대전』	
	구분	문장
	「월령」편 문장 순서 비교	
007		007
008		008
009		009
010		010
011		011
012		012
013		013
014		014
015		015
016		016
017		017
018		018
019		019
020		020
021		021
022		022
023		023
024		024
025		025
026		026
027		內則-001
028		027
029		028
030	上篇-仲春	029
031		030
032		031
033		032
034		033
035		034
036		035
037		郊特牲-055
038		036
039		037

「월령」편 문장 순서 비교		
『예기집설』	『예기유편대전』	
	구분	문장
040		038
041		039
042		040
043		041
044		042
045		043
046	上篇-季春	044
047		045
048		046
049		047
050		048
051		049
052		050
053		051
054		052
055		053
056		054
057		055
058		056
059		057
060		058
061		059
062		060
063		061
064		062
065		063
066		064
067	上篇-孟夏	065
068		066
069		067
070		068
071		069
072		070

「월령」편 문장 순서 비교		
『예기집설』	『예기유편대전』	
	구분	문장
073		071
074		072
075		073
076		074
077		075
078		076
079		077
080		078
081		079
082		080
083		081
084		082
085		083
086		084
087		085
088		086
089		087
090		088
091		089
092		090
093		091
094		092
095		093
096		094
097	上篇-仲夏	095
098		096
099		097
100		098
101		099
102		100
103		101
104		102
105		103

「월령」편 문장 순서 비교		
『예기집설』	『예기유편대전』	
	구분	문장
106		104
107		105
108		106
109		107
110		108
111		109
112		110
113		111
114		112
115		113
116		114
117		115
118		116
119		117
120		118
121		119
122	上篇-季夏	120
123		121
124		122
125		123
126		124
127		125
128		126
129		127
130		128
131		129
132		130
133		131
134	上篇-四季	132
135		133
136		134
137		135
138		136

「월령」편 문장 순서 비교		
『예기집설』	『예기유편대전』	
	구분	문장
139		137
140		138
141		139
142	下篇-孟秋	140
143		141
144		142
145		143
146		144
147		145
148		146
149		147
150		148
151		149
152		150
153		151
154		152
155		153
156		154
157		155
158		156
159		157
160	下篇-仲秋	158
161		159
162		160
163		161
164		162
165		163
166		164
167		165
168		166
169		167
170		168
171		169

「월령」편 문장 순서 비교		
『예기집설』	『예기유편대전』	
	구분	문장
172		170
173		171
174		172
175		173
176		174
177		175
178		176
179		177
180		178
181		179
182		180
183		181
184		182
185		183
186		184
187		185
188		186
189	下篇-季秋	187
190		188
191		189
192		190
193		191
194		192
195		193
196		194
197		195
198		196
199		197
200		198
201		199
202	下篇-孟冬	200
203		201
204		202

『예기집설』	『예기유편대전』	
	구분	문장
205		203
206		204
207		205
208		206
209		207
210		208
211		209
212		210
213		211
214		212
215		213
216		214
217		215
218		216
219		217
220		218
221		219
222		220
223		221
224		222
225		223
226		224
227		225
228		226
229		227
230		228
231	下篇-仲冬	229
232		230
233		231
234		232
235		233
236		234
237		235

「월령」편 문장 순서 비교

「월령」편 문장 순서 비교		
『예기집설』	『예기유편대전』	
	구분	문장
238		236
239		237
240		238
241		239
242		240
243		241
244		242
245		243
246		244
247		245
248		246
249		247
250		248
251		249
252		250
253		251
254		252
255		253
256		254
257		255
258		256
259	下篇-季冬	257
260		258
261		259
262		260
263		261
264		262
265		263
266		264
267		265
268		266
269		267
270		268

「월령」편 문장 순서 비교		
『예기집설』	『예기유편대전』	
	구분	문장
		269
		270

◇ 맹춘(孟春)

【001】
孟春之月, 日在營室, 昏參中, 旦尾中.〈001〉
맹춘의 달에는 해와 달이 만나는 곳인 일(日)이 28수 중 영실의 자리에
있고, 저녁 무렵에는 삼수가 남쪽 하늘의 중앙에 위치하며, 동틀 무렵에는
미수가 남쪽 하늘의 중앙에 위치한다.

集說 孟春, 夏正建寅之月也. 營室在亥, 娵訾之次也. 昏時參星在
南方之中, 旦則尾星在南方之中.

맹춘은 하나라 정월인 건인(建寅)¹⁾의 달이다. 영실은 12진 중 하나인
해자리에 위치하니, 추자의 자리이다. 저녁 무렵에는 삼성이 남쪽 하늘의
중앙에 위치하고, 동틀 무렵에는 미성이 남쪽 하늘의 중앙에 위치한다.

集說 疏曰: 月令昏明中星, 皆大略而言, 不與曆同. 但一月之內有
中者, 卽得載之. 二十八宿星體有廣狹, 相去有遠近. 或月節月中之
日, 昏明之時, 前星已過於午, 後星未至正南. 又星有明暗, 見有早
晚, 所以昏明之星, 不可正依曆法, 但擧大略耳.

소에서 말하길, 「월령」편에서 기술하는 저녁 무렵과 동틀 무렵의 중성
(中星)²⁾들은 모두 대략적으로 말하는 것으로 역법의 체계와는 같지 않

---

1) 건인(建寅)은 북두칠성의 자루부분이 회전하여, 12진(辰) 중 인(寅)의 방위를 향
   할 때를 뜻한다. 하(夏)나라에서는 이 시기를 정월(正月)로 삼았기 때문에, 하력
   (夏曆)에서의 정월을 뜻하는 용어로도 사용되었다. 『회남자(淮南子)』「천문훈(天
   文訓)」편에는 "天一元始, 正月建寅."이라는 기록이 있다.
2) 중성(中星)은 28수(宿) 중 남쪽 하늘의 중앙에 위치하는 별자리를 말한다. 28수는
   동서남북 사방(四方)에 각각 7개씩 분포되어 있는데, 이들은 일정한 궤도에 따라
   서 움직이게 되며, 차례대로 남쪽 하늘의 중앙에 위치하게 된다. 28수 중에서 어떤
   것이 '중성'이 되는지를 관찰하면, 해당 계절을 확인할 수 있다. 『서』「우서(虞

다. 단지 한 달 안에 남중하는 것만을 기재했을 따름이다. 28수의 별자리는 그 형태에 있어 각각 넓고 좁은 차이가 있고, 서로간의 거리에도 멀고 가까운 차이가 있다. 따라서 간혹 월절(月節)³⁾이나 한 달의 가운데에서 저녁 무렵과 동틀 무렵에 28수 중 앞의 별자리가 이미 오(午)를 지나쳐버리고 뒤이어 올 별자리가 아직 정남에 이르지 못하는 경우도 있다. 또 별들에는 밝고 어두운 차이가 있어서, 드러나 보이는 데에도 이르거나 늦는 차이가 있으니, 「월령」편에서 기록하고 있는 저녁 무렵과 동틀 무렵의 중성들은 바로 역법에 의거해서 볼 수 없으므로, 단지 대략적인 것을 거론했을 따름이다.

【002】

其日甲乙.⟨002⟩

맹춘의 달에 해당하는 일간(日干)은 갑과 을이다.

集說 春於四時屬木, 日之所繁, 十干循環, 獨言甲乙者, 木之屬也. 四時皆然.

봄은 사계절 중에서 목의 기운에 속하고, 그 날들이 연계되는 것은 십간의 순환인데, 경문에서 유독 갑과 을만 말한 것은 갑과 을이 목에 속하기 때문이다. 사계절에 관한 「월령」편의 기록에서 십간에 대한 기록들은 모두 이러하다.

書) · 요전(堯典)」편에는 "曆象日月星辰."이라는 기록이 있는데, 이에 대한 공안국(孔安國)의 전(傳)에서는 "星, 四方中星."이라고 풀이했고, 공영달(孔穎達)의 소(疏)에서는 "星, 四方中星者, 二十八宿布在四方, 隨天轉運, 更互在南方, 每月各有中者."라고 풀이했다.

3) 월절(月節)은 새로운 달이 시작되는 삭일(朔日)을 뜻한다.

【003】

其帝太皞, 其神句[勾]芒[亡]. 〈003〉

맹춘을 지배하는 제는 태호(太皞)이며, 그 아래에서 보좌하는 신은 구망
(句芒)이다. ['句'자의 음은 '勾(구)'이다. '芒'자의 음은 '亡(망)'이다.]

集說 太皞, 伏羲, 木德之君. 句芒, 少皞氏之子曰重, 木官之臣. 聖
神繼天立極, 生有功德於民, 故後王於春祀之. 四時之帝與神, 皆此
義.

'태호(太皞)'[4]는 복희(伏羲)[5]이며, 목덕의 제왕이다. '구망(句芒)'[6]은 소

---

4) 태호(太皞)는 태호(太昊)라고도 부른다. '태호'는 복희(伏羲)를 가리킨다. 오행
  (五行)으로 구분했을 때 목(木)을 주관하며, 계절로 따지면 봄을 주관하고, 방위로
  따지면 동쪽을 주관하는 자이다. 『여씨춘추(呂氏春秋)』「맹춘기(孟春紀)」편에는
  "其帝, 太皞, 其神, 句芒."이라는 기록이 있고, 이에 대한 고유(高誘)의 주에서는
  "太皞, 伏羲氏, 以木德王天下之號, 死祀於東方, 爲木德之帝."라고 풀이했다.
5) 복희(伏羲)는 곧 복희씨(宓戲氏)·복희씨(伏羲氏)·포희씨(包犧氏)를 가리킨
  다. 전설시대에 존재했다고 전해지는 고대 제왕 중 한 명이다. 복(伏)자와 복(宓)
  자, 그리고 희(羲)자와 희(戲)자는 음이 같아서 통용되었다. 『한서(漢書)』「고금인
  표(古今人表)」편에는 "太昊帝宓羲氏."라는 기록이 있는데, 이에 대한 안사고(顔
  師古)의 주에서는 "宓, 音伏, 字本作戲, 其音同."이라고 풀이했다.
6) 구망(句芒)은 오행(五行) 중 목(木)의 기운을 주관하는 천상의 신(神)이다. 목(木)
  의 기운을 담당했기 때문에, 그 관부의 이름을 따서 목관(木官)이라고도 부르고,
  관부의 수장이라는 뜻에서 목정(木正)이라고도 부른다. '구망'은 소호씨(少皞氏)
  의 아들 또는 후손으로 알려져 있으며, 이름은 중(重)이었다고 전해진다. 생전에
  목덕(木德)의 제왕이었던 태호(太皞: =伏羲氏)를 보좌하였고, 죽은 이후에는 목
  관(木官)의 신이 되었다고도 전해진다. '오행' 중 목(木)의 기운은 각 계절 및 방위
  와 관련되어, '구망'은 봄과 동쪽에 해당하는 신이라고도 부른다. 다만 목덕(木德)
  을 주관했던 상위의 신은 '태호'이고, '구망'은 태호를 보좌했던 신이다. 『예기』「월
  령(月令)」편에는 "其帝, 太皞, 其神, 句芒."이라는 기록이 있는데, 이에 대한 정현
  의 주에서는 "句芒, 少皞氏之子, 曰重, 爲木官."이라고 풀이했다. 『여씨춘추(呂
  氏春秋)』「맹춘기(孟春紀)」편에는 "其帝, 太皞, 其神, 句芒."이라는 기록이 있는
  데, 이에 대한 고유(高誘)의 주에서는 "句芒, 少皞氏之裔子曰重, 佐木德之帝,

호씨(少皥氏)7)의 아들로, 이름은 '중(重)'이라 하며, 목관(木官)8)의 신하이다. 성왕은 하늘의 뜻을 이어받아 법도를 세우고, 생전에 백성들에게 공덕이 있었기 때문에, 후대의 제왕들이 봄에 이들에 대해 제사지내는 것이다. 사계절에 관련 「월령」편의 기록 중에서 제와 신에 대한 것들은 모두 이러한 뜻이다.

【004】

其蟲鱗, 其音角, 律中[去聲]太蔟[七寇反], 其數八, 其味酸, 其臭羶, 其祀戶, 祭先脾.〈004〉

맹춘에 해당하는 생물은 비늘이 달린 종류이고, 오음(五音)9) 중에서 맹춘

死爲木官之神."이라고 풀이했다. 한편 『춘추좌씨전』「소공(昭公) 29년」편에는 "木正曰句芒."이라는 기록이 있다.

7) 소호씨(少皥氏)는 소호씨(少昊氏)라고도 부르며, 전설상의 인물이다. 소호(少昊)라고도 부른다. 고대 동이족의 제왕으로, 황제(黃帝)의 아들이었다고도 전해진다. 이름은 지(摯)인데, 질(質)이었다고도 한다. 호(號)는 금천씨(金天氏)이다. 소호(少皥)는 새의 이름으로 관직명을 지었다고 전해지며, 사후에는 서방(西方)의 신(神)이 되었다고 전해진다. 『춘추좌씨전』「소공(昭公) 17년」편에는 "郯子曰 我高祖少皥摯之立也, 鳳鳥適至, 故紀於鳥, 爲鳥師而鳥名."이라는 기록이 있는데, 이에 대한 두예(杜預)의 주에서는 "少皥, 金天氏, 黃帝之子, 己姓之祖也."라고 풀이했다.

8) 목관(木官)은 목정(木正) 또는 춘관(春官)으로 부르기도 한다. 오행(五行) 중 목덕(木德)을 다스리는 신하들의 수장이다. 참고적으로 하관(夏官)은 화정(火正) 또는 화관(火官)으로 부르며, 추관(秋官)은 금정(金正) 또는 금관(金官)으로 부르고, 동관(冬官)은 수정(水正) 또는 수관(水官)으로 부르며, 중관(中官)은 토정(土正) 또는 토관(土官)으로 부른다. 『한서(漢書)』「백관공경표상(百官公卿表上)」편에는 "自顓頊以來, 爲民師而命以民事."라는 기록이 있는데, 이에 대한 응소(應劭)의 주에서는 "顓頊氏代少昊者也, 不能紀遠, 始以職事命官也. 春官爲木正, 夏官爲火正, 秋官爲金正, 冬官爲水正, 中官爲土正."이라고 풀이하였다.

9) 오음(五音)은 오성(五聲)이라고도 하며, 일반적으로 궁(宮), 상(商), 각(角), 치(徵), 우(羽) 다섯 가지 음을 뜻한다. 당(唐)나라 이후에는 또한 합(合), 사(四),

에 해당하는 음은 각이며, 십이율(十二律)10) 중에서 맹춘의 기후에 반응하는 율관은 태주에[「蔟」자는 '七(칠)'자와 '寇(구)'자의 반절음이다.] 해당하고[「中」자는 거성으로 읽는다.] 맹춘에 해당하는 수는 8이며, 오미 중에서 맹춘에 해당하는 맛은 신맛이고, 오취(五臭)11) 중에서 맹춘에 해당하는 냄새는 노린내이며, 오사 중에서 맹춘에 해당하는 사는 호이고, 제사를 지낼 때에는 희생물의 비장을 먼저 바친다.

集說　鱗蟲, 木之屬. 五聲角爲木, 單出曰聲, 雜比曰音. 調樂於春, 以角爲主也. 律者, 候氣之管, 以銅爲之, 或云竹爲之. 中, 猶應也. 太簇, 寅律, 長八寸. 陰陽之氣距地面各有深淺, 故律之長短如其數. 律管入地, 以葭灰實其端, 其月氣至, 則灰飛而管通, 是氣之應也. 天三生木, 地八成之. 其數八, 成數也. 通於鼻者謂之臭, 臭卽氣也. 在口者謂之味. 酸羶皆木之屬. 戶者, 人所出入, 司之有神, 此神是陽

을(乙), 척(尺), 공(工)으로 부르기도 했다. 『맹자』「이루상(離婁上)」편에는 "不以六律, 不能正五音."이라는 기록이 있는데, 이에 대한 조기(趙岐)의 주에서는 "五音, 宮商角徵羽"라고 풀이하였다.

10) 십이율(十二律)은 여섯 개의 양률(陽律)과 여섯 개의 음률(陰律)을 합하여 부르는 말이다. 양성(陽聲: =陽律)은 황종(黃鐘), 대주(大簇), 고선(姑洗), 유빈(蕤賓), 이칙(夷則), 무역(無射)이며, 이것을 육률(六律)이라고도 부른다. 음성(陰聲: =陰律)은 대려(大呂), 응종(應鍾), 남려(南呂), 함종(函鍾), 소려(小呂), 협종(夾鍾)이며, 이것을 육동(六同)이라고도 부른다. '십이율'은 12개의 높낮이가 다른 표준음으로, 서양음악의 악조(樂調)에 해당한다. 고대에는 12개의 길이가 다른 죽관(竹管)으로 음의 높낮이를 보정했다. 관(管)의 높이에는 각각 일정한 길이가 있었다. 긴 관은 저음의 소리를 내고, 짧은 관은 고음의 소리를 냈다. 관 중에는 대나무가 아닌 동으로 제작한 것도 있다. 그리고 '육동'은 또한 육려(六呂), 율려(律呂), 육간(六閒), 육종(六鍾)이라고도 부른다.

11) 오취(五臭)는 다섯 가지 냄새를 뜻하는데, 각종 냄새들을 총칭하는 용어로도 사용된다. '오취'는 일반적으로 전(羶: 노린내), 초(焦: =薰, 탄내), 향(香: 향내), 성(腥: =鯹, 비린내), 후(朽: =腐, 썩은내)를 가리킨다. 『장자(莊子)』「외편(外篇)·천지(天地)」편에는 "三曰五臭熏鼻, 困懷中顙."이라는 기록이 있는데, 이에 대한 성현영(成玄英)의 소(疏)에서는 "五臭, 謂羶, 薰, 香, 鯹, 腐."라고 풀이하였다.

氣在戶之內, 春陽氣出, 故祀之. 祭先脾者, 木克土也.

비늘이 있는 생물은 오행 중 목에 속한다. 오성 중의 각음은 오행 중에서 목이 된다. 한 가지 소리만 나오는 것을 '성(聲)'이라 부르고, 소리가 뒤섞여 나오는 것을 '음(音)'이라 부른다. 봄에 음악을 조율함에는 각음을 위주로 한다. '율(律)'은 기후를 관측하는 피리인데, 동으로 그것을 만드는데, 혹자는 대나무로 만든다고도 한다. '중(中)'자는 호응한다는 뜻이다. 태주는 십이율을 십이지에 배열했을 때 인률에 해당하며, 그 피리의 길이는 8촌이다. 음양의 기는 지면과의 거리 상 각각 얕고 깊은 차이가 있기 때문에, 율관의 길고 짧은 길이도 그 수치와 같게 만든다. 율관을 땅에 묻고서 갈대를 태우고 남은 재로 그 끝부분을 채우게 되는데, 그 율에 해당하는 달의 기가 도래하게 되면, 율관을 채우고 있던 재가 날아가면서 율관이 뚫리게 되니, 이것이 바로 기가 호응하는 것이다. 하늘의 수인 3이 목을 생성하면, 땅의 수인 8이 그것을 완성한다. 경문에서 그 수가 8이라고 한 것은 3과 8 중에서 완성시키는 숫자인 성수를 든 것이다. 코로 통하여 감지하는 것을 '취(臭)'라 하는데, 취는 곧 기이다. 입에서 감지하는 것을 '미(味)'라 부른다. 오미 중 하나인 신맛과 오취 중 하나인 노린내는 모두 목에 속한다. '호(戶)'는 사람이 출입하는 곳으로, 그곳을 담당하는 신이 있으니, 이 신은 바로 양기로써 호 안에 머물러 있는데, 봄에는 양기가 나타나기 때문에 호에게 제사를 지내는 것이다. 제사에서 희생물의 비장을 먼저 바친다는 것은 목이 토를 이기기 때문이다.

集說 蔡邕獨斷曰: 戶, 春爲少陽, 其氣始出生養, 祀之於戶. 祀戶之禮, 南面, 設主於門內之西.

채옹[12]의 『독단』에서 말하길, 호에 대해서 말하자면, 봄은 소양이 되는데,

---

12) 채옹(蔡邕, A.D.131~A.D.192) : 후한(後漢) 때의 학자이다. 자(字)는 백개(伯喈)이다. A.D.189년 동탁(董卓)에게 발탁되어, 시어사(侍御史)와 좌중랑장(左中郎

봄의 기가 비로소 나타나 성장하므로, 호에서 제사를 지내는 것이다. 호에게 제사지내는 예법은 남면을 하고서, 문 안의 서쪽에 신주를 설치한다.

【005】

東風解凍, 蟄蟲始振, 魚上[上聲]冰, 獺祭魚, 鴻鴈來.〈005〉

맹춘의 달에는 동쪽에서 불어오는 바람이 얼음을 녹이고, 칩거했던 생물들이 비로소 움직이기 시작하며, 물고기들이 얼음 위로 뛰어오르고['上'자는 상성으로 읽는다.] 수달이 물고기를 제사지내며, 기러기가 남쪽에서부터 날아온다.

〔集說〕 此記寅月之候. 振, 動也. 來, 自南而北也.

이것은 1월의 기후 조짐을 기록한 것이다. '진(振)'은 움직인다는 뜻이다. 기러기가 날아온다는 것은 남쪽으로부터 북쪽으로 날아가는 것이다.

【006】

天子, 居青陽左个.〈006〉

맹춘의 달에 천자는 청양(靑陽)13)의 좌개(左个)14)에 거처한다.

將) 등을 역임하였으나, 동탁이 죽은 후 투옥되어 옥중에서 죽었다. 박학하였으며 술수(術數), 천문(天文), 사장(辭章) 등에 조예가 깊었다.

13) 청양(靑陽)은 명당(明堂)에 있는 건물이다. '명당'에는 다섯 개의 실(室)이 있었는데, 좌측면의 동쪽에 위치한 '실'을 '청양'이라고 불렀다. 제왕이 제사(祭祀)나 정사(政事)를 처리하던 곳이다. 『자치통감(資治通鑑)』「제무제영명십년(齊武帝永明十年)」편에는 "己未, 魏主宗祀顯祖於明堂以配上帝, 遂登靈臺以觀雲物, 降居青陽左个, 布政事."라는 기록이 있는데, 이에 대한 호삼생(胡三省)의 주에서는 정현의 주를 인용하여, "青陽左个, 大寢東堂北偏."이라고 풀이하였다. 또한 '청양'은 '명당' 자체를 지칭하는 용어로도 사용되었다.

14) 좌개(左个)는 실(室)의 좌측에 붙어 있는 편실(偏室)을 뜻한다. 『의례』「향사례

集說 靑陽左个, 註云: "太寢東堂北偏也. 疏云: "是明堂北偏, 而云太寢者, 明堂與太廟・大寢制同. 北偏者, 近北也." 四面旁室謂之个.

청양좌개(靑陽左个)에 대해서 정현의 注에서는 "태침에 있는 동당의 북쪽 편실이다."라고 풀이하였다. 소에서는 "이것은 명당(明堂)15)의 북쪽 편실인데, 정현이 태침이라고 부른 것은 명당에 대한 제도는 태묘・태침에 대한 제도와 같기 때문이다. 북쪽 편실은 북쪽에 가깝다."라고 했다. 명당이나 태묘를 둘러싼 사면의 측실들을 '개(个)'라고 부른다.

集說 朱子曰: 論明堂之制者非一, 竊意當有九室, 如井田之制. 東之中爲靑陽太廟, 東之南爲靑陽右个, 東之北爲靑陽左个, 南之中爲明堂太廟, 南之東卽東之南, 爲明堂左个, 南之西卽西之南, 爲明堂右个, 西之中爲總章太廟, 西之南卽南之西, 爲總章左个, 西之北卽北之西, 爲總章右个, 北之中爲玄堂太廟, 北之東卽東之北, 爲玄堂右个, 北之西卽西之北, 爲玄堂左个, 中爲太廟太室. 凡四方之太廟異方所, 其左右个, 則靑陽左个卽玄堂之右个, 靑陽右个卽明堂之左个, 明堂右个卽總章之左个, 總章之右个乃玄堂之左个也. 但隨其時

〈鄕射禮〉」편에는 "左个之西北三步東面設薦俎."라는 용례가 있다. 왕인지(王引之)는 『경의술문(經義述聞)』「통설상(通說上)」편에서 "案鄭訓个爲偏, 則其字當與介同."이라고 했다. 즉 정현이 개(个)자의 뜻을 편(偏)으로 하였으니, '좌개'의 '개'자는 개(介: =끼이다, 편실(偏室)와 같은 것이다. 그리고 『여씨춘추(呂氏春秋)』「맹하기(孟夏紀)」편에는 "天子居明堂左个."라는 기록이 있는데, 이에 대한 고유(高誘)의 주에서는 "明堂, 南鄕堂. 左个, 東頭室."이라고 풀이하였다.

15) 명당(明堂)은 일반적으로 고대 제왕이 정교(政敎)를 베풀던 장소를 지칭하는 용어로 사용되었다. 이곳에서는 조회(朝會), 제사(祭祀), 경상(慶賞), 선사(選士), 양로(養老), 교학(敎學) 등의 국가 주요 업무가 시행되었다. 『맹자』「양혜왕하(梁惠王下)」편에는 "夫明堂者, 王者之堂也."라는 용례가 있고, 『옥태신영(玉台新詠)』「목난사(木蘭辭)」편에도 "歸來見天子, 天子坐明堂."이라는 용례가 있다. '명당'의 규모나 제도는 시대마다 다르다. 또한 '명당'이라는 건물군 중에서 남쪽의 실(室)을 가리키는 용어로도 사용되었다.

之方位開門耳. 太廟太室, 則每季十八日天子居正歟. 古人制事多用井田遺意, 此恐然也.

주자가 말하길, 명당의 제도를 논의한 것들은 서로 일치하지 않는다. 아마도 생각해보건대, 명당에는 마땅히 9개의 실이 있어야 하니, 정전의 제도와 같았을 것이다. 동쪽의 중앙은 청양의 태묘가 되고, 동쪽의 남쪽은 청양의 우개가 되며, 동쪽의 북쪽은 청양의 좌개가 되고, 남쪽의 중앙은 명당의 태묘가 되고, 남쪽의 동쪽은 곧 동쪽의 남쪽으로 명당의 좌개가 되며, 남쪽의 서쪽은 곧 서쪽의 남쪽으로 명당의 우개가 되고, 서쪽의 중앙은 총장(總章)16)의 태묘가 되며, 서쪽의 남쪽은 곧 남쪽의 서쪽으로 총장의 좌개가 되고, 서쪽의 북쪽은 곧 북쪽의 서쪽으로 총장의 우개가 되며, 북쪽의 중앙은 현당(玄堂)17)의 태묘가 되고, 북쪽의 동쪽은 동쪽의 북쪽으로 현당의 우개가 되고, 북쪽의 서쪽은 곧 서쪽의 북쪽으로 현당의 좌개가 되며, 중앙은 태묘의 태실(太室)18)이 된다. 사방의 태묘가 그 장

---

16) 총장(總章)은 명당(明堂)의 서쪽에 위치한 실(室)을 뜻한다. 오행설(五行說)에 따르면, 서쪽은 "만물(萬物)을 완전하게 이루고[總成], 밝게 드러낸다[章明]."는 뜻을 가지고 있다. 그렇기 때문에 서쪽의 '실'을 '총장'이라고 부르는 것이다. 『여씨춘추(呂氏春秋)』「맹추기(孟秋紀)」편에는 "天子居總章左个."라는 기록이 있는데, 이에 대한 고유(高誘)의 주에서는 "總章, 西向堂也. 西方總成萬物, 章明之也, 故曰總章."이라고 풀이하였다.

17) 현당(玄堂)은 명당(明堂)의 북쪽에 위치한 실(室) 또는 당(堂)을 뜻한다. 현(玄)은 오방(五方) 중에서 북쪽에 해당하기 때문에, 북쪽에 있는 '당'을 '현당'이라고 부르게 되었다. 또한 '실'과 '당'은 같은 건물 중에서도 특정 부분을 지칭하는 용어이므로, 북쪽에 있는 '실'을 가리킬 때에도 또한 '현당'이라는 용어를 사용하였다. 『여씨춘추』「계동(季冬)」편에는 "天子居玄堂右个."라는 기록이 있는데, 이에 대한 고유(高誘)의 주에서는 "玄堂, 北向堂也."라고 풀이하였다. 또한 두태경(杜台卿)의 『옥촉보전(玉燭寶典)』「십월맹동(十月孟冬)」편에는 "天子居玄堂左个, 北曰玄堂, 玄者黑也, 其堂嚮玄, 故曰玄堂."라는 기록이 있다.

18) 태실(太室)은 대실(大室) 또는 청묘(淸廟)라고 부르기도 한다. '태실'은 태묘(太廟) 또는 명당(明堂)의 중앙에 있는 실(室)을 가리킨다. '태묘'에는 다섯 개의 '실'이 있었다고 전해지는데, 그 중 중앙에 있는 것이 가장 크기 때문에, '태실'이라고

소를 달리하고 있으니, 그 좌우에 있는 개에 대해서는 청양의 좌개가 곧 현당의 우개이고, 청양의 우개가 곧 명당의 좌개이며, 명당의 우개가 곧 총장의 좌개이고, 총장의 우개가 곧 현당의 좌개인 것이다. 다만 그 사계절의 방위에 따라서 해당 문을 열어둘 뿐이다. 태묘의 태실에 대해서는 매 계절마다 18일간 천자가 거처할 것이다. 고대인들의 제도와 정사에서는 대부분 정전의 남겨진 뜻을 사용함이 많았으니, 명당에 대한 제도도 아마 그러했을 것이다.

【007】

乘鸞路, 駕倉龍, 載[載]青旂, 衣[去聲]青衣, 服蒼玉, 食麥與羊, 其器疏以達.〈007〉

맹춘의 달에 천자는 난로(鸞路)19)라는 수레를 타고, 난로에 창룡(倉龍)20)

부르고, '청묘'라고 부르게 되었다. 『서』「주서(周書)·낙고(洛誥)」편에는 "王入太室祼."이라는 기록이 있는데, 이에 대한 공안국(孔安國)의 전(傳)에서는 "太室, 淸廟."라고 풀이하였고, 공영달(孔穎達)의 소(疏)에서는 "太室, 室之大者, 故爲淸廟, 廟有五室, 中央曰太室."이라고 풀이하였다.

19) 난로(鸞路)는 난로(鸞輅)라고도 부른다. 방울 장식인 난(鸞)과 화(和)를 달고 있는 수레를 뜻한다. '난'은 수레의 형(衡)에 매달고, '화'는 수레의 식(軾)에 매달았는데, 동(銅)으로 그것을 만들고서, 금(金)으로 장식을 했다고 한다. 『여씨춘추(呂氏春秋)』「맹춘기(孟春紀)」편에는 "天子居靑陽左个. 乘鸞輅, 駕蒼龍."이라는 기록이 있는데, 이에 대한 고유(高誘)의 주에서는 "輅, 車也. 鸞鳥在衡, 和在軾, 鳴相應和. 後世不能復致, 鑄銅爲之, 飾以金, 謂之鸞輅也."라고 풀이하였다.

20) 창룡(倉龍)은 창룡(蒼龍)이라고도 부른다. 빛깔이 청색을 띠는 준마(駿馬)를 뜻한다. 그런데 마(馬)자 대신 용(龍)자를 쓴 것은 8척(尺) 이상이 되는 말을 '용'으로 불렀기 때문이다. 참고적으로 7척 이상이 되는 말은 래(騋)라고 부르며, 6척 이상되는 말은 '마'라고 불렀다. 『여씨춘추(呂氏春秋)』「맹춘기(孟春紀)」편에는 "天子居靑陽左个. 乘鸞輅, 駕蒼龍, 載靑旂, 衣靑衣, 服靑玉."이라는 기록이 있는데, 이에 대한 고유(高誘)의 주에서는 "周禮, 馬八尺以上爲龍, 七尺以上爲騋, 六尺以上爲馬也."라고 풀이하였다.

이라는 말에 멍에를 매게 해서 끌게 하며, 수레에는 청색의 깃발을 세우고
['載'자의 음은 '戴(대)'이다.] 청색의 의복을 입으며['衣'자는 거성으로 읽는다.] 청색의
옥으로 장식을 하고, 곡식 중에서는 보리와 고기 중에서는 양고기를 먹으
며, 그것을 담는 그릇은 조각은 세밀하지 않은 거친 문양으로 새겨놓으면
서도, 곧고 매끈하게 만든다.

集說 鸞路, 有虞氏之車, 有鸞鈴也. 春言鸞, 則夏・秋・冬皆鸞也.
夏云朱, 冬云玄, 則春青・秋白, 可知. 倉, 與蒼同. 馬八尺以上爲龍.
服玉, 冠冕之飾及佩也. 麥以金王而生, 火王而死, 當屬金, 而鄭云屬
木. 兌爲羊, 當屬金, 而鄭云火畜, 皆不可曉. 疏云, 鄭本五行傳言之,
然陰陽多塗, 不可一定, 故今於四時所食, 及麑嘗麥, 雛嘗黍之類, 皆
略之以俟知者. 疏以達者, 春物將貫土而出, 故器之刻鏤者, 使文理
矗疏, 直而通達也.

'난로(鸞路)'는 유우씨 때의 수레로, 난(鸞)이라는 방울이 달려 있다. 봄
에 대한 기록에서 난로라고 말했는데, 여름・가을・겨울에서 기록하고
있는 수레는 명칭이 제각기 다르지만, 그 수레들도 봄에 대한 기록에서와
같이 모두 난로들이다. 여름에 대한 기록에서는 '주로(朱路)'라고 하여
붉은색을 말하고, 겨울에 대한 기록에서는 현로(玄路)라고 하여 검은색
을 말했으니, 봄에는 그 수레의 색깔이 청색이고, 가을에는 백색임을 알
수 있다. '창(倉)'자는 창(蒼)자와 같다. 말이 8척 이상이 되는 것을 '용
(龍)'이라고 한다. 옥을 입는다고 하는 것은 관면에 장식하는 것과 패옥
(佩玉)[21]을 뜻한다. 보리는 금이 왕성했을 때 생겨나서 화가 왕성해질
때 죽으니, 마땅히 금에 소속되어야 하는 것인데, 정현은 목에 소속된다
고 했다. "태는 양이 된다."[22]고 하였으니, 태는 서방에 해당하므로 마땅

---

21) 패옥(佩玉)은 의대(衣帶)에 매달아서 장식품으로 삼았던 옥(玉)을 뜻한다. 『예기』
「옥조(玉藻)」편에는 "古之君子必佩玉."이라는 기록이 있다.

22) 『역』「설괘전(說卦傳)」: 乾爲馬, 坤爲牛, 震爲龍, 巽爲雞, 坎爲豕, 離爲雉, 艮

히 금에 속하는데, 정현은 화축(火畜)[23]이라고 했으니, 모두 이해할 수가 없다. 소에서 말하길, "정현은 『오행전』에 근거하여 말을 한 것이다. 그러나 음양에 대한 학설은 그 전수됨이 복잡해져서 일정할 수 없다."라고 했다. 그러므로 오늘날의 입장에서 경문에 기록된 사계절에서 먹어야 하는 것과 "맹하에 천자는 돼지고기로 보리밥을 맛본다."[24]라고 한 말이나 "중하에 천자는 닭고기로 기장밥을 맛본다."[25]라고 한 부류에 대해서는 모두 간략히 기술하여, 후대의 지혜로운 선비들이 가르쳐주기를 기다린다. '소이달(疏以達)'이라는 것은 봄에 만물이 장차 땅을 뚫고 나타나기 때문에, 그릇에 조각하는 것은 문양을 거칠고 정밀하지 않게 하고, 곧게 하여 원만하고 형통하게 만드는 것이다.

附註 載靑旂, 載如字, 下並同.

'재청기(載靑旂)'라 했는데, '載'자는 글자대로 읽으니, 아래에 나오는 글자도 모두 이와 같다.

爲狗, 兌爲羊.

23) 화축(火畜)은 동물들을 오행(五行)으로 배분했을 때, 화(火)에 해당하는 가축을 뜻한다. 말[馬]이나 양(羊)이 여기에 해당된다. 그 이유에 대해서 명대(明代)의 왕기(王圻)는 『삼재도회(三才圖會)』「조수삼(鳥獸三)·마(馬)」편에서 "馬, 火畜也, 火性健決躁速, 故易乾爲馬."라고 설명하였다. 즉 말이 '화축'에 해당하는데, 가축들 중에서 '화'의 성질을 가지고 있는 것들은 강건하고, 과감하고, 조급하고, 빠르다.

24) 『예기』「월령」 080장 : 農乃登麥. 天子乃以彘嘗麥, 先薦寢廟.

25) 『예기』「월령」 096장 : 是月也, 農乃登黍, 天子乃以雛嘗黍, 羞以含桃, 先薦寢廟.

【008】

是月也, 以立春, 先[去聲]立春三日, 太史謁之天子曰: "某日立春, 盛
德在木." 天子乃齊[齋], 立春之日, 天子親帥三公·九卿·諸侯·大
夫, 以迎春於東郊, 還[旋]反, 賞公·卿·大夫於朝, 命相[去聲], 布德
和令, 行慶施惠, 下及兆民, 慶賜遂行, 毋有不當[去聲].〈008〉

맹춘의 달에는 24절기 중의 하나인 입춘이 있기 때문에, 입춘 3일 전에['先'
자는 거성으로 읽는다.] 태사가 천자에게 고하며, "어떠한 날이 입춘이 되며,
그 날에는 천지를 생육시키는 성대한 덕이 목의 위치에 있게 됩니다."라고
한다. 그러면 천자는 곧 재계를['齊'자의 음은 '齋(재)'이다.] 하고, 입춘 당일 날
에는 천자가 삼공·구경·제후·대부들을 친히 이끌고 가서, 동쪽 교외에
서 봄을 맞이하는 행사를 시행하고, 다시 궁성으로 되돌아 와서는['還'자의
음은 '旋(선)'이다.] 조정에서 공·경·대부들에게 상을 하사하고, 다시 재상에
게['相'자는 거성으로 읽는다.] 명령하여, 덕을 펼치고 시행해야 할 정령을 조화
롭게 조율하며, 선한 사람에게 상주는 일을 시행하고 천자의 은혜로움을
널리 베푸는데, 아래로는 조민들에게까지 미치게 하며, 선한 사람에게 상
을 하사해줌을 널리 시행되도록 하여, 선한 자가 상을 받지 못하는 부당한
['當'자는 거성으로 읽는다.] 경우가 없도록 한다.

集說 謁, 告也. 春爲生, 天地生育之盛德在於木位也. 迎春東郊, 祭
太皥·句芒也. 後倣此推之.

'알(謁)'자는 고한다는 뜻이다. 봄은 생성의 시기가 되므로, 천지를 생육
시키는 성대한 덕이 목의 위치에 놓이게 된다. 동교에서 봄을 맞이한다는
것은 태호와 구망에게 제사를 지내는 것이다. 이후 각 계절을 맞이한다는
문장들도 이러한 뜻을 기준으로 유추할 수 있다.

集說 疏曰: 節氣有早晚, 是月者, 謂是月之氣, 不謂是月之日也.

소에서 말하길, 절기에는 이르고 늦는 차이가 있으므로, 경문에서 '시월
(是月)'이라고 한 것은 이 달의 절기를 뜻하는 것이지, 이 달의 어느 특정
일을 뜻하는 것이 아니다.

毋有不當, 當如字.

'무유부당(毋有不當)'에서 '當'자는 글자대로 읽는다.

【009】

乃命太史, 守典奉法, 司天日月星辰之行, 宿離[去聲]不貸[忒], 毋失經
紀, 以初爲常. 〈009〉

맹춘의 달에 천자는 곧 태사에게 명령하여, 육전(六典)을 준수하며 팔법(八
法)을 받들어 시행하게 하고,[1] 하늘의 일월성신의 운행 관측을 담당하도록
하여, 그것들이 머물고 운행함에 대해서[『離』자는 거성으로 읽는다.] 차질이[『貸』자
의 음은 '忒(특)'이다.] 나지 않도록 관찰하고, 그것들이 진퇴하고 지속하는 도
수인 경기(經紀)를 어긋나지 않도록 하며, 옛 관측법을 표준인 상법(常法)
으로 삼는다.

集說 宿, 猶止也. 離, 猶行也. 言占候躔次, 不可差貸. 貸, 與忒同.
經紀者, 天文進退遲速之度數也. 初者, 曆家推步之舊法, 以此爲占
候之常也.

'숙(宿)'자는 멈춘다는 뜻이다. '이(離)'자는 운행한다는 뜻이다. 일월과
성신들의 궤도와 위치를 관측하고 예측하는 일을 어긋나게 해서는 안 된
다는 것을 뜻한다. '특(貸)'자는 어긋난다는 뜻이다. '경기(經紀)'는 천문
현상에서 진퇴와 지속 등에서 나타나는 일정한 수치인 도수이다. '초(初)'
는 역법 전문가들이 추산해냈던 옛 규범으로, 이러한 옛 법도로 천문 현
상을 관측하고 예측하는 상법으로 삼는 것이다.

【010】

是月也, 天子乃以元日, 祈穀于上帝. 乃擇元辰, 天子親載耒耜, 措
之于參保介之御間, 帥三公·九卿·諸侯·大夫, 躬耕帝籍, 天子三
推[吐回反], 三公五推, 卿·諸侯九推. 反, 執爵于大寢, 三公·九卿·

---

1) 『주례』「춘관(春官)·대사(大史)」 : 大史, <u>掌建邦之六典</u>, 以逆邦國之治, <u>掌法</u>
   以逆官府之治, 掌則以逆都鄙之治.

諸侯·大夫皆御, 命曰勞[去聲]酒. 〈010〉

맹춘의 달에는 천자는 곧 원일을 택하여, 상제에게 오곡이 풍년들기를 기원한다. 그리고 곧 다음의 길일인 원신을 택하여, 천자가 쟁기와 보습을 수레에 싣는데, 참승(參乘)[2]하는 보개(保介)[3]와 그 수레를 모는 사람인 어자 사이에 두었으며, 삼공·구경·제후·대부들을 이끌고 가서, 제적(帝籍)[4]에서 직접 경작을 하였는데, 천자가 3번 밭을 갈면['推'자는 '吐(토)'자와 '囘(회)'자의 반절음이다.] 삼공은 5번 갈고, 경과 제후는 9번 갈았다. 경작에 대한 행사가 끝나고 천자가 궁성으로 돌아와서는 태침에서 술잔을 잡고 연례를 시행하면, 삼공·구경·제후·대부들이 모두 이 행사에 참석하는데, 이때 천자가 신하들에게 수고했다는 의미에서 따라주는 술이 있었으니, 그 술을 '노주(勞酒)'라['勞'자는 거성으로 읽는다.] 부른다.

---

2) 참승(參乘)은 '참승(驂乘)'이라고도 부른다. 수레에 탄다는 뜻이다. 또한 수레에 타는 사람을 가리키는 용어로도 사용되었다. 고대 수레 제도에서는 존귀한 자는 수레의 좌측에 타고, 수레를 모는 사람은 중앙에 위치했으며, 시중을 들거나 병기를 들고서 보호하는 임무를 맡은 사람은 수레의 우측에 탔다. 또한 이러한 뜻에서, 음을 달리하여 삼승(參乘)이라고도 부른다.

3) 보개(保介)는 수레의 우측에 타는 사람을 가리킨다. 수레의 우측에 타서, 주인의 시중을 들거나, 주인을 보호하는 임무를 맡았다. 『시』「주송(周頌)·신공(臣工)」편에는 "嗟嗟保介, 維莫之春, 亦又何求, 如何新畬."라는 기록이 있는데, 이에 대한 정현의 전(箋)에서는 "保介, 車右也. …… 介, 甲也. 車右勇力之士, 被甲執兵也."라고 풀이했다. 즉 '보개'의 개(介)자는 갑옷을 뜻한다. 수레의 우측에 타는 용사(勇士)는 갑옷을 입고 병장기를 들고서, 수레를 보호하는 임무를 맡았기 때문에, 이러한 명칭이 생기게 되었다.

4) 제적(帝籍)은 제자(帝藉)라고도 부른다. 천자가 직접 경작하던 농작지를 뜻한다. 직접 농사를 지었다는 뜻은 아니며, 상징적인 의미를 갖는다. 이곳에서 생산된 곡식들은 천자가 지내는 제사 때 사용되었다. 『예기』「월령(月令)」편에는 "帥三公九卿諸侯大夫, 躬耕帝籍."이라는 기록이 있는데, 이에 대한 손희단(孫希旦)의 집해(集解)에서는 "天子藉田千畝, 收其穀爲祭祀之粢盛, 故曰帝藉."이라고 풀이했다. 즉 천자가 경작하는 땅은 1000무(畝)의 면적인데, 여기에서 수확되는 곡식들을 가지고 오제(五帝)에 대한 제사에 사용하였으므로, '제적'이라고 부르게 된 것이다.

集說 元日, 上辛也. 郊祭天而配以后稷, 爲祈穀也. 元辰, 郊後吉日
也. 日以干言, 辰以支言, 互文也. 參, 參乘之人也. 保介, 衣甲也, 以
勇士爲車右而衣甲. 御者, 御車之人也. 車右及御人皆是參乘, 天子
在左, 御者居中, 車右在右, 以三人故曰參也. 置此耕器於參乘保介
及御者之間. 天子籍田千畝, 收其穀爲祭祀之粢盛, 故曰帝籍. 九推
之後, 庶人終之. 反而行燕禮, 群臣皆侍, 士賤不與耕, 故亦不與勞酒
之賜也.

'원일(元日)'은 그 달의 초순 중에서 신자가 처음으로 들어가는 상신일이
다. 하늘에게 교제(郊祭)⁵⁾를 지내면서, 농사를 주관했던 후직(后稷)⁶⁾을
배향하여 곡식의 풍년을 기원했다. '원신(元辰)'은 교제사를 지낸 다음에
찾아온 길일이다. 원일이라고 할 때의 '일(日)'은 십간으로 말한 것이며,
원신이라고 할 때의 '신(辰)'은 십이지로 말을 한 것이니, 서로 그 뜻을
드러내도록 기록한 것이다. '삼(參)'은 삼승하는 사람을 뜻한다. '보개(保
介)'는 갑옷을 입는다는 뜻으로, 용사를 거우로 삼아서, 천자를 보호하기

---

5) 교제(郊祭)는 '교사(郊祀)'라고도 부른다. 교외(郊外)에서 천지(天地)에 제사를
지냈기 때문에 붙여진 명칭이다. 음양설(陰陽說)이 성행했던 한(漢)나라 때에는
하늘에 대한 제사는 양(陽)의 뜻을 따라 남교(南郊)에서 지냈고, 땅에 대한 제사는
음(陰)의 뜻을 따라 북교(北郊)에서 지냈다. 『한서』「교사지하(郊祀志下)」편에는
"帝王之事莫大乎承天之序, 承天之序莫重於郊祀. …… 祭天於南郊, 就陽之義
也. 地於北郊, 卽陰之象也."라는 기록이 있다. 한편 '교사'는 후대에 제사를 범칭
하는 용어로도 사용되었다. '교사' 중의 '교(郊)'자는 규모가 큰 제사를 뜻하며,
'사(祀)'는 비교적 규모가 작은 제사들을 뜻한다.
6) 후직(后稷)은 전설상의 인물이다. 주(周)나라의 선조(先祖) 중 한 사람이다. 강원
(姜嫄)이 천제(天帝)의 발자국을 밟고 회임을 하여 '후직'을 낳았는데, 불길하다고
생각하여 버렸기 때문에, 이름을 기(棄)로 지어졌다 한다. 이후 순(舜)이 '기'를
등용하여 농사를 담당하는 신하로 임명해서, 백성들에게 농사짓는 법을 가르쳤기
때문에, '후직'으로 일컬어지게 되었다. 『시』「대아(大雅)·생민(生民)」편에는 "厥
初生民, 時維姜嫄. …… 載生載育, 時維后稷."이라는 기록이 있다. 한편 농사를
주관하는 관리를 '후직'으로 부르기도 한다.

위해 갑옷을 입히는 것이다. '어(御)'는 수레를 모는 사람을 뜻한다. '거우 (車右)'와 수레 모는 사람은 모두 참승하는 사람들로, 천자는 수레의 좌 측에 타고, 어자는 중앙에 타며, 거우는 수레의 우측에 타게 되므로, 세 사람이 타기 때문에 '삼(參)'이라 부르는 것이다. 이러한 경작 도구들을 삼승하는 보개와 어자 사이에 놓아둔다는 뜻이다. 천자의 경작지는 1,000 묘이며, 여기에서 수확되는 곡식을 거두어서 제사 때 차려 내놓는 '자성 (粢盛)'7)으로 사용하기 때문에, '제적(帝籍)'이라고 부른다. 경과 제후들 이 9번 갈고 난 뒤에는 서인들이 그 일을 마무리 짓는다. 천자가 궁성으 로 되돌아와서 연례를 거행하는데, 대부 이상의 뭇 신하들은 모두 모이지 만, 사는 신분이 미천하여 천자가 경작하는 일에 참여하지 못하기 때문 에, 또한 연례에서 천자가 노주를 하사하는 데에도 참여할 수 없다.

【011】

是月也. 天氣下降, 地氣上[上聲]騰, 天地和同, 草木萌動, 王命布農 事. 命田, 舍東郊, 皆脩封疆, 審端徑術[遂], 善相[去聲]丘陵阪[反]險原 隰[習], 土地所宜五穀所殖, 以教道民, 必躬親之. 田事旣飭, 先定準 直, 農乃不惑.〈011〉

맹춘의 달에는 하늘의 기운이 내려오고, 땅의 기운이 상승하여[上'자는 상성 으로 읽는다.] 천지의 기운이 서로 화합하여 어우러져서, 초목들이 발아하며 꿈틀거리기 시작하니, 천자는 이러한 시기에 맞춰 명령을 내려서 농사일을 시행하기를 선포한다. 천자는 전준(田畯)에게 명령하여, 동교에 머물게 해

---

7) 자성(粢盛)은 제성(齊盛)이라고도 부른다. 자(粢)자는 곡식의 한 종류인 기장을 뜻하고, 성(盛)자는 그릇에 기장을 풍성하게 채워놓은 모양을 뜻한다. 따라서 '자 성'은 제기(祭器)에 곡물을 가득 채워놓은 것을 뜻하며, 제물(祭物)로 사용되었다. 『춘추공양전』「환공(桓公) 14년」편에는 "御廩者何, 粢盛委之所藏也."라는 기록 이 있는데, 이에 대한 하휴(何休)의 주에서는 "黍稷曰粢, 在器曰盛."이라고 풀이 하였다.

서, 전준과 그의 지시에 따라 움직이는 모두가 경작지의 경계를 바로잡고, 경작지 사이에 있는 소로와 도랑들을['術'자의 음은 '遂(수)'이다.] 잘 정비하며, 토지의 형세를 파악하기 위해, 언덕지역과 비탈지고['阪'자의 음은 '反(반)'이다.] 험한 지역과 평원지대와 습한 지역을['隰'자의 음은 '習(습)'이다.] 잘 살펴보고['相'자는 거성으로 읽는다.] 토지마다 경작하기 적합한 식물과 오곡 중에서 심기에 적합한 것들을 잘 살펴서, 백성들을 가르치고 인도하는데, 이때에는 반드시 천자의 명령을 받은 담당자가 몸소 직접 시범을 보인다. 농사와 관련된 전사들을 이으고 끝낼 수 있었던 것은 우선적으로 표준이 되는 규칙을 확정해서, 농사짓는 사람들이 곧 의혹스러워하지 않았기 때문이다.

集說 田, 田畯也. 舍, 居也. 天子命田畯居東郊, 以督耕者, 皆使脩理其封疆, 謂井田之限域也. 步道曰徑. 術與遂同, 田之溝洫也, 審而端之, 使無迂雍. 封疆有界限, 徑術有闊狹, 土地有高下, 五種有宜否, 皆須田畯躬親敎飭之, 以定其準直, 則農民無所疑惑也.

'전(田)'은 전준(田畯)[8]이다. '사(舍)'는 머문다는 뜻이다. 천자가 전준에게 명령하여 동교에 머물게 해서, 경작하는 자들을 감독하게 하며, 모두들 그 경작지들 간의 경계를 잘 정비하도록 한 것은 정전의 구역을 정비함을 뜻한다. 도보로 다니는 길을 '경(徑)'이라 부른다. '수(術)'자는 수(遂)자와 같은 뜻으로, 경작지 사이에 있는 수로이며, 이것들을 잘 살피고 정리하여, 비뚤어지거나 도중에 막힘이 없게 하는 것이다. 경작지들 간의 경계에는 제각각의 경계지표가 있고, 수로들에는 넓고 좁은 차이가

---

8) 전준(田畯)은 지방의 하급관리를 뜻한다. 농사와 관련된 세금 및 요역 징발 등의 일을 담당했다. '전준'은 농사에 대한 일을 담당하였기 때문에, 경작과 파종을 뜻하는 글자들이 가미되어, '전준'을 전색부(田嗇夫), 사색(司嗇) 등으로 부르기도 했다. 그리고 '전준'은 한(漢)나라 때 색부(嗇夫)로 칭해졌다. 『시』「소아(小雅)·보전(甫田)」편에는 "饁彼南畝, 田畯至喜."라는 기록이 있는데, 이에 대한 정현의 전(箋)에서는 "田畯, 司嗇, 今之嗇夫也."라고 풀이했으며, 공영달(孔穎達)의 소(疏)에서는 "田畯, 田家, 在田司主稼穡, 故謂司嗇. 漢世亦有此官, 謂之嗇夫."라고 풀이했다.

있으며, 토지들에는 높고 낮은 등급 차이가 있고, 오곡의 종자들 중에서도 그 땅에 적합하고 그렇지 않은 차이가 있으니, 이러한 일들 모두는 전준이 몸소 직접 교육하고 정비하여, 그것들에 적합한 표준을 확정해야만 농민들이 의혹스러워 하는 것이 없게 된다.

附註 地氣上騰, 上如字, 去聲.

'지기상등(地氣上騰)'에서의 '上'자는 글자대로 읽으니 거성으로 읽는다.

【012】

是月也, 命樂正, 入學習舞. 〈012〉

맹춘의 달에는 천자가 음악을 관장하는 관리인 악정에게 명령하여, 국자들을 교육하는 국학에 들어가서, 국자들에게 교육을 실시하여 춤을 익히게 한다.

集說 教學者以習舞之事.

악정이 국학에서 공부하는 국자들에게 춤 익히는 일을 가르친 것이다.

【013】

乃修祭典, 命祀山林 · 川澤, 犧牲毋用牝. 〈013〉

맹춘의 달에 천자는 관리에게 명령하여, 곧 제전을 정비하고, 정비가 끝나면 다시 명령을 내려서, 산림과 천택의 신들에게 제사를 지내게 하되, 제사에 사용되는 희생물에는 암컷을 사용하지 않게 한다.

集說 不欲傷其生育.

이 시기에 암컷은 잉태를 하고 있으므로, 동물의 새끼가 태어나 성장함을 해치고 싶지 않아서이다.

【014】

禁止伐木. 〈014〉

맹춘의 달에는 초목이 생장하므로 벌목을 금지한다.

集說 以盛德在木也.

이 시기에는 봄의 왕성한 덕성이 오행 중 목에 있기 때문이다.

【015】

母覆巢, 母殺孩蟲胎夭[烏老反]飛鳥, 母䴠, 母卵, 母聚大衆, 母置城
郭, 掩骼[格]埋胔[漬]. 〈015〉

맹춘의 달에는 새의 둥지를 엎어서 사냥하지 못하게 하고, 애벌레와 새끼
를 잉태하고 있는 짐승과 갓 태어난 어린 새끼들과['夭'자는 '烏(오)'자와 '老(로)'
자의 반절음이다.] 이제 갓 태어나 나는 연습을 하는 어린 새들을 죽이지 못하
게 하며, 어린 새끼를 희생물이나 음식으로 사용하지 못하게 하고, 계란을
희생물이나 음식으로 사용하지 못하게 하며, 부역을 시키기 위해 대중들을
모으지 못하게 하고, 쓸데없이 백성의 노동력이 동원되는 성곽을 축조하지
못하게 하며, 무덤에서 삐져나온 시체의 뼈들을['骼'자의 음은 '格(격)'이다.] 흙
으로 가려주고, 아직까지 살덩이가 붙어 있는 시체들을['胔'자의 음은 '漬(지)'이
다.] 매장해준다.

集說 孩蟲, 蟲之稚者. 胎, 未生者. 夭, 方生者. 飛鳥, 初學飛之鳥.
䴠, 獸子之通稱. 胔, 骨之尙有肉者.

'해충(孩蟲)'은 벌레의 새끼이다. '태(胎)'는 아직 태어나지 않은 것이다.
'요(夭)'는 이제 막 태어난 것이다. '비조(飛鳥)'는 처음으로 나는 법을
배우는 새이다. '미(䴠)'는 짐승의 새끼들을 통칭하는 말이다. '지(胔)'는
시체의 뼈에 아직까지 살점이 붙어 있는 것이다.

【016】

是月也, 不可以稱兵, 稱兵必天殃. 兵戎不起, 不可從我始. 母變天
之道, 母絶地之理, 母亂人之紀. 〈016〉

맹춘의 달에는 병사를 일으켜서는 안 되니, 만약 병사를 일으키게 되면,
반드시 하늘의 재앙이 뒤따른다. 전쟁을 일으켜서는 안 되지만, 만약 적이
쳐들어오게 되어 전쟁을 불가피하게 하더라도, 내가 먼저 전쟁을 시작해서
는 안 된다. 전쟁을 일으켜서 하늘의 도를 변란하게 해서는 안 되며, 땅의
도리를 끊어버려서는 안 되고, 사람의 법도를 문란하게 해서는 안 된다.

集說 天地大德曰生. 春者, 生德之盛時也. 兵, 凶器, 戰, 危事, 不得已而禦寇, 猶可也. 兵自我起, 以殺戮之心, 逆生育之氣, 是變易天之生道, 斷絕地之生理, 而紊亂生人之紀敍矣, 其殃也宜哉.

천지의 큰 덕을 '생(生)'이라 부른다.[1] 봄이라는 것은 생의 덕이 융성해지는 시기이다. 병기는 재앙을 가져오는 흉한 기물이며, 전쟁은 국가를 위태롭게 만드는 위험한 일인데, 부득이하게 적을 막아야 할 때에는 전쟁을 해도 괜찮다. 그런데 병기를 사용하는 전쟁이 나로부터 발생하여, 살육하는 마음으로 낳고 기르는 천지의 기운을 거스르게 된다면, 이것은 하늘의 생한 도를 변란시키는 것이며, 땅의 생한 이치를 단절시키는 것이고, 사람들의 법도를 문란하게 하는 것이니, 재앙을 받는 것이 마땅하구나.

【017】

孟春行夏令, 則雨水不時, 草木蚤落, 國時有恐. 〈017〉

만약 천자가 맹춘의 달에 맹하에 집행해야 할 정령을 시행하게 된다면, 비 내리는 것이 시기에 맞지 않게 되고, 한참 성장해야 할 초목들이 일찍 시들어 떨어지게 되며, 나라 백성들 사이에는 빈번하게 두려워하는 기류가 생겨나게 된다.

集說 此巳火之氣所泄也. 言人君於孟春之月, 而行孟夏之政令, 則感召咎證如此, 後皆倣此.

이것은 십이지 중 맹하에 해당하는 사의 화 기운이 새어나와서 생긴 것이다. 군주가 맹춘의 달인데도 맹하에 집행해야 할 정령을 시행하게 된다면, 잘못된 시행으로 인해 천지가 재앙과 감응하여 초래한 것이 이와 같음을 말하는 것이니, 뒤의 문장들도 모두 이러한 뜻이다.

---

1) 『역』「계사하(繫辭下)」 : 天地之大德曰生.

集說 疏曰: 孟月失令, 則三時孟月之氣乘之. 仲月失令, 則仲月之氣乘之. 季月失令, 則季月之氣乘之. 所以然者, 以同爲孟仲季, 氣情相通. 如其不和, 則迭相乘之.

소에서 말하길, 각 계절의 첫 번째 달인 孟月에 마땅히 집행해야 할 政令의 시기를 놓치게 된다면, 나머지 세 계절의 맹월의 기운이 그 계절의 맹월의 기운을 올라타게 된다. 각 계절의 두 번째 달인 중월에 마땅히 집행해야 할 정령의 시기를 놓치게 된다면, 나머지 세 계절의 중월의 기운이 그 계절의 중월의 기운을 올라타게 된다. 각 계절의 세 번째 달인 계월에 마땅히 집행해야 할 정령의 시기를 놓치게 된다면, 나머지 세 계절의 계월의 기운이 그 계절의 계월의 기운을 올라타게 된다. 그렇게 되는 까닭은 각 계절의 같은 부류의 것들로 각각 맹월·중월·계월로 삼아서, 계절은 다르지만, 같은 맹월·중월·계월들끼리는 그 기운과 실정이 서로 통하게 된다. 만약 정령을 잘못 시행하여 서로 조화롭지 않게 된다면, 자신이 나타날 시기가 아님에도 교대로 다른 계절의 기운이 올바른 시기의 기운을 올라타게 된다.

【018】

行秋令,〈018〉則其民大疫, 飇[標]風暴雨總至, 藜莠[有]蓬蒿竝興.〈019〉

만약 천자가 맹춘의 달에 맹추에 집행해야할 정령들을 시행하게 된다면, 그 백성들에게는 큰 전염병이 돌게 되고, 회오리바람과['飇'자의 음은 '標(표)'이다.] 폭우가 한꺼번에 일어나며, 아울러 독초인 여유['莠'자의 음은 '有(유)'이다.]·봉호가 무성해진다.

集說 謂孟秋之令. 此申金之氣所傷也. 爾雅扶搖謂之飇風, 謂風之回轉也. 藜莠蓬蒿竝興者, 以生氣逆亂, 故惡物乘之而茂也.

'추령(秋令)'은 맹추의 달에 시행해야할 정령을 말한다. 이것은 십이지 중에서 맹추에 해당하는 신의 금 기운이 맹춘의 기운을 손상시킨 것이다.

『이아』에서 "회전하며 위로 상승하는 바람을 '표풍(飇風)'이라고 한다."2) 라고 했으니, 바람 중에서 회전하는 것을 뜻한다. '여유(藜莠)'와 '봉호(蓬蒿)'가 무성해진다는 것은 맹춘의 생하는 기운이 어지럽고 혼란스럽게 되었기 때문에, 독초가 그것을 틈타서 무성해지는 것이다.

【019】

行冬令, 〈020〉 則水潦爲敗, 雪霜大摯[至], 首種[上聲]不入. 〈021〉

만약 천자가 맹춘의 달에 맹동에 집행해야할 政令을 시행하게 된다면, 폭우와 그로 인한 홍수가 나라에 피해를 주게 되고, 폭설과 서리가 심각한 피해를 주어서['摯'자의 음은 '至(지)'이다.] 곡식 중에 가장 먼저 심는['種'자는 상성으로 읽는다.] 기장을 수확하지 못하게 된다.

> **集說** 謂孟冬之令. 此亥水之氣所淫也. 摯, 傷折也, 與摯獸鷙蟲之義同. 百穀惟稷先種, 故云首種.

'동령(冬令)'은 맹동의 달에 시행해야할 정령을 말한다. 이것은 십이지 중에서 맹동에 해당하는 해의 수 기운이 맹춘의 기운을 어지럽힌 것이다. '지(摯)'는 상처를 받아서 죽는다는 뜻이니, 지수(摯獸)3)와 지충(鷙蟲)4) 이라고 할 때의 뜻과 동일하다. 백곡(百穀)5) 중에서 오직 기장만을 먼저

---

2) 『이아』「석천(釋天)」: 扶搖謂之飇. 風與火爲庉.

3) 지수(摯獸)는 사납고 사람을 죽일 수도 있는 동물을 뜻하며, 호랑이 등의 맹수를 가리키는 용어로 사용된다. 『예기』「곡례상(曲禮上)」편에는 "前有摯獸, 則載貔貅."라는 기록이 있는데, 이에 대한 공영달(孔穎達)의 소(疏)에서는 "摯獸, 猛而能擊, 謂虎狼之屬也."라고 풀이하였다.

4) 지충(鷙蟲)은 맹조(猛鳥)나 맹수(猛獸)를 뜻한다. '지충' 또한 지수(摯獸)와 동일한 뜻이다. 지(鷙)자는 사나워서 사람을 공격할 수 있다는 뜻이며, 충(蟲)자는 벌레가 아닌 생물을 범칭하는 용어이다. 『예기』「유행(儒行)」편에는 "鷙蟲攫搏不程勇者. 引重鼎不程其力"이라는 용례가 있다.

5) 백곡(百穀)은 곡식을 총칭하는 말이다. 『시』「빈풍(豳風)·칠월(七月)」편에는

파종하기 때문에, 첫 번째 파종한다는 뜻에서 '수종(首種)'이라고 부른다.

【附註】 摯之言至也. 雪霜大摯, 與寒氣總至同.
'지(摯)'자는 이른다는 뜻이다. '설상대지(雪霜大摯)'는 차가운 기운이 총체적으로 이른다는 말과 같다.

【類編】 右孟春.
여기까지는 '맹춘(孟春)'에 대한 내용이다.

"亟其乘屋, 其始播<u>百穀</u>."이라는 용례가 있으며, 『서』 「우서(虞書)·순전(舜典)」 편에도 "帝曰, 棄黎民阻飢, 汝后稷, 播時<u>百穀</u>."이라는 용례가 있다.

◇ 중춘(仲春)

【020】

仲春之月, 日在奎, 昏弧中, 旦建星中.〈022〉

봄의 둘째 달인 중춘의 달에는 해와 달이 만나는 곳인 일이 28수 중 규자리에 있고, 저녁 무렵에는 호(弧)가 남쪽 하늘의 중앙에 위치하고, 동틀 무렵에는 건성(建星)이 남쪽 하늘의 중앙에 위치한다.

集說 奎宿在戌, 降婁之次.

28수 중 하나인 규수는 십이진 중 하나인 술자리에 위치하니, 강루의 자리이다.

集說 疏曰: 餘月昏旦中星, 皆擧二十八宿. 此云弧與建星者, 以弧星近井, 建星近斗, 井斗度多星體廣, 不可的指, 故擧弧建以定昏旦之中."

소에서 말하길, 이곳 중춘의 기록을 제외하고 나머지 달들에 대한 기록에서는 저녁 무렵과 동틀 무렵에 남중하는 별자리에는 모두 28수를 거론하고 있다. 그런데 이곳 경문에서 28수가 아닌 호성과 건성을 말한 것은 호성이 28수 중 하나인 정수에 가까이 있고, 건성도 28수 중 하나인 두수에 가까이 있는데, 정수와 두수는 하늘에서 움직이는 도수가 많고, 별자리의 크기 자체가 넓어서 하늘의 남중에 딱 들어맞게 가리킬 수 없기 때문이에, 대신 호성과 건성을 거론하여, 저녁 무렵과 동틀 무렵에 남중하는 별을 확정한 것이다.

【021】

其日甲乙, 其帝太皞, 其神句芒, 其蟲鱗, 其音角, 律中夾鍾, 其數八, 其味酸, 其臭羶, 其祀戶, 祭先脾.〈023〉

중춘의 달에 해당하는 일간은 갑과 을이고, 중춘을 지배하는 제는 태호이며, 그 아래에서 보좌하는 신은 구망이고, 중춘에 해당하는 생물은 비늘이 달린 종류이며, 오음 중에서 중춘에 해당하는 음은 각이고, 십이률 중에서 중춘의 기후에 반응하는 율관은 협종에 해당하며, 중춘에 해당하는 수는 8이고, 오미 중에서 중춘에 해당하는 맛은 신맛이며, 오취 중에서 중춘에 해당하는 냄새는 노린내이고, 오사 중에서 중춘에 해당하는 사는 호이며, 제사를 지낼 때에는 희생물의 비장을 먼저 바친다.

集說 夾鍾, 卯律, 長七寸二千一百八十七分寸之千七十五.

협종은 십이율을 십이지에 배열했을 때 묘에 해당하는 율로, 협종음을 내는 피리는 그 관의 길이가 7촌과 2187분의 1075촌이다.

【022】
始雨水, 桃始華, 倉庚鳴, 鷹化爲鳩.〈024〉

중춘의 달에는 비로소 비가 내리기 시작하며, 복숭아나무가 비로소 꽃을 피우고, 꾀꼬리가 노래하며, 매가 변화하여 다시 뻐꾸기가 된다.

集說 此記卯月之候. 倉庚, 黃鸝也. 鳩, 布穀也. 王制言"鳩化爲鷹", 秋時也. 此言鷹化爲鳩, 以生育氣盛, 故鷙鳥感之而變耳. 孔氏云: "化者, 反歸舊形之謂", 故鷹化爲鳩鳩, 復化爲鷹. 如田鼠化爲鴽, 則鴽又化田鼠. 若腐草爲螢, 雉爲蜃, 爵爲蛤, 皆不言化, 是不再復本形者也.

이것은 2월의 기후 조짐을 기록한 것이다. '창경(倉庚)'은 꾀꼬리이다. '구(鳩)'는 뻐꾸기이다. 『예기』「왕제(王制)」편에서 "뻐꾸기가 변화하여 매가 된다."[1]라고 말했는데, 이것은 가을에 해당한다. 이곳 경문에서는

---

1) 『예기』「왕제(王制)」 045장 : 獺祭魚, 然後虞人入澤梁. 豺祭獸, 然後田獵. 鳩化

반대로 "매가 변화하여 다시 뻐꾸기가 된다."라고 말했는데, 봄에는 낳고 성장시키는 기운이 왕성하기 때문에, 사나운 새도 그 기운이 감응하여 변화하는 것일 따름이다. 공영달은 "화(化)라는 것은 옛 형태로 거꾸로 되돌아가는 것을 말한다."라고 했으니, 매도 변화해서 뻐꾸기가 되며, 뻐꾸기는 가을에 다시 변화하여 매가 되는 것이니, 계춘의 달에 쥐가 변화하여 메추라기가 된다면,[2] 가을에는 메추라기도 또한 변화하여 쥐가 되는 것이다. 계하의 달에 썩은 풀이 반딧불이 된다는 것[3]과 맹동의 달에 꿩이 바다에 들어가 이무기가 된다는 것[4]과 계추의 달에 참새가 바다에 들어가 조개가 된다는 것[5]들에 대해서는 모두 화(化)라고 말을 하지 않았는데, 이것들은 다시는 본래의 형태로 돌아올 수 없는 것들이기 때문이다.

【023】

天子居靑陽大廟, 乘鸞路, 駕倉龍, 載靑旂, 衣靑衣, 服倉玉, 食麥與羊, 其器疏以達.〈025〉

중춘의 달에 천자는 청양의 중앙에 위치한 태묘에 거처하며, 난로라는 수레를 타고, 그 수레에는 창룡이라는 말에 멍에를 매게 해서 끌게 하며, 수레에는 청색의 깃발을 세우고, 천자는 청색의 의복을 입으며, 청색의 옥으로 장식을 하고, 곡식 중에서는 보리와 고기 중에서는 양고기를 먹으니, 그것을 담는 그릇은 조각은 세밀하지 않은 거친 문양으로 새겨놓으면서도, 곧고 매끈하게 만든다.

爲鷹, 然後設罻羅. 草木零落, 然後入山林. 昆蟲未蟄, 不以火田. 不麛, 不卵, 不殺胎, 不妖夭, 不覆巢.

2) 『예기』「월령」046장 : 桐始華, 田鼠化爲鴽, 虹始見, 萍始生.

3) 『예기』「월령」115장 : 溫風始至, 蟋蟀居壁, 鷹乃學習, 腐草爲螢.

4) 『예기』「월령」201장 : 水始冰, 地始凍, 雉入大水爲蜃, 虹藏不見.

5) 『예기』「월령」179장 : 鴻鴈來賓, 爵入大水爲蛤, 鞠有黃華, 豺乃祭獸戮禽.

集說 靑陽太廟, 東堂當太室.

'청양태묘(靑陽太廟)'는 동쪽 중앙에 있는 당으로, 정 중앙에 위치한 태실과 맞닿아 있는 곳이다.

【024】

是月也, 安萌芽, 養幼少, 存諸孤.〈026〉

중춘의 달에는 식물들의 싹을 잘 보호하고, 동물들의 어린새끼들을 길러주며, 백성들 중 모든 고아들을 잘 보살펴준다.

集說 生氣之可見者, 莫先於草木, 故首言之. 安, 謂無所摧折之也. 存, 亦安也.

봄의 생한 기운이 나타날 수 있는 것들 중에는 초목보다 빠른 것이 없기 때문에, 우선적으로 초목의 맹아를 보호해야 한다고 말한 것이다. '안(安)'자는 초목의 싹을 꺾거나 부러트리는 일이 없게 함을 말한다. '존(存)'자 또한 안자의 뜻과 같다.

【025】

后王命冢宰降德于衆兆民.〈內則-001〉 [內則. 本在"子事父母"上.]

천자는 총재에게 명령하여, 만백성에게 그 덕을 내려주어서 교화를 하도록 시켰다. [「내칙」편의 문장이다. 본래는 "자식이 부모를 섬긴다."[6]라고 한 문장 앞에 수록되어 있었다.]

集說 冢宰掌邦治, 而治國者必先齊家. 降德者, 下其德敎於民也.

---

6) 『예기』「내칙(內則)」 002장 : 子事父母, 雞初鳴, 咸盥漱, 櫛縰笄總, 拂髦, 冠緌纓, 端韠紳, 搢笏.

孝爲德之本, 故首言子事父母之道.

총재(冢宰)[7]는 나라의 정치를 담당하고, 나라를 다스리는 자는 반드시 그 보다 앞서 집안을 다스려야만 한다.[8] '강덕(降德)'이라는 말은 덕을 내려주어서 백성들을 가르친다는 뜻이다. 효는 덕을 시행하는 근본이 된다.[9] 그렇기 때문에 편의 첫 부분에서는 자식이 부모를 섬기는 도에 대해 언급하고 있는 것이다.

集說 石梁王氏曰: 註分后王作兩字解, 不通. 書·說命后王君公, 后王, 猶言君王, 天子之別稱也. 鄭註皆非記者本意, 但據周禮太宰掌建邦之六典, 則敎典在所兼統, 如此亦可解. 鄭分天子諸侯, 甚無意義.

석량왕씨가 말하길, 정현의 주에서는 '후왕(后王)'을 '후(后)'자와 '왕(王)'자로 나누어서 해석을 했지만, 의미가 통하지 않는다. 『서』「열명(說命)」편에서는 '후왕(后王)과 군공(君公)'이라고 했는데,[10] 이때의 '후왕(后王)'은 '군왕(君王)'이라고 하는 말과 같으니, 천자에 대한 별칭이다. 정현의 주에서 주장한 내용들은 모두 『예기』를 기록한 자의 본의가 아니지만, 『주례』「태재(太宰)」편에서 나라의 육전(六典)을 확립하는 일을 담당한다고 했던 기록[11]에 근거해보면, 교전(敎典)은 총재(冢宰)가 함께

---

7) 총재(冢宰)는 대재(大宰)와 같은 말이다. '대재'는 태재(太宰)라고도 부른다. '대재'는 은(殷)나라 때 설치된 관직이라고 전해지며, 주(周)나라에서는 '총재'라고도 불렀다. 『주례(周禮)』의 체제상으로는 천관(天官)의 수장이며, 경(卿) 1명이 담당했다. 『주례』의 체제상으로는 가장 높은 관직이다. 따라서 '대재'가 담당했던 일은 국정 전반에 대한 것이었다.

8) 『대학』「경(經) 1장」 : 古之欲明明德於天下者, 先治其國. <u>欲治其國者, 先齊其家</u>.

9) 『효경』「개종명의장(開宗明義章)」 : 子曰, <u>夫孝德之本也</u>. 敎之所由生也.

10) 『서』「상서(商書)·열명중(說命中)」 : 樹<u>后王君公</u>, 承以大夫師長.

11) 『주례』「천관(天官)·대재(大宰)」 : 大宰之職, 掌建邦之六典, 以佐王治邦國.

통괄하는 업무에 포함되니, 이와 같은 말들은 또한 납득할 수 있다. 그러나 정현이 천자와 제후를 구분한 것은 정말로 의미가 없는 해석이다.

附註 后王命冢宰, 此一段內則首章, 與下文"子事父母"文理不倫, 當是他記之錯簡. 今移于月令仲春章. "降德", 猶言布德行惠也.

'후왕명총재(后王命冢宰)'로 시작하는 이 한 단락은 『예기』「내칙(內則)」편 첫 장의 문장인데, 아래에서 "자식이 부모를 섬긴다."라고 한 문장의 문리와 맞지 않으니, 이것은 다른 편의 기록이 착간된 것에 해당한다. 지금은 「월령」편 중춘장으로 옮긴다. '강덕(降德)'은 덕을 펼치고 은혜를 베푼다는 말과 같다.

【026】

擇元日, 命民社. 〈027〉 [本在 "存諸孤" 下.]

중춘의 달에는 천자는 원일을 택하여, 백성들에게 명령을 내려서, 토지신에 대한 제사를 지내도록 한다. [본래는 "고아들을 잘 보살펴준다." [12]라고 한 문장 뒤에 수록되어 있었다.]

集說　令民祭社也. 郊特牲言祭社用甲日, 此言擇元日, 是又擇甲日之善者歟. 召誥社用戊日.

백성들로 하여금 토지신에 대한 제사를 지내게 하는 것이다. 『예기』「교특생(郊特牲)」편에서 말하길, "社에 대한 제사는 갑자가 들어가는 날로 한다." [13]라 했고, 이곳 경문에서는 원일을 택한다고 말했으니, 이것은 또한 갑일 중에서도 길한 날을 택한 것이다. 예외적으로 『서』「소고(召誥)」편에서는 "주공이 새로운 도읍지를 정하고서 사에 대한 제사를 무일로 했다." [14]라고 했다.

【027】

命有司, 省[息井反]囹[零]圄[語], 去[上聲]桎梏, 毋肆掠[亮], 止獄訟. 〈028〉

중춘의 달에 천자는 유사에게 명령하여, 감옥에['囹'자의 음은 '零(령)'이다.] 갇혀 있는['圄'자의 음은 '語(어)'이다.] 죄수들의 죄목을 잘 살펴보게 하며['省'자는 '息(식)'자와 '井(정)'자의 반절음이다.] 죄가 비교적 가벼운 이들의 수갑과 족쇄를 풀어주도록 하고['去'자는 상성으로 읽는다.] 죄인을 죽여 늘어놓거나 함부로 고문하는['掠'자의 음은 '亮(량)'이다.] 일이 없도록 하며, 백성들을 깨우쳐서 옥송의 다툼을 종식시키도록 한다.

---

12) 『예기』「월령」 026장 : 是月也, 安萌芽, 養幼少, <u>存諸孤</u>.

13) 『예기』「교특생(郊特牲)」 027장 : <u>社祭土</u>而主陰氣也, 君南鄉於北墉下, 答陰之義也. <u>日用甲</u>, 用日之始也.

14) 『서』「주서(周書)·소고(召誥)」 : 越翼<u>日戊午, 乃社于新邑</u>, 牛一羊一豕一.

囹, 牢也. 圄, 止也. 疏云: "周曰圜土, 殷曰羑里, 夏曰鈞臺. 囹圄, 秦獄名也. 在手曰梏, 在足曰桎, 皆木械. 肆, 陳尸也. 掠, 捶治也. 止, 謂諭使息爭也."

'영(囹)'은 울타리를 뜻한다. '어(圄)'는 저지한다는 뜻이다. 소에서 말하길, "감옥을 주나라에서는 '어토(圜土)'라 부르고, 은나라에서는 '유리(羑里)'라고 불렀으며, 하나라에서는 '균대(鈞臺)'라 불렀다. '영어(囹圄)'는 진나라 때의 감옥 명칭이다. 죄인의 손에 채우는 수갑을 '곡(梏)'이라 부르며, 발에 채우는 족쇄를 '질(桎)'이라 부르는데, 모두 나무로 만든 형틀이다. '사(肆)'는 죄인을 죽여서 그 시체를 늘어놓는 것이다. '약(掠)'은 채찍질을 하여 죄수들을 다루는 것이다. '지(止)'는 백성들을 깨우쳐서 그들로 하여금 분쟁을 종식시키게 한다는 뜻이다.

【028】

是月也, 玄鳥至, 至之日, 以太牢祠于高禖[梅]. 天子親往, 后妃帥九嬪御, 乃禮天子所御, 帶以弓韣, 授以弓矢, 于高禖之前. 〈029〉

중춘의 달에는 제비가 날아드니, 제비가 날아드는 날에 태뢰로 고매(高禖)[15)에게[禖'자의 음은 '梅(매)'이다.] 제사를 지낸다. 천자가 친히 제사에 참가

---

15) 고매(高禖)는 교매(郊禖)라고도 부른다. 고대에 제왕이 아들을 낳게 해달라고 기원했던 신(神)이다. 또한 그에게 제사지내는 장소를 뜻하기도 한다. '고매'를 '교매'라고 부르는 이유에 대해서, 왕인지(王引之)의 『경의술문(經義述聞)』「예기상(禮記上)」편에서는 "高者, 郊之借字, 古聲高與郊同, 故借高爲郊."라고 풀이한다. 즉 고(高)자와 교(郊)자는 옛 음이 같아서, 가차해서 사용했다. 그리고 아들 낳기를 기원했던 신을 '교매'라고 부르게 된 이유는 그 제사가 교(郊)에서 시행되었기 때문이다. 『시』「대아(大雅)·생민(生民)」편에는 "克禋克祀, 以弗無子."라는 기록이 있고, 이에 대해서 모전(毛傳)에서는 "弗, 去也, 去無子. 求有子, 古者必立郊禖焉. 玄鳥至之日, 以太牢祠于郊禖, 天子親往, 后妃率九嬪御, 乃禮天子所御, 帶以弓韣, 授以弓矢, 于郊禖之前"이라고 풀이하였다.

하기 위해 교에 가게 되면, 천자의 부인인 후비는 구빈(九嬪)과 구어(九御)들을 인솔하여 가고, 천자를 시중들며 임신한 자들에게 술을 따라주는 예를 행하는데, 임신한 자들은 허리에 활집을 차게 하고서, 활과 화살을 임신한 자들에게 주는데, 고매를 모신 곳 앞에서 이 의식을 거행한다.

集說 玄鳥, 燕也. 燕以施生時, 巢人堂宇而生乳, 故以其至爲祠禖祈嗣之候也. 高禖, 先媒之神也. 高者, 尊之之稱. 變媒言禖, 神之也. 古有禖氏祓除之祀, 位在南郊, 禋祀上帝則亦配祭之, 故又謂之郊禖. 詩天命玄鳥, 降而生商, 但謂簡狄以玄鳥至之時, 祈于郊禖而生契, 故本其爲天所命, 若自天而降下耳. 鄭註乃有墮卵呑孕之事, 與生民詩註所言姜嫄履巨跡而生棄之事, 皆怪妄不經, 削之可也. 后妃帥九嬪御者, 從往而侍奉禮事也. 禮天子所御者, 祭畢而酌酒以飮其先所御幸而有娠者, 顯之以神賜也. 韣, 弓衣也. 弓矢者, 男子之事也, 故以爲祥.

'현조(玄鳥)'는 제비이다. 제비는 생육이 드러나는 시기에 사람이 사는 집에 둥지를 틀고 알을 낳기 때문에, 제비가 날아드는 것으로 고매에게 제사를 지내서 후손이 생기길 기원하는 시기로 삼는 것이다. '고매(高禖)'는 남교에서 하늘에 제사를 지내며 함께 배향했던 선매라는 신이다. 고매라고 할 때의 '고(高)'자는 존귀하게 대한다는 칭호이다. '매(媒)'를 바꿔서 '매(禖)'라고 부르는 것은 신령스럽게 여긴다는 뜻이다. 옛날부터 매씨에게 불제(祓除)[16)하는 제사가 있었는데, 그 위치가 남교에 있었고, 상제에게 인사(禋祀)[17)를 지내면서, 또한 매씨를 배향하여 제사를 지냈기 때

---

16) 불제(祓除)는 재앙과 사악함을 제거하기 위해 지내는 제사이다. 또한 재앙과 사악을 제거하는 행위 자체를 가리키기도 한다. 『주례』「춘관(春官)·여무(女巫)」편에는 "掌歲時祓除釁浴."이라는 기록이 있는데, 이에 대한 정현의 주에서는 "歲時祓除, 如今三月上巳如水上之類."라고 풀이했다. 즉 '불제'는 3월 상사(上巳: 상순 중에서 사(巳)자가 들어가는 날)에 물가에서 몸을 정갈하게 하는 의식과 비슷하다.

문에, 또한 그를 '교매(郊禖)'라고도 부른다. 『시』에서는 "하늘이 현조에게 명령하시어, 내려가 상나라를 탄생시켰다."[18]라고 했는데, 이것은 단지 간전(簡狄)[19]이 현조가 날아드는 때에 교매에게 기원하여 설(契)을 낳았다는 것을 뜻한다. 그렇기 때문에 하늘로부터 명령을 받았다는데 근거하여, 마치 하늘로부터 내려온 것처럼 표현했을 따름이다. 정현의 주에서는 떨어진 알을 삼키고 잉태하였다는 고사를 기록한 문장이 있고, 「생민(生民)」편의 시에 대한 주에서 강원(姜嫄)[20]이 거인의 발자국을 밟고서, 기(棄)를 낳았다는 고사를 말했는데, 모두 괴이하고 경망스러워 법도와는 맞지 않으므로, 빼버리는 것이 좋다. 후비가 구빈과 구어들을 인솔하였다는 것은 천자를 따라 남교에 가서 그곳에서 집행하는 예의 의식들

---

17) 인사(禋祀)는 인제(禋祭)라고도 부른다. 연기를 피워 올려서 하늘에게 복을 구원했던 제사이다. 『시』 「대아(大雅)·생민(生民)」편에는 "厥初生民, 時維姜嫄. 生民如何, <u>克禋克祀</u>, 以弗無子."라는 기록이 있는데, 이에 대한 정현의 전(箋)에서는 "乃禋祀上帝於郊禖, 以祓除其無子之疾而得其福也"라고 풀이했다. 즉 '인사'는 교매(郊禖)를 제사지내는 곳에서 상제(上帝)께 제사를 올리며, 자식이 생기지 않는 병을 치료하고, 복을 받았다고 내용이다.

18) 『시』 「상송(商頌)·현조(玄鳥)」: <u>天命玄鳥, 降而生商</u>, 宅殷土芒芒. 古帝命武湯, 正域彼四方.

19) 간적(簡狄)은 전설상의 인물이다. 유융씨(有娀氏)의 딸이며, 제곡(帝嚳)의 부인이었다고 전해진다. 현조(玄鳥)의 알을 삼키고 잉태를 해서, 상(商)나라의 시조격인 설(契)을 낳았다. 『초사(楚辭)』 「천문(天問)」편에는 "簡狄在臺嚳何宜. 玄鳥致貽女何喜."라고 기록되어 있고, 『사기(史記)』 「은본기(殷本紀)」편에는 "殷契, 母曰<u>簡狄</u>, 有娀氏之女, 爲帝嚳次妃. 三人行浴, 見玄鳥墮其卵, 簡狄取吞之, 因孕生契."이라고 기록되어 있다.

20) 강원(姜嫄)은 강원(姜原)이라고도 부른다. 전설상의 인물이다. 유태씨(有邰氏)의 딸이자, 주(周)나라의 시조인 후직(后稷)의 어머니이다. 제곡(帝嚳)의 본처이며, 거인의 발자국을 밟고서 잉태를 했고, 이후에 직(稷)을 낳았다고 전해진다. 『시』 「대아(大雅)·생민(生民)」편에는 "厥初生民, 時惟姜嫄."이라는 기록이 있고, 『사기(史記)』 「주본기(周本紀)」편에는 "周后稷, 名棄. 其母有邰氏女, 曰<u>姜原</u>. 姜原爲帝嚳元妃. 姜原出野, 見巨人跡, 心忻然說, 欲踐之. 踐之而身動如孕者."라는 기록이 있다.

을 시중들었다는 뜻이다. 천자를 시중들며 임신한 자들에게 예를 행했다는 것은 제사가 끝나고 나서 술을 따라 먼저 천자의 은택에 힘입어 임신한 자들에게 마시게 하는 것으로, 임신한 것이 신이 내려준 은총임을 드러내 보이는 것이다. '독(韣)'은 활집이다. 활과 화살을 가지고 사냥 및 전쟁을 하는 것은 남자들의 일이기 때문에, 이러한 기물들을 상서롭다고 여긴 것이다.

【029】

是月也, 日夜分.〈030〉

중춘의 달에는 춘분이 있어서, 낮과 밤의 길이가 균등하게 나뉜다.

> **集說** 晝夜各五十刻.

춘분일에는 낮과 밤의 길이가 각각 50각(刻)21)이다.

【030】

雷乃發聲, 始電, 蟄蟲咸動, 啓戶始出.〈031〉

중춘의 달에는 천둥이 쳐서 곧 천둥소리가 크게 퍼지며, 비로소 번개가 치기 시작하니, 칩거해 있던 생물들이 그 소리에 놀라 모두 움직이기 시작하여, 칩거해 있던 곳을 뚫고 비로소 지면으로 나타나기 시작한다.

---

21) 각(刻)은 시간의 단위이다. 고대에는 물통에 작은 구멍을 내서, 물이 떨어진 양을 보고 시간을 헤아렸다. 하루를 100'각'으로 나누었는데, 한(漢)나라 애제(哀帝) 건평(建平) 2년(-5년) 때에는 20'각'을 더해서, 하루의 길이를 총 120'각'으로 정하였다. 『한서(漢書)』 「애제기(哀帝紀)」편에는 "漏刻以百二十爲度."라는 기록이 있는데, 이에 대한 안사고(顔師古)의 주에서는 "舊漏晝夜共百刻, 今增其二十." 이라고 풀이하였다. 그리고 남북조(南北朝) 시기 양(梁)나라 무제(武帝)는 8'각' 을 1진(辰)으로 정하여, 낮과 밤의 길이를 각각 12'진' 96'각'으로 정하였다.

集說 謂始穿其穴而出也.

비로소 겨울잠을 자던 굴을 뚫고 나타난다는 것을 뜻한다.

【031】

先[去聲]雷三日,〈032〉 奮木鐸, 以令兆民, 曰: "雷將發聲, 有不戒其容止者, 生子不備, 必有凶災."〈033〉

중춘의 달에는 천둥이 치기 3일 전에[先'자는 거성으로 읽는다.] 목탁을 쳐서 백성들에게 명령하여 말하길, "천둥이 장차 쳐서 천둥소리가 울려 퍼질 것이니, 집안에서 행동거지를 삼가지 않는 자가 있다면, 자식을 낳으면 불구자가 태어날 것이고, 반드시 그 부모에게도 재앙이 있을 것이다."라고 한다.

集說 以節氣言, 在春分前三日. 容止, 猶言動靜. 不戒容止, 謂房室之事, 褻瀆天威也. 生子不備, 謂形體有損缺. 凶災, 謂父母.

24절기로 말을 하자면, 천둥 치기 3일 전은 춘분 3일 전이다. '용지(容止)'는 행동거지를 말한다. 그러므로 용지를 삼가지 않는다는 것은 집안에서 하는 행동거지가 하늘의 위엄을 더럽힌다는 뜻이다. '생자불비(生子不備)'는 자식이 태어나면 신체에 결함이 있다는 것을 뜻한다. '흉재(凶災)'는 그 부모에게도 재앙이 따른다는 것을 뜻한다.

【032】

日夜分, 則同度量, 鈞衡石, 角斗甬, 正權槩.〈034〉

낮과 밤의 길이가 같아지는 춘분이 되면, 길이 단위인 도와 용량 단위인 양을 동일하게 바로잡으니, 저울대인 형과 용량 단위인 석을 균등하게 만들고, 한 말의 단위인 두와 한 섬의 단위인 곡을 비교하여 바로잡으며, 저울추인 권과 평두목인 개를 바로잡는다.

集說 丈尺曰度, 斗斛曰量. 稱上曰衡, 百二十斤爲石. 甬, 斛也. 權, 稱錘也, 槪, 執以平量器者. 同則齊其長短小大之制, 鈞則平其輕重之差, 角則較其同異, 正則矯其欺枉.

장과 척 등을 '도(度)'라 부르고, 두와 곡 등을 '양(量)'이라 부른다. 저울대를 '형(衡)'이라 부르고, 120근은 '석(石)'이 된다. '용(甬)'은 한 섬인 곡이다. '권(權)'은 저울대에 다는 저울추이며, '개(槪)'는 그것을 잡고서 용량을 측정하는 그릇을 평형이 되도록 만드는 것이다. 동일하게 한다는 것은 길이의 길고 짧음과 용량의 작고 큼 등의 제도 자체를 가지런하게 만든다는 것이며, 균일하게 한다는 것은 무게의 가볍고 무거운 차이를 고르게 만든다는 것이며, 비교하여 바로잡는 것은 같고 다름의 차이를 비교한다는 것이며, 바로잡는 것은 속이고 공정하지 못한 것을 바로잡는 것이다.

[033]

是月也, 耕者少[上聲]舍[去聲], 乃脩闔扇, 寢廟畢備. 毋作大事, 以妨農之事.〈035〉

중춘의 달에는 농부들이 잠시['少'자는 상성으로 읽는다.] 농사일을 쉬게 되니['舍' 자는 거성으로 읽는다.] 곧 이들을 동원하여 문호의 가리개인 합과 선을 정비하고, 침과 묘를 정비해서 본래의 모습과 격식을 갖춘다. 그러나 이 기간에 군대와 관련된 큰일을 일으켜서, 농사와 관련된 여러 일들을 방해해서는 안 된다.

集說 少舍, 暫息也. 門戶之蔽, 以木曰闔, 以竹葦曰扇. 凡廟, 前曰廟, 後曰寢, 寢是衣冠所藏之處. 大事, 謂軍旅之事.

'소사(少舍)'는 잠시 쉰다는 뜻이다. 문호를 채움에 나무로 만든 것을 '합(闔)'이라 부르고, 대나무나 갈대로 엮어 만든 것을 '선(扇)'이라 부른다. 종묘의 제도에서는 앞쪽에 있는 건물을 '묘(廟)'라 부르고, 뒤쪽에 있는 건물을 '침(寢)'이라 부르는데, 침은 종묘의 제례에서 사용하는 의관을 보관해두는 곳이다. '대사(大事)'라는 것은 군대와 관련된 일을 뜻한다.

【034】

天子樹瓜華, 不斂藏之種[上聲]也.〈郊特牲-055〉[郊特. 本在"好女亡其國"河.]
천자는 오이를 심으니, 수확하여 오래도록 보관할 수 없는 품종이기[種'자는 상성으로 읽는다.] 때문이다. [「교특생」편의 문장이다. 본래는 "여색을 좋아하는 자는 반드시 그 나라를 잃게 될 것이다."22)라고 한 문장 뒤에 수록되어 있었다.]

集說 瓜華, 瓜與果蓏之屬也. 天子所種者瓜華, 供一時之用而已, 不是收斂久藏之種也. 若可收斂久藏之物, 則不樹之, 惡與民爭利也. 此亦令使者歸告戒其君之事.
'과화(瓜華)'는 오이와 그 과실 등속을 뜻한다. 천자가 심는 과화는 어느 특정 시기에 쓰일 재료로 공급될 따름이니, 수확하여 오래도록 보관할 수 있는 품종이 아니다. 만약 수확하여 오래도록 보관할 수 있는 물건이라면 심지 않으니, 백성들과 이로움을 다툰다는 것을 싫어하기 때문이다. 이러한 내용 또한 심부름을 온 자로 하여금 되돌아가서 그의 군주에게 아뢰어 경계지침으로 삼는 사안이다.

附註 天子樹瓜華, 本在郊特大蜡章, 而文理不屬, 故移于此.
"천자는 오이를 심는다."라고 시작하는 문장은 본래 『예기』「교특생(郊特牲)」 대사장(大蜡章)에 수록되어 있었는데, 문리가 연결되지 않기 때문에 이곳으로 옮겼다.

---

22) 『예기』「교특생(郊特牲)」 054장 : 羅氏, 致鹿與女, 而詔客告也. 以戒諸侯曰: "好田好女者亡其國."

【035】

是月也, 毋竭川澤, 毋漉[鹿]陂池, 毋焚山林.〈036〉 [承"以妨農之事".]

중춘의 달에는 백성들에게 사냥과 어렵을 허락해 주되, 내와 못의 물고기를 씨가 마르도록 잡지 못하게 하고, 저수지와 수로의 물고기를 씨가 마르도록 ['漉'자의 음은 '鹿(록)'이다.] 잡지 못하게 하며, 산림에 불을 질러 동물들을 모조리 잡는 사냥을 못하게 한다. ["농사와 관련된 여러 일들을 방해해서는 안 된다."1)라고 한 문장 뒤에 수록되어 있었다.]

集說 漉, 亦竭也. 三者之禁, 皆謂傷生意.

'녹(漉)'자 또한 마르게 한다는 뜻이다. 이 세 가지 금령을 내리는 이유는 이러한 행위들이 모두 생육하는 자연의 뜻을 손상시키기 때문이다.

【036】

天子乃鮮[獻]羔開冰, 先薦寢廟.〈037〉

중춘의 달에 天子는 곧 어린 양을 희생물로 바치고['鮮'자의 음은 '獻(헌)'이다.] 석빙고를 열어 얼음을 꺼내는데, 무엇보다도 침묘에 먼저 바친다.

集說 古者, 日在虛, 則藏冰, 至此仲春, 則獻羔以祭司寒之神而開冰, 先薦寢廟者, 不敢以人之餘奉神也.

고대에는 해와 달이 만다는 곳인 일이 28수 중 하나인 북방의 허수 위치에 놓이게 되면, 얼음을 저장했다가 중춘 때에 이르게 되면, 어린 양을 희생물로 바치며, 사한(司寒)2)의 신에게 제사를 드리고, 석빙고를 열게

---

1) 『예기』「월령」035장 : 是月也, 耕者少舍, 乃脩闔扇, 寢廟畢備. 毋作大事, <u>以妨農之事</u>.

2) 사한(司寒)은 겨울을 주관한다는 뜻이며, '사한'을 하는 신(神)은 겨울을 주관하는 동신(冬神)이 된다. 또한 현명(玄冥)을 가리키기도 하며, 방위로 따져서 북방(北方)을 담당하는 신(神)를 뜻하기도 한다. 『춘추좌씨전』「소공(昭公) 4년」편에 대

된다. 침묘에 먼저 바친다는 것은 감히 사람이 먹고 남은 것으로 신에게
바칠 수 없기 때문이다.

【037】

上丁,〈038〉 命樂正, 習舞釋菜, 天子乃帥三公·九卿·諸侯·大夫,
親往視之. 仲丁, 又命樂正, 入學習樂.〈039〉

중춘의 달 중 상순 중에서 첫 번째로 정자가 들어가는 날에는 천자는 악정
에게 명령하여, 국학에 들어가 국자들에게 춤을 익히게 할 때에는 먼저
석채(釋菜)의 의식을 거행하도록 하는데, 석채의 의식을 거행하는 날에는
천자가 곧 삼공·구경·제후·대부들을 이끌고서 친히 국학에 왕림하여
그 의식을 관람한다. 그리고 중순 중 첫 번째로 정자가 들어가는 날에는
다시 악정에게 명령하여, 국학에 들어가 국자들에게 음악을 익히게 한다.

集說 此月上旬之丁. 日必用丁者, 以先庚三日, 後甲三日也. 樂正,
樂官之長也. 習舞釋菜, 謂將教習舞者, 則先以釋菜之禮告先師也.
이 달의 상순 중에서 정자가 들어가는 날이다. 그 날짜에 반드시 십간
중 네 번째인 정자가 들어가는 날로 하는 것은 십간 중 일곱 번째인 경자
가 들어가는 날보다 3일 앞서고, 십간 중 첫 번째인 갑자가 들어가는 날
보다 3일 뒤인 그 중간이 되기 때문이다. '악정(樂正)'은 음악을 담당하는
관리들의 우두머리이다. 춤을 익히게 하여 석채(釋菜)[3]를 거행한다는 것
은 장차 국자들에게 춤 익히는 것을 교육할 경우에는 우선적으로 석채의
예로 선사들에게 아뢰는 것을 뜻한다.

한 두예(杜預)의 주에서는 "司寒, 玄冥, 北方之神."이라고 풀이했다.
3) 석채(釋菜)는 본래 국학(國學)에서 거행되었던 전례(典禮) 중 하나이다. 희생물
   없이 소채 등으로 간소하게 차려놓고, 선성(先聖)과 선사(先師)에게 지내는 제사
   이다. 또한 희생물 없이 간소하게 지내는 제사를 지칭하기도 한다.

【038】

是月也, 祀不用犧牲, 用圭璧, 更[平聲]皮幣. 〈040〉

중춘의 달에는 작은 제사에서 희생물을 사용하지 않으며, 작은 제사 중에
서도 비교적 중요한 제사에서는 희생물 대신 규벽을 올려놓고, 비교적 덜
중요한 제사에서는 규벽 대신 가죽이나 비단으로 만든 예물인 피폐(皮幣)4)
로 바꾼다.['更'자는 평성으로 읽는다.]

集說 不用牲, 謂祈禱小祀耳. 如大牢祠高禖, 乃大典禮, 不在此限.
稍重者用圭璧, 稍輕者則以皮幣更易之也.

희생물을 사용하지 않는 제사는 기도(祈禱)5)와 소사(小祀)6)를 뜻할 따
름이다. "태뢰로 고매에게 제사를 지낸다."7)와 같은 것들은 곧 성대한
전례이니, 이러한 제한사항에 놓이지 않는다. 비교적 중요한 제사에서는
규벽을 사용하고, 비교적 덜 중요한 제사에서는 피폐로 규벽을 대신하여

---

4) 피폐(皮幣)는 가죽과 비단을 뜻한다. 빙문(聘問)을 시행할 때, 이것들을 예물(禮
物)로 가져갔기 때문에, '피폐'는 예물을 지칭하는 용어로도 사용된다. 『관자(管
子)』「오행(五行)」편에는 "出皮幣, 命行人修春秋之禮於天下諸侯."라는 기록이
있고, 『국어(國語)』「오어(吳語)」편에도 "春秋皮幣玉帛子女, 以賓服焉."이라는
기록이 있다.

5) 기도(祈禱)는 주로 산천(山川)의 신(神) 등에게 복(福)을 내려주길 기원하는 제사
를 뜻한다. 『후한서(後漢書)』「난파전(欒巴傳)」편에는 "郡土多山川鬼怪, 小人
常破貲産以祈禱."라는 기록이 있다.

6) 소사(小祀)는 비교적 규모가 작은 제사를 가리킨다. 또한 군사(群祀)라고 부르기
도 한다. 사중(司中), 사명(司命), 풍백(風伯: =風師), 우사(雨師), 제성(諸星),
산림(山林), 천택(川澤) 등에 대해 지내는 제사이다. 『주례』「춘관(春官)・사사
(肆師)」편에는 "立小祀用牲."이라는 기록이 있는데, 이에 대한 정현의 주에서는
"鄭司農云 小祀司命已下. 玄謂 小祀又有司中風師雨師山川百物."이라고 풀이
하였고, 『구당서(舊唐書)』「예의지일(禮儀志一)」에도 "司中司命風伯雨師諸星
山林川澤之屬爲小祀."라는 기록이 있다.

7) 『예기』「월령」029장 : 是月也, 玄鳥至, 至之日, 以太牢祠于高禖. 天子親往,
后妃帥九嬪御, 乃禮天子所御, 帶以弓韣, 授以弓矢, 于高禖之前.

바꾸게 된다.

【039】

仲春行秋令, 則其國大水, 寒氣總至, 寇戎來征.〈041〉

만약 천자가 중춘의 달에 중추에 집행해야 할 정령을 시행하게 된다면, 그 나라에는 큰 물난리가 나고, 추운 기운이 한꺼번에 이르게 되며, 외적들이 침공해 오게 된다.

集說 酉金之氣所傷也.

십이지 중에서 중추에 해당하는 8월의 금 기운이 중춘의 기운을 손상시킨 것이다.

【040】

行冬令, 則陽氣不勝, 麥乃不熟, 民多相掠[亮].〈042〉

만약 천자가 중춘의 달에 중동에 집행해야 할 정령을 시행하게 된다면, 곧 양의 기운이 수의 기운을 이기지 못하게 되어, 보리가 익지 않게 되니, 백성들 사이에는 서로 노략질하는['掠'자의 음은 '亮(량)'이다.] 경우가 많아지게 된다.

集說 子水之氣所淫也.

십이지 중에서 중동에 해당하는 11월의 수 기운이 중춘의 기운을 어지럽히는 것이다.

[041]

行夏令, 則國乃大旱, 煖氣早來, 蟲螟爲害.〈043〉

만약 천자가 중춘의 달에 중하에 집행해야 할 정령을 시행하게 된다면, 나라에는 큰 가뭄이 들게 되어, 뜨거운 기운이 일찍 도래할 것이며, 농작물에 피해를 입히는 충명들에 의해 큰 피해를 입게 된다.

集說 午火之氣所泄也. 螟, 食苗心者.

십이지 중에서 중하에 해당하는 5월의 화 기운이 새어나왔기 때문이다. '명(螟)'은 곡물의 연한 줄기를 먹어치우는 것들이다.

類編 右仲春.

여기까지는 '중춘(仲春)'에 대한 내용이다.

◇ 계춘(季春)

【042】

季春之月, 日在胃, 昏七星中, 旦牽牛中.〈044〉

계춘의 달에는 해와 달이 만나는 곳인 일이 28수 중 위 자리에 있고, 저녁
무렵에는 칠성이 남쪽 하늘의 중앙에 위치하고, 동틀 무렵에는 견우가 남
쪽 하늘의 중앙에 위치한다.

> **集說** 胃宿在酉, 大梁之次也. 七星, 二十八宿之星宿也.

'위수(胃宿)'는 유자리에 위치하니 대량의 자리이다. '칠성(七星)'은 28수
가운데 하나의 별자리이다.

【043】

其日甲乙, 其帝太皞, 其神句芒, 其蟲鱗, 其音角, 律中姑洗[蘇典反],
其數八, 其味酸, 其臭羶, 其祀戶, 祭先脾.〈045〉

계춘의 달에 해당하는 일간은 갑과 을이고, 계춘을 지배하는 제는 태호이
며, 그 아래에서 보좌하는 신은 구망이고, 계춘에 해당하는 생물은 비늘이
달린 종류이며, 오음 중에서 계춘에 해당하는 음은 각이고, 십이률 중에서
계춘의 기후에 반응하는 율관은 고선에['洗'자는 '蘇(소)'자와 '典(전)'자의 반절음이
다.] 해당하며, 계춘에 해당하는 수는 8이고, 오미 중에서 계춘에 해당하는
맛은 신맛이며, 오취 중에서 계춘에 해당하는 냄새는 노린내이고, 오사 중
에서 계춘에 해당하는 사는 호이며, 제사를 지낼 때에는 희생물의 비장을
먼저 바친다.

> **集說** 姑洗, 辰律, 長七寸九分寸之一.

'고선(姑洗)'은 십이율을 십이지에 배열했을 때 진에 해당하는 율로, 고선
음을 내는 피리는 그 관의 길이가 7촌과 9분의 1촌이다.

【044】

桐始華, 田鼠化爲鴽[如], 虹始見[現], 萍始生.〈046〉

계춘의 달에는 오동나무가 비로소 꽃을 피우게 되며, 쥐가 변화하여 메추라기가['鴽'자의 음은 '如(여)'이다.] 되고, 무지개가 비로소 나타나게['見'자의 음은 '現(현)'이다.] 되며, 수중식물인 개구리밥이 비로소 생겨나게 된다.

集說 此記辰月之候. 鴽, 鶉鴾之屬.

이것은 3월의 기후 조짐을 기록한 것이다. '여(鴽)'는 메추라기의 부류이다.

【045】

天子居青陽右个, 乘鸞路, 駕倉龍, 載青旂, 衣青衣, 服倉玉, 食麥與羊, 其器疏以達.〈047〉

계춘의 달에 천자는 청양의 우개에 거처하며, 난로라는 수레를 타고, 그 수레에는 창룡이라는 말에 멍에를 매게 해서 끌게 하며, 수레에는 청색의 깃발을 세우고, 천자는 청색의 의복을 입으며, 청색의 옥으로 장식을 하고, 곡식 중에서는 보리와 고기 중에서는 양고기를 먹으니, 그것을 담는 그릇은 조각은 세밀하지 않은 거친 문양으로 새겨놓으면서도, 곧고 매끈하게 만든다.

集說 青陽右个, 東堂南偏.

'청양우개(青陽右个)'는 동쪽에 있는 당의 남쪽 편실이다.

【046】

是月也, 天子乃薦鞠衣于先帝.〈048〉

계춘의 달에 천자는 곧 선제에게 누에치는 일이 잘되기를 기원하는 뜻에서, 황색으로 된 국의를 바친다.

集說 鞠衣, 衣色如鞠花之黃也. 註云"黃桑之服"者, 色如鞠塵, 象桑葉始生之色也. 鞠字, 一音去六反. 先帝, 先代木德之君, 薦此衣于神坐以祈蠶事.

'국의(鞠衣)'는 옷의 색깔이 누룩 꽃의 황색과 같은 것이다. 정현의 주에서 "국의라는 것은 누런 뽕잎 색깔의 옷이다."라고 말한 것은 그 색깔이 국진이라는 꽃과 같으며, 뽕나무 잎이 처음 생겨났을 때의 이파리 색깔을 형상한 것이다. '국(鞠)'자의 다른 음은 '去(거)'자와 '六(륙)'자의 반절음이다. '선제(先帝)'는 선대 조상신 중에서 목덕을 주관하는 군왕이며, 그 신이 있는 곳에 이 옷을 바침으로써 누에치는 일이 잘되기를 기원하는 것이다.

【047】

命舟牧, 覆舟. 五覆五反, 乃告舟備具于天子焉, 天子始乘舟, 薦鮪[偉]于寢廟, 乃爲[去聲]麥祈實.〈049〉

계춘의 달에 천자는 배를 담당하는 관리인 주목에게 명령하여, 배에 이상이 없는지 배를 뒤집어서 확인하게 한다. 주목이 다섯 번 뒤집어 보고 다시 다섯 번 반대로 뒤집어 보아서 이상이 없으면, 곧 천자에게 배가 갖추어져 이상 없이 준비되었음을 보고하고, 그런 이후에야 천자는 비로소 배를 타게 되며, 배를 타고 나가서 다랑어를[鮪'자의 음은 '偉(위)'이다.] 잡아다가 침묘에서 선조에게 다랑어를 바치는데, 이때에 보리가 잘 여물도록 기도를 한다.['爲'자는 거성으로 읽는다.]

集說 舟牧, 主乘舟之官. 五覆五反, 所以詳視其罅漏傾側之處也. 因薦鮪, 幷祈麥實.

'주목(舟牧)'은 배를 운행하는 것을 주관하던 관리이다. 다섯 번 뒤집어 보고 다시 다섯 번 반대로 뒤집어 보는 것은 그 배에 틈이 벌어져 누수가 되거나 평형이 맞지 않아 기울어지는 곳 등이 있는지 자세히 살펴보는

것이다. 다랑어를 바치는 기회를 이용하여 보리가 잘 여물도록 기도를
한다.

【048】

是月也, 生氣方盛, 陽氣發泄, 句[勾]者畢出, 萌者盡達, 不可以內.
〈050〉

계춘의 달에는 봄의 생육하는 기운이 성대해져서, 양의 기운이 활발해져
흘러넘치게 되니, 굽어['句'자의 음은 '勾(구)'이다.] 자라나는 것들도 모두 지면
으로 나오게 되고, 곧게 자라나는 것들은 모두 생장하게 되니, 천자는 인색
하게 재물과 곡식을 안에 감추어 두어서는 안 된다.

> **集說** 句, 屈生者. 萌, 直生者. 不可以內, 言當施散恩惠, 以順生道
> 之宣泄, 不宜吝嗇閉藏也.

'구(句)'는 굽어 생장하는 것이다. '맹(萌)'은 곧게 생장하는 것이다. '불가
이내(不可以內)'는 마땅히 은혜를 베풀고 펼쳐서, 이러한 봄의 생육하는
도리가 흘러넘치는 자연의 이치를 따라야 하는 것이지, 인색하게 재물과
곡식들을 굳게 걸어 감추어서는 안 된다는 것을 말한다.

【049】

天子布德行惠, 命有司, 發倉廩, 賜貧窮, 振乏絕, 開府庫, 出幣帛,
周天下. 勉諸侯, 聘名士, 禮賢者.〈051〉

계춘의 달에는 이 시기의 기운에 맞춰, 베푸는 정책을 펼쳐야 하므로, 천자
는 덕정을 펼치고, 은혜로운 정책을 시행하니, 유사에게 명령하여, 곡식
창고를 열어, 가난하고 곤궁한 자들에게 곡식을 하사하고, 창졸간에 끼니
를 해결하지 못할 만큼 궁핍한 자들을 구휼하며, 재물 창고를 열어서 값진
폐백들을 꺼내어, 천하의 백성들 중에서 가산이 부족한 자들에게 두루 하
사해준다. 그리고 천자는 유사에게 명령했던 것처럼, 제후에게 자신의 명

령을 힘써 행하도록 하여, 구휼정책을 시행하게 하고, 이와 더불어 재야에 숨어있는 명망 있는 선비들을 초빙하고, 현명한 자들을 예우하도록 한다.

集說 長無謂之貧窮, 暫無謂之乏絶. 振, 猶赦也. 周, 濟其不足也. 在內則命有司奉行, 在外則勉諸侯奉行, 皆天子之德惠也.

긴 시간 동안 재화나 곡식이 없어 가난한 자들을 '빈궁(貧窮)'이라 부르고, 갑작스럽게 재화나 곡식이 없어져 가난해진 자들을 '핍절(乏絶)'이라 부른다. '진(振)'자는 구휼한다는 뜻이다. '주(周)'자는 부족한 자들을 구제해준다는 뜻이다. 천자는 수도 안에 대해서는 유사에게 명령하여, 이러한 구휼정책을 받들어 시행하도록 하고, 수도 밖에 대해서는 제후에게 권면하여, 이러한 구휼정책을 받들어 시행하도록 한다. 이것들은 모두 천자가 백성들에게 펼치는 덕과 은혜이다.

【050】
是月也, 命司空曰: "時雨將降, 下水上[上聲]騰, 循行[去聲]國邑, 周視原野, 脩利隄防, 道達溝瀆, 開通道路, 毋有障塞."〈052〉

계춘의 달에 천자는 사공에게 명령하여 말하길, "조만간 시우(時雨)[1]가 장차 내려서, 하류로 흘러가는 물이 역류하여['上'자는 상성으로 읽는다.] 육지로 범람할 수 있으니, 도성을 순찰하여 돌아보고['行'자는 거성으로 읽는다.] 도성 주위의 원야를 두루 살펴서, 수리해야 할 제방을 수리하여 제구실을 하게 만들고, 물이 빠지는 도랑과 하수로에 대해서는 물길을 내어 서로 통하게 만들고, 도로를 통하게 하여 이러한 것들이 막히는 일이 없도록 하라."라고 한다.

集說 司空掌邦土, 此皆其職也.

---

1) 시우(時雨)는 시기에 맞게 내리는 비를 뜻한다. 『서』「주서(周書)·홍범(洪範)」 편에는 "曰肅, 時雨若."이라는 용례가 있다.

'사공(司空)'은 국토를 담당하니,[2] 이러한 일들은 모두 그의 직무이다.

【051】

"田獵罝[嵯]·罘[浮]·羅·網·畢·翳[瞖]·餧[於僞反]獸之藥, 毋出九門." 〈053〉

계춘의 달에 천자는 사냥을 금지시키기 위해, 사공에게 계속하여 명령하길, "사냥할 때 짐승 잡는 그물들인 차[罝'자의 음은 '嵯(차)'이다.]·부['罘'자의 음은 '浮(부)'이다.], 새 잡는 그물들인 나·망, 토끼 등을 잡을 때 사용하는 자루가 달린 그물인 필과 사냥꾼의 몸을 숨기는 예['翳'자의 음은 '瞖(에)'이다.]와 짐승에게 먹이는['餧'자는 '於(어)'자와 '僞(위)'자의 반절음이다.] 독약 등을 구문 밖으로 나가지 못하게 하라."라고 한다.

集說　罝罘, 皆捕獸之罟. 羅網, 皆捕鳥之罟. 小網長柄謂之畢, 以其似畢星之形, 故名, 用以掩兎也. 翳, 射者用以自隱也. 餧, 啗之也. 藥, 毒藥也. 七物皆不得施用於外, 以其逆生道也. 路門·應門·雉門·庫門·皇門·城門·近郊門·遠郊門·關門, 凡九門也.

'차(罝)'와 '부(罘)'는 모두 짐승을 포획하는 그물들이다. '나(羅)'와 '망(網)'은 모두 새를 포획하는 그물들이다. 작은 그물에 긴 자루가 달린 것을 '필(畢)'이라 부르는데, 그 모양이 28수 중 하나인 필성의 형상과 비슷하기 때문에, '필(畢)'이라고 이름을 붙인 것이며, 이 그물을 사용하여 토끼를 잡는다. '예(翳)'는 사냥꾼이 자신을 은폐시키는데 사용하는 것이다. '위(餧)'는 먹이게 한다는 뜻이다. '약(藥)'은 독약을 뜻한다. 이러한 일곱 가지 물건들을 모두 구문 밖에서 사용하지 못하게 하는 것은 이것을 사용한 사냥이 봄의 생육시키는 도리를 거스르기 때문이다. 노문(路門)·응문(應門)[3]·치문(雉門)[4]·고문(庫門)·고문(皇門)·성문(城

---

2) 『서』「주서(周書)·주관(周官)」 : <u>司空掌邦土</u>, 居四民, 時地利.

門)⁵⁾ · 근교문(近郊門)⁶⁾ · 원교문(遠郊門)⁷⁾ · 관문(關門)⁸⁾이 구문이다.

---

3) 응문(應門)은 궁(宮)의 정문을 가리킨다. 『시』「대아(大雅)·면(緜)」편에는 "迺立應門, 應門將將."이라는 기록이 있는데, 이에 대한 모전(毛傳)에서는 "王之正門曰應門."이라고 풀이하였다.

4) 치문(雉門)에 대해서는 크게 두 가지 해설이 있다. 첫 번째는 제후의 궁(宮)에 있는 문으로, 천자의 궁에 있는 응문(應門)에 해당한다는 주장이다. 두 번째는 천자의 궁에는 다섯 개의 문이 있는데, 그 중 네 번째 위치한 문으로, 바깥쪽에 위치한 문을 가리킨다는 주장이다. 첫 번째 주장은 『예기』「명당위(明堂位)」편의 "大廟, 天子明堂. 庫門, 天子皐門. 雉門, 天子應門."이라는 기록에 근거한 해설이다. 이 기록에 대한 손희단(孫希旦)의 『집해(集解)』에서는 유창(劉敞)의 말을 인용하여, "此經有五門之名, 而無五門之實. 以詩書考春秋考之, 天子有皐, 應, 畢, 無皐, 雉, 路. 諸侯有庫, 雉, 路, 無皐, 應, 畢. 天子三門, 諸侯三門, 門同而名不同."이라고 했다. 즉 천자의 궁에는 5개의 문이 있다고 하지만, 실제적으로 천자나 제후는 모두 3개의 문만을 설치했었다. 『시(詩)』, 『서(書)』, 『예(禮)』, 『춘추(春秋)』에 나타난 기록들을 고증해보면, 천자는 고(皐), 응(應), 필(畢)이라는 3개의 문을 설치하고, 고(皐), 치(雉), 노(路)라는 문은 없다. 또한 제후는 고(庫), 치(雉), 노(路)라는 3개의 문을 설치하고, 고(皐), 응(應), 필(畢)이라는 문은 없다. 두 번째 주장은 『주례』「천관(天官)·혼인(閽人)」편의 "閽人掌守王宮之中門之禁."이라는 기록에 근거한 해설이다. 이 기록에 대해 정현은 정사농(鄭司農)의 말을 인용하여, "王有五門, 外曰皐門, 二曰雉門, 三曰庫門, 四曰應門, 五曰路門."이라고 풀이하였다. 즉 천자는 5개의 문을 설치하는데, 가장 안쪽에 있는 노문(路門)으로부터 응문(應門), 고문(庫門), 치문(雉門), 고문(皐門) 순으로 설치해두었다.

5) 성문(城門)은 도성(都城)과 교(郊) 사이에 있는 문이다. 도성 밖에는 도성을 둘러싼 4개의 '교'가 있다. 이때 도성과 교 사이에 있는 문이 바로 '성문'이 된다.

6) 근교문(近郊門)은 근교(近郊)의 경계에 설치되었던 문이다. 문헌상으로 주대(周代)에는 천자의 수도가 사방(四方) 1000리(里)의 면적을 차지했다고 전해진다. 이때 국성(國城: 都城)은 중앙에 위치하며, 국성의 끝부분에서 100리 떨어진 곳까지가 교(郊)에 속하게 된다. 그리고 '교' 중에서도 국성에서 50리 떨어진 곳까지를 '근교'라고 부른다. '근교문'은 바로 이 경계점에 설치된 문을 뜻한다.

7) 원교문(遠郊門)은 원교(遠郊)에 설치된 문이다. 문헌상으로 주대(周代)에는 천자의 수도가 사방(四方) 1000리(里)의 면적을 차지했다고 전해진다. 이때 국성(國城: =都城)은 중앙에 위치하며, 국성의 끝부분에서 100리 떨어진 곳까지가 교(郊)

【052】

是月也, 命野虞, 毋伐桑拓, 鳴鳩拂其羽, 戴勝降于桑, 具曲植[治]籧
[擧]筐.〈054〉

계춘의 달에 천자는 전답 및 산림을 담당하는 관리 야우에게 명령하여,
기르는 뽕나무와 산에 나는 야생 뽕나무를 벌목하지 못하게 하고, 산비둘
기가 날갯짓을 하고, 오디새가 뽕나무에 내려앉으면, 누에를 담는 그릇인
곡과 그릇을 올려놓는 선반인 치와['植'자의 음은 '治(치)'이다.] 누에를 담는 원
형 바구니 거와['籧'자의 음은 '擧(거)'이다.] 네모진 바구니 광을 준비한다.

集說 野虞, 主田及山林之官也. 拂羽, 飛而翼拍身也. 戴勝, 織紝之
鳥, 名戴鵀, 鵀卽頭上勝也. 此時恒在桑, 言降者, 重之若自天而下
也. 曲, 薄也. 植, 柏也, 所以架曲與籧筐者. 籧圓而筐方.

'야우(野虞)'는 전답 및 산림을 담당하는 관리이다. '불우(拂羽)'는 새가
날면서 날개가 그 몸뚱어리를 치며 퍼덕이는 것이다. '대승(戴勝)'은 베
짜는 일을 상징하는 새로, 다른 명칭으로는 '대임(戴鵀)'이라고도 하는데,
'임(鵀)'이라고 하는 것은 머리에 벼슬이 있는 새이다. 이 시기에는 오디
새가 항상 뽕나무에 기거하고 있는데, 내려온다고 말한 것은 마치 하늘로
부터 내려온 것처럼 여겨서 중시한 것이다. '곡(曲)'은 큰 그릇이다. '치
(植)'는 기둥으로 곡과 거·광 등을 올려놓는 도구이다. '거(籧)'는 원형
으로 된 바구니이고, '광(筐)'은 사각형으로 된 바구니이다.

에 속한다. 그리고 '교' 중에서도 국성에서 50리 떨어진 곳까지를 근교(近郊)라고
부르며, 근교의 경계점에서 다시 50리 떨어진 곳까지를 원교라고 부른다. '원교문'
은 바로 이 경계점에 설치된 문을 뜻한다.

8) 관문(關門)은 교외(郊外)에 설치된 문을 뜻한다. 원교(遠郊)의 밖에 있는 땅을
교외(郊外)라고 부르는데, '관문'은 바로 이 교외에 설치된 문을 뜻한다.

【053】

后妃齊戒, 親東鄉[去聲]躬桑, 禁婦女毋觀[去聲], 省婦使, 以勸蠶事. 〈055〉

계춘의 달에 천자의 부인인 후비는 재계를 하여, 직접 동쪽에서 불어오는 봄의 기운을 영접하고['鄕'자는 거성으로 읽는다.] 몸소 뽕나무 잎을 따며, 부녀자들에게 꾸미는 것을 금지하여 치장을['觀'자는 거성으로 읽는다.] 못하게 하고, 부녀자들이 평소 하는 일들을 줄여주어서, 누에치는 일을 권면한다.

集說 東鄉, 迎時氣也. 躬桑, 親自采桑也. 禁婦女毋觀者, 禁止婦女, 使不得爲容觀之飾也. 省婦使者, 減省其箴線縫製之事也. 此二者, 皆爲勸勉之, 使盡力於蠶事也.

'동향(東鄕)'은 이 시기의 기운을 영접하는 것이다. '궁상(躬桑)'은 직접 뽕나무 잎을 따는 것이다. '금부녀무관(禁婦女毋觀)'이란 말은 부녀자들에게 꾸미는 것을 금지하여, 그녀들로 하여금 용모를 보기 좋게 치장하지 못하게 하는 것이다. '생부사(省婦使)'라는 말은 바느질하고 옷 만드는 등의 일을 줄여주는 것이다. 이러한 두 가지 일은 그들로 하여금 누에치는 일에 전념하도록 하는 것이다.

【054】

蠶事旣登, 分繭, 稱絲效功, 以共[供]郊廟之服, 毋有敢惰. 〈056〉

계춘의 달에 누에치는 일이 이윽고 끝나게 되면, 천자의 후비는 아녀자들에게 누에고치를 분배하여, 실을 자아내게 하되, 그 양의 많고 적은 차이로 공의 높고 낮음을 삼고, 이렇게 제작된 실로 교묘(郊廟)[9]에서 사용하는

---

9) 교묘(郊廟)는 고대에 천자가 천지(天地) 및 조상에게 제사지내던 제례(祭禮)를 가리키기도 하며, 그러한 제례가 이루어지는 장소 및 그 때 사용되는 음악을 가리키기도 한다. '교묘'에서의 교(郊)자는 천지에 대한 제사를 뜻하는데, 천(天)에 대한 제사는 '남쪽 교외[南郊]'에서 시행되었고, 지(地)에 대한 제사는 '북쪽 교외[北

제복을 만들게 하니['共'자의 음은 '供(공)'이다.] 아녀자들이 감히 게으름을 피우게 해서는 안 된다.

集說 登, 成也. 分繭, 分布於衆婦之繰者. 稱絲效功, 以多寡, 爲功之上下.

'등(登)'자는 이루어다는 뜻이다. '분견(分繭)'은 아녀자들이 누에고치에서 실을 뽑아내는 장소에서 누에고치를 분배 공급하는 것이다. 실을 자아내게 하되 공을 이루게 한다는 것은 실을 뽑아낸 양의 많고 작은 차이로 공적의 높고 낮음으로 삼는 것이다.

【055】

是月也, 命工師, 令百工, 審五庫之量, 金鐵, 皮革筋, 角齒, 羽箭幹, 脂膠丹漆, 毋或不良.〈057〉

계춘의 달에 천자는 공사(工師)[10]에게 명령하여, 백공들로 하여금 다섯 종류의 창고에 보관된 물건들의 품질 및 수량을 살펴보게 해서, 창고에 보관

郊'에서 시행되었다. 그렇기 때문에 '교'자가 천지에 대한 제사를 뜻하게 된 것이다. '묘(廟)'자는 종묘(宗廟)를 뜻하므로, 선조에 대한 제사를 가리킨다. 따라서 '교묘'라고 용어가 천지 및 조상신에 대한 제사를 뜻하게 된다. 『서』「우서(虞書)·순전(舜典)」편에는 "汝作秩宗."이라는 기록이 있는데, 이에 대한 공안국(孔安國)의 전(傳)에서는 "秩, 序. 宗, 尊也. 主郊廟之官."이라고 풀이하였고, 이 문장에 나오는 '교묘'에 대해 공영달(孔穎達)의 소(疏)에서는 "郊謂祭天南郊, 祭地北郊. 廟謂祭先祖, 卽周禮所謂天神人鬼地祇之禮是也."라고 풀이하였다.

10) 공사(工師)는 사공(司空)에게 소속된 관리이며, 백공(百工)들의 우두머리이다. 『순자(荀子)』「왕제(王制)」편에는 "論百工, 審時事, 辨功苦, 尙完利, 便備用, 使雕琢不敢專造於家, 工師之事也."라는 기록이 있고, 『사기(史記)』「오제본기(五帝本紀)」편에는 "驩兜進言共工, 堯曰不可而試之工師, 共工果淫辟."이라는 기록이 있는데, 이에 대한 장수절(張守節)의 정의(正義)에서는 "工師, 若今大匠卿也."라고 풀이하였다.

된 동과 철, 털이 붙어 있는 가죽과 무두질한 가죽과 동물의 힘줄 부위, 동물의 뼈와 이빨, 깃털과 화살을 만드는 데 쓰는 작은 대나무와 활대를 만드는 데 쓰는 나무, 나무를 붙일 때 사용하는 끈끈한 액체와 아교와 붉은 염료와 옻칠하는 염료들에 혹시라도 좋지 못한 것이 없도록 한다.

集說 工師, 百工之長也. 五庫者, 金鐵爲一庫, 皮革筋爲一庫, 角齒爲一庫, 羽箭幹爲一庫, 脂膠丹漆爲一庫. 視諸物之善惡皆有舊法, 謂之量, 一說多寡之數也. 審而察之, 故云審五庫之量也. 幹者, 諸器所用之木材也.

'공사(工師)'는 백공들의 우두머리이다. 다섯 창고라는 것은 동과 철을 보관하는 곳이 하나의 창고가 되고, 가죽과 무두질한 가죽과 동물의 힘줄 부위를 보관하는 곳이 하나의 창고가 되며, 동물의 뼈와 이빨을 보관하는 곳이 하나의 창고가 되고, 깃털과 화살을 만드는 데 쓰는 작은 대나무와 활대를 만드는 데 쓰는 나무를 보관하는 곳이 하나의 창고가 되며, 나무를 붙일 때 사용하는 끈끈한 액체와 아교와 붉은 염료와 옻칠하는 염료를 보관하는 곳이 하나의 창고가 된다. 뭇 사물들의 품질이 좋고 나쁜 정도를 살피는 데에는 모두 옛날부터 정해져 내려온 구법이 있었으니, 그것을 '양(量)'이라고 부른다. 일설에 양(量)은 많고 적은 수치를 뜻한다고 한다. 잘 살펴서 물건들의 좋고 나쁜 정도를 감찰하기 때문에, "다섯 종류의 창고에 보관된 물건들의 품질 및 수량을 살펴본다."라고 했다. '간(幹)'은 뭇 기물들을 만들 때에 사용되는 나무 재료이다.

【056】

百工咸理, 監[平聲]工日號, 毋悖于時, 毋或作爲淫巧, 以蕩上心.
〈058〉

계춘의 달에 백공들이 모두 제각각의 맡은 작업을 하게 되면, 공사(工師)가 백공들의 작업을 감독하면서['監'자는 평성으로 읽는다.] 날마다 호령하길, "기물을 만듦에는 정해진 때를 거스르지 않게 하며, 혹여 기물 만든 것이 지나치게 기교를 부린 것이 되어, 군주의 마음을 사치스러운 쪽으로 흘러가게 해서는 안 된다."라고 한다.

集說 此時百工皆各理治其造作之事, 工師監臨之, 每日號令, 必以二事爲戒, 一是造作器物, 不得悖逆時序. 如爲弓, 必春液角, 夏治筋, 秋合三材, 寒定體之類是也. 二是不得爲淫過奇巧之器, 以搖動君心, 使生奢侈也.

이 시기에 백공들이 모두 각자 공정작업의 일을 수행하게 되면, 공사가 그것을 감독하며, 매일 호령을 하는데, 반드시 이 두 가지로 경계를 하니, 그 하나는 기물을 만듦에 정해진 때와 순서를 거스르지 않게 하는 것으로, 예를 들어 활을 만듦에 반드시 봄에는 활의 몸체가 되는 동물의 뼈를 물속에 담가두고, 여름에는 동물의 뼈를 단단하게 동여 맬 동물의 힘줄을 다듬고, 가을에는 삼재(三材)11)를 합하여 활을 만들고, 겨울에는 가을에 만들어진 활의 몸체를 단단히 고정한다."12)는 부류가 바로 이것이다. 다른 하나는 과도하게 기교를 부린 기물을 만들어서, 군주의 마음을 요동치게 하여, 군주로 하여금 사치스럽게 만들어서는 안 된다는 것이다.

---

11) 삼재(三材)는 활을 만들 때 사용되는 세 가지의 재료를 뜻한다. 구체적으로는 이어 붙일 때 사용하는 아교, 연결할 때 사용하는 실, 옻칠하는 염료를 가리킨다. 『주례』「동관고공기(冬官考工記)·궁인(弓人)」편에 정현의 주에서 "三材, 膠絲漆者."라고 풀이하였다.

12) 『주례』「동관고공기(冬官考工記)·궁인(弓人)」: 凡爲弓, 冬析幹, 而春液角, 夏治筋, 秋合三材. 寒奠體.

【057】

是月之末, 擇吉日, 大合樂, 天子乃帥三公·九卿·諸侯·大夫, 親往視之.〈059〉

계춘의 달 말경에는 길일을 택하여 태학에서 대합악을 하니, 이 행사를 시행할 때 천자는 곧 삼공·구경·제후·대부들을 이끌고 친히 태학에 가서 그 의식을 관람한다.

集說 鄭氏曰: 其禮亡.

정현이 말하길, 관련 예법은 망실되어 전해지지 않는다.

【058】

是月也, 乃合累[平聲]牛騰馬, 遊牝于牧, 犧牲駒犢, 擧書其數.〈060〉

계춘의 달에는 곧 매어 두었던['累'자는 평성으로 읽는다.] 황소와 발정이 나서 날뛰는 수컷 말을 모아서, 암컷들을 방목하는 곳에서 암컷들과 교접을 붙여 번식하게 하고, 그 중에서 희생으로 쓸 것과 새로 낳은 망아지와 송아지들은 모두 그 수량을 기록해둔다.

集說 春陽旣盛, 物皆産育, 故合其累繫之牛, 騰躍之馬, 而遊縱之, 使牡者就牝于芻牧之地, 欲其孳生之蕃也. 若其中犧牲之用者, 及馬之駒, 牛之犢, 皆書其數者, 以備稽校多寡也.

봄에는 양의 기운이 성대해져서, 만물이 모두 낳고 기르므로, 매어 두었던 황소와 발정이 나서 날뛰는 수컷 말을 모아서, 암컷이 있는 곳에서 노닐도록 풀어주어, 수컷들로 하여금 방목하는 곳에서 암컷을 취하도록 하는 것이니, 이렇게 하는 것은 새끼를 낳아 번식함이 왕성해지길 바라기 때문이다. 그 무리들 가운데에서 그 해에 희생물로 사용할 가축과 작년에 태어나 아직 장부에 기록되지 않은 망아지, 송아지와 같은 것들에 대해 모두 그 수량을 기록하는데, 지난해에 비해 그 수량의 많고 적은 차이를 비교 검토하기 위해서이다.

【059】

命國, 難[那]九門, 磔[責]攘, 以畢春氣. 〈061〉

계춘의 달에 천자는 수도의 관리들에게 명령하여, 구문에서 역귀를 쫓는 나['難'자의 음은 '那(나)'이다.] 의식을 시행하게 하니, 희생물을 갈라['磔'자의 음은 '責(책)'이다.] 재앙을 털어내서, 봄의 사악한 기운 작용을 끝나게 만든다.

集說 難之事, 在周官則方相氏掌之. 裂牲謂之磔, 除禍謂之攘. 春者陰氣之終, 故磔攘以終畢厲氣也. 舊說大陵八星在胃北, 主死喪, 昴中有大陵積尸之氣, 氣伏則厲鬼隨之而行. 此月初日在胃, 從胃歷昴, 故毆疫之事, 當於此時行之也. 九門, 說見上章.

역귀를 쫓는 일은 『주례』에 따르면 방상씨가 그것들을 주관했다.[13] 희생물을 가르는 의식을 '책(磔)'이라 하고, 재앙을 털어내는 의식을 '양(攘)'이라 한다. 봄은 음기가 막바지에 도달하는 때이니, 그렇기 때문에 희생물을 갈라 재앙을 털어내서, 사나운 기운을 그치게 만드는 것이다. 옛 학설에서는 "대릉(大陵)[14]의 8개의 별은 28수 중 하나인 위수의 북쪽에 위치하며, 사상의 일들을 주관하는데, 위숙와 붙어 있는 묘수 가운데에는 대릉과 적시(積尸)[15]의 기운이 도사리고 있으므로, 이 기운이 갈마들어

---

13) 『주례』「하관(夏官)・방상씨(方相氏)」: 掌蒙熊皮, 黃金四目, 玄衣朱裳, 執戈揚盾, 帥百隷而時難, 以索室毆疫.

14) 대릉(大陵)은 태릉(太陵)이라고도 부른다. 총 8개의 별로 이루어진 별자리로, 28수(宿) 중 하나인 위수(胃宿)에 소속되어 있고, 사상(死喪)의 일을 주관하는 별자리이다. 『진서(晉書)』「천문지(天文志)」편에는 "太陵八星在胃北, 亦曰積京, 主大喪也."라는 기록이 있다.

15) 적시(積尸)는 대릉(大陵)과 붙어 있는 별이다. 대릉의 별자리는 무덤 모양으로 되어 있는데, '적시'라는 별은 그 무덤 속에 있는 형상을 하고 있다.

오게 되면, 사악한 악귀가 그것을 따라 들어와 멋대로 날뛰게 된다. 계춘의 달 초기에는 해와 달이 만나는 곳인 일이 위수에 있고, 위수를 따라서 점차 묘수를 지나가기 때문에, 역병 몰아내는 일을 마땅히 이 시기에 시행해야 한다."라고 했다. '구문(九門)'은 그 설명이 앞 문장에 보인다.

【060】

季春行冬令, 則寒氣時發, 草木皆肅, 國有大恐.〈062〉

만약 천자가 계춘의 달에 계동에 집행해야 할 정령을 시행하게 된다면, 추운 기운이 빈번하게 발생하여, 초목들이 모두 시들어버리고, 나라에는 큰 혼란이 생기게 된다.

集說 丑土之氣所應也. 肅者, 枝葉減縮而急栗也. 大恐, 訛言相驚動也. 舊說孟春有恐是火訛, 以其行夏令也. 此行冬令, 當致水訛, 漢王商嘗止之矣.

십이지 중에서 계동에 해당하는 12월의 토 기운이 계춘의 기운에 호응하여 추운 기운이 나타난 것이다. '숙(肅)'은 초목의 가지와 이파리가 손상되고 오그라들어서 생명력을 잃고 급속히 시들어버리는 것이다. '대공(大恐)'은 거짓된 소문들이 백성들을 놀라게 하여 날뛰게 만드는 것이다. 옛 학설에서는 "맹춘의 달에 두려워하는 기색이 발생하는 원인은 큰 화재가 난다는 거짓 소문 때문이니, 맹춘에 맹하에 집행해야 할 정령을 시행했기 때문이다. 따라서 계춘에 계동에 집행해야 할 정령을 시행하면, 마땅히 수재가 발생한다는 거짓 소문이 일어난다."라고 했는데, 한나라 때 왕상(王商)16)이 일찍이 그러한 거짓 소문들을 그치게 한 적이 있다.

---

16) 왕상(王商, ?~B.C.25) : 전한(前漢) 때의 관리이다. 자(字)는 자위(子威)이다. 한 성제(漢成帝) 때 중임되어 좌장군(左將軍)이 되었다가, 건시(建始) 4년(B.C.29)에는 승상(丞相)이 되었다. 이후에 대장군(大將軍)이었던 왕봉(王鳳)에게 죽임을

【061】

行夏令, 則民多疾疫, 時雨不降, 山陵不收.〈063〉

만약 천자가 계춘의 달에 계하에 집행해야할 정령을 시행하게 된다면, 백성들에게는 질병이 많아지게 되고, 때맞게 내리는 비가 내리지 않아서, 산과 언덕의 과수들이 성장하지 못해, 나중에 수확을 하지 못하게 된다.

集說 未土之氣所應也.

십이지 중에서 계하에 해당하는 6월의 토 기운이 계춘의 기운에 호응하여 무더운 기운이 나타난 것이다.

【062】

行秋令, 則天多沈陰, 淫雨蚤降, 兵革竝起.〈064〉

만약 천자가 계춘의 달에 계추에 집행해야할 정령을 시행하게 된다면, 하늘에는 두껍고 빽빽한 구름이 많아지고, 장마비가 일찍 내리게 되며, 전쟁이 아울러 발생하게 된다.

集說 戌土之氣所應也. 不收, 謂無所成遂也.

십이지 중에서 계추에 해당하는 9월의 토 기운이 계춘의 기운에 호응하여 날씨가 흐려지고, 장맛비가 일찍 내리는 것이다. 앞의 경문에 나온 '불수(不收)'는 열매 등에 익는 게 없다는 뜻이다.

類編 右季春.

여기까지는 '계춘(季春)'에 대한 내용이다.

당한다.

◇ 맹하(孟夏)

【063】

孟夏之月, 日在畢, 昏翼中, 旦婺女中.〈065〉

맹하의 달에는 해와 달이 만나는 곳인 일이 28수 중 필수의 자리에 있고, 저녁 무렵에는 익수가 남쪽 하늘의 중앙에 위치하고, 동틀 무렵에는 무녀가 남쪽 하늘의 중앙에 위치한다.

集說 畢宿在申, 實沈之次.

필수는 12진 중 하나인 신자리에 위치하니, 실침의 자리이다.

【064】

其日丙丁, 其帝炎帝.〈066〉

맹하의 달에 해당하는 일간은 병과 정이고, 맹하를 지배하는 제는 염제(炎帝)[1]이다.

---

1) 염제(炎帝)는 신농(神農)이다. 소전(少典)의 아들이고, 오행(五行)으로 구분했을 때 화(火)를 주관하며, 계절로 따지면 여름을 주관하고, 방위로 따지면 남쪽을 주관하는 자이다. 『여씨춘추(呂氏春秋)』「맹하기(孟夏紀)」편에는 "其日丙丁, 其帝炎帝."라는 기록이 있고, 이에 대한 고유(高誘)의 주에서는 "炎帝, 少典之子, 姓姜氏, 以火德王天下, 是爲炎帝, 號曰神農, 死託祀於南方, 爲火德之帝."라고 풀이했다. 한편 '염제'는 신농의 후손들을 지칭하기도 한다. 『사기(史記)』「봉선서(封禪書)」편에는 "神農封泰山, 禪云云; 炎帝封泰山, 禪云云."라는 기록이 나오는데, 이에 대한 『사기색은(史記索隱)』의 주에서는 "神農後子孫亦稱炎帝而登封者, 律曆志, '黃帝與炎帝戰於阪泉', 豈黃帝與神農身戰乎? 皇甫謐云炎帝傳位八代也."라고 풀이했다. 즉 신농의 자손들 또한 시조의 명칭에 따라서 '염제'라고 부르기도 하는데, 『사기』「율력지(律曆志)」편에는 황제(黃帝)와 '염제'가 판천(阪泉)에서 전쟁을 벌였다는 기록이 있는데, 어떻게 시대가 다른 두 사람이 직접 전쟁을 할 수 있는가? 황보밀(皇甫謐)은 이 문제에 대해서 여기에서 말하는 '염제'는 신농의 8대손이라고 풀이했다.

集說 炎帝, 大庭氏, 卽神農也. 赤精之君.

'염제(炎帝)'는 대정씨로 곧 신농이다. 신농은 남방을 뜻하는 적정(赤精)의 제왕이다.

【065】
其神祝融. 〈067〉

맹하의 달에 염제 아래에서 보좌하는 신은 축융(祝融)[2]이다.

---

2) 축융(祝融)은 전설시대에 존재했다고 전해지는 고대 제왕 중 한 명이다. 삼황(三皇) 중 한 명이다. '삼황'에 속한 인물들에 대해서 대부분 복희(伏羲)와 신농(神農)이 포함된다고 주장한다. 그러나 나머지 1명에 대해서는 이견(異見)이 많은데, 어떤 자들은 수인(燧人)을 포함시키기도 하고, 또 어떤 자들은 여왜(女媧)를 포함시키기도 하며, 또 어떤 자들은 '축융'을 포함시키기도 한다. 『잠부론(潛夫論)』「오덕지(五德志)」편에는 "世傳三皇五帝, 多以爲伏羲·神農爲二皇, 其一者或曰燧人, 或曰祝融, 或曰女媧, 其是與非未可知也."라는 기록이 있다. 한편 '축융'은 신(神)을 뜻하기도 한다. 고대인들은 '축융'을 전욱씨(顓頊氏)의 후손이며, 노동(老童)의 아들인 오회(吳回)로 여겼다. 또한 생전에는 고신씨(高辛氏)의 화정(火正)이 되었으며, 죽어서는 화관(火官)의 신이 되었다고 생각했다. 즉 고대에는 오행설(五行說)이 유행하여, 오행마다 주관하는 신들이 있었다고 여겨졌다. 그중 신농(神農)은 화(火)를 주관한다고 여겨졌고, '축융'은 신농의 휘하에서 '화'의 운행을 돕는 신으로 여겨졌다. 『예기』「월령(月令)」편에는 "其日丙丁, 其帝炎帝, 其神祝融."이라는 기록이 있고, 『여씨춘추(呂氏春秋)』「맹하기(孟夏紀)」편에는 "其神祝融."이라는 기록이 있는데, 이에 대한 고유(高誘)의 주에서는 "祝融, 顓頊氏後, 老童之子吳回也, 爲高辛氏火正, 死爲火官之神."이라고 풀이했다. 또한 '축융'은 오방(五方) 중 남쪽을 다스리는 신으로 여겨졌다. 이러한 사유 또한 오행설에 근거한 것으로, 고대인들은 '오방'마다 각각의 방위를 주관하는 신들이 있었다고 여겼다. 그러나 해당하는 신들에 대해서는 이견(異見)이 존재한다. 이러한 기록들 중 『관자(管子)』「오행(五行)」편에는 "得奢龍而辯於東方, 得祝融而辯於南方."이라는 기록이 있고, 『한서(漢書)』「양웅전상(揚雄傳上)」편에는 "麗鉤芒與驂蓐收兮, 服玄冥及祝融."이라는 기록이 있는데, 이에 대한 안사고(顏師古)의 주에서는 "祝融, 南方神."이라고 풀이했다.

集說 顓頊氏之子, 名黎, 火官之臣.

'축융(祝融)'은 전욱씨의 아들로, 그 이름은 여(黎)이며, 화관(火官)3)의 신하이다.

【066】

其蟲羽, 其音徵[止], 律中中[仲]呂, 其數七, 其味苦, 其臭焦, 其祀竈, 祭先肺. 〈068〉

맹하에 해당하는 생물은 깃털이 달린 종류이고, 오음 중에서 맹하에 해당하는 음은 치이며['徵'자의 음은 '止(지)'이다.] 십이율 중에서 맹하의 기후에 반응하는 율관은 중려에['中'자의 음은 '仲(중)'이다.] 해당하고, 맹하에 해당하는 수는 7이며, 오미 중에서 맹하에 해당하는 맛은 쓴맛이고, 오취 중에서 맹하에 해당하는 냄새는 탄내이며, 오사 중에서 맹하에 해당하는 사는 조이고, 제사를 지낼 때에는 희생물의 폐장을 먼저 바친다.

集說 羽蟲, 飛鳥之屬. 徵音屬火, 中呂, 巳律, 長大寸萬九千六百八十三分寸之萬二千九百七十四. 地二生火, 天七成之. 七者, 火之成數也. 苦焦, 皆火屬. 夏祭竈, 火之養人者也. 祭先肺, 火克金也.

'우충(羽蟲)'은 조류 등속이다. 치음은 오행 중에서 화에 속한다. '중려(中呂)'는 십이지 중에서 사에 해당하는 율로, 그 길이는 6촌과 19,683분의 12,974촌이다. 지의 수인 2가 화를 생성하면, 천의 수인 7이 그것을 완성한다. 7은 화를 완성하는 수이다. 쓴맛과 탄내를 내는 것들은 모두 화에 속하는 부류들이다. 여름에 부엌에 제사를 지내는 것은 불이 사람에게 보탬이 되기 때문이다. 제사에서 폐를 먼저 바치는 것은 여름에 해당하는 화의 기운이 폐가 상징하는 금의 기운을 이기게 하기 위해서이다.

---

3) 화관(火官)은 화정(火正)이라고도 부른다. 오행(五行) 중 화(火)를 주관하는 천상의 신을 가리키고, 또한 천상에서 그 일들을 담당하는 관부를 뜻하기도 한다.

蔡邕獨斷曰: 竈, 夏爲太陽, 其氣長養. 祀竈之禮, 在廟門外之
東. 先席于門奧, 面東, 設主于竈陘也.

채옹의 『독단』에서 말하길, 부엌은 여름에 태양이 되니, 그 기운이 장대
해지고 성숙된다. 부엌에 제사를 지내는 예법은 묘의 문밖 동쪽에서 지낸
다. 먼저 문 아랫목에 자리를 깔고, 동쪽을 바라보며, 부엌의 돌출된 부위
에 신주를 설치한다.

【067】

螻蟈鳴, 蚯蚓出, 王瓜生, 苦菜秀.〈069〉

맹하에는 청개구리가 울고, 지렁이가 땅밖으로 나오며, 왕과라는 식물이
생겨나고, 고채라는 식물이 영글게 된다.

此記巳月之候. 王瓜, 注云萆挈, 本草作菝葜, 音同. 謂之瓜
者, 以根之似也. 亦可釀酒.

이것은 4월의 기후 조짐을 기록한 것이다. '왕과(王瓜)'에 대해 주에서는
비설이라는 식물로 풀이했고, 『본초』에서는 발계라는 식물로 기록하고
있는데, 고대의 음에서는 음이 같다. 그런데 그 식물에 '과(瓜)'자를 붙여
서 부르는 이유는 그것의 뿌리가 오이와 유사하기 때문이다. 왕과라는
식물로는 또한 술을 빚을 수 있다.

朱氏曰: 王瓜色赤, 感火之色而生. 苦葉味苦, 感火之味而成.

주씨가 말하길, 왕과는 색깔이 적색인데, 이 시기가 되면 화의 색깔인
적색에 감응하여 생겨난다. 고채는 맛이 쓴데, 이 시기가 되면 화의 맛인
쓴맛에 감응하여 영글게 된다.

【068】

天子居明堂左个.〈070〉

맹하의 달에 천자는 명당에 있는 좌개에 거처한다.

集說 太寢南堂東偏.

명당의 좌개라는 것은 중앙에 있는 태침의 남쪽 당 동쪽 편실이다.

【069】

乘朱路, 駕赤駵[留], 載赤旂, 衣朱衣, 服赤玉, 食菽與雞, 其器高以粗.〈071〉

맹하의 달에 천자는 주로(朱路)⁴⁾라는 수레를 타고, 그 수레에는 적류라는 ['駵'자의 음은 '留(류)'이다.] 말에 멍에를 매게 해서 끌게 하며, 수레에는 적색의 깃발을 세우고, 천자는 적색의 의복을 입으며, 적색의 옥으로 장식을 하고, 곡식 중에서는 콩과 고기 중에서는 닭고기를 먹는데, 그것을 담는 그릇은 높이를 높게 하면서도, 거칠고 크게 만든다.

集說 駵, 馬名. 色淺者赤, 色深者朱. 用器高而粗大, 象物之盛長也.

'유(駵)'는 붉은 몸에 검은 색 갈기를 한 말들의 명칭이다. 붉은 색을 띠는 것들 중에서 색깔이 옅은 것을 '적(赤)'이라 부르고, 색깔이 진한 것을 '주(朱)'라고 부른다. 그릇의 높이를 높게 하면서도 거칠고 크게 만드는 것은 이 시기에 만물이 융성하게 성장함을 형상화한 것이다.

---

4) 주로(朱路)는 주로(朱輅)라고도 부른다. 천자가 탔던 수레의 한 종류이다. 수레를 진한 홍색으로 칠했기 때문에, '주로'라는 명칭이 붙게 되었다.

【070】

是月也, 以立夏, 先立夏三日, 太史謁之天子曰: "某日立夏, 盛德在
火." 天子乃齊, 立夏之日, 天子親帥三公・九卿・大夫, 以迎夏於南
郊, 還反, 行賞封諸侯, 慶賜遂行, 無不欣說[悅].〈072〉

맹하의 달에는 입하라는 절기가 있기 때문에, 입하 3일 전에 태사는 천자에
게 아뢰어 "어느 날은 입하일이니, 그 때에는 융성한 덕성이 화에 있게 됩
니다."라고 한다. 그러면 천자는 곧 목욕재계를 하고, 입하 당일에 천자는
삼공・구경・대부들을 친히 이끌고 가서 남교에서 여름을 맞이하며, 다시
궁성으로 돌아와서는 상을 내려주고 제후를 분봉해주니, 상을 하사해줌을
널리 시행하여, 기뻐하지['說'자의 음은 '悅(열)'이다.] 않는 사람이 없도록 한다.

集說 立春言諸侯・大夫, 而此不言諸侯者, 或在或否, 不可必同,
故略之也. 迎夏南郊, 祭炎帝・祝融也.

입춘에 대한 기록에서는 제후와 대부를 언급했는데, 이곳에서 제후를 언
급하지 않은 것은 제후들 중에서 어떤 이들은 천자의 수도에 남아있고
어떤 이들은 없어서, 반드시 입춘 때의 의식행사와 같을 수 없기 때문에
생략한 것이다. 남교에서 여름을 맞이하는 것은 염제와 축융에게 제사를
지내는 것이다.

【071】

乃命樂師, 習合禮樂.〈073〉

맹하의 달에 천자는 곧 악사(樂師)⁵⁾에게 명령하여, 국학에 있는 국자들을
가르쳐서, 의식을 진행할 때 의례와 음악이 합치되도록 익히게 한다.

---

5) 악사(樂師)는 『주례』에 나온 관직명으로, 음악을 담당했던 관리 중 하나이다. 총
   책임자인 대사악(大司樂)의 부관이었다. 『주례』「춘관(春官)・악사(樂師)」편에
   는 "樂師, 掌國學之政, 以敎國子小舞."라는 기록이 있다. 즉 '악사'는 국학(國學)
   에 있는 국자(國子)들에게 소무(小舞) 등을 가르쳤다.

集說 以將飮酎故也.

장차 술 마시는 의식을 시행하기 때문이다.

【072】

命太尉, 贊桀俊, 遂賢良, 擧長大, 行爵出祿, 必當[去聲]其位. 〈074〉

맹하의 달에 천자는 태위에게 명령하여, 재능이 뛰어난 자를 발탁하여 승진시키고, 현명하고 어진 자를 등용시켜 그 뜻을 펼치게 하며, 힘이 세고 몸집이 큰 자들을 가려 뽑아 임용하고, 작위를 수여하고 녹봉을 하사하되, 반드시 그들의 수준에 합당하게끔['當'자는 거성으로 읽는다.] 한다.

集說 太尉, 秦官也. 桀俊, 以才言. 贊, 則引而升之之謂. 賢良, 以德言. 遂, 謂使之得行其志也. 長大, 以力言. 王制言"執枝論力." 擧, 謂選而用之也. 當其位者, 爵必當有德之位, 祿必當有功之位也.

'태위(太尉)'는 진나라 때의 관직이다. '걸준(桀俊)'은 재능을 기준으로 말한 것이다. '찬(贊)'이라는 것은 그를 발탁하여 승진시킨다는 뜻이다. '현량(賢良)'은 덕성을 기준으로 말한 것이다. '수(遂)'라는 것은 그로 하여금 그의 뜻을 펼칠 수 있게 한다는 뜻이다. '장대(長大);는 힘을 기준으로 말한 것이다. 『예기』「왕제(王制)」편에서는 "무릇 기술을 가지고 있는 하급 관리에 대해서는 그 힘을 논정한다."[6]고 말했다. '거(擧)'한다는 것은 가려 뽑아서 임용한다는 뜻이다. "그들의 수준에 합당하게 한다."는 것은 작위를 하사해줄 때에는 반드시 덕성의 수위에 합당하게 끔 하고, 녹봉을 내려줄 때에는 반드시 공적을 세운 수위에 합당하게끔 하는 것이다.

附註 必當其位, 言選用賢俊之士, 皆量其才德而命之. 位, 官位也. 註云, 有德之位, 有功之位, 未詳.

---

6) 『예기』「왕제(王制)」095장 : 凡執技, 論力. 適四方, 贏股肱, 決射御.

'필당기위(必當其位)'라는 것은 현명하고 준수한 사들을 선발할 때에는 모두 그들이 가진 재주와 덕을 헤아려서 명한다는 뜻이다. '위(位)'자는 관직의 직위를 뜻한다. 주에서 '유덕지위(有德之位)'와 '유공지위(有功之位)'라고 풀이한 것은 상세하지 않다.

【073】

是月也, 繼長增高, 毋有壞[怪]墮, 毋起土功, 毋發大衆, 毋伐大樹.

〈075〉

맹하의 달에는 자연의 기운이 생물들 중에서 장성한 것들은 계속해서 장성하게 만들고, 큰 것들은 더욱 더 커지게 하니, 무너트리고['壞'자의 음은 '怪(괴)'이다.] 부서트리는 경우가 생기지 못하게 하고, 토공(土功)[7]을 일으키지 못하게 하며, 대중들의 노동력을 일으키지 못하게 하고, 큰 나무를 베지 못하게 한다.

> **集說** 長者繼之而使益長, 高者增之而使益高. 壞墮則傷已成之氣, 起土功, 發大衆, 皆妨蠶農之事, 故禁止之. 伐樹, 則傷條達之氣, 故亦在所禁. 一說伐大木, 謂營宮室也.

생물들 중에서 장성한 것들은 장성하게 되는 작용을 계속 잇도록 하여 장성함을 증가시켜주고, 큰 것들은 크게 되는 작용을 계속 늘려주어서 커짐을 증가시켜준다. 무너트리고 부서트리는 것은 이미 성숙해진 기운을 손상시키는 것이며, 토공을 일으키고, 대중들의 노동력을 일으키는 것들은 모두 누에치고 농사짓는 일들을 방해하는 것이기 때문에 금지하는 것이다. 나무를 벌목하는 것은 두루 펴지는 기운을 손상시키는 것이기

---

7) 토공(土功)은 치수(治水) 사업을 하거나 성곽을 축조하거나 궁궐 등을 건설하는 일련의 공사를 지칭한다. 『서』「우서(虞書)·익직(益稷)」편에는 "啓呱呱而泣, 予弗子, 惟荒度土功."이라는 기록이 있는데, 이에 대한 공안국(孔安國)의 전(傳)에서는 "聞啓泣聲, 不暇子名之, 以大治度水土之功故."라고 풀이하였다.

때문에 또한 금지시키는 항목에 들어간다. 일설에 큰 나무를 벌목하는 것은 궁실을 짓는 것을 뜻한다고 한다.

【074】

是月也, 天子始絺. 〈076〉

맹하의 달에 천자는 비로소 치의(絺衣)[8]를 입는다.

集說 絺, 葛布之細者.

'치(絺)'는 베로 만든 옷 중에서도 촘촘한 것이다.

【075】

命野虞, 出行[去聲]田原, 爲[去聲]天子, 勞[去聲]農勸民, 毋或失時. 〈077〉

맹하의 달에 천자는 전답 및 산림을 담당하는 야우에게 명령하여, 멀리 떨어져 있는 경작지로 나가['行'자는 거성으로 읽는다.] 순찰하게 하여, 천자를 대신해서['爲'자는 거성으로 읽는다.] 농민들을 위로하고['勞'자는 거성으로 읽는다.] 백성들에게 농사를 권면하도록 하여, 혹시라도 농사의 적정시기를 놓치는 일이 없도록 한다.

集說 失時, 謂失農時.

'실시(失時)'는 농사시기를 놓치는 것을 뜻한다.

---

8) 치의(絺衣)는 천자가 입는 의복 명칭이다. 가는 베로 만든 옷이다. 『사기(史記)』「오제본기(五帝本紀)」편에는 "堯乃賜舜絺衣, 與琴, 爲築倉廩, 予牛羊."이라고 하여, 요(堯)가 순(舜)에게 '치의'를 하사했었다고 기록하고 있다.

【076】

命司徒, 循行[去聲]縣鄙, 命農勉作, 毋休于都.〈078〉

맹하의 달에 천자는 사도에게 명령하여, 천자의 수도에 있는 현비(縣鄙)[9]를 순찰하게 하여[行'자는 거성으로 읽는다.] 농부에게 명령해서 경작에 힘쓰도록 하니, 모두들 경작지에 나아가 농사일을 하도록 만들어 도시에서 쉬는 일이 없도록 한다.

集說 勉其興作於田野之內, 禁其休息於都邑之間, 皆恐其失農時也.

사도가 현비를 돌아다니며, 농부들이 경작지 안에서 농사에 힘쓰기를 권면하고, 도읍 사이에서 휴식하는 것을 금지하는데, 이 모두는 농사시기를 놓칠까를 걱정해서이다.

【077】

是月也, 驅獸, 毋害五穀, 毋大田獵.〈079〉

맹하의 달에는 짐승을 몰아내어 오곡을 해치는 일이 없게 하되, 그렇다고 대대적으로 사냥하는 일은 못하게 한다.

集說 夏獵曰苗. 正爲驅獸之害禾苗者耳. 與三時之大獵自不同.

여름에 사냥하는 것을 '묘(苗)'라고 부른다. 묘는 짐승이 곡물의 어린 싹

---

9) 현비(縣鄙)는 현(縣)과 비(鄙)를 합쳐 부르는 말로, 고대에 설치되었던 행정구역들이다. 『주례』「지관(地官)·수인(遂人)」편에는 "五家爲鄰, 五鄰爲里, 四里爲酇, 五酇爲鄙, 五鄙爲縣, 五縣爲遂."라는 기록이 있다. 즉 5개의 가(家)가 1개의 린(鄰)이 되고, 5개의 '린'이 1개의 리(里)가 되며, 4개의 '리'가 1개의 찬(酇)이 되며, 5개의 '찬'이 1개의 '비'가 되고, 5개의 '비'가 1개의 '현'이 되며, 5개의 '현'이 1개의 수(遂)가 된다. '가'를 기준으로 설명하면, 1'린'은 5가, 1'리'는 25가, 1'찬'은 100가, 1'비'는 500가, 1'현'은 2500가, 1'수'는 12500가의 규모가 된다.

을 해치는 것을 몰아내기 위해서일 뿐이다. 봄·가을·겨울 세 계절에 시행하는 큰 사냥과는 자연히 같지 않은 것이다.

【078】

農乃登麥, 天子乃以彘嘗麥, 先薦寢廟. 〈080〉

맹하의 달에 보리가 다 여물어서 농부가 보리를 진상하면, 천자는 돼지고기를 곁들여서 보리밥을 맛보는데, 우선적으로 침묘에 바친다.

集說 登, 升之於場也.

'등(登)'은 천자가 있는 곳에 그것을 바친다는 뜻이다.

【079】

是月也, 聚畜百藥. 靡草死, 麥秋至. 〈081〉

맹하의 달에는 온갖 약초를 채집한다. 미초(靡草)[10]가 죽고, 보리가 익는 시기가 도래한다.

集說 聚藥, 爲供醫事也. 靡草, 草之枝葉靡細者, 陰類, 陽盛則死. 秋者, 百穀成熟之期, 此於時雖夏, 於麥則秋, 故云麥秋也.

약초를 채집하는 것은 의료와 관련된 일에 공급하기 위해서이다. '미초(靡草)'는 풀 중에서도 줄기와 잎이 미세한 것으로, 음에 속하는 부류인

---

10) 미초(靡草)는 풀이름으로, 잎과 줄기가 가느다란 풀이다. 『예기』「월령(月令)」편에는 "靡草死, 麥秋至, 斷薄刑, 決小罪."라는 기록이 있는데, 이에 대한 정현의 주에서는 "舊說云靡草, 薺·亭歷之屬."이라고 풀이하였다. 즉 '미초'는 제(薺) 또는 정력(亭歷) 등의 풀을 가리킨다. 또한 이 문장에 대한 공영달(孔穎達)의 소(疏)에서는 "以其枝葉靡細, 故云靡草."라고 설명한다. 즉 '미초'라는 명칭이 붙게 된 이유는 잎과 줄기가 가느다랗기 때문이다.

데, 여름의 양 기운이 왕성해지면 죽게 된다. 가을이란 것은 모든 곡식이 익는 시기인데, 맹하는 계절로는 비록 여름이지만, 보리에 대해서는 보리가 여름에 익기 때문에 가을에 해당한다. 그렇기 때문에 '맥추(麥秋)'라고 말한 것이다.

【080】

斷薄刑, 決小罪, 出輕繫. ⟨082⟩

맹하의 달에는 가벼운 형벌에 해당하는 자들에 대해서, 판결을 하여 형벌을 부여하고, 작은 죄를 범한 자에 대해서, 판결을 내려 옥에 가두지 않고 내보내며, 가벼운 죄로 옥에 갇혀 있는 죄인을 출소시킨다.

集說 刑者, 上之所施, 罪者, 下之所犯. 斷者, 定其輕重而施刑也. 決, 如決水之決, 謂人以小罪相告者, 卽決遣之, 不收繫也. 其有輕罪而在繫者, 則直縱出之也.

'형(刑)'은 위정자가 부여하는 것이며, '죄(罪)'는 백성들이 범한 것이다. '단(斷)'은 죄의 가볍고 무거운 정도를 확정하여, 형을 부여하는 것이다. '결(決)'은 결수(決水)[11]라고 할 때의 '결(決)'자와 같은 뜻으로, 사람들이 작은 죄목으로 죗값을 묻기 위해 아뢴 경우라면, 맹하의 시기에는 신속히 판정하여, 곧바로 감옥에 넣어야 한다는 제한을 터서 내보내고, 잡아들여 억류하지 않는다는 것을 뜻한다. 죄인 중에 가벼운 벌을 받아서 억류되어 있는 자들에 대해서, 맹하의 시기에는 곧바로 풀어주어 밖으로 내보내는 것이다.

---

11) 결수(決水)는 하천 제방이 붕괴되어 터져 들어오는 물을 뜻한다. 또한 물을 터서 잘 흘려보냄을 뜻하기도 한다.

【081】

蠶事畢, 后妃獻繭, 乃收繭稅, 以桑爲均, 貴賤長幼如一, 以給郊廟
之服. 〈083〉

맹하의 달에는 누에치는 일이 끝나게 되어, 후비가 누에를 쳐서 나온 견직
물을 헌상받으면, 곧 누에친 것에 대한 세금을 거두어들이는데, 이때에는
뽕나무 잎의 사용량을 기준으로 균등하게 거두어들여서, 귀천과 장유의 차
별 없이 한결같은 기준으로 거두어들이며, 이렇게 거두어들인 세금으로는
천자가 교묘의 제사 때 입는 제복을 재단하는 일에 공급한다.

〔集說〕 后妃獻繭, 謂后妃受內命婦之獻繭也. 收繭稅者, 外命婦養蠶,
亦用國北近郊之公桑. 近郊之稅十一, 故亦稅其繭十之一, 其餘八已
而爲其夫造祭服. 一說, 再命受服, 服者公家所給, 故稅其十一者, 爲
給其夫祭服也. 受桑多則稅繭多, 少則稅亦少, 皆以桑爲均齊也. 貴,
謂卿·大夫之妻, 賤, 謂士妻. 長幼, 婦之老少也. 如一, 皆稅十一也.
郊廟之服, 天子祭服也.

"후비가 누에를 쳐서 나온 견직물을 헌상 받는다."는 것은 후비가 내명부
(內命婦)12)가 누에를 쳐서 나온 견직물을 헌상으로 올린 것을 받는다는
뜻이다. "누에친 것에 대한 세금을 거두어들인다."는 것은 외명부(外命
婦)13)가 누에를 기를 때에는 나라의 북쪽 근교에 있는 공상(公桑)14)의

---

12) 내명부(內命婦)는 천자의 비(妃), 빈(嬪), 세부(世婦), 여어(女御) 등을 지칭하는
　　말이다. 『예기』「상대기(喪大記)」편에는 "夫人坐于西方, <u>內命婦</u>姑姊妹子姓, 立
　　于西方."이라는 용례가 있고, 『주례』「천관(天官)·내재(內宰)」편에는 "佐后使
　　治外<u>內命婦</u>."라는 기록이 있는데, 이에 대한 정현의 주에는 "內命婦, 謂九嬪,
　　世婦, 女御."라고 풀이하였다.

13) 외명부(外命婦)는 내명부(內命婦)와 상대되는 말이다. 본래 천자의 신하들인 경
　　(卿)·대부(大夫)들의 부인들을 지칭하는 말이다. 『예기』「상대기(喪大記)」편에
　　는 "外命婦率外宗哭于堂上, 北面."이라는 기록이 있고, 이에 대한 정현의 주에서
　　는 "卿大夫之妻爲外命婦."라고 풀이하였다.

14) 공상(公桑)은 천자나 제후가 자신의 영지 안에 설치한 뽕나무밭을 뜻한다. 『예기』

뽕나무 잎을 사용하기 때문이다. 근교에 대한 세금은 10분의 1이기 때문
에, 외명부에게 거두어들이는 세금 또한 누에를 쳐서 나온 결과물의 10분
의 1이며, 그 나머지들은 외명부 자신들에게 수입이 되어, 자신의 남편을
위해서 제복을 만든다. 일설에는 "'2명(命)에는 복을 내려준다.'[15]라고 했
으니, 제복이라는 것은 왕실에서 지급하는 것이다. 그렇기 때문에 누에를
쳐서 나온 견직물의 10분의 1만큼 세금을 거두는 것은 천자의 신하들에
대한 제복을 공급하기 위해서이다."라고 했다. 뽕나무 잎을 할당받은 것
이 많으면, 누에친 결과물에 대한 세금도 많고, 뽕나무 잎을 할당받은
것이 적으면, 세금 또한 적으니, 모두 뽕나무 잎의 수량을 기준으로 균평
하게 한다. '귀(貴)'는 경·대부들의 부인을 뜻하며, '천(賤)'은 사의 부인
을 뜻한다. '장유(長幼)'는 부인들의 나이가 많고 적음을 뜻한다. '여일
(如一)'이라는 것은 모두에게 10분의 1만큼 세금을 거둔다는 뜻이다. 교
묘의 제복이라는 것은 천자의 제복이다.

【082】
是月也, 天子飲酎[直又反]**, 用禮樂.**〈084〉
맹하의 달에 천자는 주주를['酎'자는 '直(직)'자와 '又(우)'자의 반절음이다.] 마시면
서, 예악을 사용하여 성대한 잔치를 연다.

集說 重釀之酒名之曰酎. 稱釀之義也. 春而造, 至此始成. 用禮樂
而飲之, 蓋盛會也.

「제의(祭義)」편에는 "古者, 天子諸侯必有公桑蠶室, 近川而爲之."라는 기록이
있다. 즉 천자나 제후는 자신의 영지 안에 '공상'과 누에를 치는 작업실인 잠실(蠶
室)을 설치하는데, 하천 근처에 그것을 만든다고 설명한다.

15) 『주례』「춘관(春官)·대종백(大宗伯)」: 以九儀之命, 正邦國之位. 壹命受職.
再命受服.

거듭 걸러내서 매우 진하고 순일한 술을 '주(酎)'라고 부르니, 잘 익어서 진하다는 뜻이다. 봄이 되면 주주를 빚고, 맹하의 시기가 되면 비로소 다 익게 된다. 예악을 사용하여 그 술을 마시니, 성대하게 연회를 여는 것이다.

【083】

孟夏行秋令, 則苦雨數[朔]來, 五穀不滋, 四鄙入保. 〈085〉

만약 천자가 맹하의 달에 맹추에 집행해야 할 정령을 시행하게 된다면, 고우(苦雨)16)가 자주['數'자의 음은 '朔(삭)'이다.] 내리고, 오곡이 무성하게 자라나지 못하며, 사비(四鄙)17)의 백성들이 전란을 피해 작은 성인 보에 들어가게 된다.

集說 申金之氣所泄也.

십이지 중에서 맹추에 해당하는 7월의 금 기운이 새어나와서 발생시킨 것이다.

【084】

行冬令, 則草木蚤枯, 後乃大水, 敗其城郭. 〈086〉

만약 천자가 맹하의 달에 맹동에 집행해야 할 정령을 시행하게 된다면,

---

16) 고우(苦雨)는 오래도록 내려서 재해를 일으키는 비를 뜻한다. 백성들에게 고통을 주게 되므로, 이러한 명칭이 붙게 되었다. 『춘추좌씨전』「소공(昭公) 4년」편에는 "春無淒風, 秋無苦雨."라는 기록이 있는데, 이에 대한 두예(杜預)의 주에서는 "霖雨爲人所患苦."라고 풀이하여, 장맛비가 오래도록 내려서, 사람들에게 고통을 주는 뜻으로 풀이했다.

17) 사비(四鄙)는 사방의 반경(邊境)지역을 뜻하며, 그곳에 거주하는 백성들을 지칭하는 용어로도 사용되었다.

초목이 일찍 말라버리고, 그렇게 된 이후에는 큰 홍수가 발생하여, 그 성곽을 무너트린다.

【集說】亥水之氣所傷也.

십이지 중에서 맹동에 해당하는 10월의 수 기운이 맹하의 기운을 손상시킨 것이다.

【085】

行春令, 則蝗蟲爲災, 暴風來格, 秀草不實.〈087〉

만약 천자가 맹하의 달에 맹춘에 집행해야 할 정령을 시행하게 된다면, 메뚜기들이 재해를 일으키고, 사납고 거센 바람이 불어오게 되어, 무성해진 초목들이 열매를 맺지 못하게 된다.

【集說】寅木之氣所淫也. 以孟夏之月, 而行孟秋·孟冬·孟春之令, 故感召災異如此. 四鄙, 四面邊鄙之邑也. 保, 與堡同, 小城也. 入保, 入而依以爲安也. 格, 至也.

십이지 중에서 맹춘에 해당하는 1월의 목 기운이 맹하의 기운을 어지럽히는 것이다. 맹하의 달인데도, 맹추·맹동·맹춘의 정령을 시행하였기 때문에, 재앙과 이변을 불러들인 것이 이와 같다. '사비(四鄙)'는 사방 변경지역의 읍이다. '보(保)'는 보(堡)자와 같으니, 작은 성을 뜻한다. 보에 들어간다는 것은 들어가서 그 성에 의지하며 전란으로부터 안전을 꾀하는 것이다. '격(格)'자는 도달한다는 뜻이다.

【類編】右孟夏.

여기까지는 '맹하(孟夏)'에 대한 내용이다.

◇ 중하(仲夏)

【086】

仲夏之月, 日在東井, 昏亢[剛]中, 旦危中.〈088〉

중하의 달에는 해와 달이 만나는 곳인 일이 28수 중 동정의 자리에 있고, 저녁 무렵에는 강수가['亢'자의 음은 '剛(강)'이다.] 남쪽 하늘의 중앙에 위치하고, 동틀 무렵에는 위수가 남쪽 하늘의 중앙에 위치한다.

集說 東井在未, 鶉首之次.

동정은 십이진 중 미자리에 위치하니, 순수의 자리이다.

【087】

其日丙丁, 其帝炎帝, 其神祝融. 其蟲羽, 其音徵, 律中蕤賓, 其數七, 其味苦, 其臭焦, 其祀竈, 祭先肺.〈089〉

중하의 달에 해당하는 일간은 병과 정이고, 중하를 지배하는 제는 염제이며, 그 아래에서 보좌하는 신은 축융이고, 중하에 해당하는 생물은 깃털이 달린 종류이며, 오음 중에서 중하에 해당하는 음은 치이고, 십이율 중에서 중하의 기후에 반응하는 율관은 유빈에 해당하며, 중하에 해당하는 수는 7이고, 오미 중에서 중하에 해당하는 맛은 쓴맛이며, 오취 중에서 중하에 해당하는 냄새는 탄내이고, 오사 중에서 중하에 해당하는 사는 조로, 제사를 지낼 때에는 희생물의 폐장을 먼저 바친다.

集說 蕤賓, 午律, 長六寸八十一分寸之二十六.

'유빈(蕤賓)'은 십이율을 십이지에 배열했을 때 오에 해당하는 율로, 유빈음을 내는 피리는 그 관의 길이가 6촌과 81분의 26촌이다.

【088】

小暑至, 螳蜋生, 鵙[古役反]始鳴, 反舌無聲.〈090〉

중하의 달에 소서가 도래하면, 사마귀가 생겨나고, 때까치가['鵙'자는 '古(고)'
자와 '役(역)'자의 반절음이다.] 비로소 울게 되며, 백설조는 울지 않게 된다.

> **集說** 此記午月之候. 小暑, 暑氣未盛也. 螳蜋, 一名斫父, 一名天
> 馬, 言其飛捷如馬也. 鵙, 博勞也. 反舌, 百舌鳥. 凡物皆稟陰陽之氣
> 而成質, 其陰類者宜陰時, 陽類者宜陽時, 得時則興, 背時則廢. 疏又
> 以反舌爲蝦蟇, 未知是否.

이것은 5월의 기후 조짐을 기록한 것이다. '소서(小暑)'는 무더운 기운이
아직 왕성하지 않은 것이다. '당랑(螳蜋)'은 일명 기부(斫父)라고도 부르
고, 일명 천마(天馬)라고도 부르는데, 그 재빠름이 말과 같음을 뜻한다.
'격(鵙)'은 박로(博勞)라는 새이다. '반설(反舌)'은 백설조라는 새이다.
만물은 모두 음양의 기운을 품수 받아서 그 바탕을 이루니, 만물 중 음에
속한 부류들은 음의 시기에 호응하고, 양에 속한 부류들은 양의 시기에
호응하니, 적절한 시기를 얻게 되면 흥성하게 되고, 시기를 위배하게 되
면 폐망하게 된다. 소에서는 또한 반설을 하마(蝦蟇)로 여겼는데, 옳은지
그른지는 잘 모르겠다.

【089】

天子居明堂太廟, 乘朱路, 駕赤駵, 載赤旂, 衣朱衣, 服赤玉, 食菽與
雞, 其器高以粗.〈091〉

중하의 달에 천자는 명당의 중앙에 있는 태묘에 거처하며, 주로라는 수레
를 타고, 그 수레에는 적류라는 말에 멍에를 매게 해서 끌게 하며, 수레에
는 적색의 깃발을 세우고, 천자는 적색의 의복을 입으며, 적색의 옥으로
장식을 하고, 곡식 중에서는 콩과 고기 중에서는 닭고기를 먹는데, 그것을
담는 그릇은 높이를 높게 하면서도, 거칠고 크게 만든다.

명당의 태묘는 남쪽 당으로 중앙에 있는 태실에 연접해 있다.

【090】
養壯佼.〈092〉

중하의 달에 천자는 신체가 장대하고 용모가 빼어난 자들을 양성한다.

集說 壯, 謂容體碩六者, 佼, 謂形容佼好者, 擇此類而養之, 亦順長養之令.

'장(壯)'은 신체가 장대한 자를 뜻하고, '교(佼)'는 용모가 빼어난 자를 뜻하니, 이런 부류의 사람들을 선발하여 양성하는 것은 또한 장성하게 하고 양성해주는 중하의 정령을 따르는 것이다.

附註 養壯佼, 朱子曰: "此三字當在前章'擧長大'下."

'양장교(養壯佼)'에 대해 주자는 "이 세 글자는 마땅히 앞 장의 '힘이 세고 몸집이 큰 자를 가려 뽑는다.'[1]라고 한 문장 뒤에 와야 한다."고 했다.

---

1) 『예기』「월령」 074장 : 命太尉, 贊桀俊, 遂賢良, <u>擧長大</u>, 行爵出祿, 必當其位.

【091】

是月也, 命樂師, 脩鞀鞞逃鞞[騂迷反]鼓, 均琴瑟管簫, 執干戚戈羽, 調竽
笙竾[池]簧, 飭鍾磬柷[昌六反]敔語]. 〈093〉

중하의 달에 천자는 악사에게 명령하여, 가죽으로 된 타악기인 도 · 비['鞞'
자는 '騂(병)'자와 '迷(미)'자의 반절음이다.] · 고를 손질하게 하고, 현악기인 금 · 슬
과 관악기인 관 · 소의 음을 고르게 맞추며, 무용도구인 간 · 척 · 과 · 우를
잡고서 익숙해지도록 하고, 관악기인 우 · 생 · 지와['竾'자의 음은 '池(지)'이다.]
이것들의 부속품격인 황의 소리를 조율하며, 쇠붙이로 된 타악기 종과 돌
로 된 타악기 경과 음악의 시작을 알리는 축과['柷'자는 '昌(창)'자와 '六(륙)'자의
반절음이다.] 음악의 끝맺음을 맞추는 어를['敔'자의 음은 '語(어)'이다.] 엄밀하게
손질한다.

集說 凡十九物, 皆樂器也. 鞀鞞鼓三者, 皆革音. 鞀, 卽鼗也. 鞞,
所以裨肋鼓節. 琴瑟, 皆絲音. 管簫, 皆竹音. 管, 如篴而小. 干戚戈
羽, 皆舞器. 干, 盾, 戚斧也. 竽笙竾, 皆竹音. 竽三十六簧, 笙十三
簧, 竾卽箎也, 長尺四寸. 簧笙之舌, 蓋管中之金薄鍱也. 竽笙竾三
者, 皆有簧也. 鍾, 金音, 磬, 石音, 柷敔, 皆木音. 柷, 如漆桶, 敔,
狀如伏虎. 柷以合樂之始, 敔以節樂之終. 脩者, 理其弊, 均者, 平其
聲, 執者, 操持習學, 調者, 調和音曲, 飭者, 整治之也. 以將用盛樂
雩祀, 故謹備之.

경문에 나온 19가지 기물은 모두 악기들이다. 도(鞀) · 비(鞞) · 고(鼓)
세 가지는 모두 가죽으로 만든 악기이다. 도(鞀)는 곧 도(鼗)라고 부르는
악기이다. 비(鞞)는 작은 북의 일종으로 큰 북인 고(鼓)가 울리는 마디
사이를 보조하는 도구이다. 금(琴)과 슬(瑟)은 현으로 만든 악기이다. '관
(管)'은 적(篴)이라는 악기와 같은 것이나 보다 크기가 작다. 간(干) · 척
(戚) · 과(戈) · 우(羽)는 모두 무용 도구들이다. 간(干)은 방패모양의 도
구이고, 척(戚)은 도끼모양의 도구이다. 우(竽) · 생(笙) · 지(竾)는 모두
대나무로 만든 악기이다. 우(竽)는 36개의 황(簧)으로 되어 있고, 생(笙)

은 13개의 황으로 되어 있으며, 지(箎)는 곧 호(篪)라고 부르는 악기인데, 그 길이가 1척 4촌이다. 가는 피리의 부리 부분에 설치하여 진동을 내는 혀부위는 무릇 피리관 속에 쇠로 된 얇은 조각으로 되어 있다. 우(竽)·생(笙)·지(箎) 세 가지는 모두 황(簧)이 포함되어 있다. 종(鐘)은 금속으로 만든 악기이고, 경(磬)은 돌로 만든 악기이며, 축(柷)과 어(敔)는 모두 나무로 만든 악기들이다. 축(柷)은 옻칠을 한 통처럼 생겼고, 어(敔)는 엎드려 있는 호랑이처럼 생겼다. 축(柷)으로는 음악의 시작을 합치시키는 것이며, 어(敔)로는 음악의 끝맺음을 맞추는 것이다. 수(修)라는 것은 해진 부위를 손질하는 것이며, 균(均)이라는 것은 그 소리를 일정하게 만드는 것이고, 집(執)이라는 것은 무용도구들을 손에 쥐고 익히는 것이며, 조(調)라는 것은 음악의 가락을 조화롭게 만드는 것이고, 칙(飭)이라는 것은 정밀하게 손질하는 것이다. 이러한 악기들과 무용도구들은 장차 성대한 음악을 사용하여 기우제를 지내려 하기 때문에, 열심히 정비하는 것이다.

附註 按: 竽笙, 是匏音. 笙竽之屬, 雖以竹爲簧, 其底則以匏爲之, 於八音屬匏, 不當與簫管並爲竹音.

살펴보니, 우(竽)와 생(笙)은 박으로 만든 악기에 해당한다. 생과 우 등의 부류는 비록 대나무로 황(簧)을 만들지만, 그 바탕은 박으로 만들게 되니, 팔음 중에서 포(匏)에 해당하므로, 소(簫)나 관(管) 등과 함께 대나무로 만든 악기로 여길 수 없다.

【092】

命有司, 爲[去聲]民祈祀山川百源, 大雩帝, 用盛樂.〈094〉

중하의 달에 천자는 유사에게 명령하여, 백성들을 위해['爲'자는 거성으로 읽는
다.] 모든 물의 근원지가 되는 산천에 제사를 지내고, 상제에게 크게 기우제
를 지내며, 성대한 음악을 사용한다.

集說 山者, 水之源, 將欲禱雨, 故先祭其本源. 三王祭川, 先河後
海, 示重本也. 雩者, 吁嗟其聲以永雨之祭. 周禮女巫凡邦之大裁,
歌哭而請, 亦其義也. 帝者, 天之主宰. 盛樂, 卽韜鞞以下十九物竝
奏之也.

산이라는 것은 물의 근원지이니, 장차 비를 기원하는 제사를 지내고자
하기 때문에, 우선적으로 그 본원지에 제사를 지내는 것이다. 삼왕이 천
에 제사를 지냄에, 하(河)에 먼저 지내고 해(海)에 대해서는 이후에 지낸
것은 본원에 대해 중시함을 드러낸 것이다. '우(雩)'라는 것은 기원하는
목소리를 간절하게 자아내며, 비를 구하는 제사이다. 『주례』「여무(女巫)
」편에서 "무릇 나라의 큰 재앙에 울부짖으며 청원한다."[1]라고 한 것 또한
이러한 의미이다. '제(帝)'는 하늘의 주재자이다. 성대한 음악은 곧 앞
문장에서 말한 도 · 비 이하의 19가지 기물을 사용하여, 함께 연주하는
것이다.

【093】

乃命百縣, 雩祀百辟 · 卿士有益於民者, 以祈穀實.〈095〉

중하의 달에 천자는 곧 수도에 소속된 읍들인 백현에 명령하여, 백벽(百
辟)[2]과 경사(卿士)[3]들 중에서 백성에게 유익한 일을 했던 자들에게 기우

---

1) 『주례』「춘관(春官) · 여무(女巫)」 : 凡邦之大災, 歌哭而請.
2) 백벽(百辟)은 모든 제후들을 총칭하는 용어이다. '백벽'의 '백(百)'은 '모든'이라는

제를 지내게 하여, 곡식이 잘 여물도록 기원하게 한다.

集說 百縣, 畿內之邑也. 百辟·卿士, 謂古者上公·句龍·后稷之
類.

'백현(百縣)'은 천자의 수도에 있는 읍들이다. '백벽(百辟)'과 '경사(卿
士)'는 고대의 상공(上公)[4]·구룡(句龍)[5]·후직(后稷)과 같은 이들을
뜻한다.

뜻이고, '벽(辟)'자는 제후를 뜻한다. 『국어(國語)』「노어상(魯語上)」편에는 "其周
公太公及百辟神祇實永饗而賴之."라는 기록이 있는데, 이에 대한 위소(韋昭)의
주에서는 "辟, 君也."라고 풀이하였다.

3) 경사(卿士)는 주(周)나라 때 주왕조의 정사(政事)를 총감독했던 직위이다. 육경
(六卿)과 별도로 설치되었으며, 육관(六官)의 일들을 총감독했다. 『시』「소아(小
雅)·십월지교(十月之交)」편에는 "皇父卿士, 番維司徒."라는 기록이 있는데, 이
에 대한 주희(朱熹)의 『집주(集注)』에서는 "卿士, 六卿之外, 更爲都官, 以總六
官之事也."라고 풀이하였으며, 『춘추좌씨전』「은공(隱公) 3년」편에는 "鄭武公莊
公爲平王卿士."라는 기록이 있는데, 이에 대한 두예(杜預)의 주에서는 "卿士, 王
卿之執政者."라고 풀이하였다.

4) 상공(上公)은 오행(五行)을 주관하는 신(神)을 뜻한다. 『춘추좌씨전』「소공(昭公)
29년」편에는 "故有五行之官, 是謂五官, 實列受氏姓, 封爲上公, 祀爲貴神. 社
稷五祀, 是尊是奉. 木正曰句芒, 火正曰祝融, 金正曰蓐收, 水正曰玄冥, 土正
曰后土."라는 기록이 있다. 이 기록에 따르면, 목(木), 화(火), 토(土), 금(金), 수
(水)를 주관하는 신은 구망(句芒), 축융(祝融), 욕수(蓐收), 현명(玄冥), 후토(后
土)가 되는데, 이들을 '상공'으로 부르기도 한다. 한편 후대에는 토정(土正)인 '후
토'만을 '상공'으로 지칭하기도 했다.

5) 구룡(句龍)은 공공(共工)의 아들이었다고 전해지며, 치수 사업을 잘했던 인물이
다. 후세에는 그를 후토(后土)의 신(神)으로 여겨서, 그에게 제사를 지내기도 했
다. 『춘추좌씨전』「소공(昭公) 29년」편에는 "共工氏有子曰句龍, 爲后土."라는
기록이 있다.

【094】

是月也, 農乃登黍, 天子乃以雛嘗黍, 羞以含桃, 先薦寢廟. ⟨096⟩

중하의 달에는 농부가 곧 기장을 바치니, 천자는 어린새고기를 곁들여서
기장을 맛보며, 진수성찬을 차리며 앵두를 곁들이는데, 우선적으로 침묘에
먼저 바친다.

集說　今用登麥穀例, 移農乃登黍四字在是月也之下. 舊註以內則
之雛爲小鳥, 此雛爲雞也, 未詳孰是. 含桃, 櫻桃也.

본래의 경문은 배열이 조금 다른데, 지금은 농부가 보리를 바치고, 오곡
을 바치는 용례를 따라서, '농내등서(農乃登黍)'라는 네 글자를 '시월야
(是月也)'라는 구문 뒤로 옮겼다. 옛 주에서는 『예기』「내칙(內則)」편의
추(雛)는 어린 새로 여기고, 여기에 나온 '추(雛)'는 닭으로 여겼는데, 어
느 것이 옳은지 모르겠다. '함도(含桃)'는 앵두이다.

【095】

令民毋艾[예]藍以染. ⟨097⟩

중하의 달에는 적색이 해당되므로, 백성들로 하여금 청색을 내는 쪽풀을
베어다가['艾'자의 음은 '예(刈)'이다.] 의복류 등을 청색으로 염색하지 못하게 한다.

集說　藍之色靑, 靑者, 赤之母. 艾之亦是傷時氣.

쪽의 색깔은 청색인데, 청색이라는 것은 적색의 어미이다. 쪽을 베는 것
은 또한 이 시기의 기운을 해치는 것이다.

【096】

毋燒灰.〈098〉

중하의 달에는 성대한 기운이 화에 있으므로, 불을 꺼트려 재를 만들지
못하게 한다.

集說 火之滅者爲灰, 禁之亦爲傷火氣也.

불이 소멸한 것은 재가 되니, 불을 꺼트려 재 만드는 것을 금지하는 것은
또한 화의 기운을 해치는 것이 되기 때문이다.

【097】

毋暴[步卜反]布.〈099〉

중하의 달에는 포를 햇볕에 말리지['暴'자는 '步(보)'자와 '卜(복)'자의 반절음이다.]
못하게 한다.

集說 暴, 暴之於日也. 布者, 陰功所成, 不可以小功干盛陽也.

'폭(暴)'은 햇볕에 말리는 것이다. 포는 음기의 공적이 이루는 것이니, 작
은 공적으로 왕성한 양의 기운을 막아서는 안 된다.

【098】

門閭毋閉.〈100〉

중하의 달에는 성문과 마을의 문을 닫지 못하게 한다.

集說 一則順時氣之宣通, 一則使暑氣之宣散.

한편으로는 이 시기의 기운이 훤하게 통하는 것을 따르는 것이며, 다른
한편으로는 더운 기운을 시원스럽게 퍼지게 하는 것이다.

【099】

關市毋索.〈101〉

중하의 달에는 관문과 시장에서 여행객이나 상인의 짐을 수색하여 세금을
부과하지 못하게 한다.

集說 索者, 搜索商旅匿稅之物. 蓋當時氣盛大之際, 人君亦當體之
而行寬大之政也.

'색(索)'은 상인이나 여행객이 은닉한 물건들을 수색하는 것이다. 중하는
화 기운이 성대해지는 때에 해당하므로, 군주 또한 마땅히 그것을 본받아
서 관대한 정치를 시행하는 것이다.

【100】

挺重囚, 益其食.〈102〉

중하의 달에는 감옥에 갇혀 있는 죄수들 중에서, 중죄인은 구속하고 있는
수갑 등을 풀어주고, 그가 먹는 식사량을 더 늘려준다.

集說 挺者, 拔出之義. 重囚禁繫嚴密, 故特加寬假, 輕囚則不如是.
益其食者, 加其養也.

'정(挺)'은 그를 구속하고 있는 수갑 등을 뽑아낸다는 뜻이다. 중죄인은
감금한 정도가 매우 엄격하기 때문에, 특별히 관용을 베푸는 것이며, 경
범자들에게는 이처럼 대우하지 않는다. 밥을 더한다는 것은 양식을 늘려
준다는 뜻이다.

【101】

游牝別[彼列反]群, 則縶[執]騰駒, 斑馬政. 〈103〉

중하의 달에는 앞서 계춘 때 임신을 시키기 위해 수컷과 함께 노닐게 했던 암컷들이 임신에 성공하여 무리에서 격리시키게['別'자는 '彼(피)'자와 '列(렬)'자의 반절음이다.] 되면, 발정난 수컷 말을 매어 두고['縶'자의 음은 '執(집)'이다.] 잉태한 말들을 보살피는 정책을 반포한다.

集說 季春游牝于牧, 至此妊孕已逐, 故不使同群. 拘縶騰躍之駒者, 止其踶齧也. 斑, 布也. 馬政, 養馬之政令也, 周禮圉人‧圉師所掌.

계춘에 황소와 수컷 말들을 암컷을 방목한 곳에서 암컷들과 노닐게 하였는데, 이 시기에 이르게 되면, 새끼를 잉태하려는 목적을 이미 이루었기 때문에, 암컷들로 하여금 수컷들과 함께 무리 짓지 못하게 한다. 발정나서 날뛰는 수컷 말을 매어두는 것은 그것들이 암컷들을 발로차고 무는 행위를 그치게 하는 것이다. '반(斑)'은 공포한다는 뜻이다. '마정(馬政)'은 말을 기르는 정책이니, 『주례』에서는 어인(圉人)과 어사(圉師)가 담당했다.

【102】

是月也, 日長至, 陰陽爭, 死生分. 〈104〉

중하의 달에는 하지가 있어서 해가 길어짐이 지극해지고, 이전에는 양이 주도를 했지만, 그 기운이 극성해져서 음의 기운이 발생하므로, 음양이 서로 다투게 되고, 양기에 감응하여 성장하는 것도 있고, 음기에 감응하여 이미 다 자란 것들은 죽어버리니, 생사가 갈라진다.

集說 至, 猶極也. 夏至日長之極, 陽盡午中, 而微陰眇重淵矣. 此陰陽爭辨之際也. 物之感陽氣而方長者生, 感陰氣而已成者死, 此死生分判之際也.

'지(至)'자는 지극하든 뜻이다. 하지는 해가 길어짐이 지극한 때이고, 양기는 십이지 중에서 5월의 중간에서 다하게 되어, 미음가 깊은 못 속에서 서서히 자라난다. 이것이 음양이 다투는 때이다. 만물 중에서 양기에 감응하여 장성해지는 것들은 계속해서 성장하고, 음기에 감응하여 이미 다 자란 것들은 죽으니, 이것은 생사가 갈라지는 때이다.

附註 仲夏日北至, 陽氣方長者, 至此而衰, 陰氣已消者, 至此而萌. 揚子曰"斗一北而萬物生, 斗一南而萬物死", 亦此意. 今云感陽氣者生, 感陰氣者死, 未詳.

중하에는 해가 북지(北至)6)가 되어, 양기 중 장성해지려고 하는 것은 이 시점에 이르게 되면 쇠하게 되고, 음기 중 이미 사그라진 것은 이 시점에 이르게 되면 발아하게 된다. 양자7)가 "북두칠성의 자루가 한 번 북쪽으로 가면 만물이 생겨나고, 북두칠성의 자루가 한 번 남쪽으로 가면 만물이 죽는다."8)라 한 것 또한 이러한 의미이다. 지금 양기에 감응하는 것은 생겨나고 음기에 감응하는 것은 죽는다고 한 말은 상세하지 않다.

---

6) 북지(北至)는 하지(夏至)와 같은 말이다. 하지에는 태양이 적도(赤道)의 가장 북쪽에 위치하고, 그 이후로는 남쪽으로 이동하기 때문에 '북지'로 부른다.

7) 양웅(楊雄, B.C.53~A.D.18) : =양웅(揚雄)·양자(揚子). 전한(前漢) 때의 학자이다. 자(字)는 자운(子雲)이다. 사부작가(辭賦作家)로도 명성이 높았다. 왕망(王莽)에게 동조했다는 이유로 송(宋)나라 이후부터는 배척을 당하였다. 만년에는 경학(經學)에 전념하여, 자신을 성현(聖賢)이라고 자처하였다. 참위설(讖緯說) 등을 배척하고, 유가(儒家)와 도가(道家)의 사상을 절충하였다. 저서로는 『법언(法言)』, 『태현경(太玄經)』 등이 있다.

8) 『태현경』「태현리(太玄攡)」 : 日一南而萬物死, 日一北而萬物生, 斗一北而萬物虛, 斗一南而萬物盈.

【103】

君子齊戒, 處必掩身, 毋躁, 止聲色, 毋或進, 薄滋味, 毋致和[去聲], 節耆[嗜]欲, 定心氣.〈105〉

중하의 달에 군자는 재계를 하고, 거처함에도 반드시 몸을 가려 드러내지 않게 하여, 경솔히 행동하지 않게 하고, 음란한 소리와 여색 밝히는 것들을 그만두어, 혹시라도 그런 곳에 나아가지 않게 하고, 음식은 좋은 맛내기를 적게 하여, 맛의 조화부리기를['和'자는 거성으로 읽는다.] 지극하게 하지 않게 하고, 좋아하고['耆'자의 음은 '嗜(기)'이다.] 욕망하는 것을 절제하여, 심기를 안정시킨다.

集說 齊戒以定其心, 掩蔽以防其身. 毋或輕躁於舉動, 毋或進御於聲色. 薄其調和之滋味, 節其諸事之愛欲. 凡以定心氣而備陰疾也.

재계를 하여 마음을 안정시키고, 자신을 엄폐시켜서 자신의 몸을 보호한다. 혹시라도 거동함에 경솔하게 행동하지 않게 하고, 혹시라도 음란한 소리와 여색에 자신을 몰아가지 않게 한다. 조화로운 음식의 좋은 맛을 적게 하고, 그 모든 일에 대한 애착과 욕망을 절제한다. 무릇 이러한 것들로 심기를 안정시키고, 음기의 질시를 방비한다.

【104】

百官, 靜事無刑, 以定晏[伊見反]陰之所成.〈106〉

중하의 달에 백관들은 맡은 일을 차분히 안정시켜, 형벌 집행을 하지 않으며, 안음(晏陰)1)이['晏'자는 '伊(이)'자와 '見(견)'자의 반절음이다.] 이루는 것들을 안

---

1) 안음(晏陰)은 미음(微陰)과 같은 용어이다. 유화(柔和)한 음기(陰氣)를 뜻한다. 안(晏)은 안(安)자와 같은 뜻이다. 『예기』「월령(月令)」편에는 "百官, 靜事無刑, 以定晏陰之所成."이라는 기록이 있는데, 이에 대한 손희단(孫希旦)의 집해(集解)에서는 "晏, 安也. 陰道靜, 故曰晏陰. 夏至之日, 微陰初起, 故致其敬慎安靜以養之, 而定此晏陰之所成就也."라고 풀이했다. 즉 안(晏)자는 안(安)자와 같은

정시킨다.

刑, 陰事也. 擧陰事, 則是助陰抑陽, 故百官府刑罰之事, 皆止
靜而不行也. 凡天地之氣, 順則和, 競則逆, 故能致災咎. 此陰陽相
爭之時, 故須如此謹備. 晏, 安也, 陰道靜, 故云晏陰. 及其定而至於
成, 則循序而往, 不爲災矣. 是以未定之前諸事, 皆不可忽也.

형벌은 음에 속하는 일이다. 음의 일들을 시행하는 것은 음기를 돕고 양
기를 억누르는 것이다. 그렇기 때문에 모든 관부에서는 형벌내리는 일들
에 대해서 모두 멈추고 고요하게 하여 시행하지 않는 것이다. 천지의 기
운은 사람이 그것에 순응하면 조화롭게 되고, 다투면 어그러진다. 그렇기
때문에 재앙을 발생시킬 수 있다. 중하의 달은 음양이 서로 다투는 시기
이기 때문에, 마땅히 이와 같이 조심스럽게 대비해야 한다. '안(晏)'자는
안(安)자의 뜻이니, 음도가 고요하기 때문에, 안음이라고 부른다. 그리고
안음이 이루는 것들을 안정시켜서, 이루어지는 데까지 도달하게 되면,
음기가 순서에 따라 지나가게 되어, 재앙이 되지 않는다. 이러한 까닭으
로 아직 안정되기 이전의 모든 일들에 대해서는 모두 소홀히 할 수 없는
것이다.

晏, 當如字. 陳氏音, 伊見反, 讀作宴, 恐不然.

'안(晏)'자는 마땅히 글자대로 읽어야 한다. 진씨의 음은 '伊(이)'자와 '見
(견)'자의 반절음이니, 연(宴)자로 풀이한 것인데, 아마도 그렇지 않을 것
이다.

뜻으로, 음도(陰道)가 고요하기 때문에, '안음'이라고 부른다. 그리고 하지일(夏至
日)에는 미음(微陰)이 처음 일어나기 때문에, 공경되고 삼감을 다하고, 안정(安
靜)됨을 다하여서, 그 미음의 기운을 길러야 하며, 또한 '안음'이 성취하는 것을
안정시켜야 한다고 설명한다.

【105】

鹿角解[駭], 蟬始鳴, 半夏生, 木董[謹]榮.〈107〉

중하의 달에는 사슴의 뿔이 빠지고['解'자의 음은 '駭(해)'이다.] 매미가 비로소 울기 시작하며, 약초 중 반하라는 것이 생겨나고, 무궁화가['董'자의 음은 '謹 (근)'이다.] 꽃을 피운다.

> 集說 此又言午月之候. 解, 脫也.
>
> 이 문장은 또한 5월의 기후조짐을 기록한 것이다. '해(解)'자는 빠진다는 뜻이다.

【106】

是月也, 毋用火南方.〈108〉

중하의 달에는 이미 양기가 왕성한 때이니, 거기에 더해서 남방에서 불을 사용하게 되면, 양기가 더욱 강성해져서 미음을 해치게 되니, 이런 일들을 못하게 한다.

> 集說 南方火位, 又因其位而盛其用, 則爲微陰之害, 故戒之.
>
> 남쪽 방위는 화의 자리인데, 또한 그 자리에 연유하여 불의 쓰임을 왕성하게 하면, 중하에 생겨나는 미음에게는 해가 되기 때문에 경계하는 것이다.

【107】

可以居高明, 可以遠眺望, 可以升山陵, 可以處臺榭.〈109〉

중하의 달에는 양기가 왕성한 때이므로, 지대가 높고 햇빛이 잘 드는 밝은 곳에 거처하는 것이 좋고, 바라봄을 멀리하는 것이 좋으며, 산릉에 올라가는 것이 좋고, 대사(臺榭)1)에 머무는 것이 좋다.

集說 凡此皆順陽明之時.

이러한 행위들은 모두 양의 기운이 매우 밝아져서 무덥게 되는 시기의 기후에 따르는 것이다.

【108】

仲夏行冬令, 則雹凍傷穀, 道路不通, 暴兵來至.〈110〉

만약 천자가 중하의 달에 중동에 집행해야 할 정령을 시행하게 된다면, 우박과 냉해가 곡식들을 해치며, 도로가 통하지 않게 되고, 흉포한 군대가 들이닥친다.

集說 子水之氣所傷也.

십이지 중에서 11월의 수 기운이 중하의 기운을 손상시킨 것이다.

【109】

行春令, 則五穀晚熟, 百螣[特]時起, 其國乃饑.〈111〉

만약 천자가 중하의 달에 중춘에 집행해야 할 정령을 시행하게 된다면, 오곡이 늦게 익게 되고, 온갖 해충이['螣'자의 음은 '特(특)'이다.] 빈번하게 발생하여, 그 나라에는 곧 기근이 발생한다.

集說 卯木之氣所淫也.

---

1) 대사(臺榭)는 대(臺)와 사(榭)를 합해 부르는 말이다. 흙을 쌓아올려서 관망대로 쓰는 것이 '대'이고, '대' 위에 가옥이 있는 경우 그것을 '사'라고 부른다. 후대에는 이러한 건축물들을 범칭하여 '대사'라고 불렀다. 『서』「주서(周書)·태서상(泰誓上)」편에는 "惟宮室臺榭, 陂池侈服, 以殘害于爾萬姓."이라는 기록이 있는데, 이에 대한 공영달(孔穎達)의 소(疏)에서는 이순(李巡)의 말을 인용하여, "臺, 積土爲之, 所以觀望也. 臺上有屋謂之榭."라고 풀이하였다.

십이지 중에서 2월의 목 기운이 중하의 기운을 어지럽힌 것이다.

【110】

行秋令, 則草木零落, 果實早成, 民殃於疫.〈112〉

만약 천자가 중하의 달에 중추에 집행해야 할 정령을 시행하게 된다면, 초목이 말라 떨어지고, 과실들은 일찍 설익게 될 것이며, 백성들은 전염병에 걸리는 재앙이 들 것이다.

集說 酉金之氣所泄也. 螣, 食苗之蟲也. 百螣者, 言害稼之蟲非一類.

십이지 중에서 8월의 금 기운이 새어나와서 발생시킨 것이다. '특(螣)'은 식물의 잎사귀를 먹어치우는 병충이다. '백특(百螣)'이라고 한 것은 곡물을 해치는 병충이 한 종류가 아님을 말한다.

類編 右仲夏.

여기까지는 '중하(仲夏)'에 대한 내용이다.

◇ 계하(季夏)

【111】

季夏之月, 日在柳, 昏火中, 旦奎中.〈113〉

계하의 달에는 해와 달이 만나는 곳인 일이 28수 중 유수의 자리에 있고, 저녁 무렵에는 대화가 남쪽 하늘의 중앙에 위치하고, 동틀 무렵에는 규수가 남쪽 하늘의 중앙에 위치한다.

> 【集說】 柳宿在午, 鶉火之次也. 火, 大火心宿.

유수는 오자리에 위치하니, 순화의 자리이다. '화(火)'는 대화(大火)인 심수(心宿)이다.

【112】

其日丙丁, 其帝炎帝, 其神祝融, 其蟲羽, 其音徵, 律中林鍾, 其數七, 其味苦, 其臭焦, 其祀竈, 祭先肺.〈114〉

계하의 달에 해당하는 일간은 병과 정이고, 계하를 지배하는 제는 염제이며, 그 아래에서 보좌하는 신은 축융이고, 계하에 해당하는 생물은 깃털이 달린 종류이며, 오음 중에서 계하에 해당하는 음은 치이고, 십이율 중에서 계하의 기후에 반응하는 율관은 임종에 해당하며, 계하에 해당하는 수는 7이고, 오미 중에서 계하에 해당하는 맛은 쓴맛이며, 오취 중에서 계하에 해당하는 냄새는 탄내이고, 오사 중에서 계하에 해당하는 사는 조로, 제사를 지낼 때에는 희생물의 폐장을 먼저 바친다.

> 【集說】 林鍾, 未律, 長六寸.

임종은 미에 해당하는 율로, 그 음을 내는 피리는 관의 길이가 6촌이다.

溫風始至, 蟋蟀居壁, 鷹乃學習, 腐草爲螢.〈115〉

계하의 달에는 따뜻한 바람이 비로소 맹렬하게 불어오게 되고, 귀뚜라미가
태어나지만, 아직 날지 못해서 벽 속에 머물러 있으며, 매의 새끼가 나는
것을 익히기 시작하고, 썩은 풀이 반딧불로 변한다.

集說 此記未月之候. 至, 極也. 蟋蟀生於土中, 此時羽翼猶未能遠
飛, 但居其穴之壁, 至七月則能遠飛而在野矣. 學習, 雛學數飛也.
腐草得暑濕之氣, 故變而爲螢.

이것은 6월의 기후 조짐을 기록한 것이다. '지(至)'는 지극하다는 뜻이다.
귀뚜라미는 흙 속에서 태어나는데, 이 시기에 날개로는 아직 멀리 날아갈
수가 없어서, 단지 벽의 구멍 속에 머물러 있으며, 7월이 되어야만 멀리
날아갈 수 있어서 들판에 있게 된다. '학습(學習)'이란 매의 새끼가 날갯
짓하는 것을 배우는 것이다. 썩은 풀이 덥고 습한 기운을 얻었기 때문에,
변해서 반딧불이 되는 것이다.

集說 朱氏曰: 溫風, 溫厚之極, 涼風, 嚴凝之始. 腐草爲螢, 離明之
極. 故幽類化爲明類也.

주씨가 말하길, 온풍은 온후함이 지극해진 것이며, 맹추에 불어오는 양풍
은 혹독한 추위의 시작이다. 썩은 풀이 반딧불이 되는 것은 이명(離明)의
지극함이다. 그렇기 때문에 그윽함의 부류가 변화하여, 밝음의 부류가
되는 것이다.

【114】

天子居明堂右个, 乘朱路, 駕赤駵, 載赤旂, 衣朱衣, 服赤玉, 食菽與
雞, 其器高以粗.〈116〉

계하의 달에 천자는 명당의 우개에 거처하며, 주로라는 수레를 타고, 그

수레에는 적류라는 말에 멍에를 매게 해서 끌게 하며, 수레에는 적색의
깃발을 세우고, 천자는 적색의 의복을 입으며, 적색의 옥으로 장식을 하고,
곡식 중에서는 콩과 고기 중에서는 닭고기를 먹는데, 그것을 담는 그릇은
높이를 높게 하면서도, 거칠고 크게 만든다.

〔集說〕 明堂右个, 南堂西偏也.
명당의 우개는 남쪽 당에 있는 서쪽 편실이다.

【115】
命漁師, 伐蛟取鼉, 登龜取黿[元].〈117〉
계하의 달에 천자는 어사에게 명령하여, 이무기를 쳐서 죽이게 하고, 악어
를 잡아들이도록 하며, 거북이를 잡아 올리게 하고, 자라를['黿'자의 음은 '元
(원)'이다.] 잡아들이도록 한다.

〔集說〕 蛟言伐, 以其暴惡不易攻取也. 龜言登, 尊異之也. 鼉黿言取,
易而賤之也.
이무기에 대해서 '벌(伐)'이라고 한 것은 이무기의 성격이 포악하여 쉽사
리 잡아들일 수 없기 때문이다. 거북이에 대해서 '등(登)'이라고 한 것은
거북이가 영물이기 때문에, 높여서 다른 것들과는 차별을 둔 것이다. 악
어와 자라에 대해서 '취(取)'라고 한 것은 잡기 쉬워서, 거북이에 비해
상대적으로 천하게 여긴 것이다.

【116】
命澤人, 納材葦.〈118〉
계하의 달에 천자는 초택지를 관리하는 택인에게 명령하여, 바구니나 광주
리의 재료로 사용되는 갈대를 바치게 한다.

蒲葦之屬, 生於澤中而可爲用器, 故曰材. 澤人納之職也. 此皆煩細之事, 非專一月所爲, 故不以是月起之.

강가에 자라나는 갈대 부류들은 못가에 생기며, 그릇을 만들 수 있기 때문에, '재(材)'자를 붙여서 말한 것이다. 택인은 그것들을 바치는 직무를 수행한다. 거북이 등을 잡거나 갈대를 공납하는 등의 일들은 모두 번잡하고 세세한 일들로, 전적으로 한 달 안에 할 수 있는 것들이 아니다. 그렇기 때문에 '명어사(命漁師)'나 '명택인(命澤人)'이라는 구문 앞에는 '시월(是月)'이라는 말을 기록하지 않은 것이다.

【117】

是月也, 命四監, 大合百縣之秩芻, 以養犧牲. 令民無不咸出其力, 以共[供]皇天上帝·名山·大川·四方之神, 以祠宗廟·社稷之靈, 以爲[去聲]民祈福.〈119〉

계하의 달에 천자는 산림천택을 담당하는 네 명의 감독관들에게 명령하여, 향과 수에 있는 모든 현들에서 일정하게 공납하는 건초를 크게 취합하여, 희생물로 사용될 가축들을 사육하게 한다. 백성들로 하여금 그 힘을 모두 발휘하지 않는 경우가 없게 해서, 황천상제(皇天上帝)[1]와 명산과 대천 및 사방의 신들에게 제물을 바치게['共'자의 음은 '供(공)'이다.] 하고, 종묘와 사직의 신령들에게 제사를 지내서, 이로써 백성들을 위하여['爲'자는 거성으로 읽는다.] 복 내려주기를 기도한다.

四監, 卽周官山虞·澤虞·林衡·川衡之官也. 前言百縣, 兼內外而言, 此百縣, 鄕遂之地也. 秩, 常也. 斂此芻爲養犧牲之用, 各有常數, 故云秩芻也.

---

1) 황천상제(皇天上帝)는 상제(上帝) 및 천제(天帝)를 뜻한다. 황천(皇天)은 천(天) 및 천신(天神)들을 총칭하는 말로, 상제(上帝)를 꾸며주는 수식어로 붙은 것이다. 한편 황천(皇天)과 상제(上帝)를 별개의 대상으로 풀이하기도 한다.

'사감(四監)'은 곧 『주례』에 나오는 산우(山虞)[2]·택우(澤虞)[3]·임형
(林衡)[4]·천형(川衡)[5] 등의 관리이다. 앞서 말한 백현(百縣)은 왕성의

---

2) 산우(山虞)는 주대(周代) 때의 관리로, 산(山)과 숲[林]을 담당했다. 고대에는 산
과 숲 또한 재화가 창출되는 중요한 장소였으므로, 각종 정령(政令)들이 시행되었
는데, '산우'는 바로 이러한 정령의 시행을 담당하여, 산과 숲에 있는 재화를 보존
하고, 각 시기에 맞게끔 벌목을 시키는 일 등을 시행하였다. 『주례』「지관(地官)·
산우(山虞)」편에는 "山虞, 掌山林之政令, 物爲之厲而爲之守禁. 仲冬斬陽木,
仲夏斬陰木."이라는 기록이 있다. 한편 이 문장에 대한 가공언(賈公彦)의 소(疏)
에서는 "此山林幷云者, 自是山內之林, 卽山虞兼掌之."라고 풀이하고 있다. 즉
'산우'는 관직명에 산(山)자가 들어가서, '산'만 관리하는 것처럼 보이지만, 실제로
는 숲에 대해서도 관리를 하는데, 그 이유는 산 속에 숲이 있기 때문이다.
3) 택우(澤虞)는 소택(沼澤) 지역을 담당했던 관리이다. 소택 지역에 시행되는 정령
(政令)을 감독하고, 금령(禁令)의 준수 여부를 감독하였으며, 소택 지역에서 생산
되는 재화를 관리하여, 궁성에 보급하였다. 『주례』「지관(地官)·택우(澤虞)」편
에는 "澤虞, 掌國澤之政令, 爲之厲禁, 使其地之人守其財物, 以時入之于玉府."
라는 기록이 있다.
4) 임형(林衡)은 임록(林麓) 지역을 담당했던 관리이다. 이곳에서 시행되는 금령(禁
令) 및 금령 준수에 따른 상벌(賞罰)의 시행 등을 담당했다. 『주례』「지관(地官)·
임형(林衡)」편에는 "掌巡林麓之禁令, 而平其守, 以時計林麓而賞罰之."라는 기
록이 있다.
5) 천형(川衡)은 주(周)나라 때의 관직이다. 『주례』의 체제에 따르면, 지관(地官)에
속해 있었다. '천형'의 경우, 큰 하천에는 각각 하사(下士) 12명을 두어 임무를
담당하게 하였고, 그 휘하에는 잡무를 담당하는 사(史) 4명, 서(胥) 12명, 도(徒)
120명이 배속되어 있었다. 중간 정도의 하천에는 각각 하사(下士) 6명을 두어
임무를 담당하게 하였고, 그 휘하에는 잡무를 담당하는 사(史) 2명, 서(胥) 6명,
도(徒) 60명이 배속되어 있었다. 작은 하천에는 각각 하사(下士) 2명을 두어 임무
를 담당하게 하였고, 그 휘하에는 잡무를 담당하는 사(史) 1명, 도(徒) 20명이
배속되어 있었다. 『주례』「지관사도(地官司徒)」편에는 "川衡, 每大川, 下士十有
二人, 史四人, 胥十有二人, 徒百有二十人, 中川, 下士六人, 史二人, 胥六人,
徒六十人, 小川, 下士二人, 史一人, 徒二十人."이라는 기록이 있다. '천형'은 주
로 천택(川澤)에 대한 일을 담당하여, 해당 지역에 적용되는 금령(禁令)의 시행을
감독하였고, 또한 금령의 준수에 따른 상벌(賞罰)도 시행했다. 『주례』「지관(地
官)·천형(川衡)」편에는 "川衡, 掌巡川澤之禁令, 而平其守. 犯禁者執而誅罰

내외를 겸하여 말한 것이며, 여기에서의 백현은 향과 수에 소속된 땅들이
다. '질(秩)'은 일정한 수량이라는 뜻이다. 이곳의 건초들을 거둬서 희생
물을 사육하는 용도로 사용하니, 각각의 현에서는 항상 바쳐야 하는 일정
한 수량이 있다. 그렇기 때문에 '질추(秩芻)'라고 말한 것이다.

【118】

是月也, 命婦官染采, 黼黻文章, 必以法故, 無或差貸[二], 黑黃倉赤,
莫不質良, 毋敢詐僞, 以給郊廟祭祀之服, 以爲旗章, 以別貴賤等給
之度.〈120〉

계하의 달에 천자는 염색을 담당하는 부관들에게 명령을 하여, 다섯 색깔
염료로 천을 염색하는데, 보(黼)·불(黻)·문(文)·장(章)을 만들 때에는
반드시 옛 법식을 따르게 하여, 혹시라도 어긋나는['貸'자의 음은 '二(이)'이다.]
일이 없도록 하고, 염색할 때 사용하는 흑색·황색·청색·적색은 순도가
높지 않고 좋지 않은 것들이 없도록 하여, 감히 비슷하게 만들어 교묘히
속이는 일이 없도록 하고, 이렇게 만든 천으로써 교묘에서 제사지낼 때
입는 복식 만드는 데 공급하도록 하며, 이렇게 만든 천으로써 깃발을 만드
는 데 사용하여, 이렇게 만든 제사 의복과 깃발로써 귀천 등급의 척도를
구별한다.

集說 周禮典婦功·典枲·染人等, 皆婦官, 此指染人也. 白與黑謂
之黼, 黑與靑謂之黻, 靑與赤謂之文, 赤與白謂之章. 染造必用舊法
故事, 毋得有參差貸變, 皆欲質正良善也. 旗, 旌旟也. 章者, 畫其象
以別各位也, 詳見春官司常.

『주례』에 나오는 전부공(典婦功)[6]·전시(典枲)[7]·염인(染人)[8] 등이

___

之."라는 기록이 있다.

6) 전부공(典婦功)은 견직물과 관련된 관직 명칭이다. 『주례』「천관총재(天官冢宰)」
편에는 "典婦功中士二人, 下士四人, 府二人, 史四人, 工四人, 賈四人, 徒二十

모두 부관(婦官)들인데, 여기에서 말하는 부관은 염인을 가리킨다. 백색과 흑색의 실을 섞어서, 도끼 모양의 무늬를 수놓은 천을 '보(黼)'라 부르고, 흑색과 청색의 실을 섞어서, 아(亞)자 형태의 무늬를 수놓은 천을 '불(黻)'이라 부르며, 청색과 적색의 실을 섞어서, 꽃무늬를 수놓은 천을 '문(文)'이라 부르고, 적색과 백색의 실을 섞어서, 꽃무늬를 채색한 천을 '장(章)'이라 부른다. 염색하여 만들 때에는 반드시 옛 법식과 선례에 따

人."이라는 기록이 있다. 즉 '전부공'은 중사(中士) 2명이 담당을 했다. 그리고 그 휘하에는 하사(下士) 4명이 배속되어 보좌를 하였고, 잡무를 담당하는 부(府) 2명, 사(史) 4명, 공(工) 4명, 가(賈) 4명, 도(徒) 20명이 배속되어 있었다. 또한 『주례』「춘관(春官)‧전부공(典婦功)」편에는 "典婦功, 掌婦式之法, 以授嬪婦及內人女功之事齎. 凡授嬪婦功, 及秋獻功, 辨其苦良比其小大而賈之, 物書而楬之. 以共王及后之用, 頒之于內府."라는 기록이 있다. 즉 '전부공'은 부녀자들이 하는 일들의 법식을 담당하고 있으며, 궁내의 여공들이 제작한 모직물을 거둬들인다. 봄에 일거리를 공급하고, 가을에 그 결과물을 거둬서, 품질의 좋고 나쁨과 수량의 많고 적음을 가려내서 기록한다. 그리고 그렇게 거둬들인 천들을 천자나 그 부인이 필요로 하는 곳에 공급하고, 궁내에 분배하는 일을 담당하였다.

7) 전시(典枲)는 견직물과 관련된 관직 명칭이다. 『주례』「천관총재(天官冢宰)」편에는 "典枲下士二人, 府二人, 史二人, 徒二十人."이라는 기록이 있다. 즉 '전시'는 하사(下士) 2명이 담당을 했고, 그 휘하에는 잡무를 담당하는 부(府) 2명, 사(史) 2명, 도(徒) 20명이 배속되어 있었다. 또한 『주례』「천관(天官)‧전시(典枲)」편에는 "典枲, 掌布緦縷紵之麻草之物, 以待時頒功而授齎. 及獻功, 受苦功, 以其賈楬而藏之, 以待時頒. 領衣服, 授之, 賜予亦如之. 歲終, 則各以其物會之."라는 기록이 있다. 즉 '전시'는 베나 모시 등을 담당하며, 이것을 만드는 재료들을 분배하고, 궁내 여공들이 의복류 등을 만들면, 다시 거둬들인다. 이렇게 거둬들인 견직물에 가격을 매겨서 보관해 두었다가, 때에 맞게 분배하는 일 등을 담당하였다.

8) 염인(染人)은 견직물과 관련된 일을 담당했던 관직이다. 『주례』「천관총재(天官冢宰)」편에는 "染人下士二人, 府二人, 史二人, 徒二十人."이라는 기록이 있다. 즉 '염인'은 하사(下士) 2명이 담당을 했다. 그리고 그 휘하에는 잡무를 담당하는 부(府) 2명, 사(史) 2명, 도(徒) 20명이 배속되어 있었다. 또한 『주례』「천관(天官)‧염인(染人)」편에는 "染人, 掌染絲帛, 凡染, 春暴練, 夏纁玄, 秋染夏, 冬獻功. 掌凡染事."라는 기록이 있다. 즉 '염인'은 비단 등에 염색하는 일을 담당하여, 각 계절별로 잿물, 검정색, 오색(五色) 등을 사용하여, 염색하는 방법을 달리하였다.

라서 하여, 어긋나거나 변질됨이 있게 해서는 안 되니, 이렇게 하는 이유는 모두 질박하고 바르게 하며, 아름답고 좋게 하고자 해서이다. '기(旗)'는 깃발이다. '장(章)'은 형상을 수놓아서 관직과 품계를 구별하는 것으로, 『주례』「춘관(春官)·사상(司常)」편에 자세히 나온다.

集説 石梁王氏曰: 給, 當爲級.

석량왕씨가 말하길, '급(給)'자는 마땅히 급(級)자가 되어야 한다.

附註 僞, 當爲貳, 與貳同.

'이(僞)'자는 마땅히 특(貳)자가 되어야 하니, 특(貳)자와 같다.

【119】

是月也, 樹木方盛, 命虞人, 入山行[去聲]木, 毋有斬伐.〈121〉

계하의 달에는 수목들이 왕성하게 자라나게 되니, 천자는 산림을 관리하는 우인에게 명령하여, 산에 들어가서 나무들을 순시하며['行'자는 거성으로 읽는다.] 나무를 베어버리는 경우가 없도록 한다.

集説 以其方盛故也.

수목들이 왕성하게 자라나기 때문이다.

【120】

不可以興土功, 不可以合諸侯, 不可以起兵動衆, 毋擧大事, 以搖養氣, 毋發令而待, 以妨神農之事也. 水潦盛昌, 神農將持功, 擧大事, 則有天殃.〈122〉

계하의 달에 천자는 토목 공사를 일으켜서는 안 되며, 제후들과 회합을 가져서는 안 되고, 병사를 일으키거나 민중을 동원시켜서는 안 되니, 큰 사업을 시작해서 여름의 장성하게 길러주는 기운을 요동치게 하지 말아야 하고, 예령을 내려서 민중들이 자신이 해야 할 일들을 못하고, 무작정 기다리게 만들어서 신농이 주관하는 농사일을 방해하지 말아야 한다. 이 시기에는 곡식이 충분히 자라도록 큰 비가 성대하게 내려서, 농사를 주관하는 신농이 장차 농사일을 주관하려고 하는데, 천자가 큰 사업을 일으키게 되면 하늘의 재앙이 있게 된다.

集說 大事, 卽興土功合諸侯起兵動衆之事. 搖養氣, 謂動散長養之氣也. 發令而待, 謂未及搖役之期, 而豫發召役之令, 使民廢己事, 而待上之會期也. 神農, 農之神也. 季夏屬中央土, 土神得位用事之時. 謂之神農者, 土神主成就農事也. 東井主水, 在未, 故未月爲水潦盛昌之月. 此時神農將主持稼穡之功, 擧大事而傷其功, 則是干造他施生之道矣, 故有天殃也.

'대사(大事)'는 토목 공사를 일으키고, 제후와 회동을 하며, 병사를 일으키고, 민중을 동원하는 일들이다. 양기를 요동치게 한다는 것은 장성하게 길러주는 기운을 흐트러뜨리는 것을 말한다. 명령을 내려서 기다리게 한다는 것은 아직 요역할 시기가 되지 않았는데도, 미리 요역에 소집시키는 명령을 내려서, 백성들로 하여금 자신의 일을 못하게 하고, 윗사람이 모이라고 한 기일만을 기다리게 하는 것을 뜻한다. '신농(神農)'9)은 농사를

---

9) 신농씨(神農氏)는 신농(神農)이라고도 부른다. 전설시대에 존재했다고 전해지는 고대 제왕(帝王)의 이름이다. 처음으로 백성들에게 농사짓는 방법을 가르쳤다는 뜻에서, '신농'이라고 부르게 되었다. 또한 약초를 발견하고 재배하여 사람들의 병을 치료했었다고 전해진다. 또한 '신농'은 염제(炎帝)라고도 부르는데, 그 이유는 오행(五行) 중 하나인 화(火)의 덕(德)을 통해서 제왕이 되었다고 믿었기 때문이다. 『회남자(淮南子)』「주술훈(主述訓)」편에는 "昔者, 神農之治天下也, 神不馳於胸中, 智不出於四域, 懷其仁誠之心, 甘雨時降, 五穀蕃植."이라는 기록이 있다. 한편 '신농'은 토신(土神)을 뜻하는 용어로도 사용되었다. 이것은 농사와 땅과의 관계가 밀접하기 때문이며, 이러한 뜻에서 농사를 주관했던 관리를 또한 '신농'으로 칭하기도 하였다.

주관하는 신이다. 계하는 오행 중에서 중앙인 토에 속하므로, 토신이 주도적 위치를 얻어서 일을 주관할 때이다. 그런데 그것을 토신이라고 하지 않고, 신농이라고 부른 것은 토신은 농사를 끝마치는 것에 대해 전반적으로 주관하기 때문이다. 28수 중 하나인 동정은 수를 주관하며, 십이지로 구분했을 때 미의 자리에 있다. 그렇기 때문에 6월에는 큰 비가 성대하게 내리는 달이 된다. 이 시기에 신농은 장차 농사하는 일들을 주관하려고 하는데, 만약 천자가 큰 사업을 일으켜서 그 공력을 해치게 된다면, 만물을 조화시키고 생육시키는 자연의 도에 간섭하는 것이다. 그렇기 때문에 하늘의 재앙이 있게 된다.

【121】

是月也, 土潤溽暑, 大雨時行, 燒薙[替]行水, 利以殺草, 如以熱湯, 可以糞田疇, 可以美土疆[其兩反]. 〈123〉

계하의 달에는 땅의 기운이 수분을 많이 흡수하여, 윤택해져서 습하고 무더우며, 큰 비가 수시로 내리니, 베어두어 말라버린 잡초들을['薙'자의 음은 '替(체)'이다.] 불사르면, 잡초를 베어버린 땅에 잡초가 다시 자라나지 못하도록 하늘이 비를 내리니, 잡초를 죽이기가 편리하고, 그 빗물은 마치 온천수처럼 따뜻하여, 태운 잡초더미를 잘 썩게 만드니, 이렇게 만든 퇴비로는 전답에 거름을 줄 수 있고, 돌덩이가 많아 경작하기 어려운 척박한 토지도['疆'자는 '其(기)'자와 '兩(량)'자의 반절음이다.] 비옥하게 할 수 있다.

集說　溽, 濕也. 土之氣閏, 故蒸鬱而爲濕暑. 大雨亦以之而時行, 皆東井之所主也. 除草之法, 先芟薙之, 俟乾則燒之. 燒薙者, 燒所薙之草也. 大雨旣行於所燒之地, 則草不復生矣, 故云利以殺草. 時暑日烈, 其水之熱如湯. 草之燒爛者, 可以爲田疇之糞, 可以使土疆之美. 凡土之磊魂難耕者謂之疆.

'욕(溽)'자는 습하다는 뜻이다. 땅의 기운이 윤택하기 때문에, 더운 김이 무성하게 올라와서 습하고 무덥게 된다. 큰 비는 또한 이러한 이유 때문에 자주 내리는데, 이러한 것은 모두 28수 중 하나인 동정이 주관하는 것이다. 잡초를 제거하는 방법은 먼저 풀을 베어 잘라 놓고, 마르기를 기다린 다음 거기에 불을 지핀다. '소체(燒薙)'는 베어놓은 잡초더미를 불태우는 것이다. 큰 비가 불태워버린 땅에 내리면 잡초가 다시 생겨나지 않는다. 그렇기 때문에 잡초를 죽이기에 이롭다고 말한 것이다. 이 시기는 무덥고 태양열이 뜨거우니, 빗물의 온도가 마치 끓는 온천수와 같다. 잡초를 불에 태워 잿더미로 만든 것은 전답의 비료가 되기에 충분하며, 척박한 토양을 윤택하게 할 수 있기에 충분하다. 무릇 땅 중에 돌무더기가 많아서 경작하기 어려운 곳을 '강(彊)'이라고 부른다.

附註 土彊, 當彊場之彊, 平聲.
'토강(土彊)'이라고 할 때의 강(彊)자는 강역을 뜻하는 강(彊)자에 해당하니, 평성으로 읽는다.

【122】
季夏行春令, 則穀實鮮[仙]落.〈124〉
만약 천자가 계하의 달에 계춘에 집행해야 할 정령을 시행하게 된다면, 곡식의 이삭이 설익은 상태에서['鮮'자의 음은 '仙(선)'이다.] 다 떨어지게 된다.

集說 鮓潔而墮落也.
설익어서 떨어진다는 뜻이다.

【123】
國多風欬[苦代反].〈125〉
나라에는 찬바람으로 인한 기침환자가['欬'자는 '苦(고)'자와 '代(대)'자의 반절음이다.] 많아진다.

集説 風欬, 因風而致欬疾也.

'풍해(風欬)'는 바람으로 인하여 기침병에 걸리는 것이다.

【124】

民乃遷徙.〈126〉

백성들은 곧 그 나라를 떠나 다른 곳으로 이주해 버릴 것이다.

集説 辰土之氣所應也.

십이지 중에서 계춘에 해당하는 3월의 토 기운이 호응하여 발생한 것이다.

【125】

行秋令, 則丘濕水潦, 禾稼不熟, 乃多女災.〈127〉

천자가 계하의 달에 계추에 집행해야 할 정령을 시행하게 된다면, 구릉지대와 습지대에 홍수와 장마가 들어서, 곡식들이 익지 않고, 곧 여자들은 임신에 실패하거나 유산하게 되는 재앙이 많아진다.

集説 妊孕多敗, 戌土之氣所應也.

임신하고 있거나 임신하려는 것이 대부분 실패하게 되니, 9월의 토 기운이 호응하여 발생시킨 것이다.

【126】

行冬令, 則風寒不時, 鷹隼[쥰]蚤鷙, 四鄙入保.〈128〉

만약 천자가 계하의 달에 계동에 집행해야 할 정령을 시행하게 된다면,

냉풍과 한기가 때에 맞지 않게 일찍 찾아오고, 맹금류인 매와 새매가['隼'자의 음은 '筍(순)'이다.] 일찍 사냥을 시작하여, 다른 짐승을 잡아먹으며, 사방 변방에 거주하는 백성들이 전란을 피해 보성으로 들어온다.

集說 丑土之氣所應也.

십이지 중에서 계동에 해당하는 12월의 토 기운이 호응하여 발생시킨 것이다.

類編 右季夏.

여기까지는 '계하(季夏)'에 대한 내용이다.

◇ 사계(四季)

【127】

中央土.〈129〉

한 해의 가운데는 토에 해당한다.

集說 土寄旺四時各十八日, 共七十二日. 除此則木·火·金·水, 亦各七十二日矣. 土於四時無乎不在, 故無定位, 無專氣, 而寄旺於辰戌丑未之末. 未月在火金之間, 又居一歲之中, 故特揭中央土一令於此, 以成五行之序焉.

오행 중에서 토는 사계절에 각각 18일 동안 붙어서 왕성해지니, 각 계절별 18일을 합하면, 모두 72일이 된다. 1년 360일 중에서 72일을 제외하면 288일이 되므로, 토를 제외한 나머지 목·화·금·수가 또한 각각 72일씩이 된다. 토는 사계절 간에 있지 않은 곳이 없다. 그렇기 때문에 고정된 위치도 없고 한 가지만 전적으로 하는 기운도 없으며, 3월·9월·12월·6월의 끝부분에 붙어서 왕성해진다. 그 중에서도 6월은 여름의 주된 기운인 화와 가을의 주된 기운인 금 사이에 있고, 또한 한 해의 중간에 위치하고 있다. 그렇기 때문에 특별히 여기에서 중앙의 토에 대한 하나의 시령을 제시하여, 오행의 순서대로 전체 내용을 완성시켰을 따름이다.

【128】

其日戊己.〈130〉

중앙에 해당하는 일간은 무와 기이다.

集說 戊己, 十干之中.

무와 기는 십간 중에서도 중간이다.

【129】

其帝黃帝.〈131〉

중앙을 지배하는 제는 황제(黃帝)1)이다.

集說 黃精之君, 軒轅氏也.

황토의 정기인 토덕을 지배하는 제왕으로, 헌원씨이다.

【130】

其神后土.〈132〉

황제의 아래에서 보좌하는 신은 후토이다.

集說 土官之臣, 顓頊氏之子黎也. 句龍初爲后土, 後祀以爲社, 后土官缺, 黎雖火官, 實兼后土也. 舊說如此.

---

1) 황제(黃帝)는 헌원씨(軒轅氏), 유웅씨(有熊氏)이라고도 부른다. 전설시대에 존재했다고 전해지는 고대 제왕(帝王)이다. 소전(少典)의 아들이고, 성(姓)은 공손(公孫)이다. 헌원(軒轅)이라는 땅의 구릉 지역에 거주하였기 때문에, 그를 '헌원씨'라고도 부르는 것이다. 또한 '황제'는 희수(姬水) 지역에도 거주를 하였기 때문에, 이 지역의 이름을 따서 성(姓)을 희(姬)로 고치기도 하였다. 그리고 수도를 유웅(有熊) 땅에 마련하였기 때문에, 그를 '유웅씨'라고도 부르는 것이다. 한편 오행(五行) 관념에 따라서, 그는 토덕(土德)을 바탕으로 제왕이 되었다고 여겼는데, 흙[土]이 상징하는 색깔은 황(黃)이므로, 그를 '황제'라고 부르는 것이다. 『역』「계사하(繫辭下)」편에는 "神農氏沒, 黃帝·堯·舜氏作, 通其變, 使民不倦."이라는 기록이 있는데, 이에 대한 공영달(孔穎達)의 소(疏)에서는 "黃帝, 有熊氏少典之子, 姬姓也."라고 풀이했다. 한편 '황제'는 오제(五帝) 중 하나를 뜻한다. 오행(五行)으로 구분했을 때 토(土)를 주관하며, 계절로 따지면 중앙 계절을 주관하고, 방위로 따지면 중앙을 주관하는 신(神)이다. 『여씨춘추(呂氏春秋)』「계하기(季夏紀)」편에는 "其帝黃帝, 其神后土."라는 기록이 있고, 이에 대한 고유(高誘)의 주에서는 "黃帝, 少典之子, 以土德王天下, 號軒轅氏, 死託祀爲中央之帝."라고 풀이했다.

토관의 신하는 전욱씨의 아들인 여이다. 구룡이 최초 토관의 수장인 후토
가 되었지만, 후대에 제사를 지내며 사(社)의 신으로 삼아서, 후토에 해
당하는 관부가 비게 되었으며, 여는 비록 화관의 신이지만, 실제로 후토
까지 겸하고 있다. 옛 학설도 이와 같이 설명한다.

【131】
其蟲倮[力果反].〈133〉
중앙에 해당하는 생물은 껍질이나 털로 뒤덮여 있지 않은 벌거벗은['倮'자는
'力(력)'자와 '果(과)'자의 반절음이다.] 부류이다.

集說 人爲倮蟲之長. 鄭氏以爲虎豹之屬.
사람은 나충 중에서도 수장이 된다. 정현은 호랑이나 표범의 부류로 여겼
다.

附註 其蟲倮, 鄭云"虎豹之屬, 恒淺毛", 恐未然.
'기충라(其蟲倮)'에 대해, 정현은 "호랑이나 표범의 부류이며, 항상 짧은
털로 덮혀 있다."라 했는데, 아마도 그렇지 않을 것이다.

【132】

其音宮, 律中黃鍾之宮.〈134〉

오음 중에서 중앙에 해당하는 음은 궁이고, 이 시기에 해당하는 율은 표준 율인 황종의 궁이다.

集說 宮音屬土, 又爲君, 故配之中央. 黃鍾本十一月律, 諸律皆有 宮音, 而黃鍾之宮, 乃八十四調之首, 其聲最尊而大, 餘音皆自此起, 如土爲木·火·金·水之根本, 故以配中央之土. 土寄旺於四時, 宮 音亦冠於十二律, 非如十二月以候氣言也.

오음 중에서 궁(宮)음은 오행으로 따지면 토에 속하고, 또한 군·신· 민·사·물 중에서 가장 높은 군주가 된다. 그렇기 때문에 중앙에 배열한 것이다. 황종(黃鍾)은 본래 십이율을 12개월에 배열할 때 11월에 해당하 는 율인데, 모든 율들은 모두 궁음을 내포하고 있고, 그 중에서도 황종의 궁조는 곧 팔십사조(八十四調)[1] 중에서도 첫 번째가 되니, 그 소리가 가장 높고 크며, 나머지 음들은 모두 이로부터 나오는데, 마치 토가 목· 화·금·수의 근본이 되는 것과 같다. 그렇기 때문에 황종의 궁음을 중앙 의 토에 배열한 것이다. 토는 사계절의 말미에 18일 동안 붙어서 왕성해 지고, 황종의 궁음 또한 십이율 중에서도 으뜸이 되니, 여기에서 말하는 황종이라는 것은 마치 12개월마다 율관을 설명한 것처럼, 각 절기의 기운 변화를 측정하는 후기로써 말한 것이 아니다.

---

1) 팔십사조(八十四調)에 대해서 설명하자면, 십이율(十二律)의 각 율(律)들은 궁 (宮), 상(商), 각(角), 변치(變徵), 치(徵), 우(羽), 변궁(變宮)이라는 7음의 음계로 이루어진다. 이 때 하나의 '율'에 대해서, 각 음계를 주음(主音)으로 삼아 만들어진 것이 조(調)이다. 하나의 '율'마다 7음의 음계로 구성되기 때문에, '조' 또한 궁조 (宮調), 상조(商調), 각조(角調), 변치조(變徵調), 치조(徵調), 우조(羽調), 변궁 조(變宮調) 등 7가지가 나온다. 이러한 '조'들은 '십이율'에 대해서 각각 만들어지 기 때문에, 총 84개의 '조'가 생긴다. 이것이 바로 '팔십사조'라는 것이다.

【133】

其數五.〈135〉

중앙에 해당하는 수는 5이다.

集說　天五生土, 地十成之. 四時皆擧成數, 此獨擧生數者, 四時之物, 無土不成, 而土之成數, 又積水一火二木三金四以成十也. 四者成, 則土無不成矣.

하늘은 5에 토를 낳고, 땅은 10에 토를 완성시킨다. 그런데 사계절에 대한 기록에서는 모두 성수를 거론하면서, 여기에서만 유독 생수를 거론한 것은 사계절의 만물들은 토가 없으면 완성되지 않고, 토의 성수는 또한 수의 1, 화의 2, 목의 3, 금의 4가 쌓여서 10을 이루는 것이다. 수·화·목·금 네 가지가 완성되었다면, 토는 완성되지 않음이 없다.

【134】

其味甘, 其臭香.〈136〉

오미 중에서 중앙에 해당하는 맛은 단맛이고, 오취 중에서 중앙에 해당하는 냄새는 향내이다.

集說　甘香, 皆屬土.

단맛을 내는 것과 향내를 내는 것들은 모두 토에 속한다.

【135】

其祀中霤, 祭先心.〈137〉

오사 중에서 중앙에 해당하는 제사는 중류에 대한 제사로, 제사에서는 희생물의 심장을 먼저 바친다.

集說 古者陶復陶穴, 皆開其上以漏光明, 故雨霤之. 後因名室中爲中霤, 亦土神也. 祭先心者, 心居中, 君之象, 又火生土也.

고대에는 거주지로 복(復)을 만들기도 하고, 혈(穴)을 만들기도 했는데,[2] 이 둘 모두는 그 위를 개방해서 빛이 스며들게 했다. 그렇기 때문에 빗물이 흐르게 된 것이다. 후대에 이것에 연유하여 방 중앙을 '중류(中霤)'라고 불렀으니, 이것은 한편으로 토신을 뜻하기도 한다. 제사에서 희생물의 심장을 먼저 바친다는 것은 심장이 희생물 몸체 중에서 중심에 위치하여, 인간사회로 따지자면 군주의 형상이 되고, 또한 오행의 상생 관계에서 화가 토를 낳으니, 화에 대비되는 것은 폐장이고, 오장의 순서로 따지면, 폐장 다음에 심장이 되기 때문이다.

集說 蔡邕獨斷曰: 季夏土氣始盛, 其祀中霤. 霤神在室, 祀中霤, 設主于牖下.

채옹의 『독단』에서 말하길, "계하에 토 기운이 비로소 왕성해지니, 제사지낼 대상은 중류이다. 중류의 신은 방에 위치하니, 중류에 제사지낼 때에는 들창 아래에 신주를 설치한다.

---

2) 복혈(復穴)은 복혈(複穴)이라고도 부른다. 복(復)자와 혈(穴)자는 혈거(穴居)를 뜻한다. 평지에 만든 것을 '복'이라고 부르며, 고지대에 만든 것을 '혈'이라고 부른다. 『예기』「월령(月令)」편에는 "其祀中霤."라는 기록이 있는데, 이에 대한 정현의 주에서는 "古者複穴, 是以名室爲霤云."이라고 풀이했다. 즉 정현은 옛 거주건물인 복혈(複穴)에서 중류(中霤)라는 명칭이 유래되었다고 설명했는데, 이에 대한 공영달(孔穎達)의 소(疏)에서는 "複穴者, 謂窟居也. 古者窟居, 隨地而造, 若平地則不鑿, 但累土爲之, 謂之爲複, 言於地上重複爲之也. 若高地則鑿爲坎, 謂之爲穴. 其形皆如陶竈."라고 부연 설명하고 있다. 즉 '복'은 평지에 만드는 것으로, 구멍을 파지 않고, 단지 흙을 주변에 쌓아서 만든 거주지이다. 지면 위에 흙을 중첩되게 쌓았다는 의미로 '복'이라는 명칭이 생긴 것이다. 그리고 '혈'은 고지대에 구멍을 파서 만든 거주지이다.

【136】

天子居太廟太室.〈138〉

중앙에 해당하는 시기에 천자는 정 중앙에 있는 태묘태실에 거처한다.

集說 中央之室也.

정중앙에 있는 방이다.

【137】

乘大路, 駕黃駵, 載黃旂, 衣黃衣, 服黃玉, 食稷與牛, 其器圜[圓]以閎.〈139〉

중앙에 해당하는 시기에 천자는 대로(大路)³⁾라는 수레를 타고, 그 수레에는 황류라는 말에 멍에를 매게 해서 끌게 하며, 수레에는 황색의 깃발을 세우고, 천자는 황색의 의복을 입으며, 황색의 옥으로 장식을 하고, 곡식 중에서는 기장과 고기 중에서는 소고기를 먹으며, 그것을 담는 그릇은 둥글게['圜'자의 음은 '圓(원)'이다.] 만들면서도, 원만한 너비로 만든다.

---

3) 대로(大路)는 대로(大輅)라고도 부른다. 본래 천자가 타던 옥로(玉路: =玉輅)를 가리킨다. '대로'라는 말은 수레들 중에 가장 크다는 뜻에서 붙여진 명칭이다. 고대에는 천자가 타던 수레에 5종류가 있었다. 옥로(玉輅)・금로(金輅)・상로(象輅)・혁로(革輅)・목로(木輅)가 바로 천자가 타던 5종류의 수레인데, '옥로'가 수레들 중 가장 컸기 때문에, '대로'라고도 불렀던 것이다. 『서』「주서(周書)・고명(顧命)」편에는 "大輅在賓階面."이라는 기록이 있는데, 이에 대한 공안국(孔安國)의 전(傳)에서는 "大輅, 玉."이라고 풀이했고, 공영달(孔穎達)의 소(疏)에서는 "周禮巾車掌王之五輅, 玉輅・金輅・象輅・革輅・木輅, 是爲五輅也. …… 大輅, 輅之最大, 故知大輅玉輅也."라고 풀이했다. 한편 '옥로'는 옥(玉)으로 치장을 했기 때문에, '옥로'라는 명칭이 생기게 된 것인데, '옥로'에는 대상(大常)이라는 깃발을 세웠고, 깃발에는 12개의 치술을 달았으며, 주로 제사 때 사용하였다. 『주례』「춘관(春官)・건거(巾車)」편에는 "王之五路, 一曰玉路, 錫, 樊纓, 十有再就, 建大常, 十有二斿, 以祀."라는 기록이 있고, 이에 대한 정현의 주에서는 "玉路, 以玉飾諸末."이라고 풀이했다.

集說 圜者, 象土之周匝四時閔者, 寬廣之義, 象土之容物也.

'환(圜)'은 토가 사계절에 두루 퍼져 있는 것을 형상화한 것이다. '굉(閔)'은 관대하고 원만하다는 뜻으로, 토가 만물을 포용하는 것을 형상화한 것이다.

類編 右四季.

여기까지는 '사계(四季)'에 대한 내용이다.

禮記類編大全卷之八

『예기유편대전』 8권

◇ 月令第六(下) / 「월령」 6편(하편)

◇ 맹추(孟秋)

【138】
孟秋之月, 日在翼, 昏建星中, 旦畢中.〈140〉
맹추의 달에는 해와 달이 만나는 곳인 일이 28수 중 하나인 익수자리에
있고, 저녁 무렵에는 건성이 남쪽 하늘의 중앙에 위치하고, 동틀 무렵에는
필수가 남쪽 하늘의 중앙에 위치한다.

集說 翼宿在巳, 鶉尾之次. 建星說見仲春.
익수는 사자리에 위치하니, 순미의 자리이다. 건성에 대해서는 그 설명이
중춘에 대한 기록에 나온다.

【139】
其日庚辛, 其帝少皞, 其神蓐收, 其蟲毛, 其音商, 律中夷則, 其數九,
其味辛, 其臭腥, 其祀門, 祭先肝.〈141〉
맹추의 달에 해당하는 일간은 경과 신이고, 맹추를 지배하는 제는 소호이
며, 그 아래에서 보좌하는 신은 욕수(蓐收)[1]이고, 맹추에 해당하는 생물은

---

1) 욕수(蓐收)는 오행(五行) 중 금(金)의 기운을 주관하는 천상의 신(神)이다. 금(金)
의 기운을 담당했기 때문에, 그 관부의 이름을 따서 금관(金官)이라고도 부르고,
관부의 수장이라는 뜻에서 금정(金正)이라고도 부른다. '욕수'는 소호씨(少皞氏)
의 아들 또는 후손으로 알려져 있으며, 이름은 해(該)였다고 전해진다. 생전에
금덕(金德)의 제왕이었던 소호(少皞: =金天氏)를 보좌하였고, 죽은 이후에는 금
관(金官)의 신이 되었다고도 전해진다. '오행' 중 금(木)의 기운은 각 계절 및 방위
와 관련되어, '욕수'는 가을과 서쪽에 해당하는 신이라고도 부른다. 다만 금덕(金
德)을 주관했던 상위의 신은 '소호'이고, '욕수'는 소호를 보좌했던 신이다. 『예기』
「월령(月令)」편에는 "其日庚辛, 其帝少皞, 其神蓐收."라는 기록이 있는데, 이에

털로 뒤덮여 있는 종류이며, 오음 중에서 맹추에 해당하는 음은 상이고, 십이율 중에서 맹추의 기후에 반응하는 율관은 이칙에 해당하며, 맹추에 해당하는 수는 9이고, 오미 중에서 맹추에 해당하는 맛은 매운맛이며, 오취 중에서 맹추에 해당하는 냄새는 비린내이고, 오사 중에서 맹추에 해당하는 사는 문으로, 제사를 지낼 때에는 희생물의 간장을 먼저 바친다.

集說 少皥, 白精之君, 金天氏也. 蓐收, 金官之臣, 少皥氏之子該也. 夷則, 申律, 長五寸七百二十九分寸之四百五十一. 九, 金之成數也. 辛腥, 皆屬金. 秋陰氣出, 故祀門. 祭先肝, 金克木也.

'소호(少皥)'는 서방을 주관하는 백정의 제왕으로, 금천씨이다. '욕수(蓐收)'는 금을 관장하는 관부의 수장으로, 소호씨의 아들 해(該)이다. '이칙(夷則)'은 십이지 중에서 신에 해당하는 율로, 그 율관의 길이는 5촌과 729분의 451촌이다. 9는 금의 성수이다. 매운맛을 내고, 비린내를 내는 것들은 모두 금에 속한다. 가을에는 음기가 나타나기 때문에, 출입을 상징하는 문에 제사를 지낸다. 제사에서 간을 먼저 바치는 것은 가을에 해당하는 금의 기운이 간이 상징하는 목의 기운을 이기게 하기 위해서이다.

集說 蔡邕獨斷曰: 門, 秋爲少陰, 其氣收成, 祀之於門. 祀門之禮, 北面, 設主于門左樞.

채옹의 『독단』에서 말하길, 문은 가을은 소음이 되어 그 기운은 수렴되어 완성되니, 수렴하여 안에서 성숙시킨다는 의미에서 문에 제사를 지내는 것이다. 문에 제사를 지내는 예법은 북면을 하고서, 문의 좌측 지도리에 신주를 설치한다.

대한 정현의 주에서는 "蓐收, 少皥氏之子曰該, 爲金官."이라고 풀이했다. 『여씨춘추(呂氏春秋)』「맹추기(孟秋紀)」편에는 "其日庚辛, 其帝少皥, 其神蓐收."라는 기록이 있는데, 이에 대한 고유(高誘)의 주에서는 "少皥氏裔子曰該, 皆有金德, 死託祀爲金神."이라고 풀이했다.

【140】

凉風至, 白露降, 寒蟬鳴, 鷹乃祭鳥, 用始行戮.〈142〉

맹추의 달에 찬바람이 불어오고, 서리처럼 흰 이슬이 내리며, 쓰르라미가
울고, 매가 사냥을 한 후, 곧 사냥으로 잡은 새들을 늘어놓고 제사지내는
것처럼 하면, 비로소 엄한 정책인 형륙을 시행한다.

集說 此記申月之候. 鷹欲食鳥之時, 先殺鳥而不食, 似人之食而祭
先代爲食之人也. 用始行戮, 順時令也.

이것은 7월의 기후 조짐을 기록한 것이다. 매가 새를 잡아먹고자 할 때
먼저 새를 죽이고서 먹지 않고 늘어놓는데, 이것은 마치 사람이 식사를
함에 두에 음식을 미리 덜어놓고, 선대에 음식을 만들었던 사람에게 제사
를 지내는 것과 비슷하다. 그래서 '제조(祭鳥)'라고 한 것이다. 비로소
형륙을 시행한다는 것은 가을의 엄정한 시령에 따르는 것이다.

【141】

天子居總章左个.〈143〉

맹추의 달에 천자는 총장의 좌개에 거처한다.

集說 大廟西堂南偏.

태묘의 서쪽 당 남쪽 편실이다.

【142】

乘戎路.〈144〉

맹추의 달에 천자는 융로(戎路)²⁾를 탄다.

---

2) 융로(戎路)는 군주가 군중(軍中)에 있을 때 타던 수레이다. 전쟁용 수레를 범칭하

集說 兵車也.

전쟁용 수레이다.

【143】

駕白駱. ⟨145⟩

맹추의 달에 천자는 융로에 백락이라는 말에 멍에를 매게 해서 끌게 한다.

集說 白馬黑鬣曰駱.

몸 전체가 흰색인 말에 검은색 갈기가 있는 것을 '낙(駱)'이라고 부른다.

【144】

載白旂, 衣白衣, 服白玉, 食麻與犬, 其器廉以深. ⟨146⟩

맹추의 달에 천자는 수레에는 백색의 깃발을 세우고, 천자는 흰색의 의복을 입으며, 백색의 옥으로 장식을 하고, 곡식 중에서는 마의 열매와 고기 중에서는 개고기를 먹는데, 그것을 담는 그릇은 뾰족하게 만들면서도 깊게 만든다.

集說 廉, 稜角也, 亦矩之義. 深, 則收藏之意.

는 용어로도 사용된다. 『주례』「춘관(春官)・거복(車僕)」편에는 "車僕, 掌戎路之
萃."라는 기록이 있는데, 이에 대한 정현의 주에서는 "戎路, 王在軍所乘也."라고
풀이했다. 한편 고대의 천자가 사용하던 5종류의 수레 중에는 혁로(革輅)라는 것
이 있었다. '혁로'는 전쟁용으로 사용했던 수레인데, 간혹 제후의 나라에 순수(巡
守)를 갈 때 사용하기도 하였다. 가죽으로 겉을 단단하게 동여매서 고정시키고,
옻칠만 하고, 다른 장식을 하지 않았기 때문에, '혁로'라고 부르는 것이다. 『주례』「
춘관(春官)・건거(巾車)」편에는 "革路, 龍勒, 條纓五就, 建大白, 以卽戎, 以封
四衛."라는 기록이 있고, 이에 대한 정현의 주에서는 "革路, 鞔之以革而漆之,
無他飾."이라고 풀이했다.

'염(廉)'은 뾰족한 모서리이니, 또한 곱자의 뜻도 된다. 깊게 만드는 것은 수렴하여 보관한다는 뜻이다.

【145】

是月也, 以立秋, 先立秋三日, 太史謁之天子曰: "某日立秋, 盛德在金." 天子乃齊, 立秋之日, 天子親帥三公·九卿·諸侯·大夫, 以迎秋於西郊, 還反, 賞軍帥[所類反]武人於朝. 天子乃命將帥, 選士厲兵, 簡練桀俊, 專任有功, 以征不義, 詰[其吉反]誅暴慢, 以明好[去聲]惡[去聲], 順彼遠方.〈147〉

맹추의 달에는 24절기 중의 하나인 입추가 있기 때문에, 입추일 3일 전에 태사가 천자에게 고하며 말하길, "어떠한 날이 입추가 되며, 그 날에는 천지를 생육시키는 성대한 덕이 금의 위치에 있게 됩니다."라고 한다. 그러면 천자는 곧 재계를 하고, 입추 당일 날에는 천자가 삼공·구경·제후·대부들을 친히 이끌고 가서, 서쪽 교외에서 가을을 맞이하는 행사를 시행하고, 다시 궁성으로 되돌아 와서는 조정에서 군대의 장수와['帥'자는 '所(소)'자와 '類(류)'자의 반절음이다.] 무사들에게 상을 하사한다. 그런 뒤에 천자는 다시 장수에게 명령하여, 무사들을 선발하고 병기들을 손질하며, 빼어나고 뛰어난 자들을 가려 선발하여 훈련시키게 한다. 그리고 천자는 대장들 중에서 공적이 있는 자들을 중요 직책에 전권을 부여하여 임명해서, 의롭지 못한 나라를 정벌하고, 포악하고 태만한 자들을 힐책하고['詰'자는 '其(기)'자와 '吉(길)'자의 반절음이다.] 주살하여, 천자의 좋아함과['好'자는 거성으로 읽는다.] 싫어함이['惡'자는 거성으로 읽는다.] 공정하다는 것을 온 천하에 드러내서, 저 멀리 있는 오랑캐들도 복종하게 만든다.

集說 簡練, 簡擇而練習之也. 專任有功, 謂大將有已試之功, 乃使之專主其事也. 詰者, 問其罪, 誅者, 戮其人. 殘下謂之暴, 慢上謂之慢. 順, 服也. 好惡明, 則建方順服.

'간련(簡練)'은 가려 뽑아내서 훈련시키는 것이다. 공적이 있는 자들에게 중요 직책을 전적으로 임명한다는 것은 대장들 중에서 이미 시험을 통과한 공적이 있는 자들에 대해서, 곧 그들로 하여금 그 일을 전적으로 맡도록 하는 것을 뜻한다. '힐(詰)'이라는 것은 그 죄를 문책하는 것이고, '주(誅)'라는 것은 그 사람을 죽이는 것이다. 아랫사람에게 잔학하게 구는 것을 '포(暴)'라고 부르며, 윗사람에게 태만하게 구는 것을 '만(慢)'이라고 부른다. '순(順)'은 복종시키는 것이다. 천자의 좋아함과 싫어함이 온 천하에 드러나면, 멀리 있는 오랑캐들도 복종하게 된다.

【146】

是月也, 命有司, 脩法制, 繕囹圄, 具桎梏, 禁止姦, 愼罪邪, 務搏執 ⟨148⟩

맹추의 달에 천자는 유사에게 명령하여, 법제를 정비하고, 감옥을 수리하며, 질곡 등의 형벌 도구들을 갖추고, 간사한 마음을 품지 못하도록 금지하며, 사벽한 일에 대해 신중히 죄를 주고, 죄인을 심문하거나 구속하는 것에 힘쓰도록 한다.

集說 繕, 治也. 姦在人心, 故當有以禁止之. 邪見於行, 故愼以罪之. 務, 事也. 搏, 戮也. 執, 拘也.

'선(繕)'은 수리한다는 뜻이다. 간사함은 사람들의 마음속에 있는 것이기 때문에, 마땅히 이러한 법률과 형벌 도구 등이 잘 정비되어 있음을 보여서, 사람들로 하여금 금지시켜야 하는 것이다. 사벽함은 행동으로 드러나는 것이기 때문에, 신중하게 죄를 물어야 한다. '무(務)'는 일삼는다는 뜻이다. '박(搏)'은 취조하는 것이다. '집(執)'은 구속하는 것이다.

【147】

命理, 瞻傷察創[平聲]視折[哲], 審斷決, 獄訟必端平, 戮有罪, 嚴斷

刑. ⟨149⟩

맹추의 달에 천자는 감옥을 담당하는 관리에게 명령하여, 피부에 상처를
입은 죄수들을 돌봐주고, 살점이 떨어져 피를 흘린 죄수들을['創'자는 평성으로
읽는다.] 보살펴주며, 골절된 죄인들을['折'자의 음은 '哲(철)'이다.] 돌봐주고, 판결
내림을 자세히 살펴서, 옥송을 반드시 바르고 공평하게 하고, 죄지은 자를
형벌 줌에 형벌에 대한 판정을 엄정하게 한다.

集說 理, 治獄之官也. 傷者, 損皮膚, 創者, 損血肉, 折者, 損筋骨
也. 嚴者, 謹重之意, 非峻急之謂也.

'이(理)'는 감옥을 다스리는 관리이다. '상(傷)'은 피부가 손상된 것이다.
'창(創)'은 피와 살이 손상된 것이다. '절(折)'은 근골이 손상된 것이다.
'엄(嚴)'은 엄정하고 신중하다는 뜻으로, 혹독하고 급하게 처리함을 말하
는 것이 아니다.

【148】
天地始肅, 不可以贏. ⟨150⟩

맹추의 달에는 천지의 기운이 비로소 엄숙해지기 시작하니, 그 기운에 호
응하여 엄숙한 정치를 시행하되, 음기를 넘쳐나게 해서는 안 된다.

集說 朱氏曰: 陽道常饒, 陰道常乏, 故贊化者, 不可使陰氣之贏也.

주씨가 말하길, 양도는 항상 풍만해 있고, 음도는 항상 결핍되어 있다.
그렇기 때문에 천지의 기운을 도와서 조화롭게 하는 자는 음기가 넘쳐나
게 해서는 안 된다.

【149】

是月也, 農乃登穀, 天子嘗新, 先薦寢廟. 命百官, 始收斂, 完隄坊
[防], 謹壅塞, 以備水潦, 脩宮室, 坏[培]垣墻, 補城郭.〈151〉

맹추의 달에 농부가 곧 햇곡식을 바치게 되면, 천자는 그 햇곡식을 맛보되,
먹기 전에 먼저 침묘에 바친다. 그리고 백관에게 명령하여, 비로소 조세를
거둬들이게 하고, 제방을['坊'자의 음은 '防(방)'이다.] 완비하며, 저수지를 보수
하길 신중하게 해서, 수해를 대비하고, 궁실을 정비하고, 담장을 두텁게
하고['坏'자의 음은 '培(배)'이다.] 성곽을 보수한다.

集說 所以爲水潦之備者, 以月建在酉, 酉中有畢星, 好雨也.

수해를 대비하기 위한 것들로, 다음 달에 북두칠성의 자루가 유자리에
놓이는데, 유자리에는 28수 중 하나인 필성이 있고, 필성은 그 성향이
비를 선호하기 때문이다.

【150】

是月也, 毋以封諸侯 · 立大官.〈152〉

맹추의 달에 천자는 제후를 분봉해주거나 고위 관직을 수여해주지 않는다.

集說 記者但賞以春夏, 刑以秋冬之義, 不知古者嘗祭之時則有出
田邑之制, 故注謂禁封諸侯及割地, 爲失其義也.

『예기』를 기록한 자는 단지 상을 주는 것은 봄과 여름에 하고, 형벌을
내리는 것은 가을과 겨울에 한다는 뜻만을 알고, 옛날에 천자가 가을에
종묘에서 상(嘗)3)제사 때 전읍을 하사해주었던 제도가 있었음을 알지 못

---

3) 상(嘗)은 가을에 종묘(宗廟)에서 지내는 제사를 뜻한다. 『이아』「석천(釋天)」편에
는 "春祭曰祠, 夏祭曰礿, 秋祭曰嘗, 冬祭曰烝."이라는 기록이 있다. 즉 봄에 지
내는 제사를 '사(祠)'라고 부르며, 여름에 지내는 제사를 '약(礿)'이라고 부르고,
가을에 지내는 제사를 '상(嘗)'이라고 부르며, 겨울에 지내는 제사를 '증(烝)'이라

했다. 그렇기 때문에 정현의 주에서도 제후를 분봉해주거나 봉지를 할당해주는 것을 금지한다는 기록은 모두 고대부터 행해졌던 본래의 의미를 놓쳤다고 말한 것이다.

【151】

毋以割地·行大使[去聲]·出大幣.〈153〉

맹추의 달에 천자는 전지를 할당해주거나 큰 사절단을['使'자는 거성으로 읽는다.] 보내거나 큰 폐백을 보내는 것을 하지 않는다.

集說 以其違收斂之令也.

수렴하는 정령에 위배되기 때문이다.

【152】

孟秋行冬令, 則陰氣大勝, 介蟲敗穀, 戎兵乃來.〈154〉

만약 천자가 맹추의 달에 맹동에 집행해야 할 정령을 시행하게 된다면, 음기가 양기를 너무 앞도하게 되고, 단단한 껍질이 있는 개충들이 곡식을 망치고, 적의 군대가 곧 들이닥치게 된다.

集說 此亥水之氣所泄也.

이러한 현상들은 십이지 중에서 10월의 수 기운이 새어나와서 발생시킨

고 부른다. 한편 '상'제사는 성대한 규모로 거행하였기 때문에, '대상(大嘗)'이라고도 불렸으며, 가을에 지낸다는 뜻에서, '추상(秋嘗)'이라고도 불렀다. 또한 『춘추번로(春秋繁露)』「사제(四祭)」편에서는 "四祭者, 因四時之所生孰而祭其先祖父母也. 故春曰祠, 夏曰礿, 秋曰嘗, 冬曰蒸. …… 嘗者, 以七月嘗黍稷也."이라고 하여, 가을 제사인 상(嘗)제사는 7월에 시행하며, 서직(黍稷)을 흠향하도록 지낸다는 뜻에서 맛본다는 뜻의 '상'자를 붙였다고 설명한다.

것이다.

【153】

行春令, 則其國乃旱.〈155〉

만약 천자가 맹추의 달에 맹춘에 집행해야 할 정령을 시행하게 된다면, 그 나라는 곧 가물게 된다.

集說 蟹有食稻者, 謂之稻蟹, 亦介蟲敗穀之類. 寅中箕星, 好風, 能散雲雨, 故致旱.

해라는 곤충 중에는 벼를 먹어치우는 것이 있으니, 그것을 '도해(稻蟹)'라고 부르며, 또한 도해라는 곤충은 딱딱한 껍질을 가지고 있으며 곡식을 해치는 부류이다. 맹춘에 해당하는 인자리에는 28수 중 하나인 기성이 있고, 기성은 그 성향이 바람을 선호하여, 비구름을 흩어버릴 수 있다. 그렇기 때문에 가물게 되는 것이다.

【154】

陽氣復還, 五穀無實.〈156〉

음기가 성장해야 함에도 불구하고, 양기가 다시 되돌아와 강성해지고, 오곡은 여물지 않게 된다.

集說 寅木之氣所損也.

1월의 목 기운이 맹추의 기운을 손상시켜서이다.

【155】

行夏令, 則國多火災, 寒熱不節, 民多瘧疾.〈157〉

만약 천자가 맹추의 달에 맹하에 집행해야 할 정령을 시행하게 된다면,

나라에는 화재가 많아지고, 추위와 더위가 절도에 맞지 않게 되며, 백성들은 학질에 걸리는 경우가 많아진다.

[集說] 巳火之氣所傷也.

4월의 화 기운이 맹추의 기운을 손상시켜서이다.

[類編] 右孟秋.

여기까지는 '맹추(孟秋)'에 대한 내용이다.

◇ 중추(仲秋)

【156】

仲秋之月, 日在角, 昏牽牛中, 旦觜[兹]觿[携]中.〈158〉

중추의 달에는 해와 달이 만나는 곳인 일이 28수 중 하나인 각수자리에 있고, 저녁 무렵에는 견우가 남쪽 하늘의 중앙에 위치하고, 동틀 무렵에는 자휴가['觜'자의 음은 '兹(자)'이다. '觿'자의 음은 '携(휴)'이다.] 남쪽 하늘의 중앙에 위치한다.

집설 角在辰, 壽星之次也.

각수는 진자리에 위치하니, 수성의 자리이다.

【157】

其日庚辛, 其帝少皞, 其神蓐收, 其蟲毛, 其音商, 律中南呂, 其數九, 其味辛, 其臭腥, 其祀門, 祭先肝.〈159〉

중추의 달에 해당하는 일간은 경과 신이고, 중추를 지배하는 제는 소호이며, 그 아래에서 보좌하는 신은 욕수이고, 중추에 해당하는 생물은 털로 뒤덮여 있는 종류이며, 오음 중에서 중추에 해당하는 음은 상이고, 십이율 중에서 중추의 기후에 반응하는 율관은 남려에 해당하며, 중추에 해당하는 수는 9이고, 오미 중에서 중추에 해당하는 맛은 매운맛이며, 오취 중에서 중추에 해당하는 냄새는 비린내이고, 오사 중에서 중추에 해당하는 사는 문으로, 제사를 지낼 때에는 희생물의 간장을 먼저 바친다.

집설 南呂, 酉律, 長五寸三分寸之一.

'남려(南呂)' 유에 해당하는 율로, 그 율관의 길이는 5촌과 3분의 1촌이다.

【158】

盲風至, 鴻鴈來, 玄鳥歸, 群鳥養羞.〈160〉

중추의 달에는 사납고 빠른 바람이 불어오고, 기러기가 북쪽에서부터 찾아오며, 제비가 돌아가고, 뭇 새들이 겨울 동안 먹을 양식을 저장한다.

集說 此記酉月之候. 盲風, 疾風也. 孟春言鴻鴈來, 自南而來北也, 此言來, 自北而來南也. 仲春言玄鳥至, 此言歸, 明春來而秋去也. 羞者, 所美之食, 養羞者, 藏之以備冬月之養也.

이것은 8월의 기후 조짐을 기록한 것이다. '맹풍(盲風)'은 사납고 빠른 바람이다. 맹춘에 기러기가 찾아온다고 말한 것은 남쪽으로부터 북쪽으로 날아오는 것이며, 여기에서 찾아온다고 말한 것은 북쪽으로부터 남쪽으로 날아오는 것이다. 중춘에 제비가 날아온다고 말하고, 여기에서 돌아간다고 말했으니, 제비는 봄에 찾아와서 가을에 떠나가는 것을 나타낸다. '수(羞)'는 맛좋은 음식으로, 수를 양한다는 것은 수를 저장해서 겨울철을 보낼 양식을 준비한다는 것이다.

【159】

天子居總章太廟, 乘戎路, 駕白駱, 載白旂, 衣白衣, 服白玉, 食麻與犬, 其器廉以深.〈161〉

중추의 달에 천자는 총장의 태묘에 거처하고, 융로를 타며, 융로에 백락이라는 말에 멍에를 매게 해서 끌게 하고, 수레에는 백색의 깃발을 세우며, 흰색의 의복을 입고, 백색의 옥으로 장식을 하며, 곡식 중에서는 마의 열매와 고기 중에서는 개고기를 먹고, 그것을 담는 그릇은 뾰족하게 만들면서도 깊게 만든다.

集說 總章太廟, 西堂當太室也.

총장태묘는 서쪽 당 중에 정중앙에 있는 태실과 맞닿아 있는 곳이다.

【160】

是月也, 養衰老, 授几杖, 行糜粥飮食.〈162〉

중추의 달에 천자는 쇠약해진 노인들을 보양하는데, 안석과 지팡이를 하사
해주고, 미음과 음식들을 하사해준다.

> 集說 月至四陰, 陰已盛矣. 時以陽衰陰盛爲秋, 人以陽衰陰盛爲
> 老. 養衰老, 順時令也. 几杖, 所以安其身, 飮食, 所以養其體. 行, 猶
> 賜也. 糜, 卽粥也.

이 달은 4음에 도달하여, 음기가 이미 왕성해져 있다. 계절은 양기가 쇠
약해지고 음기가 왕성해지면 가을이 되고, 사람은 양기가 쇠약해지고 음
기가 왕성해지면 늙게 된다. 쇠약해진 노인을 봉양하는 것은 시령에 순응
하는 것이다. 안석과 지팡이는 그 신체를 편안하게 해주는 것이며, 음식
은 그 신체를 보양해주는 것이다. '행(行)'자는 하사한다는 뜻이다. '미
(糜)'는 죽이다.

【161】

**乃命司服, 具餝衣裳, 文繡有恒, 制有小大, 度有長短, 衣服有量, 必
循其故, 冠帶有常.**〈163〉

중추의 달에 천자는 곧 사복에게 명령을 하여, 의상을 갖추고 정비하도록
하니, 제사 의복은 윗옷에 무늬를 그려놓고 아랫도리를 수놓는 데에는 정
해진 제도가 있고, 제사 의복을 제작할 때에는 수놓는 도안에 작고 큰 차이
가 있으며, 제사 의복을 재단함에는 길이에 길고 짧은 차이가 있다. 그리고
제사 의복을 제외한 나머지 의복들에도 일정한 규범이 있으니, 이러한 것
들은 반드시 옛 법식을 따르도록 하고, 관과 대를 제작함에도 따라야 하는
일정한 법식이 있다.

> 集說 司服, 官名. 具餝, 條具而餝正之也. 上曰衣, 下曰裳, 衣繪而

裳繡, 祭服之制也. 有恒, 有定制也. 小大, 小則玄冕之一章, 大則袞
冕之九章也. 長短, 謂衣長而裳短也. 衣服, 謂朝服燕服及他服之當
爲寒備者也. 各有劑量, 必率循故法, 不得更爲新異也. 冠與帶亦各
有常制, 因造衣, 幷作之.

'사복(司服)'은 의복을 담당하는 관직 이름이다. '구칙(具飭)'은 조목조목
갖추고 정비하여 바르게 한다는 뜻이다. 윗옷을 '의(衣)'라 부르고, 아랫
도리를 '상(裳)'이라 부르니, 윗옷에 무늬를 그려놓고 아랫도리에 수놓는
것이 제사때 입는 옷을 제작하는 제도이다. '유항(有恒)'은 정해진 제도
가 있다는 뜻이다. '소대(小大)'라고 할 때의 소는 현면(玄冕)[1]의 1장을
뜻하고, 대는 곤면(袞冕)의 9장을 뜻한다. '장단(長短)'은 윗옷은 길게
하고 아랫도리는 짧게 한다는 뜻이다. '의복(衣服)'은 정무를 볼 때 입는
조복(朝服)이나 연회를 할 때 입는 연복(燕服)[2] 및 기타 복장들은 추위
에 대비하기 위해, 두껍게 만들어야 하는 것을 말한다. 이러한 의복들에
는 각각 정해진 법도가 있으니, 반드시 옛 법식에 따라 만들어야 하며,
옛 법식과 어긋나는 차이점을 만들어서는 안 된다. 관과 대도 또한 각각
정해진 제도가 있으므로, 의복을 재단할 때 관과 대 또한 옛 법식에 맞춰
서 함께 만드는 것이다.

---

1) 현면(玄冕)은 현의(玄衣)와 면류관을 뜻한다. 본래 천자 및 제후의 제사복장으로,
   비교적 중요성이 덜한 제사 때 입는다. '현의' 중 상의에는 무늬가 들어가지 않고,
   하의에만 불(黻)을 수놓는다. 『주례』「춘관(春官)·사복(司服)」편에는 "祭群小祀
   則玄冕."이라는 기록이 있고, 이에 대한 정현의 주에서는 "玄者, 衣無文, 裳刺黻
   而已, 是以謂玄焉."이라고 풀이했다.
2) 연복(燕服)은 평상시 한가하게 거처할 때 착용하는 복장을 뜻한다. 또한 연회를
   할 때 착용하는 복장을 뜻하기도 한다.

【162】

乃命有司, 申嚴百刑, 斬殺必當[去聲], 毋或枉橈[女敎反], 枉橈不當, 反受其殃.〈164〉

중추의 달에 천자는 곧 유사에게 명령하여, 모든 형벌을 거듭 엄정하게 시행하도록 하고, 사형을 내릴 때에는 반드시 합당하게['當'자는 거성으로 읽는다.] 하여, 혹시라도 법을 왜곡시키는['橈'자는 '女(녀)'자와 '敎(교)'자의 반절음이다.] 일이 없게끔 해야 하니, 만약 법을 왜곡시켜 판결을 내려서 사형을 내린 것이 합당하지 않게 된다면, 반대로 그 재앙을 받게 될 것이다.

集說 刑罰之令, 前月已行, 此月又申戒之也. 枉橈, 皆屈曲之義, 謂不申正理, 而違法斷之. 以逆理故, 必反受殃禍也.

형벌에 대한 정령은 맹추에 이미 시행했으므로, 이달에는 또한 거듭 경계시킨 것이다. '황(枉)'과 '요(橈)'는 모두 굴곡 시킨다는 뜻으로, 올바른 이치를 사용하지 않고 법을 위배하여 판정하는 것을 말한다. 이치를 거슬렀기 때문에 반드시 재앙과 불행을 거꾸로 받게 된다.

【163】

是月也, 乃命宰祝, 循行[去聲]犧牲, 視全具, 按芻豢, 瞻肥瘠, 察物色, 必比類, 量小大, 視長短, 皆中度, 五者備當[去聲], 上帝其饗.〈165〉

중추의 달에 천자는 곧 희생물 담당관인 재와 신에게 고하는 일을 담당하는 축에게 명령을 하여, 희생물의 상태를 순찰하게['行'자는 거성으로 읽는다.] 하니, 희생물 털색깔이 잡색이 섞이지 않은 순색인지 여부와 신체적으로 결함이 없는 온전한 것인지를 살피고, 소·양·개·돼지를 사육하는데 소용되는 사료들을 순시하며, 희생물이 사육이 잘 되어 살쪘는지 아니면 사육이 제대로 안되어 야위었는지 검사하여, 반드시 음양의 부류에 맞게끔 해당하는 희생물을 사용하게 하며, 희생물의 크고 작은 수치를 헤아리고, 희생물로 사용될 것이 커야하는지 아니면 작아야 하는지를 살펴서 모두 법도에 맞게끔 하니, 이 다섯 가지 사항을 갖춘 상태가 합당한['當'자는 거성으로 읽는다.] 희생물이라면, 상제도 그 제물을 흠향하게 될 것이다.

集說 宰, 主牲者, 祝, 告神者. 全, 謂色不雜, 具, 謂休無損也. 養牛羊曰芻, 養犬豕曰豢. 得其養則肥, 失其養則瘠. 物色或騂或黝, 陽祀用騂牲, 陰祀用黝牲. 比類者, 比附陰陽之類而用之也. 小大以體言, 長短以角言, 皆欲中法度也. 所視·所案·所瞻·所察·所量, 五者悉備而當於事, 上帝且歆饗之矣, 況群神乎?

'재(宰)'는 희생물에 대한 전반적인 일을 주관하는 자이며, '축(祝)'은 신에게 고하는 일을 담당하는 자이다. '전(全)'은 희생물의 털 색깔이 잡색이 섞이지 않은 것을 말하며, '구(具)'는 희생물의 몸체에 결함이 없는 것을 말한다. 소와 양을 사육하는 사료를 '추(芻)'라 부르며, 개와 돼지를 사육하는 사료를 '환(豢)'이라 부른다. 사육을 제대로 받으면 살찌게 되고, 사육을 제대로 받지 못하면 야위게 된다. 희생물의 털색이 어떤 것은 붉은빛을 띠고, 어떤 것은 검은빛을 띠는데, 양사(陽祀)[3]에는 털색이 붉은 희생물을 사용하고,[4] 음사(陰祀)[5]에서는 털색이 검은 희생물을 사용한다.[6] '비류(比類)'라는 것은 음양의 부류에 맞춰서, 희생물을 사용하는 것이다. '소대(小大)'는 몸집크기를 기준으로 말한 것이며, '장단(長短)'은 뿔의 크기를 기준으로 말한 것이니, 모두 법도에 맞게끔 하고자 한 것이다. 살펴보고, 순시하며, 검사하고, 살피며, 헤아린 것 등 다섯 가지가 모두 갖춰져서 그 사안에 합당하다면, 상제 또한 그것을 흠향할 것이

---

3) 양사(陽祀)는 남교(南郊)에서 지내는 천(天)에 대한 제사와 종묘(宗廟)에 대한 제사를 가리킨다. 『주례』「지관(地官)·목인(牧人)」편의 기록에 대해서, 정현의 주에서는 "陽祀, 祭天於南郊及宗廟."라고 풀이했다.

4) 『주례』「지관(地官)·목인(牧人)」: 凡陽祀, 用騂牲, 毛之.

5) 음사(陰祀)는 북교(北郊)에서 지내는 지(地)에 대한 제사와 사직(社稷)에 대한 제사를 가리킨다. 『주례』「지관(地官)·목인(牧人)」편의 기록에 대해서, 정현의 주에서는 "陰祀, 祭地北郊及社稷也."라고 풀이했다.

6) 『주례』「지관(地官)·목인(牧人)」: 陰祀, 用黝牲, 毛之.

니, 하물며 뭇 신들이라면 어떠하겠는가?

【164】

天子乃難[那], 以達秋氣. 以犬嘗麻, 先薦寢廟.〈166〉

중추의 달에 천자는 곧 재앙을 몰아내는 의식을['難'자의 음은 '那(나)'이다.] 거행하여, 서늘한 가을의 기운이 다다르게 한다. 그리고 천자는 이 시기에 개고기를 곁들여 마의 열매를 먹되, 먹기 전에 먼저 침묘에 바친다.

集說 季春命國難, 以畢春氣, 此獨言天子難者, 此爲除過時之陽暑. 陽者君象, 故諸侯以下, 不得難也. 暑氣退, 則秋之涼氣通達, 故云以達秋氣也.

계춘 때에는 수도의 관리들에게 명령하여 재앙을 몰아내는 의식을 시행해서, 봄의 사악한 음 기운을 멈추게 했는데, 여기에서는 유독 천자만이 재앙을 몰아내는 의식을 한다고 말했다. 그 이유는 이때의 의식은 한풀 꺾인 양기의 더위를 제거하는 것이기 때문이다. 양이라는 것은 군주를 상징하기 때문에, 제후 이하의 사람들은 나의식을 할 수 없다. 더운 기운이 물러가면 가을의 서늘한 기운이 두루 미치게 된다. 그렇기 때문에 "이로써 가을의 기운을 다다르게 한다."고 말한 것이다.

【165】

是月也, 可以築城郭, 建都邑, 穿竇窖[敎], 脩囷倉.〈167〉

중추의 달에는 성곽을 축조할 수 있고, 도읍을 건설할 수 있으며, 곡식 보관할 구덩이를['窖'자의 음은 '敎(교)'이다.] 팔 수 있고, 곡식창고를 보수할 수 있다.

集說 四者, 皆爲斂藏之備. 穿地圓曰竇, 方曰窖.

네 가지 행위는 모두 거둬 수렴함을 대비하기 위해서이다. 지면에 구멍을 냄에 둥글게 파는 것을 '두(竇)'라 부르고, 네모지게 파는 것을 '교(窖)'라 부른다.

【166】

乃命有司, 趣[促]民收斂, 務畜[蓄]菜, 多積[恣]聚.〈168〉

중추의 달에 천자는 곧 유사에게 명령하여, 백성들을 재촉하여['趣'자의 음은 '促(촉)'이다.] 조세를 거둬들이게 하고, 겨울철 동안 먹을 채소를 절여서 비축하는데['畜'자의 음은 '蓄(축)'이다.] 힘쓰며, 겨울을 나기 위해 소용되는 물품 모으는['積'자의 음은 '恣(자)'이다.] 것을 많이 하게 한다.

集說 孟秋已有收斂之命矣, 此趣之, 以時不可緩故也. 菜所以助穀之不足, 故畜之爲備. 多積聚者, 凡可爲歲備者, 無不貯儲也.

맹추에 이미 조세를 거둬들이라는 명령이 있었는데, 여기에서 재촉을 한 것은 곧 겨울이 들이닥치게 되므로, 시기적으로 느슨하게 할 수 없기 때문이다. 채소는 곡식의 부족함을 보충해주는 것이기 때문에, 그것들을 축적하여 겨울철 양식을 준비하는 것이다. '자취(積聚)'를 많이 한다는 것은 한 해의 끝을 대비할 수 있는 것들을 저장해두지 않음이 없는 것이다.

【167】

乃勸種[去聲]麥, 毋或失時, 其有失時, 行罪無赦.〈169〉

중추의 달에 천자는 곧 보리 파종하는['種'자는 거성으로 읽는다.] 것을 권장하여, 혹시라도 파종하는 시기를 놓치는 일이 없도록 하니, 만일 시기를 놓치는 경우가 있다면, 벌을 줌에 주저하지 않는다.

集說 麥所以續舊穀之盡, 而及新穀之登, 尤利於民, 故特勸種而罰其惰者.

보리는 올해 가을에 수확하여 저장해두었던 옛 식량의 고갈됨을 보완하여, 다음해 가을에 수확되는 새로운 식량이 익을 때까지 버티게 해주는 것으로, 백성들에게 더더욱 이로운 것이기 때문에, 특별히 보리 파종을 권장하고, 보리 파종에 게으른 자를 벌주는 것이다.

【168】

是月也, 日夜分, 雷始收聲, 蟄蟲坏[培]戶, 殺氣浸盛, 陽氣月衰, 水始涸.〈170〉

중추의 달에는 추분이 있어서, 낮과 밤의 길이가 균등하게 되고, 천둥이 비로소 소리를 거두어 내려치지 않게 되며, 겨울철에 칩거하는 곤충들은 땅구멍을 막기['坏'자의 음은 '培(배)'이다.] 시작하며, 살기가 차츰차츰 왕성해지고, 양의 기운이 날로 쇠약해지며, 물이 비로소 말라버리기 시작한다.

集說 坏, 益其蟄穴之戶, 使通明處稍小, 至寒甚乃僅塞之也. 水本氣之所爲, 春夏氣至, 故長, 秋冬氣返, 故涸也.

'배(坏)'는 칩거하는 구멍의 문을 두텁게 하여, 빛이 들어오는 곳을 점점 작게 만드는 것이니, 추위가 심해질 때에 이르게 되면, 곧 흙을 발라서 막아버리는 것이다. 물은 본래 기운이 작용하여 만든 것으로, 봄과 여름의 기운이 도래하기 때문에 많아지는 것이고, 가을과 겨울의 기운이 되돌아왔기 때문에 말라버리는 것이다.

【169】

日夜分, 則同度量, 平權衡, 正鈞石, 角斗甬.〈171〉

낮과 밤의 길이가 같아지는 추분이 되면, 길이 단위인 도와 용량 단위인 양을 동일하게 바로잡으니, 저울추인 권과 저울대인 형을 균평하게 하고, 30근이 되는 균의 추와 120근이 되는 석의 추 등을 바르게 만들며, 한 말인

두와 한 섬인 용 등의 용량을 비교하여 바로잡는다.

集說 此與仲春同.

이것은 중춘의 기록과 동일하다.

【170】

是月也, 易關市, 來商旅, 納貨賄, 以便民事. 四方來集, 遠鄕皆至, 則財不匱, 上無乏用, 百事乃遂.〈172〉

중추의 달에는 관문과 시장에서 세금을 적게 거둬, 상업 활동을 손쉽게 만들어서, 상인들을 찾아오게 하고, 화회(貨賄)[7]가 들어오게 만들어서, 이러한 자금력으로 백성들의 일을 편리하도록 만들어 준다. 사방의 상인과 재화가 찾아들어 쌓이게 되고, 먼 곳의 상인과 재화들도 모두 찾아오게 되면, 재화가 부족해지지 않아서, 위정자들이 정치에 재화를 사용하는데, 부족함이 없게 되어, 온갖 일들이 곧 성취된다.

集說 朱氏曰: 關者, 貨之所入, 市者, 貨之所聚. 易, 謂無重征以致其難也. 易關市, 所以來商旅. 貨, 謂化之以爲利. 賄, 謂有之以爲利. 來商旅, 所以納貨賄也. 凡此皆以便民用也. 四方散而不一, 故言來集. 遠鄕邈而在外, 故言皆至. 此言貢賦職脩也. 財所以待用, 財不匱, 則無乏用也. 用所以作事, 無乏用, 則事皆遂也.

주씨가 말하길, 관문은 재화가 들어오는 곳이며, 시장은 재화가 쌓이는 곳이다. '이(易)'는 단속 및 세금을 무겁게 물려서 상업 활동을 어렵게 만드는 일이 없게끔 하는 것을 말한다. 관문과 시장에서의 단속 및 세금

---

7) 화회(貨賄)는 일반적으로 재화 및 재물들을 뜻한다. 세부적으로 구분하여 금(金)과 옥(玉) 등의 부류를 화(貨)라고 부르고, 비단 등의 부류를 회(賄)라고 부른다. 『주례』「천관(天官)·대재(大宰)」편에는 "六日商賈阜通貨賄."라는 기록이 있는데, 이에 대한 정현의 주에서는 "金玉曰貨, 布帛曰賄."라고 풀이했다.

을 가볍게 하는 것은 상인들을 찾아오게 하는 방법이다. '화(貨)'는 변화시켜서 이로움으로 삼는다는 뜻이다. '회(賄)'는 소유하여 이로움으로 삼는다는 뜻이다. 상인들을 찾아오게 하는 것은 재화를 불러들이는 방법이다. 이러한 것들은 모두 백성들이 일용하는데 편리하게 하는 것이다. 상인과 재화는 사방에 흩어져 있어서 일정치 않으므로, '내집(來集)'이라고 말한 것이다. 먼 지역의 상인과 재화는 아득히 멀어서 외부에 있으므로, '개지(皆至)'라고 말한 것이다. 이러한 정책들은 공물을 부여하고 세금을 거두는 직분들을 잘 수행함을 뜻한다. 재화는 쓰임에 대비하는 것이니, 재화가 부족하지 않으면, 쓰임에도 부족함이 없게 된다. 쓰임은 일을 이루는 것이니, 쓰임에 부족함이 없게 되면, 일들이 모두 이루어진다.

【171】

凡擧大事, 毋逆大數, 必順其時, 愼因其類.〈173〉

중추의 달에는 무릇 큰 사업을 시행함에, 자연 법칙을 거스르지 말아야 하니, 반드시 그 시령을 따라야 하고, 신중하게 그 시령에 맞는 부류에 의거해서 해야 한다.

集說 大事, 如土功徭役, 合諸侯, 擧兵衆之事, 皆不可悖陰陽之大數. 因, 猶依也, 如慶賞者乃發生之類, 刑罰者乃肅殺之類, 必順時令而謹依其類以行之也.

'대사(大事)'는 예를 들어 토목공사에 요역을 부리는 일과 제후들을 회합시키는 것과 군대를 일으키는 것과 같은 일들이니, 이들 모두는 음양의 자연법칙을 거슬러서는 안 된다. '인(因)'은 의거한다는 뜻이니, 마치 상을 하사하는 것과 같은 일은 곧 발생의 부류이고, 형벌을 내리는 것과 같은 일은 곧 숙살의 부류이니, 반드시 시령에 따르고 조심스럽게 그 부류에 의거해서 시행해야만 한다.

【172】

仲秋行春令, 則秋雨不降, 草木生榮, 國乃有恐. 〈174〉

만약 천자가 중추의 달에 중춘에 집행해야 할 정령을 시행하게 된다면,
가을비가 내리지 않게 되고, 봄의 기운 때문에 초목이 꽃을 피우며 자라나
게 되며, 나라에는 곧 큰 화재가 발생할 것이라는 거짓된 소문이 퍼져서,
사람들을 크게 혼란시킬 것이다.

 集說 卯木之氣所應也. 卯中有房心, 心爲大火, 故不雨, 且有火訛
之驚恐也.

2월의 목 기운이 중추의 기운에 호응하여 발생시킨 것이다. 묘의 영역
중에는 방수와 심수가 있는데, 심수는 대화성이 되기 때문에, 화의 기운
으로 말미암아 비가 내리지 않는 것이며, 또한 화재가 날 것이라는 거짓
된 소문이 사람들을 혼란하게 만든다.

【173】

行夏令, 則其國乃旱, 蟄蟲不藏, 五穀復[扶又反]生. 〈175〉

만약 천자가 중추의 달에 중하에 집행해야 할 정령을 시행하게 된다면,
그 나라는 곧 가물게 되고, 칩거해야 할 곤충들이 땅속으로 숨어들어가지
않고 활동하게 되며, 오곡이 익지 않고 다시['復'자는 '扶(부)'자와 '又(우)'자의 반
절음이다.] 성장을 계속하게 된다.

集說 午火之氣所傷也.

이러한 현상은 5월의 화 기운이 중추의 기운을 손상시켜서이다.

【174】

行冬令, 則風災數[朔]起, 收雷先行, 草木蚤死.〈176〉

만약 천자가 중추의 달에 중동에 집행해야 할 정령을 시행하게 된다면,
사나운 바람으로 인한 재앙이 자주['數'자의 음은 '朔(삭)'이다.] 발생하게 되고,
천둥이 소리를 거두는 일이 추분보다 앞서서 시행되며, 초목이 일찍 말라
죽게 된다.

集說　子水之氣所泄也. 收雷, 收聲之雷也. 先行, 先期而動也.

이러한 현상은 11월의 수 기운이 발생시킨 것이다. '수뢰(收雷)'는 소리를
거두었던 천둥이다. '선행(先行)'은 기간보다 앞서서 활동한다는 뜻이다.

類編　右仲秋.

여기까지는 '중추(仲秋)'에 대한 내용이다.

◇ 계추(季秋)

【175】

季秋之月, 日在房, 昏虛中, 旦柳中.〈177〉

계추의 달에는 해와 달이 만나는 곳인 일이 28수 중 하나인 방수의 자리에
있고, 저녁 무렵에는 허수가 남쪽 하늘의 중앙에 위치하고, 동틀 무렵에는
유수가 남쪽 하늘의 중앙에 위치한다.

> 集說 房在卯, 大大之次也.
>
> 방수는 묘자리에 위치하니 대화의 자리이다.

【176】

其日庚辛, 其帝少皡, 其神蓐收, 其蟲毛, 其音商, 律中無射[亦], 其數
九, 其味辛, 其臭腥, 其祀門, 祭先肝.〈178〉

계추의 달에 해당하는 일간은 경과 신이고, 계추를 지배하는 제는 소호이
며, 그 아래에서 보좌하는 신은 욕수이고, 계추에 해당하는 생물은 털로
뒤덮여 있는 종류이며, 오음 중에서 계추에 해당하는 음은 상이고, 십이율
중에서 계추의 기후에 반응하는 율관은 무역에['射'자의 음은 '亦(역)'이다.] 해당
하며, 계추에 해당하는 수는 9이고, 오미 중에서 계추에 해당하는 맛은 매
운맛이며, 오취 중에서 계추에 해당하는 냄새는 비린내이고, 오사 중에서
계추에 해당하는 사는 문으로, 제사를 지낼 때에는 희생물의 간장을 먼저
바친다.

> 集說 無射, 戌律, 長四寸六千五百六十一分寸之六千五百二十四.
>
> 무역은 술에 해당하는 율로, 율관의 길이는 4촌과 6,561분의 6,524촌이다.

【177】

鴻鴈來賓, 爵入大水爲蛤[古答反], 鞠有黃華[花], 豺乃祭獸戮禽. 〈179〉

계추의 달에는 기러기가 찾아와 손님이 되고, 참새는 바다로 들어가서 조개가[蛤'자는 '古(고)'자와 '答(답)'자의 반절음이다.] 되며, 국화는 노란색 꽃을[華'자의 음은 '花(화)'이다.] 피우게 되고, 승냥이는 곧 날짐승을 잡아 하늘에 제사를 지내고, 금수를 잡아먹는다.

集說 此記戌月之候. 鴈以仲秋先至者爲主, 季秋後至者爲賓, 如先登者爲主人, 從之以登者爲客也. 爵爲蛤, 飛物化爲潛物也. 鞠色不一, 而專言黃者, 秋令在金, 金自有五色, 而黃爲貴, 故鞠色以黃爲正也. 祭獸者, 祭之於天, 戮禽者, 殺之以食也. 禽者, 鳥獸之總名, 鳥不可曰獸, 獸亦可曰禽, 故鸚鵡不曰獸, 而猩猩通曰禽也.

이것은 9월의 기후 조짐을 기록한 것이다. 기러기 중에서 중추에 먼저 찾아온 것은 주인이 되고, 계추에 뒤늦게 찾아온 것은 손님이 되니, 마치 앞서 오르는 자가 주인이 되고, 그를 쫓아 오르는 자가 손님이 되는 것과 같다. 참새가 조개가 되는 것은 조류가 변화하여 수중생물이 되는 것이다. 국화꽃의 색깔은 한 가지가 아닌데, 황색이라고만 말한 것은 가을의 시령은 금에 있고, 금 자체에는 오색이 모두 포함되어 있지만, 그 중에서도 황색이 가장 귀한 것이 된다. 그렇기 때문에 국화꽃의 색은 황색을 정색으로 삼는다. '제수(祭獸)'는 짐승을 잡아다가 하늘에게 제사를 지내는 것이며, '육금(戮禽)'은 짐승을 죽여서 잡아먹는다는 것이다. '금(禽)'자는 조수를 총칭하는 명칭이고, '조(鳥)'를 수(獸)라고 부를 수 없지만, '수(獸)'는 또한 금(禽)이라고 부를 수 있다. 그렇기 때문에 앵무새를 '수(獸)'라고 부르지 않는 것이고, 성성이를 통칭하여 '금(禽)'이라고 부르는 것이다.

【178】

天子居總章右个, 乘戎路, 駕白駱, 載白旂, 衣白衣, 服白玉, 食麻與
犬, 其器廉以深.〈180〉

계추의 달에 천자는 총장의 우개에 거처하고, 융로를 타며, 융로에 백락이
라는 말에 멍에를 매게 해서 끌게 하고, 수레에는 백색의 깃발을 세우며,
흰색의 의복을 입고, 백색의 옥으로 장식을 하며, 곡식 중에서는 마의 열매
와 고기 중에서는 개고기를 먹고, 그것을 담는 그릇은 뾰족하게 만들면서
도 깊게 만든다.

集說 總章右个, 西堂北偏也.

'총장우개(總章右个)'는 서쪽 당의 북쪽 편실이다.

【179】

是月也, 申嚴號令, 命百官, 貴賤無不務內, 以會天地之藏, 無有宣
出.〈181〉

계추의 달에 천자는 호령하길 거듭 엄정하게 하니, 백관에게 명령하여, 귀
한 자나 천한 자나 모두 겨울철을 보내기 위해 필요한 물건들을 안으로
들이는데 힘쓰지 않음이 없게 하여, 천지의 기운이 가을철에 가둬 보관하
는 시령을 행하는데 합치되도록 하고, 밖으로 드러내 내보이는 경우가 없
게 한다.

集說 務內, 謂專務收斂諸物於內. 會, 合也, 合天地閉藏之令也. 宣
出則悖時令.

'무내(務內)'라는 것은 뭇 사물들을 집안에 수렴하는데 전적으로 힘쓴다
는 것을 말한다. '회(會)'는 합치된다는 뜻으로, 천지의 가둬 보관하는 정
령에 합치한다는 뜻이다. 드러내 내보내는 것은 시령을 어그러트리는 것
이다.

【180】

乃命冢宰, 農事備收, 擧五穀之要, 藏帝籍之收於神倉, 祇敬必
飭.〈182〉

계추의 달에 천자는 곧 총재에게 명령하여, 농사를 지어 생겨난 모든 곡식
들을 모조리 거둬들이게 하고, 오곡에 대한 조세 수입을 합산하게 하며,
천자의 경작지에서 수확된 것은 신창(神倉)[1]에 보관하니, 그 일을 삼가하
고 마음을 한결같이 하여, 반드시 힘을 다하도록 한다.

集說 農事備收, 百穀皆斂也. 要者, 租賦所入之數. 藉田所收, 歸之
神倉, 將以供粢盛也. 祇, 謂謹其事, 敬, 謂一其心, 飭, 謂致其力也.
'농사비수(農事備收)'라는 것은 모든 곡식들을 모조리 거둬들인다는 뜻
이다. '요(要)'는 수확된 것에 대해 조세를 거둬들인 수치이다. 천자의
경작지에서 수확된 것을 신창에 보관하여, 장차 이것으로 제사 때 제기에
담는 기장으로 공급하고자 하는 것이다. '지(祇)'는 그 일에 삼간다는 뜻
이며, '경(敬)'은 마음을 한결같이 한다는 뜻이고, '칙(飭)'은 힘을 다한다
는 뜻이다.

【181】

是月也, 霜始降, 則百工休. 乃命有司曰: "寒氣總至, 民力不堪, 其皆
入室."〈183〉

계추의 달에 서리가 비로소 내리기 시작하면, 백공들은 휴식을 취하게 된
다. 그리고 곧 천자는 유사에게 명령하여 말하길, "추운 기운이 응축되어
거세게 몰려드니, 백성들의 힘으로는 감당할 수 없으므로, 모두들 집에 들
어가게 쉬게 하라."라고 한다.

---

1) 신창(神倉)은 제사를 지낼 때 소용되는 것들을 보관하는 창고이다.

總至, 凝聚而至也.

'총지(總至)'는 응축되어 도래한다는 뜻이다.

【182】

上丁, 命樂正入學習吹[去聲].〈184〉

계추의 달 중 상순 중에서 첫 번째로 정자가 들어가는 날에 천자는 악정에게 명령하여, 국학에 들어가서 국자들에게 악기 연주하는['吹'자는 거성으로 읽는다.] 것을 익히게 한다.

吹, 主樂聲而言.

'취(吹)'는 악기 소리에 중점을 두어 말한 것이다.

【183】

是月也, 大饗帝[句], 嘗[句], 犧牲告備于天子.〈185〉

계추의 달에는 상제에게 대향(大饗)2)을 지내고['帝'자에서 구문을 끊는다.] 종묘에서는 가을 제사인 상을 지내니['嘗'자에서 구문을 끊는다.] 담당 관원들은 천자에게 희생물이 갖추어졌음을 보고한다.

---

2) 대향(大饗)은 대향(大享)이라고도 부른다. '대향'은 본래 선왕(先王)에게 협제(祫祭)를 지낸다는 뜻이다. 『예기』「예기(禮器)」편에는 "大饗, 其王事與."라는 기록이 있고, 이에 대한 정현의 주에서는 "謂祫祭先王."이라고 풀이하였고, 『순자』「예론(禮論)」편에는 "大饗尙玄尊, 俎生魚, 先大羹, 貴食飮之本也."라는 기록이 있는데, 이에 대한 양경(楊倞)의 주에서는 "大饗, 祫祭先王也."라고 풀이하였다. 또한 '대향'의 뜻 중에는 선왕뿐만 아니라, 천제(天帝)인 오제(五帝)에게 두루 제사지낸다는 뜻도 있다. 『예기』「월령(月令)」편에는 "是月也, 大饗帝."라는 기록이 있고, 이에 대한 정현의 주에서는 "言大饗者, 遍祭五帝也. 曲禮曰大饗不問卜, 謂此也."라고 풀이하였다.

集說 仲夏大雩, 祈也, 此月大饗, 報也. 饗嘗, 皆用犧牲. 仲秋已視全具, 至此則告備而後用焉.

중하 때의 큰 기우제는 기원하는 제사이고, 이달의 큰 제사는 보답하는 제사이다. 향과 상에는 모두 희생물을 사용한다. 중추 때 이미 희생물이 온전히 갖추어졌음을 감찰했으니, 이달에 이르러서는 천자에게 준비되었음을 아뢴 이후에 사용하는 것이다.

【184】

合諸侯, 制百縣, 爲[去聲]來歲, 受朔日, 與諸侯所稅於民輕重之法 · 貢賦之數, 以遠近土地所宜爲度, 以給郊廟之事, 無有所私.〈186〉

계추의 달에 천자는 제후들에게 총체적인 명령을 내려서, 제후국에서 통치하는 모든 현들에 칙명을 전달하게 하니, 천자는 다음 해의 올바른 통치를 위하여[爲'자는 거성으로 읽는다.] 제후들에게 달력을 내려주고, 또 제후들이 백성들에게 징세할 기준을 함께 내려주니, 그것은 세금을 가볍게 매기고 무겁게 매기는 기준 법안이고, 천자 자신에게 바쳐야 하는 공물의 수량이다. 그리고 이러한 법안과 수량을 책정할 때에는 천자의 수도에서 제후국 사이의 거리 차이와 토지의 비옥한 수준 차이에 따른 합당한 것을 기준으로 삼으며, 이렇게 거둬진 조세 및 공물로는 교묘의 제사 때 사용하게 하되, 그 사이에 개인의 사사로운 욕심이 개입되어서는 안 된다.

集說 石梁王氏曰: 合諸侯制百縣, 注云合諸侯制, 絶句, 不可從.

석량왕씨가 말하길, '합제후제백현(合諸侯制百縣)'이란 말에 대해서 정현의 주에서는 "제후국의 제도를 천자의 기준 법안에 일치시킨다."라고 하여, 이처럼 구문을 끊었는데, 그 주장에 따를 수 없다.

集說 劉氏曰: 合諸侯者, 總命諸侯之國也. 制, 猶敕也. 百縣, 諸侯所統之縣也. 天子總命諸侯, 各敕百縣, 爲不歲受朔日與稅法貢數,各以道路遠近土地所宜爲度, 以給上之事而不可有私也. 言郊廟者, 舉其重也. 蓋朔日與稅貢等事, 皆天子總命之諸侯, 而諸侯頒之百縣使奉行也. 舊說秦建亥, 此月爲歲終, 故行此數事者得之. 或疑是時秦未幷天下, 未有諸侯百縣, 此乃是古制.

유씨가 말하길, "제후를 합한다."는 것은 제후국에 총체적인 명령을 내리는 것이다. '제(制)'자는 칙명이라는 뜻이다. '백현(百縣)'은 제후들이 통치하는 현들이다. 천자가 제후들에게 총명을 내려서, 총명을 받은 제후들이 각각 자신들이 통치하는 모든 현에 칙명을 내리는 것으로, 다음 해를 위하여 달력 및 조세의 법안과 공물의 수량을 내려주며, 각각 도로의 원근과 토지의 비옥한 수준에 합당한 것으로 기준을 삼게 하며, 이로써 중대한 일들에 공급을 하되, 사사로움이 있어서는 안 된다는 뜻이다. '교묘(郊廟)'라고 말한 것은 그 사안들 중에서 중대한 것을 제시한 것이다. 무릇 달력과 조세 및 공납 등등의 일들은 모두 천자가 제후에게 총명하는 것으로, 제후는 그것을 모든 현에 반포하여, 받들어 시행하도록 하는 것이다. 옛 학설에서는 진나라가 10월을 정월로 삼았으니, 9월은 한 해가 마무리 되는 달이 되기 때문에, 이달에 여러 일들을 시행하는 것이 가능하다고 했다. 혹자는 "당시는 진나라가 아직 천하를 통일하지 못했을 때로, 제후 및 백현이란 말이 있을 수가 없으니, 여기에서 말하는 것은 곧 옛 제도가 된다."라고 의심했다.

集說 愚按: 呂不韋相秦十餘年, 此時已有必得天下之勢, 故大集群儒, 損益先王之禮而作此書, 名曰春秋, 將欲爲一代興王之典禮也, 故其間亦多有未見與禮經合者. 又按昭襄王之時, 封魏冉穰侯, 公子市宛侯, 悝鄧侯, 則分封諸侯行王者事久矣. 不韋作相時, 已滅東周君, 六國削甚, 秦已得天下大半, 故其立制欲如此也. 其後徒死, 始皇幷天下, 李斯作相, 盡廢先王之制, 而呂氏春秋亦無用矣. 然其書也, 亦當時儒生學士有志者所爲, 猶能髣髴古制, 故記禮者有取焉.

내가 살펴보니, 여불위가 진나라의 재상으로 일한 것은 십여 년으로, 당시에는 이미 천하를 기필코 통일할만한 세력을 가지고 있었다. 그렇기 때문에 유학자들을 대규모로 불러 모아서, 선왕의 예제를 가감하고 그것을 책으로 엮어 『여씨춘추』라고 명명했으며, 장차 한 세대의 왕도정치를 흥기시킬 전례로 삼고자 했다. 그렇기 때문에 책의 중간에는 또한 고대로부터 전해 내려온 예경의 기록과 합치됨을 찾아 볼 수 없는 게 많이 있다. 또한 전국시대 진나라의 소양왕 때를 살펴보면, 위염인 양후, 공자 시완후, 공자 이등후를 분봉해주었다고 하니, 제후를 분봉하여 천자의 정치를 시행한 일은 오래된 것이다. 여불위가 재상이 되었을 때에는 이미 동주의 군주들을 멸망시켰고, 나머지 여섯 나라의 각축전이 심해졌으나 진나라는 이미 천하의 절반 이상을 획득하고 있었기 때문에, 그 제도를 세움에 이와 같이 하고자 했던 것이다. 그 후 귀양보내지거나 죽임을 당하여, 비로소 진시황이 천하를 병합하였고, 이사가 재상이 되어 선왕의 제도가 모두 없어지게 되었으며, 여불위가 지은 『여씨춘추』 또한 쓸모가 없어지게 되었다. 그러나 이 책은 또한 당시 유학자 및 학자들 중에서 뜻이 있었던 자들이 만든 것으로, 오히려 선왕이 남긴 옛 제도와 유사하기 때문에, 『예기』를 기록한 자가 이 책의 내용을 취해 이곳에 수록한 것이다.

【185】
是月也, 天子乃教於田獵, 以習五戎, 班馬政.〈187〉

계추의 달에 천자는 곧 사냥을 통해 전쟁 때 사용하는 진법을 가르치고, 또한 이 사냥을 통해서, 다섯 가지 병장기 사용법을 익히게 하며, 말과 관련된 정책을 반포한다.

集說 敎於田獵, 謂因獵而敎之以戰陳之事, 習用弓矢殳矛戈戟之五兵. 班布乘馬之政令, 其毛色之同異, 力之强弱, 各以類相從也.

전렵에서 가르친다는 것은 사냥하는 일에 연유하여 전쟁 때 사용되는 진

법의 일들을 교육하고, 활과 화살·몽둥이·자루가 긴 창·창·날 끝이 갈라져 있는 창 등의 다섯 가지 병장기를 익히게 한다. 말 타는 것에 대한 정책을 반포하는 것은 그 말들의 털 색깔 차이 및 힘의 차이 등을 살펴서, 각각 같은 부류끼리 묶어서 서로 따르도록 하는 것이다.

【186】
命僕及七騶, 咸駕, 載旌旐, 授車以級, 整設于屛外, 司徒搢扑, 北面誓之.〈188〉

계추의 달에 천자는 융복과 칠추에게 명령하여, 군마들을 가져다가 모든 수레에 멍에를 매게 하고, 그 수레에는 정이나 조와 같은 깃발들을 세우게 하며, 신하들의 등급에 맞춰서 수레를 내려주고, 군문의 울타리 밖에 대열을 정비하게 하며, 이러한 준비가 끝나면, 사도는 회초리를 허리띠에 차고, 북면하여서 천자에게 군법에 따라 맹세를 한다.

集説 僕, 戎僕也. 天子馬有六種, 各一騶主之, 幷總主六騶者爲七騶也. 皆以馬駕車, 又載析羽之旌, 龜蛇之旐. 旣畢而授車于乘者, 以尊卑爲等級, 各使正其行列向背, 而設於軍門之屛外. 於是司徒搢扑于帶, 於陳前北面誓戒之, 此時六軍皆向南而陳也. 扑, 卽夏楚二物也. 周禮戎僕中大夫二人.

'복(僕)'은 융복(戎僕)[3]이다. 천자가 사용하는 말에는 육마(六馬)[4]가 있

---

3) 융복(戎僕)은 전쟁용 수레를 모는 일을 담당했던 관리이다. 천자가 사용하는 전쟁용 수레와 관련된 일들을 주관했다. 『주례』「하관(夏官)·융복(戎僕)」편에는 "戎僕, 掌馭戎車. 掌王倅車之政, 正其服."이라는 기록이 있다.

4) 육마(六馬)는 천자가 사용하는 여섯 종류의 말을 뜻한다. 구체적으로는 종마(種馬), 융마(戎馬), 제마(齊馬), 도마(道馬), 전마(田馬), 노마(駑馬)를 가리킨다. 『주례』「하관(夏官)·교인(校人)」편에는 "校人, 掌王馬之政. 辨六馬之屬, 種馬一物, 戎馬一物, 齊馬一物, 道馬一物, 田馬一物, 駑馬一物."이라는 기록이 있

으니, 각각 한 명의 추들이 그것들을 담당하고, 아울러 이 여섯 추들을 총괄적으로 담당하는 자가 있어, 모두 7명의 추가 된다. 이들 모두가 말을 데려다가 수레에 멍에를 매게 하고, 수레에는 또한 석우의 정(旌) 깃발이나 귀사의 조(旐) 깃발을 세운다. 이러한 준비들이 모두 끝나면, 수레를 타는 자들에게 수레를 주되, 신분의 높고 낮은 차이로 등급을 매겨서, 각각 행렬과 배열을 올바르게 만들어서 군문 울타리 밖에 도열해 둔다. 이때에 사도는 허리띠에 회초리를 꼽고서, 대열 앞에서 북면을 하고 천자에게 맹세를 하니, 이 때에는 육군(六軍)5)이 모두 남쪽을 향해 서서 도열한다. 회초리는 곧 하와 초 두 종류가 있다. 『주례』에는 융복은 중대부 2명이 담당한다고 되어 있다.6)

【187】

天子乃厲飾, 執弓挾[子·愶反]矢以獵, 命主祠, 祭禽于四方. 〈189〉

계추의 달에 천자는 곧 융복(戎服)7)으로 갈아입어 복장을 엄중하게 갖추고, 활을 차고 화살을 끼고서['挾'자는 '子(여)'자와 '愶(협)'자의 반절이다.] 직접 사냥을 한다. 사냥이 끝나면 제사를 담당하는 관리에게 명령하여, 사방의

다. 즉 '종마'는 종자가 좋은 말을 선별하여 암컷을 잉태시킬 때 사용하는 말이다. '융마'는 전쟁용 수레에 사용하는 말이다. '제마'는 천자가 타던 금로(金路)에 사용하는 말이다. '도마'는 천자가 타던 상로(象路)에 사용하는 말이다. '전마'는 사냥용 수레에 사용하는 말이다. '노마'는 궁중에서 실시되는 노역에 사용하는 말이다.

5) 육군(六軍)은 천자가 소유한 군대를 총칭하는 말이다. 12500명이 1군(軍)이 되는데, 천자는 6개의 군을 소유하므로, '육군'이라고 표현한 것이다. 참고적으로 제후들 중에서 대국(大國)의 제후는 3군을 소유하고, 차국(次國)의 제후는 2군을 소유하며, 소국(小國)의 제후는 1군을 소유한다. 『주례』「하관사마(夏官司馬)」편에는 "凡制軍, 萬有二千五百人爲軍, 王六軍, 大國三軍, 次國二軍, 小國一軍."이라는 기록이 있다.

6) 『주례』「하관사마(夏官司馬)」 : 戎僕, 中大夫二人.

7) 융복(戎服)은 전쟁 및 사냥 때 입는 복장이다.

신들에게 사냥에서 잡은 짐승들로 보답하는 제사를 지내게 한다.

集說 天子戎服, 而嚴厲其威武之飾, 親用弓矢, 以殺禽獸, 蓋奉祭祀之物當親殺也. 獵竟則命典祀之官, 取獵地所獲之獸祭於郊, 以報四方之神. 禽者, 獸之通名也.

천자는 융복을 갈아입고서, 위무를 갖춘 복식으로 엄정하고 근엄하게 하며, 직접 활과 화살을 사용하여 금수를 잡으니, 제사에 바치는 희생물은 마땅히 직접 잡아야 하기 때문이다. 사냥이 끝나면 전사(典祀)[8]를 담당하는 관리에게 명령하여, 사냥터에서 잡은 짐승들을 가져다가 교에서 제사를 지내서, 사방의 신들에게 보답을 한다. '금(禽)'은 수(獸)까지도 통칭하는 말이다.

【188】
是月也, 草木黃落, 乃伐薪爲炭. 〈190〉
계추의 달에는 초목이 누렇게 시들어 떨어지게 되니, 그렇게 되면 겨울철을 대비하기 위해, 곧 땔나무들을 베어다가 숯을 만들어 둔다.

集說 備禦寒也.
추위 막는 일을 준비함이다.

---

8) 전사(典祀)는 항상 지내게 되는 규정된 제사를 뜻한다. 어떠한 변고가 발생하여 지내게 되는 제사는 포함되지 않는다. 제후국(諸侯國)을 기준으로 했을 때, 체(禘), 교(郊), 조(祖), 종(宗), 보(報) 등의 제사가 '전사'에 속한다. 『국어(國語)』「노어상(魯語上)」편에는 "凡禘·郊·祖·宗·報, 此五者, 國之典祀也."라는 기록이 있다.

【189】

蟄蟲咸俯在內, 皆墐[覲其戶.〈191〉

계추의 시기에는 칩거하는 곤충들이 모두 땅 속에 머리를 집어넣고 땅 안에 머무니, 모두들 그 땅굴 입구를 막는다.['墐'자의 음은 '覲(근)'이다.]

> **集說** 俯, 垂頭也. 內, 穴之深處也. 墐, 塞也.

'부(俯)'는 머리를 숙인다는 뜻이다. '내(內)'는 구멍의 깊숙한 곳이다. '근(墐)'은 막는다는 뜻이다.

【190】

乃趣[促]獄刑, 毋留有罪.〈192〉

계추의 달에 천자는 곧 형벌 내리는 것을 서둘러['趣'자의 음은 '促(촉)'이다.] 시행하게 해서, 죄가 확정된 자를 유보하여 그대로 감옥에 머물러 있는 경우가 없게 한다.

> **集說** 刑於罪相得卽穴之, 留而不決, 亦悖時令也.

형벌이 그 죄에 대해 합당하게 내려진 것이라면 곧장 판결을 내리니, 감옥에 머물게 해서 판결하지 않는 것은 또한 시령을 어그러트리는 것이다.

【191】

收祿秩之不當·供[去聲]養之不宜者.〈193〉

계추의 달에 천자는 관직 등급에 따라 내려진 녹봉의 차등 중 합당하지 않은 것과 봉양하는데 사용되는 ['供'자는 거성으로 읽는다.] 물건들 중 마땅하지 않은 것들을 환급한다.

> **集說** 收, 如漢法收印綬之收, 謂索之使還, 各依本等. 祿秩不當, 謂

不應得而恩命濫賜之者也. 供養, 膳服之具也, 貴賤各有宜用. 不宜, 謂侈僭踰制者. 此亦順秋令之嚴肅也.

'수(收)'는 한나라 법제에서 인수(印綬)9)를 회수할 때의 수(收)와 같으니, 탐색하여 환급을 시켜서 각각 본래의 등급에 맞도록 하는 것이다. 녹봉의 차등이 합당하지 않다는 것은 응당 얻을 수 없는 것인데도, 은명(恩命)10)으로 분에 넘치게 하사를 받은 것을 말한다. '공양(供養)'은 음식과 의복을 갖추는 것으로, 귀천의 등급에 따라서 각각 마땅히 사용할 수 있는 것들이 있다. 마땅하지 않다는 것은 사치를 과도하게 부려서 법제에서 벗어난 것을 말한다. 이렇게 하는 것은 또한 가을 정령의 엄숙한 기운에 따르는 것이다.

【192】

是月也, 天子乃以犬嘗稻, 先薦寢廟. 季秋行夏令, 則其國大水. 〈194〉

계추의 달에 천자는 곧 개고기를 곁들여 쌀을 맛보되, 먼저 침묘에 바친다. 만약 천자가 계추의 달에 계하에 집행해야 할 정령을 시행하게 된다면, 그 나라에는 큰 수해가 든다.

集說 未中東井主之.

미자리에 포함된 28수 중의 동정이 주관해서 수해가 발생하는 것이다.

---

9) 인수(印綬)는 관리가 착용하고 있었던 인장(印章) 및 인장을 매달 때 사용하는 끈을 합쳐 부른 말이다.
10) 은명(恩命)은 천자의 명령을 내려서, 관직 등급이 올려주거나, 죄를 사면해주는 등의 칙명을 뜻한다.

【193】

冬藏殃敗.〈195〉

겨울을 보내기 위해 보관해둔 곡식들이 침수되어서 썩어 변질된다.

集說 竇窖之藏, 爲水所侵.

중추 때 파두었던 구덩이에 보관해둔 곡식이 수해로 인해 침수되는 것이다.

【194】

民多鼽[求]嚏[帝].〈196〉

백성들에게는 코가 막히고['鼽'자의 음은 '求(구)'이다.] 기침을['嚏'자의 음은 '帝(제)'이다.] 하는 병이 많아진다.

集說 未土之氣所應也. 鼽者, 氣窒於鼻. 嚏者, 聲發於口, 皆肺疾. 以夏火克金, 故病此也.

6월의 토 기운이 계추의 기운에 호응해서이다. '구(鼽)'는 기의 흐름이 코에서 막히는 것이며, '체(嚏)'는 기침소리가 입에서 나오는 것이니, 모두 폐의 질병들이다. 여름의 화 기운이 가을의 금 기운을 이기기 때문에 이러한 병을 낳는 것이다.

【195】

行冬令, 則國多盜賊, 邊竟[境]不寧, 土地分裂.〈197〉

만약 천자가 계추의 달에 계동에 집행해야할 정령을 시행하게 된다면, 나라에는 도적들이 많아지고, 변경지방에는['竟'자의 음은 '境(경)'이다.] 변고가 발생하여 편안하지 않게 되며, 토지가 갈라지게 된다.

集說 丑土之氣所應也. 裂, 坼也.

12월의 토 기운이 계추의 기운에 호응해서이다. '열(裂)'은 갈라진다는
뜻이다.

【196】
行春令, 則煖風來至, 民氣解[懈]惰, 師興不居. 〈198〉

만약 천자가 계추의 달에 계춘에 집행해야할 정령을 시행하게 된다면, 따
뜻한 바람이 불어오게 되고, 날씨가 포근하게 되니 백성들의 기질은 해이
해지고['解'자의 음은 '懈(해)'이다.] 나태해지며, 변란이 일어남을 종식시키지 못
하게 된다.

集說 辰土之氣所應也. 不居, 不得止息也.

3월의 토 기운이 계추의 기운에 호응해서이다. '불거(不居)'는 종식시키
지 못한다는 뜻이다.

類編 右季秋.

여기까지는 '계추(季秋)'에 대한 내용이다.

◇ 맹동(孟冬)

【197】

孟冬之月, 日在尾, 昏危中, 旦七星中.〈199〉

맹동의 달에는 해와 달이 만나는 곳인 일이 28수 중 하나인 미수자리에 있고, 저녁 무렵에는 위수가 남쪽 하늘의 중앙에 위치하고, 동틀 무렵에는 칠성이 남쪽 하늘의 중앙에 위치한다.

【集說】尾在寅, 析木之次也. 七星, 見季春.

미는 인자리에 위치하니, 석목의 자리이다. 칠성에 대한 설명은 계춘에 나온다.

【198】

其日壬癸, 其帝顓頊, 其神玄冥, 其蟲介, 其音羽, 律中應鍾, 其數六, 其味鹹, 其臭朽, 其祀行, 祭先腎.〈200〉

맹동의 달에 해당하는 일간은 임과 계이고, 맹동를 지배하는 제는 전욱(顓頊)이며, 그 아래에서 보좌하는 신은 현명(玄冥)이고, 맹동에 해당하는 생물은 단단한 껍질이 있는 종류이며, 오음 중에서 맹동에 해당하는 음은 우이고, 십이율 중에서 맹동의 기후에 반응하는 율관은 응종에 해당하며, 맹동에 해당하는 수는 6이고, 오미 중에서 맹동에 해당하는 맛은 짠맛이며, 오취 중에서 맹동에 해당하는 냄새는 썩은내이고, 오사 중에서 맹동에 해당하는 사는 행으로, 제사를 지낼 때에는 희생물의 신장을 먼저 바친다.

【集說】顓頊, 黑精之君. 玄冥, 水官之臣. 少皥氏之子曰脩, 曰熙, 相代爲水官. 左傳云"脩及熙爲玄冥", 是也. 介, 甲也. 介蟲龜爲長, 水物也. 羽音屬水, 應鍾亥律, 長四寸二十七分寸之二十. 水成數六, 鹹朽, 皆水屬. 水受惡穢, 故有朽腐之氣也. 行者, 道路往來之處, 冬陰往而陽來, 故祀行也. 春·夏·秋, 皆祭先所勝, 冬當先心, 以中央祭心, 故但祭所屬. 又以冬主靜, 不尙克制故也.

'전욱(顓頊)'[1]은 흑정의 제왕이다. '현명(玄冥)'[2]은 수를 관장하는 관부

---

1) 전욱(顓頊) : '전욱'은 고양씨(高陽氏)라고도 부른다. '전욱'은 고대 오제(五帝) 중
하나이다. 『산해경(山海經)』「해내경(海內經)」편에는 "黃帝妻雷祖, 生昌意, 昌
意降處若水, 生韓流. 韓流, …… 取淖子曰阿女, 生帝顓頊."이라는 기록이 있다.
즉 황제(黃帝)의 처인 뇌조(雷祖)가 창의(昌意)를 낳았는데, 창의가 약수(若水)에
강림하여 거처하다가, 한류(韓流)를 낳았다. 다시 한류는 아녀(阿女)를 부인으로
맞이하여 '전욱'을 낳았다. 또한 『회남자(淮南子)』「천문훈(天文訓)」편에는 "北
方, 水也, 其帝顓頊, 其佐玄冥, 執權而治冬."이라는 기록이 있다. 즉 북방(北方)
은 오행(五行)으로 배열하면 수(水)에 속하는데, 이곳의 상제(上帝)는 '전욱'이고,
상제를 보좌하는 신(神)은 현명(玄冥)이다. 이들은 겨울을 다스린다. 또한 '전욱'
과 관련하여 『수경주(水經注)』「호자하(瓠子河)」편에는 "河水舊東決, 逕濮陽城
東北, 故衞也, 帝顓頊之墟. 昔顓頊自窮桑徙此, 號曰商丘, 或謂之帝丘."라는
기록이 있다. 즉 황하의 물길은 옛날에 동쪽으로 흘러서, 복양성(濮陽城)의 동북
쪽을 경유하였는데, 이곳은 옛 위(衞) 지역으로, '전욱'이 거처하던 터이며, 예전에
'전욱'이 궁상(窮桑) 땅으로부터 이곳으로 옮겨왔기 때문에, 이곳을 상구(商丘)
또는 제구(帝丘)라고도 부른다.

2) 현명(玄冥)은 오행(五行) 중 수(水)의 기운을 주관하는 천상의 신(神)이다. 수(水)
의 기운을 담당했기 때문에, 그 관부의 이름을 따서 수관(水官)이라고도 부르고,
관부의 수장이라는 뜻에서 수정(水正)이라고도 부른다. '오행' 중 수(水)의 기운은
각 계절 및 방위와 관련되어, '현명'은 겨울과 북쪽에 해당하는 신이라고도 부른다.
다만 수덕(水德)을 주관했던 상위의 신은 전욱(顓頊)이었고, '현명'은 '전욱'을 보
좌했던 신이다. 한편 다른 오관(五官)의 신들과 달리, '현명'에 해당하는 인물에
대해서는 이견(異見)이 있다. 『예기』「월령(月令)」편에는 "其日壬癸, 其帝顓頊,
其神玄冥."이라는 기록이 있는데, 이에 대한 정현의 주에서는 "玄冥, 少皞氏之子
曰脩, 曰熙, 爲水官."이라고 풀이한다. 즉 소호씨(少皞氏)의 아들 중 수(脩)와
희(熙)라는 인물이 있었는데, 이들은 생전에 수관(水官)이 되어 공덕(功德)을 쌓
았고, 죽어서는 '현명'에 배향되었다고 설명한다. 『여씨춘추(呂氏春秋)』「맹동기
(孟冬紀)」편에는 "其日壬癸, 其帝顓頊, 其神玄冥."이라는 기록이 있는데, 이에
대한 고유(高誘)의 주에서는 "玄冥, 官也. 少皞氏之子曰循, 爲玄冥師, 死祀爲
水神."이라고 풀이한다. 즉 '현명'은 관직에 해당하는데, '소호씨'의 아들이었던 순
(循)이 생전에 '현명'이라는 관부의 수장을 지냈기 때문에, 그가 죽었을 때에는
수신(水神)으로 배향을 했다는 뜻이다.

의 수장이다. 소호씨의 네 아들 중 두 아들은 이름이 수와 희인데, 서로 교대로 수관을 맡았다. 『좌전』에서 "수와 희는 현명이 되었다."[3]는 말이 이러한 사실을 나타낸다. '개(介)'는 단단한 껍질이다. 단단한 껍질을 가진 생물 중 거북이가 가장 으뜸이 되며, 수에 속하는 생물이다. 우음은 수에 속하고, 응종은 해에 해당하는 율관으로, 그 길이는 4촌과 27분의 20촌이다. 수의 성수는 6이고, 짠맛을 내고 썩은내를 내는 것들은 모두 수에 속하는 부류들이다. 물은 해롭고 더러운 것들을 받아들이기 때문에, 부패시키는 기운을 가지고 있다. '행(行)'은 도로로, 왕래하는 곳이니, 겨울에는 음기가 가고 양기가 찾아오기 때문에, 행에 제사를 지내는 것이다. 봄·여름·가을에는 모두 제사에서, 그 계절의 기운이 이기는 것을 먼저 바쳤으니, 겨울에는 마땅히 심장을 먼저 바쳐야 하지만, 중앙에서 심장을 먼저 바쳐서 제사지냈기 때문에, 겨울에 지내는 오사에서는 희생물의 오장 중 겨울에 해당하는 것으로 제사를 지낸다. 또한 겨울은 정을 위주로 하여, 상극하는 제도를 숭상하지 않기 때문이다.

集說 蔡邕獨斷曰: 行, 冬爲太陰, 盛寒爲水, 祀之於行, 在廟門外之西. 軷壤厚二尺, 廣五尺, 輪四尺, 北面, 設主於軷上.

채용의 『독단』에서 말하길, 행(行)에 대해서, 겨울은 태음이 되고, 혹독한 추위는 오행으로 따지면, 수가 되므로, 행에 제사를 지낼 때에는 묘문 밖의 서쪽에서 지낸다. 발양(軷壤)[4]은 두께를 2척으로 하며, 너비를 5척

---

3) 『춘추좌씨전』「소공(昭公) 29년」: 少皞氏有四叔, 曰重、曰該、曰修、曰熙, 實能 金、木及水. 使重爲句芒, 該爲蓐收, <u>修及熙爲玄冥</u>.

4) 발양(軷壤)은 도로(道路)의 신(神)에게 제사지낼 목적으로 만든 토단(土壇)이다. 발(軷)자는 도로의 신에게 지내는 제사를 뜻한다. 『시』「대아(大雅)·생민(生民)」 편에는 "取羝以軷. 載燔載烈, 以興嗣歲."라는 기록이 있는데, 이에 대한 모전(毛傳)에서는 "軷, 道祭也."라고 풀이했다. 또한 『설문해자(說文解字)』「거부(車部)」편에는 "<u>軷</u>, 出將有事于道, 必先告其神, 立壇四通, 樹茅以依神, 爲軷."이라는 기록이 있다. 즉 장차 출병하고자 할 때에는 도로에서 제사를 지내서, 반드시 그

으로 하고, 세로 폭은 4척으로 하며, 북면하고서 발양 위에 신주를 설치
한다.

【199】

水始冰, 地始凍, 雉入大水爲蜃, 虹藏不見[現].〈201〉

맹동의 달에 물이 처음으로 얼기 시작하고, 대지가 처음으로 얼어붙기 시
작하며, 꿩이 바다로 들어가서 이무기가 되고, 무지개는 감춰져서 나타나
지['見'자의 음은 '現(현)'이다.] 않는다.

集說　此記亥月之候. 蜃, 蛟屬, 此亦飛物化潛物也. 晉武庫中忽有
雉雛, 張華曰: "此必蛇化爲雉也", 開視雉側, 果有蛇蛻. 類書有言雉
與蛇交而生子, 子必爲蜄, 不皆然也. 然則雉之爲蜃, 理或有之. 陰
陽氣交而爲虹, 此時陰陽極乎辨, 故虹伏. 虹非有質, 而曰藏, 亦言其
氣之下伏耳.

이것은 10월의 기후 조짐을 기록한 것이다. '신(蜃)'은 교룡 등속으로,
이것은 또한 조류가 변화하여 수중생물이 된 것이다. 진나라의 무고(武
庫)[5] 속에서 갑작스럽게 꿩이 울부짖은 일이 있었는데, 이 일을 두고
장화는 "이것은 필시 뱀이 변화하여 꿩이 된 것이다."라고 했고, 문을 열
어 꿩의 옆을 살펴보니, 과연 뱀의 허물이 있었다. 『유서』에서는 꿩이
뱀과 교합하여 새끼를 낳으면, 새끼는 반드시 교(蜄)가 된다고 하는데,
모두 그러한 것은 아니다. 그렇다면 꿩이 이무기가 되는 것은 이치상 아
마도 그런 일이 있을 수 있다. 음기와 양기가 교합하면 무지개가 되는데,
이 시기는 음기와 양기가 확연하게 갈라지기 때문에 무지개가 숨는 것이

　　신에게 고(告)하게 되니, 단(壇)을 쌓고 사방(四方)으로 소통이 되게 하며, 모(茅)
　　를 심어서 의신(依神)하는 것이 바로 '발'이다.
　5) 무고(武庫)는 병장기를 보관해두던 창고를 뜻한다.

다. 무지개는 실질이 있는 것이 아닌데 그것을 가리켜서 '장(藏)'이라고
말한 것은 또한 그 기가 하강하여 숨게 됨을 말하는 것일 따름이다.

【200】

天子居玄堂左个.〈202〉

맹동의 달에 천자는 현당에 있는 좌개에 거처한다.

集說 北堂之西偏也.

북쪽 당의 서쪽 편실이다.

【201】

乘玄路, 駕鐵驪.〈203〉

맹동의 달에 천자는 현로를 타고, 현로에는 철려라는 말에 멍에를 매게
해서 끌게 한다.

集說 鐵色之馬.

쇠의 색깔인 검은색의 말을 뜻한다.

【202】

載玄旂, 衣黑衣.〈204〉

맹동의 달에 천자는 수레에 검은색의 깃발을 세우고, 천자는 검은 색의
옷을 입는다.

集說 黑深而玄淺, 如朱深而赤淺也.

검은 색 중에서도 '흑(黑)'은 짙은 색이고 '현(玄)'은 옅은 색이니, 마치

빨간색 중에서도 '주(朱)'가 짙은 색이고 '적(赤)'이 옅은 색인 것과 같다.

【203】

服玄玉, 食黍與彘, 其器閎以奄.〈205〉

맹동의 달에 천자는 의복에 검은색의 옥으로 장식을 하고, 기장과 돼지고
기를 먹는데, 그 그릇은 가운데는 넓게 만들되, 윗부분은 좁게 만든다.

集說 閎者, 中寬, 奄者, 上窄.

'굉(閎)'은 가운데가 넓은 것이며, '엄(奄)'은 윗부분이 좁은 것이다.

【204】

是月也, 以立冬, 先立冬三日, 太史謁之天子曰: "某日立冬, 盛德在
水." 天子乃齊, 立冬之日, 天子親帥三公·九卿·大夫, 以迎冬於北
郊, 還反, 賞死事, 恤孤寡.〈206〉

맹동의 달에는 24절기 중의 하나인 입동이 있기 때문에, 입동일 3일 전에
태사가 천자에게 고하며 말하길, "어떠한 날이 입동이 되며, 그 날에는 천
지를 생육시키는 성대한 덕이 수의 위치에 있게 됩니다."라고 한다. 그러면
천자는 곧 재계를 하고, 입동 당일 날에는 천자가 삼공·구경·대부들을
친히 이끌고 가서, 북쪽 교외에서 겨울을 맞이하는 행사를 시행하고, 다시
궁성으로 되돌아와서는 나라를 위해 목숨을 바친 이들을 추증하여 상을
내려주고, 죽은 이들의 처자인 고아와 과부들을 구휼한다.

集說 死事, 爲國事而死也. 孤寡, 卽死事者之妻子. 不言諸侯, 與夏
同.

'사사(死事)'는 나라 일을 위해 죽은 자들이다. 고아와 과부는 곧 사사했
던 자들의 처와 자식들이다. 제후를 언급하지 않은 것은 여름 때와 같다.

【205】

是月也, 命太史, 釁龜筴[句], 占兆[句], 審卦吉凶.〈207〉

맹동의 달에 천자는 태사에게 명령하여, 거북껍질과 시초에 피를 바르고
['筴'자에서 구문을 끊는다.] 기존에 거북점을 쳐서 나왔던 복사들을 살펴보고['兆'
자에서 구문을 끊는다.] 『역』에 기록된 괘의 길흉들을 살펴보게 한다.

集說 馮氏曰: 釁龜筴者, 殺牲取血而塗龜與著筴也. 古者器成而釁
以血, 所以攘却不祥也. 占兆者, 玩龜書之繇文, 審卦者, 審易書之休
咎, 皆所以豫明其理而待用也. 釁龜而占兆, 釁筮而審卦吉凶, 太史
之職也.

풍씨가 말하길, "귀협(龜筴)에 피칠을 한다."는 것은 희생물을 잡아 피를
빼내서 거북껍질과 시초에 칠하는 것이다. 옛적에는 기물이 완성되면 피
를 발랐으니, 상서롭지 못한 것을 물리치는 방법이다. '점조(占兆)'는 거
북껍질에 새긴 점치는 문자를 살펴보는 것이며, '심괘(審卦)'는 『역』에
기록된 길흉을 살피는 것이니, 모두 미리 그 이치에 통달하여 쓰임을 대
비하는 것이다. 거북껍질에 피를 바르고 점쳐 조짐을 묻는 기록을 살펴보
며, 시초에 피를 바르고 괘의 길흉을 살피는 것들은 태사의 직무이다.

【206】

是察阿黨, 則罪無有掩蔽.〈208〉

맹동의 달에 天子가 옥송을 담당하는 관리들이 자기 이익을 꾀하고 편드는
것을 감찰하면, 옥송이 올바로 시행되므로, 죄지은 자가 자기 죄를 숨기는
경우가 없게 된다.

集說 獄吏治獄, 寧無阿私, 必是正而省察之, 庶幾犯罪者不至掩蔽
其曲直也.

옥송을 담당하는 관리들이 옥송을 처리함에 있어서, 자기 이익을 꾀함이

없게 하려면, 반드시 올바르게 만들고 감찰을 해야만, 범죄자들이 그 죄안의 옳고 그름을 숨기는 데에 이르지 않게 될 것이다.

【207】

是月也, 天子始裘. 〈209〉

맹동의 달에 천자는 비로소 갖옷을 입기 시작한다.

集說 周禮季秋獻功裘, 至此月乃衣之也.

『주례』에는 "계추 때 갖옷을 천자에게 바친다."⁶⁾라고 했는데, 이달에 이르러서야 곧 그 옷을 입는 것이다.

【208】

命有司曰: "**天氣上[上聲]騰, 地氣下降, 天地不通, 閉塞而成冬.**" 〈210〉

맹추의 달에 천자는 유사에게 명령하여 말하길, "이 시기에는 하늘의 기운은 위로[上'자는 상성으로 읽는다.] 올라가고, 땅의 기운은 밑으로 내려가서, 하늘과 땅이 서로 소통되지 않으니, 천지의 기운이 닫히고 막혀서 겨울을 이루는구나. 이러하니 잘 대비하라."라고 한다.

集說 不交則不通, 不通則閉塞.

교류가 되지 않으면 소통되지 않고, 소통이 되지 않으므로, 천지의 기운이 닫히고 막힌다.

---

6) 『주례』 「천관(天官) · 사구(司裘)」 : 季秋獻功裘, 以待頒賜.

【209】

命百官, 謹蓋藏, 命有司, 循行[去聲]積聚, 無有不斂. 〈211〉

맹동의 달에 천자는 뭇 관리들에게 명령하여, 창고에 재물 저장하는 일을 신중하게 하고, 유사에게 명령하여, 곡식 쌓아둔 곳을 순찰하게 하여['行'자는 거성으로 읽는다.] 거두지 않아 방치되는 경우가 없게 한다.

集說 申嚴仲秋積聚之令.

중추 때 재물이나 식량을 비축하라고 했던 명령을 거듭 엄중하게 내린 것이다.

【210】

坏城郭, 戒門閭, 脩鍵[寒]閉, 愼管籥. 〈212〉

맹동의 달에 천자는 유사에게 명령하여, 성곽 중에 파손된 곳을 보강하게 하고, 성문과 마을문 방비를 경계하게 하며, 자물쇠의 끼우는 틀과['鍵'자의 음은 '寒(건)'이다.] 몸통 중에서 파손된 것이 있으면 수리하게 하고, 열쇠는 신중하게 관리하도록 시킨다.

集說 坏, 補其缺薄處也. 城郭欲其厚實, 故言坏, 門閭備禦非常, 故言戒. 鍵, 鎖須也, 閉, 鎖筒也. 管籥, 鎖匙也. 鍵閉或有破壞, 故云脩, 管籥不可妄開, 故云愼.

'배(坏)'는 결여되고 얇아진 곳을 보강하는 것이다. 성곽에 대해서는 두껍고 튼실하게 만들고자 하기 때문에 배(坏)라고 말한 것이며, 성문과 마을문은 비정상적인 것을 방비하는 것이기 때문에, 계(戒)라고 말한 것이다. '건(鍵)'은 자물쇠의 끼우는 틀이고, '폐(閉)'는 자물쇠의 몸통이다. '관약(管籥)'은 열쇠이다. 건폐(鍵閉) 중 간혹 파손된 것이 있기 때문에, 수(脩)라고 말한 것이며, 관약(管籥)은 함부로 열 수 없는 것이기 때문에, 신(愼)이라고 말한 것이다.

【211】

固封疆, 備邊竟[境], 完要塞[先代反], 謹關梁, 塞徯[奚]徑.〈213〉

맹동의 달에 천자는 유사에게 명령하여, 국경의 경계지점을 순찰해서, 법
의 준수를 확고하게 만들고, 변경지역의['竟'자의 음은 '境(경)'이다.] 수비를 잘
갖추게 하며, 변경지역에 있는 요새의['塞'자는 '先(선)'자와 '代(대)'자의 반절음이
다.] 정비를 완비하고, 관문과 교량에 대한 순찰을 신중하게 하며, 들짐승들
이 돌아다니는 길은['徯'자의 음은 '奚(해)'이다.] 출입을 통제하도록 시킨다.

> 集說　要塞, 邊城要害處也. 關, 境上門. 梁, 橋也. 徯徑, 野獸往來
> 之路也.

'요새(要塞)'는 변경지방의 요새로, 변란에 대해 취약한 곳이다. '관(關)'
은 경계 상에 있는 관문이다. '양(梁)'은 교량이다. '혜경(徯徑)'은 들짐승
들이 오가는 길이다.

【212】

飭喪紀, 辨衣裳, 審棺槨之厚薄·塋丘壟之大小高卑[句], 厚薄之度·
貴賤之等級.〈214〉

맹동의 달에 천자는 유사에게 명령하여, 상과 관련된 기율을 신중하게 정
비하니, 상복의 상의와 하의가 정해진 법도에 맞는지를 변별하고, 시신을
안치하는 관곽이 정해진 법도대로 두껍게 하는지 아니면 얇게 하는지를
자세히 살펴보며, 묘역을 정해진 법도대로 크게 하는지 아니면 작게 하는
지를 자세히 살펴보고, 봉분을 정해진 법도대로 높게 하는지 아니면 낮게
하는지를 자세히 살펴보며['卑'자에서 구문을 끊는다.] 두텁고 얇게 하는 척도를
자세히 살펴보고, 귀천의 등급 차이를 자세히 살펴보도록 시킨다.

> 集說　飭喪紀者, 飭王喪事之紀律也, 卽辨衣裳以下諸事是已. 上衰
> 下裳, 以布之精麤爲親疎, 故曰辨, 亦謂襲斂之衣數多寡也. 棺槨厚
> 薄, 有貴賤之等, 塋有大小, 丘壟有高卑, 皆不可踰越. 厚薄之度, 主

禮而言, 貴賤之等級, 主人而言, 故摠曰審.

상기(喪紀)를 칙(飭)한다는 것은 상과 관련된 일들의 기율을 신중하게
정비한다는 뜻이니, 곧 의상을 변별한다는 것으로부터 그 이하의 모든
일들이 이것에 해당할 따름이다. 상복의 상의와 하의는 포의 가공 정도가
촘촘한지 아니면 거친지의 차이로, 죽은 자와의 가깝고 소원한 기준으로
삼는다. 그렇기 때문에 '변(辨)'이라고 말한 것이며, 또한 '변의상(辨衣
裳)'이라는 것은 습과 염을 할 때, 의복의 가짓수가 많고 적은 차이를
변별한다는 것을 뜻하기도 한다. 관과 곽을 두껍게 하고 얇게 하는 데에
는 신분의 등급 차이가 있고, 묘역에는 크고 작은 차이가 있으며, 봉분에
는 높고 낮은 차이가 있으니, 이것들은 모두 신분의 따른 규율을 뛰어넘
을 수 없다. 두텁게 하고 얇게 하는 척도라는 것은 예법에 주안점을 두고
말한 것이며, 귀천의 등급이라는 것은 사람에 주안점을 두고 말한 것이
다. 그렇기 때문에 총괄하여 '심(審)'이라고 말한 것이다.

集說 朱氏曰: 喪者人之終, 冬者歲之終, 故於此時而飭喪紀焉.

주씨가 말하길, 상이라는 것은 인생의 끝이며, 겨울이라는 것은 한 해의
끝이다. 그렇기 때문에 이 시기에 상과 관련된 기율을 신중하게 정비하는
것이다.

[213]

是月也, 命工師效功, 陳祭器, 按度程, 毋或作爲淫巧, 以蕩上心, 必
功致[緻]爲上, 物勒工名, 以考其誠, 功有不當[去聲], 必行其罪, 以窮
其情.〈215〉

맹동의 달에 천자는 공사에게 명령하여, 공인들이 만든 기물들을 바치게
하니, 그중에서도 특히 제기는 진열해서, 정해진 법도와 형식에 맞는지를
살피며, 혹시라도 만든 기물들이 지나치게 화려하고 사치스러운 것이 되어
윗사람들의 마음을 어지럽히는 경우가 없게 하고, 정해진 법도와 형식에

맞게 만들어진 견고하고 세밀한['致'자의 음은 '緻(치)'이다.] 기물들은 반드시 상
등품으로 삼으며, 기물들에는 공인의 이름을 새겨서, 그 기물에 들어간 공
인의 정성을 따져보며, 그 기물들에 합당하지['當'자는 거성으로 읽는다.] 않은
부분이 있다면, 반드시 그에게 그에 해당하는 죗값을 치르게 하여, 거짓된
정황을 철저히 가려낸다.

集說　工師, 百工之長. 效, 呈也. 諸器皆成, 獨主祭器, 祭器尊也.
度, 法也, 程, 式也. 淫巧, 指諸器而言. 致, 讀爲緻, 謂功力密緻也.
一讀如字, 亦通. 勒, 刻也. 刻名於器, 以考工人之誠僞也. 行, 猶治
也. 窮其情者, 究詰其詐僞之情也.

'공사(工師)'는 백공들의 수장이다. '효(效)'는 바친다는 뜻이다. 뭇 기물
들이 모두 완성되었는데도 유독 제기를 위주로 말한 것은 제기가 존귀한
것이기 때문이다. '도(度)'는 법도이며, '정(程)'은 형식이다. '음교(淫巧)'
는 제기만을 가리켜 말한 것이 아니라, 뭇 기물들을 가리켜서 말한 것이
다. '치(致)'자는 치(緻)자로 풀이하니, 작업한 것이 세밀하고 촘촘하다는
뜻이다. 한편으로는 글자대로 읽는데, 그 뜻 또한 통한다. '늑(勒)'자는
새긴다는 뜻이다. 기물에 이름을 새겨서, 공인의 정성스러움 또는 거짓됨
을 가려내는 것이다. '행(行)'자는 다스린다는 뜻이다. '궁기정(窮其情)'
은 거짓된 정황을 철저하게 캐묻는 것이다.

【214】
是月也, 大飮烝.〈216〉
맹동의 달에 천자는 증(烝)제사7)를 지내면서 아울러 신하들과 함께 큰 연

---

7) 증(烝)은 겨울에 종묘(宗廟)에서 지내는 제사를 뜻한다. '증'자는 중(衆)자의 뜻으
로, 겨울에는 만물 중에 성숙한 것이 많다는 의미에서 붙여진 말이다. 『백호통(白
虎通)』「종묘(宗廟)」편에는 "冬曰烝者, 烝之爲言衆也, 冬之物成者衆."이라는
기록이 있다.

회를 연다.

因烝祭而與群臣大爲燕飮也. 舊說, 烝, 升也. 此乃饗禮, 升牲體於俎上, 謂之房烝. 未知是否.

증제사를 지내는 것에 연유해서, 뭇 신하들과 함께 성대하게 연회를 여는 것이다. 옛 학설에서는 '증(烝)'은 올린다는 뜻으로, 이것은 곧 향례를 시행하며 희생물의 몸체를 도마 위에 올린다고 하였는데, 그것을 '방증(房烝)[8]이라고 부른다. 그러나 이 학설이 옳은지 그른지는 잘 모르겠다.

【215】

天子乃祈來年于天宗, 大割祠于公社及門閭, 臘先祖 · 五祀, 勞[去聲]農以休息之. ⟨217⟩

맹동의 달에 천자는 곧 천종(天宗)[9]에게 내년 한 해 농사의 풍년을 기원하는 제사를 지내고, 공사(公社)[10] 및 성문과 마을문에 큰 할사(割祠)[11]를

---

8) 방증(房烝)은 방증(房脀)이라고도 부른다. 전증(全烝)과 대비되는 말이다. 제사나 연회 때 희생물을 반절로 갈라서 도마 위에 올리는 것을 말한다. 천자의 연회때 사용된 예법(禮法) 중 하나이다. 『국어(國語)』「주어중(周語中)」편에는 "禘郊之事, 則有全烝. 王公立飫, 則有房烝."이라는 기록이 있고, 이에 대한 위소(韋昭)의 주에서는 "房, 大俎也. 詩云 籩豆大房, 謂半解其體, 升之房也."라고 풀이했다. 즉 '방증'에서의 방(房)자는 큰 도마라는 뜻이며, 증(烝)자는 도마에 올린다는 뜻이다. 『시』「노송(魯頌) · 비궁(閟宮)」편에는 "籩豆大房"이라는 기록이 있는데, 이것은 희생물의 몸체를 반절로 갈라서, 큰 도마 위에 올린다는 뜻이다.

9) 천종(天宗)은 일월(日月)과 성신(星辰)을 가리킨다. 『일주서(逸周書)』「세부(世俘)」편에는 "武王乃翼矢珪矢憲, 告天宗上帝."이라는 기록이 있는데, 이에 대한 주우증(朱右曾)의 교석(校釋)에서는 "天宗, 日月星辰."이라고 풀이했다.

10) 공사(公社)는 국사(國社)라고도 부른다. '공사'는 고대 관가(官家)에서 토신(土神)에게 제사를 지내던 장소를 뜻한다. 또한 토신에 대한 제사 자체를 가리키기도 한다. 그리고 상공(上公)을 배향하여 제사를 지냈기 때문에, '공사'라는 명칭이 붙게 되었다. 『예기』「월령(月令)」편에는 "天子, 乃祈來年于天宗, 大割, 祠于公

지내며, 선조와 오사에 납(臘)제사[12]를 지내고, 농부들을 위로하여['勞'자는 거성으로 읽는다.] 휴식을 시킨다.

天宗, 日月星辰也. 割祠, 割牲以祭也. 社以上公配祭, 故云公社, 又祭及門閭之神也. 臘之言獵, 以田獵所獲之物, 而祭先祖及五祀之神, 故曰臘也. 又蔡邕云: "夏曰淸祀, 殷曰嘉平, 周曰蜡, 秦曰臘." 然左傳言虞不臘, 是周亦名臘也. 勞農, 卽周禮黨正屬民飮酒之禮也.

'천종(天宗)'은 일월과 성신이다. '할사(割祠)'는 희생물을 해체하여 제사를 지내는 것이다. 사제사에는 상공을 배향하여 제사를 지내기 때문에, '공사(公社)'라고 부르며, 또한 제사의 대상은 성문과 마을문의 신들에게까지 미친다. '납(臘)'자는 사냥을 뜻하는데, 사냥에서 획득한 동물들로

社及門閭, 臘先祖·五祀, 勞農以休息之."라는 기록이 있고, 이에 대한 공영달(孔穎達)의 소(疏)에서는 "以上公配祭, 故云公社."라고 풀이했다. 또한 『회남자(淮南子)』「시칙훈(時則訓)」편에는 "孟冬之月 …… 天子祈來年於天宗, 大禱祭於公社, 畢饗先祖."라는 기록이 있고, 이에 대한 고유(高誘)의 주에서는 "公社, 國社也, 后土之祭也. 生爲上公, 死爲貴神, 故曰公也."라고 풀이했다. 즉 '공사'는 '국사'라는 것으로, 후토(后土)에 대한 제사를 의미한다. 생전에는 상공의 직위를 가졌다가, 죽어서 존귀한 토지신이 되었기 때문에, 공(公)자를 붙이게 되었다는 뜻이다.

11) 할사(割祠)는 희생물을 죽여서 부위별로 가른 뒤에, 그것을 바쳐 제사를 지내는 것이다.

12) 납(臘)은 엽(獵)이라고도 부른다. 짐승을 사냥하여 조상 및 오사(五祀)에게 지내는 제사를 뜻한다. 고대에는 백신(百神)들에 대한 제사를 사(蜡)라고 불렀고, 조상에 대한 제사를 '납'이라고 불렀는데, 진한대(秦漢代) 이후로는 이 둘을 통칭하여, '납'이라고 불렀다. 『예기』「월령(月令)」편에는 "天子, 乃祈來年于天宗, 大割, 祠于公社及門閭, 臘先祖·五祀, 勞農以休息之."라는 기록이 있고, 이에 대한 공영달(孔穎達)의 소(疏)에서는 "臘, 獵也. 謂獵取禽獸以祭先祖五祀也."라고 풀이했다. 또한 『춘추좌씨전』「희공(僖公) 5년」편에는 "宮之奇以其族行, 曰虞不臘矣."라는 기록이 있는데, 이에 대한 두예(杜預)의 주에서는 "臘, 歲終祭衆神之名."이라고 풀이했다. 즉 '납'은 한 해가 끝날 무렵 뭇 신들에게 지내는 제사의 명칭이라는 뜻이다.

조상 및 오사의 신들에게 제사를 지내는 것이기 때문에, '납(臘)'이라고
부른다. 또한 채옹은 "납제사를 하나라 때에는 청사(淸祀)라 불렀고, 은나
라 때에는 가평(嘉平)이라 불렀으며, 주나라 때에는 사(蜡)라 불렀고, 진
나라 때에는 납이라고 불렀다."라고 했는데,『좌전』에서 "우나라는 납제사
를 지내지 못할 것이다."[13]라고 말했으니, 이것은 주나라 때에도 납이라고
불렀음을 뜻한다. 농부들을 위로한다는 것은 곧『주례』「당정(黨正)」편에
서 백성들을 불러 모아서 학교에서 음주를 시킨다는 예법이다.[14]

【216】

天子乃命將帥講武, 習射御, 角力.〈218〉

맹동의 달에 천자는 곧 군대를 통솔하는 장수에게 명령하여, 무예를 익히
게 하니, 활쏘기와 수레 모는 일을 익히게 하여, 이후 병사들의 능력을 비
교해서, 우열을 가리도록 한다.

集說 以仲冬大閱也.

중동에 대열(大閱)[15]을 하기 때문이다.

【217】

是月也, 乃命水虞・漁師, 收水泉・池澤之賦, 毋或敢侵削衆庶兆
民, 以爲天子取怨于下, 其有若此者, 行罪無赦.〈219〉

맹동의 달에 천자는 곧 소택 지역을 담당하는 관리인 수우와 물고기 등을

---

13) 『춘추좌씨전』「희공(僖公) 5년」: 虞不臘矣. 在此行也, 晉不更擧矣.

14) 『주례』「지관(地官)・당정(黨正)」: 國索鬼神, 而祭祀, 則以禮屬民, 而飮酒于
序, 以正齒位.

15) 대열(大閱)은 군대에 대한 검열을 대대적으로 실시하는 것을 가리킨다.

잡는 일을 주관하는 관리인 어사에게 명령하여, 하천과 연못에 대한 세금을 거둬들이게 하되, 혹시라도 감히 백성들에게 너무 많은 세금을 거둬들여서, 이일을 계기로 천자가 백성들에게 원망을 사게 해서는 안 되니, 만약 그들 중에 이와 같이 행동한 자가 있다면, 형벌을 내리되 용서해주는 일이 없게 한다.

集說 水虞, 澤虞也, 漁師, 漁人也, 見周禮. 水冬涸, 故以冬時收賦. '수우(水虞)'는 택우이며, '어사(漁師)'는 어인(漁人)16)이니, 이들의 직책에 대해서는 『주례』에 나와 있다. 물은 겨울에 마르기 때문에, 겨울철에 하천과 연못에 대한 세금을 거두는 것이다.

【218】
孟冬行春令, 則凍閉不密, 地氣上[上聲]泄, 民多流亡. ⟨220⟩

만약 천자가 맹동의 달에 맹춘에 집행해야 할 정령을 시행하게 된다면, 얼어붙은 것들이 긴밀하지 못해 갈라지고, 갈라진 틈으로 땅의 기운이 위로['上'자는 상성으로 읽는다.] 새어나오며, 백성들 중에는 유랑하거나 도망가는 자들이 많아지게 된다.

---

16) 어인(漁人)은 어업과 관련된 일을 담당하는 관리이다. 『주례』「천관총재(天官冢宰)」편에는 "漁人, 中士四人, 下士四人, 府二人, 史四人, 胥三十人, 徒三百人."이라는 기록이 있다. 즉 '어인'이라는 관직은 중사(中士) 4명이 담당하였고, 하사(下士) 4명이 보좌를 했다. 그리고 그 휘하에는 잡무를 담당하는 부(府) 2명, 사(史) 4명, 서(胥) 30명, 도(徒) 300명이 있었다. 그리고 『주례』「천관(天官)·어인(漁人)」편에는 "漁人, 掌以時漁爲梁. 春獻王鮪. 辨魚物爲鱻薧, 以共王膳羞. 凡祭祀賓客喪紀共其魚之鱻薧. 凡漁者, 掌其政令. 凡漁征, 入于玉府."라는 기록이 있다. 즉 '어인'은 철마다 물고기를 잡기 위해 발을 설치하고, 봄에는 천자가 침묘(寢廟)에 바치게 될 다랑어를 잡아서 헌상하고, 싱싱한 물고기와 어포 등을 감별해서 천자가 먹을 반찬거리를 제공하기도 한다. 그리고 제사나 빈객(賓客) 접대, 상례(喪禮) 때에도 해당 행사에 소용되는 물고기 및 어포들을 공급하고, 어업과 관련된 정령(政令) 시행과 조세 거둬들이는 일을 담당한다.

集說 寅木之氣所泄也.

1월의 목 기운이 새어나와서 발생시킨 것이다.

【219】

行夏令, 則國多暴風, 方冬不寒, 蟄蟲復出.〈221〉

만약 천자가 맹동의 달에 맹하에 집행해야 할 정령을 시행하게 된다면,
나라에는 사납고 거센 바람이 불어오는 날이 많아지고, 겨울이 이제 막
되었음에도 춥지 않게 되며, 칩거했던 곤충들이 다시 나타나게 된다.

集說 巳火之氣所損也.

4월의 화 기운이 맹동의 기운을 손상시켜서이다.

【220】

行秋令, 則雪霜不時, 小兵時起, 土地侵削.〈222〉

만약 천자가 맹동의 달에 맹추에 집행해야 할 정령을 시행하게 된다면,
눈과 서리 내리는 것이 때에 맞지 않게 되고, 작은 전란이 자주 발생하며,
토지가 침탈된다.

集說 申金之氣所淫也.

7월의 금 기운이 맹동의 기운을 어지럽혀서이다.

類編 右孟冬.

여기까지는 '맹동(孟冬)'에 대한 내용이다.

◇ 중동(仲冬)

【221】
仲冬之月, 日在斗, 昏東辟[壁]中, 旦軫中.⟨223⟩
중동의 달에는 해와 달이 만나는 곳인 일이 28수 중 하나인 두수자리에 있고, 저녁 무렵에는 동벽이['辟'자의 음은 '壁(벽)'이다.] 남쪽 하늘의 중앙에 위치하고, 동틀 무렵에는 진수가 남쪽 하늘의 중앙에 위치한다.

集說　斗在丑, 星紀之次也.
두는 축자리에 위치하니, 성기의 자리이다.

【222】
其日壬癸, 其帝顓頊, 其神玄冥, 其蟲介, 其音羽, 律中黃鍾, 其數六, 其味鹹, 其臭朽, 其祀行, 祭先腎.⟨224⟩
중동의 달에 해당하는 일간은 임과 계이고, 중동를 지배하는 제는 전욱이며, 그 아래에서 보좌하는 신은 현명이고, 중동에 해당하는 생물은 단단한 껍질이 있는 종류이며, 오음 중에서 중동에 해당하는 음은 우이고, 십이율 중에서 중동의 기후에 반응하는 율관은 황종에 해당하며, 중동에 해당하는 수는 6이고, 오미 중에서 중동에 해당하는 맛은 짠맛이며, 오취 중에서 중동에 해당하는 냄새는 썩은내이고, 오사 중에서 중동에 해당하는 사는 행으로, 제사를 지낼 때에는 희생물의 신장을 먼저 바친다.

集說　黃鍾, 子律, 長九寸.
'황종(黃鍾)'은 자에 해당하는 율관으로 그 길이는 9촌이다.

【223】

冰益壯, 地始坼, 鶡旦不鳴, 虎始交.〈225〉

중동의 달에는 얼음이 더욱 단단해지고, 땅이 비로소 갈라지기 시작하며, 할단새가 울지 않게 되고, 범이 비로소 교미를 시작한다.

集說 此記子月之候. 鶡旦, 夜鳴求旦之鳥也.

이것은 11월의 기후 조짐을 기록한 것이다. 할단새는 밤에 울어 아침을 불러오는 새이다.

【224】

天子居玄堂太廟, 乘玄路, 駕鐵驪, 載玄旂, 衣黑衣, 服玄玉, 食黍與彘, 其器閎以奄.〈226〉

중동의 달에 천자는 현당에 있는 태묘에 거처하고, 현로를 타며, 현로에는 철려라는 말에 멍에를 매게 해서 끌게 하고, 수레에는 검은색의 깃발을 세우며, 천자는 검은 색의 옷을 입고, 의복에 검은색의 옥으로 장식을 하며, 기장과 돼지고기를 먹는데, 그 그릇은 가운데는 넓게 만들되 윗부분은 좁게 만든다.

集說 玄堂太廟, 北堂當太室也.

현당의 태묘는 북쪽 당 중에서도 정중앙에 있는 태실과 맞닿아 있는 곳이다.

【225】

飭死事.〈227〉

중동의 달에 천자는 병사들이 나라의 일에 죽을 각오로 임하도록 훈계한다.

集說 誓戒六軍之士, 以戰陳當厲必死之志也.

육군의 병사들을 훈계하길, 전쟁 중 상대 적군과 대치해서도 반드시 죽을 각오를 다져야 한다는 내용으로 한다.

【226】

命有司曰: "土事毋作, 愼毋發蓋, 毋發室屋, 及起大衆, 以固而閉."

〈228〉

중동의 달에 천자는 유사에게 명령하여 말하길, "토목 공사는 일으키지 말
도록 하고, 신중하게 하여 보관해둔 곳의 덮개를 여는 경우가 없도록 할
것이니, 가옥의 문을 열어두는 것과 대중들을 동원하는 일이 없도록 하여,
이로써 가둬 보관하는 것을 굳건하게 지키게 하라."라고 한다.

> 集說 順閉藏之令, 以安伏蟄之性也. 固, 堅也. 而, 猶其也. 周禮仲
> 冬敎大閱, 此言毋起大衆, 是誠呂氏之書矣.

가둬 보관하는 시령에 따라서, 숨죽여 칩거하는 성향을 편안하게 보듬어주
는 것이다. '고(固)'는 단단하게 한다는 뜻이다. '이(而)'는 기(其)자와 같다.
『주례』에서는 "중동에 성대한 열병식을 한다."[1]고 했는데, 여기에서는
대중들을 동원하지 않는다고 말했으니, 이것은 진실로 여불위의 글이다.

【227】

**地氣沮[上聲]泄, 是謂發天地之房, 諸蟄則死, 民必疾疫, 又隨以喪,
命之曰暢月.**〈229〉

중동의 달에 천자의 명령을 제대로 이행하지 않아서, 가둬 보관하는 곳이
무너져 땅의 기운이 새어나오게 되면['沮'자는 상성으로 읽는다.] 이러한 상황을
"천지의 기운이 가득 찬 공간이 열린 것"이라고 말하니, 이러한 상황이 되
면 칩거하는 여러 곤충들이 죽게 되고, 백성들은 반드시 질병에 걸리게

---

1) 『주례』「하관(夏官)·대사마(大司馬)」: 中冬, 敎大閱.

되며, 또 질병에 걸린 백성들은 죽는 경우가 속출하게 되니, 이 달을 명명하여 '창월(暢月)'이라고 부른다.

集說 沮者, 壞散之義, 因破壞而宣泄, 故云沮泄也. 天地之閉固氣類, 猶房室之安藏人也, 若發散天地之所藏, 則諸蟄皆死, 是干犯陰陽之令, 疾疫必爲民災, 喪禍隨之而見. 一說, 喪, 讀去聲, 謂民因避疾疫而逃亡也. 暢月, 未詳. 舊說, 暢, 充也, 言所以不可發泄者, 以此月萬物皆充實於內故也. 朱氏謂陽久屈而後伸, 故云暢月也. 未知孰是.

'저(沮)'는 무너져 흩어진다는 뜻으로, 지기가 파괴됨으로 인하여 새어나오게 된 것이다. 그렇기 때문에 '저설(沮泄)'이라고 말한 것이다. 겨울에 천지가 만물의 기운을 가둬 굳건히 지키는 것은 가옥이 사람을 편안히 품어주는 것과 같으니, 만약 천지가 보관하는 것을 발산시키게 되면, 여러 칩거하는 곤충들이 모두 죽게 되므로, 이것은 음양의 법칙을 막고 침범하는 것이 되니, 질병이 반드시 백성들에게 재앙으로 닥치게 되고, 죽게 되는 일이 그것을 따라서 나타나게 된다. 일설에 '상(喪)'자를 거성으로 읽어서, 백성들이 질병을 피하기 위해서 도망친다는 뜻이라고 한다. '창월(暢月)'의 뜻에 대해서는 자세히 모르겠다. 옛 학설에서는 '창(暢)'자는 채운다는 뜻으로, 발산하여 새어나오게 해서는 안 된다는 것을 말하니, 이달에는 만물이 모두 안으로 가득 채우게 되기 때문이라고 했다. 주씨는 양기가 오래도록 굽힌 이후에 이 시기에 다시 펴지게 되기 때문에, 창월이라고 부른다고 했다. 어느 주장이 옳은지는 모르겠다.

【228】
是月也, 命奄尹, 申宮令, 審門閭, 謹房室, 必重閉. 省婦事, 毋得淫, 雖有貴戚近習, 毋有不禁.〈230〉

중동의 달에 천자는 엄윤에게 명령하여, 궁중에서 시행하는 정령을 거듭하여 강조하게 하고, 성문이 닫혀있는지를 살피게 하며, 가옥의 문을 닫는 것을 신중히 지키게 하여, 반드시 안과 밖의 문을 중첩되게 닫게 한다. 그리고 천자는 궁중 부녀자들의 일들을 줄여주되, 그녀들이 만든 것이 지나치게 화려하게 해서는 안 되며, 비록 천자의 인척들과 총애하는 자라고 할지라도 금령을 지키지 않는 경우가 없도록 한다.

集說 奄尹, 群奄之長也. 以其精氣奄閉, 故名閹人. 宮令, 宮中之政令也. 重閉, 內外皆閉也. 減省婦人之事, 務順陰靜也. 淫, 謂女功之過巧者. 貴戚, 天子之族姻. 近習, 其嬖幸者.

'엄윤(奄尹)'은 뭇 환관들의 수장이다. 그들은 정기가 가려져 막혀 있기 때문에, '엄인(閹人)'이라고 부른다. '궁령(宮令)'은 궁중에서 시행되는 정령이다. '중폐(重閉)'는 안과 밖의 문을 모두 닫는 것이다. 부녀자들의 일거리를 줄여주어서, 음기의 고요함을 따르도록 힘쓰는 것이다. '음(淫)'이라는 것은 여자들이 만든 것 중에서 지나치게 기교를 부린 것을 뜻한다. '귀척(貴戚)'은 천자의 인척들이다. '근습(近習)'은 총애를 받는 자들이다.

【229】

乃命大酋[雧], 秫稻必齊, 麴蘗必時, 湛[尖]熾必潔, 水泉必香, 陶器必良, 火齊[去聲]必得, 兼用六物, 大酋監[平聲]之, 毋有差貸[二].〈231〉

중동의 달에 천자는 곧 대추에게['酋'자의 음은 '雧(추)'이다.] 명령하여 술을 담그게 하는데, 술 담그는 재료인 찰기장은 그 양을 반드시 알맞게 하고, 누룩은 반드시 제 때에 맞게끔 만들며, 찰벼를 불려서 씻는 것과['湛'자의 음은 '尖(첨)'이다.] 찌는 것을 반드시 청결하게 하고, 술 담그는 물은 반드시 깨끗한 것으로 하며, 술을 담그는 그릇은 반드시 결함이 없는 좋은 것으로 하고, 불의 알맞기를['齊'자는 거성으로 읽는다.] 반드시 제대로 맞추니, 이 여섯 가지 일들을 아울러 시행하되, 대추가 그 일들을 감독하여['監'자는 평성으로 읽는다.]

정해진 법식에서 벗어나는 일이['貣'자의 음은 '二(이)'이다.] 없도록 한다.

集說 大酋, 酒官之長也. 秫稻, 酒材也. 必齊, 多寡中度也. 必時, 制造及時也. 湛, 漬而滌之也. 熾, 蒸炊也. 必潔, 無所汚也. 必香, 無穢惡之氣也. 必良, 無罅漏之失也. 必得, 適生熟之宜也. 物, 事也, 六物, 謂必齊以下六事. 差貣, 不中法式也.

'대추(大酋)'는 술을 담당하는 관부의 수장이다. 찰기장은 술의 재료이다. '필제(必齊)'는 많고 적은 양의 차이를 법도에 맞도록 한다는 뜻이다. '필시(必時)'는 제조한 것이 제 때에 맞도록 한다는 뜻이다. '점(湛)'은 물에 불려서 씻는 것이다. '치(熾)'는 불을 피워 찌는 것이다. '필결(必潔)'은 더러운 것이 없도록 한다는 뜻이다. '필향(必香)'은 더럽고 나쁜 기운이 없도록 한다는 뜻이다. '필량(必良)'은 갈라지고 새는 등의 결함이 없도록 한다는 뜻이다. '필득(必得)'은 숙성시킬 때의 알맞은 정도에 정확히 맞도록 한다는 뜻이다. '물(物)'자는 사(事)자의 뜻으로, '육물(六物)'은 필제 이하의 여섯 가지 일들을 뜻한다. '차이(差貣)'는 법식에 알맞지 않은 것이다.

【230】

天子命有司, 祈祀四海大川 · 名源 · 淵澤 · 井泉.〈232〉

중동의 달에 천자는 유사에게 명령하여, 사해 안에 있는 큰 하천과 유명한 수원지와 못들과 우물 및 샘에 기원하는 제사를 지내게 한다.

集說 冬令方中, 水德至盛, 故爲吹祈而祀之也.

겨울의 기후가 한 겨울로 접어들어, 겨울에 해당하는 수덕이 지극히 융성해지기 때문에, 백성들을 위해 기원하며 제사를 지내는 것이다.

【231】

是月也, 農有不收藏積聚者, 馬牛畜獸有放佚者, 取之不詰起吉反.〈233〉

중동의 달에 천자는 농산물 중 수렴하고 거둬들여서 쌓아두지 않은 채 그대로 놔둔 것과 말이나 소와 같은 가축들 중 방목 상태로 놔둔 것들에 대해서, 다른 사람이 그것을 가져가더라도 그를 힐책하지[‘詰’자는 ‘起(기)’자와 ‘吉(길)’자의 반절음이다.] 않는다.

集說 取之不詰, 罪在不收斂也.

그것을 가져가더라도 힐책하지 않는 이유는 그 죄가 거둬들이지 않은 자에게 있기 때문이다.

【232】

山林藪澤, 有能取蔬食, 田獵禽獸者, 野虞教道之, 其有相侵奪者, 罪之不赦.〈234〉

중동의 달에 천자는 산림지역과 수초가 무성한 소택지에서 열매를 잘 따는 자와 짐승을 잘 사냥하는 자가 있다면, 야우가 그들을 잘 교육하여 훈도하도록 하고, 만약 그들 중에 상대방이 잡은 것을 빼앗으려고 하는 자가 있다면, 그에게 벌을 내리며 사면해주지 않는다.

集說 罪之不赦, 惡其不相共利也.

벌을 내리되 사면해주지 않는 이유는 이로움을 함께 나누는데 협조하지 않음을 미워해서이다.

【233】

是月也, 日短至, 陰陽爭, 諸生蕩.〈235〉

중동의 달에는 동지가 있어서, 해의 짧아짐이 지극해지고, 이전에는 음이 주도를 했지만 그 기운이 극성해져서, 양의 기운이 발생하므로 음양이 서로 다투게 되며, 만물의 생동하는 기미가 움직이게 된다.

集說 短至, 短之極也. 陰陽之爭, 與夏至同. 諸生者, 萬物之生機
也. 蕩者, 動也.

'단지(短至)'는 짧아짐이 지극해진 것이다. 음양이 다투는 것은 하지 때
와 같다. '제생(諸生)'이라는 것은 만물의 생동하는 기미이다. '탕(蕩)'은
활동한다는 뜻이다.

【234】

**君子齊戒, 處必掩身, 身欲寧, 去聲色, 禁耆欲, 安形性, 事欲靜, 以
待陰陽之所定.**〈236〉

중동의 달에는 양기와 음기가 다투기 때문에, 군자는 재계를 하고, 거처함
에도 반드시 몸을 가려 드러내지 않게 하여, 몸이 편안해지도록 하니, 음란
한 소리와 여색 밝히는 마음을 제거하며, 좋아하고 욕망하는 마음을 금지
하고, 심신을 편안하게 하며, 일들은 고요해지도록 하여, 이로써 음양이
안정되기를 기다린다.

集說 此皆與夏至同, 而有謹之至者. 彼言止聲色, 而此言去, 彼言
節耆欲, 而此言禁. 蓋仲夏之陰猶微, 而此時之陰猶盛. 陰微, 則盛
陽未至於甚傷, 陰盛, 則微陽當在於善保故也.

이 기록들은 모두 하지 때와 같지만, 조심함에 있어서는 지극한 점이 있
다. 하지 때에는 성색을 그만둔다고 말했지만, 이곳에서는 제거한다고
말했고, 하지 때에는 기욕을 절제한다고 말했지만, 이곳에서는 금지한다
고 말했으니, 중하 때에는 음기가 아직 미약하고 이 시기에는 음기가 오
히려 성대하기 때문이다. 음기가 미약하면 왕성한 양기가 깊이 손상되는
데에는 아직 도달하지 않게 되고, 음기가 왕성하면 미약한 양기는 마땅히
잘 보호되어야 하는 상태에 놓이기 때문이다.

【235】

芸始生, 荔挺出, 蚯蚓結, 麋角解, 水泉動.〈237〉

중동의 달에는 운초가 비로소 생겨나기 시작하고, 여정초가 나타나며, 지렁이가 땅 구멍에서 웅크려 숨어있고, 사슴뿔이 떨어지며, 샘물이 솟아올라온다.

集說 此又言子月之候. 芸與荔挺, 皆香草. 結, 猶屈也. 解, 脫也. 水者, 天一之陽所生, 陽生而動, 言枯涸者漸滋發也. 十二月惟子午之月, 皆再記其候者, 詳於陰陽之萌也.

이것은 또한 11월의 기후 조짐을 기록한 것이다. 운초와 여정초는 모두 향초들이다. '결(結)'은 굽힌다는 뜻이다. '해(解)'는 빠진다는 뜻이다. 물이라는 것은 하늘의 수인 1의 양기가 생겨나게 하는 것으로, 양기가 생겨나서 활동하는 것이니, 말라버렸던 것들이 차츰 불어나는 것을 말한다. 12개월 중에 오직 11월과 5월에서만 모두 그 기후 조짐을 재차 기록하고 있는 것은 음양의 싹틈을 상세하게 기록하기 위해서이다.

【236】

日短至, 則伐木, 取竹箭.〈238〉

중동의 달에 동지가 되어, 해가 짧아짐이 지극해지면, 나무를 벌목하고, 죽과 전을 채취한다.

集說 陰盛則材成, 故伐而取之. 大曰竹, 小曰箭.

음기가 융성해지면 재목이 완숙한 상태가 되기 때문에, 벌목을 하여 채취하는 것이다. 대나무 중에서 큰 것을 '죽(竹)'이라 부르며, 작은 것을 '전(箭)'이라 부른다.

【237】

是月也, 可以罷官之無事, 去器之無用者.〈239〉

중동의 달에 천자는 관리들 중에서 하는 일 없이 녹봉을 받기만 하는 자를 파면시킬 수 있고, 기구들 중에서 쓸모가 없는 것을 없앨 수 있다.

集說 官以權宜而設, 器以權宜而造, 皆暫焉之事. 此閉藏休息之時, 故可罷去.

관리는 그 당시의 합당함에 맞춰서 설치한 것이며, 기구는 그 당시의 합당함에 맞춰서 만들어낸 것이니, 모두 임시적으로 설치하고 만들어낸 대상들이다. 이때에는 가둬 보관하며 휴식을 취하는 시기이기 때문에, 파직시키고 제거할 수 있다.

【238】

塗闕廷門閭, 築囹圄, 此以助天地之閉藏也. 仲冬行夏令, 則其國乃旱.〈240〉

중동의 달에 천자는 관리들을 시켜서 궁궐의 누각과 뜰 및 성문과 마을 문들을 보수하고, 감옥을 축조하니, 이렇게 하는 이유는 이러한 행위로써 천지의 닫아 보관하는 기운 작용을 돕는 것이다. 만약 천자가 중동의 달에 중하에 집행해야 할 정령을 시행하게 된다면, 그 나라에는 곧 가뭄이 들게 된다.

集說 火氣乘之, 應於來年.

여름의 화 기운이 겨울의 수 기운을 올라타서, 다음해의 기운에 감응해서이다.

【239】

氣霧冥冥.〈241〉

차가운 안개가 자욱하게 껴서 어둑어둑하게 된다.

集說 亦火氣所蒸.

또한 여름의 화 기운이 무덥게 해서이다.

【240】

雷乃發聲.〈242〉

천둥이 곧 소리를 내며 내리치게 된다.

集說 陰不能固陽也. 午火之氣所克也.

겨울의 음기가 여름의 양기를 묶어둘 수 없어서이다. 이러한 현상은 중하
에 해당하는 5월의 화 기운이 이룬 것이다.

【241】

行秋令, 則天時雨[去聲]汁[執], 瓜瓠不成.〈243〉

만약 천자가 중동의 달에 중추에 집행해야 할 정령을 시행하게 된다면,
기후는 비와['雨'자는 거성으로 읽는다.] 눈이 섞여 내리게['汁'자의 음은 '執(집)'이다.]
되고, 내년에 수확해야 할 오이와 박이 익지 않게 된다.

集說 雨雪雜下曰汁.

비와 눈이 섞여 내리는 것을 '즙(汁)'이라고 부른다.

【242】

國有大兵.⟨244⟩

나라에는 큰 전란이 일어난다.

集説　酉金之氣所淫也.

중추에 해당하는 8월의 금 기운이 중동의 기운을 어지럽혀서이다.

【243】

行春令, 則蝗蟲爲敗, 水泉咸渴.⟨245⟩

만약 천자가 중동의 달에 중춘에 집행해야 할 정령을 시행하게 된다면, 메뚜기 떼가 발생하여 그것들에 의해 보리농사가 실패하게 되고, 하천과 샘물이 모두 말라버리게 된다.

集説　卯中大火之所主也.

이러한 현상은 2월 영역 안에 있는 대화성이 주관하는 것이다.

【244】

民多疥癘.⟨246⟩

백성들 중에는 딱지와 가려움을 동반하는 피부병에 걸린 자들이 많아진다.

集説　卯木之氣所泄也.

이러한 현상은 중춘에 해당하는 2월의 목 기운이 발생시킨 것이다.

類編　右仲冬.

여기까지는 '중동(仲冬)'에 대한 내용이다.

【245】

季冬之月, 日在婺女, 昏婁中, 旦氐中.〈247〉

季冬의 달에는 해와 달이 만나는 곳인 일이 28수 중 하나인 무녀자리에 있고, 저녁 무렵에는 누수가 남쪽 하늘의 중앙에 위치하고, 동틀 무렵에는 저수가 남쪽 하늘의 중앙에 위치한다.

集說 女在子, 玄枵之次也.

무녀는 자자리에 위치하니, 현효의 자리이다.

【246】

其日壬癸, 其帝顓頊, 其神玄冥, 其蟲介, 其音羽, 律中大呂, 其數六, 其味鹹, 其臭朽, 其祀行, 祭先腎.〈248〉

계동의 달에 해당하는 일간은 임과 계이고, 계동을 지배하는 제는 전욱이며, 그 아래에서 보좌하는 신은 현명이고, 계동에 해당하는 생물은 단단한 껍질이 있는 종류이며, 오음 중에서 계동에 해당하는 음은 우이고, 십이율 중에서 계동의 기후에 반응하는 율관은 대려에 해당하며, 계동에 해당하는 수는 6이고, 오미 중에서 계동에 해당하는 맛은 짠맛이며, 오취 중에서 계동에 해당하는 냄새는 썩은내이고, 오사 중에서 계동에 해당하는 사는 행으로, 제사를 지낼 때에는 희생물의 신장을 먼저 바친다.

集說 大呂, 丑律, 長八寸二百四十三分寸之百四.

'대려(大呂)'는 축에 해당하는 율관으로 그 길이는 8촌과 243분의 104촌이다.

【247】

鴈北鄉[去聲], 鵲始巢, 雉雊, 雞乳[去聲]. 〈249〉

계동의 달에 기러기가 북쪽으로 떠나가고['鄕'자는 거성으로 읽는다.] 까치가 비
로소 둥지를 틀기 시작하며, 수컷 꿩이 암컷을 찾아 울고, 닭이 알을 낳는
다.['乳'자는 거성으로 읽는다.]

集說 此記丑月之候.

이것은 12월의 기후 조짐을 기록한 것이다.

【248】

天子居玄堂右个, 乘玄路, 駕鐵驪, 載玄旂, 衣黑衣, 服玄玉, 食黍與
彘, 其器閎以奄. 〈250〉

계동의 달에 천자는 현당에 있는 우개에 거처하고, 현로를 타며, 현로에는
철려라는 말에 멍에를 매게 해서 끌게 하고, 수레에는 검은색의 깃발을
세우며, 천자는 검은 색의 옷을 입고, 의복에 검은색의 옥으로 장식을 하며,
기장과 돼지고기를 먹는데, 그 그릇은 가운데는 넓게 만들되 윗부분은 좁
게 만든다.

集說 玄堂右个, 北堂東偏也.

현당의 우개는 북쪽 당의 동쪽 편실이다.

【249】

命有司, 大難[那], 旁磔[責], 出土牛, 以送寒氣. 〈251〉

계동의 달에 천자는 유사에게 명령하여, 큰 대나의식을['難'자의 음은 '那(나)'이
다.] 하니, 방책의식을['磔'자의 음은 '責(책)'이다.] 시행하고, 흙으로 된 소를 만들
어서, 이로써 추운 기운을 전송한다.

集說 季春惟國家之難, 仲秋惟天子之難, 此則下及庶人, 又以陰氣極盛, 故云大難也. 旁磔, 謂四方之門皆披磔其牲, 以攘除陰氣, 不但如季春之九門桀攘而已. 舊說, 此月日經虛危, 司命二星在虛北, 司祿二星在司命北, 司危二星在司祿北, 司中二星在司危北. 此四司者, 鬼官之長. 又墳四星在危東南, 墳墓四司之氣, 能爲厲鬼, 將來或爲災癘, 故難磔以攘除之, 事或然也. 出猶作也. 月建丑, 丑爲牛, 土能制水, 故特作土牛以畢送寒氣也.

계춘 때 시행한 의식은 오직 국가의 관리들만이 시행하는 나의식이고, 중추 때 시행한 의식은 오직 천자만 시행하는 나의식인데, 여기에서 말하는 대나의식은 그 시행 주체가 천자로부터 서인들에게까지 미치고, 또한 이 시기에는 음기가 매우 융성하기 때문에, '대나(大難)'라고 부르는 것이다. '방책(旁磔)'은 사방의 문에서 모두 희생물을 가르고 바쳐서, 음기를 물리치는 것을 말하니, 단지 계춘 때처럼 구문에서만 책양을 했던 것이 아니다. 옛 학설에서는 이달에는 해가 허수와 위수를 경유하는데, 사명(司命)[1]의 두 별은 허수의 북쪽에 위치하고, 사록(司祿)[2]의 두 별은 사명의 북쪽에 위치하며, 사위(司危)의[3] 두 별은 사록의 북쪽에 위치하고,

---

1) 사명(司命)은 허수(虛宿)의 북쪽에 있는 두 별을 가리킨다. 『송사(宋史)』「천문지삼(天文志三)」에는 "司命二星, 在虛北, 主擧過 · 行罰 · 滅不祥, 又主死亡."이라는 기록이 있다. 즉 '사명'이라는 두 별은 허수의 북쪽에 위치하는데, 잘못된 행실을 들춰내고, 벌을 내리며, 상서롭지 못한 것을 없애는 일을 주관하고, 또한 죽음에 대한 일도 주관한다.

2) 사록(司祿)은 사명(司命)의 북쪽에 있는 두 별을 가리킨다. 『송사(宋史)』「천문지삼(天文志三)」편에는 "司祿二星, 在司命北, 主增年延德, 又主掌功賞 · 食料 · 官爵."이라는 기록이 있다. 즉 '사록'이라는 두 별은 사명의 북쪽에 위치하는데, 수명에 대한 일을 주관하고, 또한 공적에 따라 상훈(賞勳)을 내리거나, 식록(食祿)을 하사하거나, 관직과 작위를 하사하는 일을 주관한다.

3) 사위(司危)는 사록(司祿)의 북쪽에 있는 두 별을 가리킨다. 『송사(宋史)』「천문지삼(天文志三)」편에는 "司危二星, 在司祿北, 主矯失正下, 又主樓閣 · 臺榭 · 死喪 · 流亡"이라는 기록이 있다. 즉 '사위'라는 두 별은 사록의 북쪽에 위치하는데,

사중(司中)⁴⁾의 두 별은 사위의 북쪽에 위치하게 된다. 이 네 가지 사들은
귀관의 수장들이다. 또 분묘(墳墓)⁵⁾의 네 별은 위수의 동남쪽에 위치하
여, 분묘의 별자리와 네 가지의 사 별자리 기운은 여귀가 될 수 있어서,
장차 재앙과 질병을 불러올 수 있다. 그렇기 때문에 나의식을 하며 희생
물을 갈라서 그것들을 제거한다고 했으니, 정황상 그러한 것 같기도 한
다. '출(出)'자는 만든다는 뜻이다. 이달에는 북두칠성 자루가 축을 가리
키는데, 축은 소가 되고, 토는 수를 제압할 수 있기 때문에, 특별히 흙으
로 된 소를 만들어서 추운 기운을 모두 끝나게 하는 것이다.

【250】

征鳥厲疾.〈252〉

매나 새매와 같은 맹금류들이 사나워지고 재빠르게 된다.

集說 征鳥, 鷹隼之屬, 以其善擊, 故曰征. 厲疾者, 孟厲而迅疾也.
'정조(征鳥)'는 매나 새매와 같은 부류들로, 그것들은 공격을 잘하기 때문
에 '정(征)'자를 붙여서 말한 것이다. '여질(厲疾)'은 사납고 재빠르다는
뜻이다.

잘못된 것을 바로잡는 일을 주관하고, 또한 누각(樓閣)이나 대사(臺榭), 장례나
상례, 유배와 관련된 일을 주관했다.

4) 사중(司中)은 사비(司非)라고도 부른다. 사위(司危)의 북쪽에 있는 두 별을 가리
킨다. 『송사(宋史)』 「천문지삼(天文志三)」편에는 "司非二星, 在司危北, 主司候
內外, 察愆尤, 主過失."이라는 기록이 있다. 즉 '사중'이라는 두 별은 사위의 북쪽
에 위치하는데, 시령(時令)과 관련된 일들을 주관하고, 잘못된 일들을 감찰하며,
과실에 대한 처벌을 주관했다.

5) 분묘(墳墓)는 위수(危宿)의 남쪽에 위치하는 네 개의 별을 가리킨다. 『송사(宋史)』
「천문지삼(天文志三)」편에는 "墳墓四星, 在危南, 主山陵 · 悲慘 · 死喪 · 哭泣."
이라는 기록이 있다. 즉 '분묘'에 해당하는 네 개의 별들은 위수의 남쪽에 위치하는
데, 무덤이나 애도하는 일, 장례나 상례, 곡(哭)하고 읍(泣)하는 일 등을 주관한다.

【251】

乃畢山川之祀, 及帝之大臣·天之神祇. 〈253〉

천자는 산천에 대한 제사와 오제를 보좌하는 다섯 신들에 대한 제사 및
하늘에서 각종 일들을 주관하는 신들에 대한 제사를 모두 지내서 끝마친다.

集說 帝之大臣, 謂五帝之佐, 句芒·祝融之屬也. 孟冬言祈天宗,
此或司中·司命·風師·雨師屬歟.

제의 대신이라는 것은 오제를 보좌하는 신으로 구망이나 축융과 같은 부
류들을 뜻한다. 맹동에서 천종에게 기원하는 제사를 지낸다고 말했으니,
여기에서 말하는 천의 신지는 아마도 사중·사명·풍사·우사 등의 부류
일 것이다.

【252】

是月也, 命漁師, 始漁, 天子親往, 乃嘗魚, 先薦寢廟. 〈254〉

계동의 달에 천자는 어사에게 명령하여, 겨울 들어 처음으로 물고기를 잡
게 하니, 천자는 직접 그곳에 가서, 어사가 잡은 물고기를 맛보되, 먼저
침묘에 바친다.

集說 獵而親殺爲奉祭也, 則漁而親往, 亦爲薦先歟.

사냥을 함에 천자가 직접 희생물을 잡는 것은 제사에 바치기 위함이니,
물고기를 잡음에 천자가 직접 가는 것 또한 조상에게 바치기 위함일 것이다.

【253】

冰方盛, 水澤腹堅, 命取冰, 冰以入. 〈255〉

계동의 달에는 얼음이 매우 두텁고 단단해지게 되니, 하천과 못에 얼음이
단단하게 얼게 되면, 천자는 관리들에게 명령하여, 얼음을 채취하게 하고,

채취된 얼음을 저장고에 집어넣게 한다.

氷之初凝, 惟水面而已, 至此則徹上下皆凝, 故云腹堅. 腹, 猶內也. 藏氷正在此時, 故命取氷. 氷入, 則陰事之終也.

맹동의 달에 얼음이 처음 얼기 시작하는데, 이것은 단지 수면만 얼 뿐이며, 이달에 이르러서는 위아래가 모두 얼게 되므로, 속까지 단단해진다고 말한 것이다. '복(腹)'은 안쪽을 뜻한다. 얼음을 보관하는 일은 바로 이 시기에 해당하므로, 얼음을 채취하라고 명령하는 것이다. 얼음을 집어넣는 것은 음기와 관련된 일의 마무리가 된다.

【254】
令告民, 出五種[上聲], 命農, 計耦耕事, 脩耒耜, 具田器.〈256〉
계동의 달에 천자는 관리들로 하여금 백성들에게 알려서, 오곡을 파종할 종자를['種'자는 상성으로 읽는다.] 내놓게 하고, 농사를 주관하는 관리에게 명령하여, 논밭 가는 일을 계획하도록 하고, 쟁기와 보습을 수리하도록 하며, 호미 및 가래 등의 도구들을 갖추게 한다.

氷入之後, 大寒將退, 令典農之官, 告民出其所藏五穀之種, 計度耦耕之事. 耦, 謂二人相偶也. 揉木爲耒, 斲木爲耜, 今之耜以鐵爲之. 田器, 鎡基之屬, 凡治田所用者也. 此皆豫備東作之事, 陽事之始也.

얼음을 집어넣은 이후에 큰 추위가 물러가게 되니, 농사를 담당하는 관리로 하여금 백성들에게 알려서, 보관하고 있는 오곡의 종자를 내놓게 하며, 논밭 가는 일을 계획하게 한다. '우(耦)'는 두 사람이 서로 짝지어서 논밭 가는 것을 뜻한다. 나무를 휘어서 쟁기의 자루 부분을 만들고, 나무를 깎아내서 보습에 해당하는 쟁기의 날 부분을 만드는데, 오늘날의 보습은 철로 만든다. '전기(田器)'는 호미 및 가래 등속으로, 밭을 경작하는데 필요한 도구들이다. 이것들은 모두 동작(東作)[6]의 일을 미리 대비하는 것이며, 양기와 관련된 일들의 시작이다.

【255】

命樂師, 大合吹[去聲]而罷.〈257〉

계동의 달에 천자는 악사에게 명령하여, 태학에서 국자들에게 성대한 합주를[吹'자는 거성으로 읽는다.] 시키게 하고, 이러한 행사를 시행함으로써 한 해를 마무리한다.

集說 鄭氏曰: 歲將終, 與族人大飮, 作樂於大寢, 以綴恩也. 王居明堂禮: "季冬命國爲酒, 以合三族."

정현이 말하길, 한 해가 장차 끝나려고 함에 족인들과 더불어 태침에서 큰 향연을 열며 음악을 연주하여, 친분을 다진다. 『왕거명당례』에서는 "계동에 국가에 명령하여 주연을 베풀어서, 삼족(三族)[7]을 화합시킨다."

---

6) 동작(東作)은 봄에 밭을 가는 행위를 뜻한다. 『서』「우서(虞書) · 요전(堯典)」편에는 "寅賓出日, 平秩東作."이라는 기록이 있고, 이에 대한 공안국(孔安國)의 전(傳)에서는 "歲起於東, 而始就耕, 謂之東作."이라고 풀이했다. 즉 한 해는 동쪽에서부터 시작되며, 이러한 시기에 비로소 밭을 갈게 되기 때문에, '동작'이라는 명칭이 생기게 되었다.

7) 삼족(三族)은 가족 및 친족을 가리키는 용어이다. 다만 '삼족'이 가리키는 대상은 다양하다. 첫 번째는 부모와 자식 및 손자를 지칭한다. 『주례』「춘관(春官) · 소종백(小宗伯)」편에는 "掌三族之別, 以辨親疏."라는 기록이 있는데, 이에 대한 정현의 주에서는 "三族, 謂父 · 子 · 孫."이라고 풀이했다. 두 번째는 부계 친척, 모계 친척, 처의 친척을 지칭한다. 『대대례기(大戴禮記)』「보부(保傳)」편에는 "三族輔之."라는 기록이 있는데, 이에 대한 노변(盧辯)의 주에서는 "三族, 父族 · 母族 · 妻族."이라고 풀이했다. 세 번째는 부모, 형제, 처자식을 지칭한다. 『사기(史記)』「진본기(秦本紀)」편에는 "法初有三族之罪."라는 기록이 있는데, 이에 대한 배인(裴駰)의 『사기집해(史記集解)』에서는 장안(張晏)의 주장을 인용하여, "父母 · 兄弟 · 妻子也."라고 풀이했다.

라고 했다.

疏曰: 此用禮樂於族人最盛, 後年季冬乃復如此作樂, 以一年頓停, 故云罷.

소에서 말하길, 이 시기에 족인들에게 예와 음악을 사용하길 가장 성대하게 하며, 다음해 계동이 되면 다시금 이처럼 음악을 연주하여, 한 해를 편안하게 마무리하기 때문에, 파(罷)라고 부른 것이다.

【256】
乃命四監, 收秩薪柴, 以共[供]郊廟及百祀之薪燎. 〈258〉
계동의 달에 천자는 곧 산림천택을 담당하는 네 명의 감독관들에게 명령하여, 일정한 수량의 땔나무들을 거둬들이게 하고, 이렇게 거둬들인 땔나무로써 교묘의 제사 및 뭇 제사를 지낼 때 필요로 하는 땔감 및 횃불로 공급한다.['共'자의 음은 '供(공)'이다.]

四監, 說見季夏. 秩, 常也, 謂有常數也. 大而可析者, 謂之薪, 小而束者, 謂之柴. 薪燎, 炊爨及夜燎之用也.

'사감(四監)'은 계하에 그에 대한 설명이 나온다. '질(秩)'은 일정하다는 뜻으로, 일정한 수량이 있음을 의미한다. 땔나무 중에서 커서 잘게 쪼갤 수 있는 것을 '신(薪)'이라 부르고, 작아서 다발로 묶는 것을 '시(柴)'라 부른다. '신료(薪燎)'는 불을 지피고 밤에 화톳불을 피울 때 사용하는 것이다.

【257】
是月也, 日窮于次, 月窮于紀, 星回于天, 數將幾終, 歲且更始. 〈259〉
계동의 달에는 해가 하늘의 12차를 일주하게 되고, 달은 해의 궤적과 만나는 일정한 주기를 일주하게 되며, 별은 하늘을 일주하여 본래의 자리로 되돌아가니, 한 해의 일수가 장차 거의 끝마치려 하고, 년도도 또한 다시 시작하게 된다.

集說 日窮于次者, 去年季冬次玄枵, 至此窮盡, 還次玄枵也. 紀, 會也. 去年季冬, 月與日相會於玄枵, 至此窮盡, 還復會於玄枵也. 二十八宿, 隨天而行, 每日雖周天一匝, 而早晚不同, 至此月而復其故處, 與去年季冬早晚相似, 故云回于天也. 幾, 近也. 以去年季冬至今年季冬三百五十四日, 未滿三百六十五日, 不爲正終, 故云幾於終也. 歲且更始者, 所謂終則有始也.

"해가 차를 다한다."는 것은 작년 계동 때 해가 현효의 자리에 있었는데, 이 시기에 이르러서 순회하게 되는 주기를 끝내게 되어, 다시금 현효에 위치하게 된다. '기(紀)'는 만난다는 뜻이다. 작년 계동 때 해와 달의 궤적은 서로 현효에서 만났는데, 이 시기에 이르러서 순회하게 되는 주기를 끝내게 되어, 다시금 현효에서 만나게 된다. 28수는 하늘의 궤적을 따라 운행하는데, 매일 비록 하늘을 한 바퀴 돌지만, 각 별마다 이르고 늦게 떠오르는 차이가 같지 않은데, 계동의 달에 이르러서는 그것들의 본래 자리로 되돌아가게 되어, 작년 계동 때 발생한 이르고 늦게 떠오르는 차이와 유사하게 된다. 그렇기 때문에 하늘을 일주한다고 말한 것이다. '기(幾)'는 거의라는 뜻이다. 작년 계동 때부터 금년의 계동 때까지는 354일이 걸리므로, 360일을 채우지 못하여, 딱 떨어지게 끝나지 않게 된다. 그렇기 때문에 거의 끝난다고 말한 것이다. 년도도 또한 다시 시작된다는 것은 이른바 끝마치게 되면, 새로운 시작이 있게 된다는 뜻이다.

【258】
專而農民, 毋有所使.〈260〉
계동의 달에 천자는 위정자들에게 명령하여, 그들의 농민들이 농사일에 전념할 수 있도록 전적으로 힘써서, 요역에 동원하는 일이 없도록 한다.

而, 汝也. 在上者, 當專壹汝農之事, 毋得徭役使之也.

‘이(而)’는 너라는 뜻이다. 위정자는 마땅히 자신의 농민들 일에 전적으로 힘써야 하며, 요역으로 그들을 부려서는 안 된다.

【259】

天子乃與公 · 卿 · 大夫, 共飭國典, 論時令, 以待來歲之宜. 〈261〉

계동의 달에 천자는 공경 및 대부들과 함께 국가의 법령들이 조율되도록 다듬고, 시행해야 할 시령들을 논의하여, 내년을 올바르게 통치할 일들을 대비한다.

朱氏曰: 國典有常, 飭之以應來歲之變, 時令有序, 論之以防來歲之差. 歲旣更始, 故事亦有異宜者.

주씨가 말하길, 국가의 법령에는 일정한 기준이 있지만, 그것을 조율하여 내년의 변화에 대응하는 것이며, 시령에는 순차가 있지만, 그것을 논의하여 내년의 차이를 방비한다. 한해가 끝나서 다시 시작되기 때문에, 국가의 일 또한 본래의 합당함에서 달라지는 것들이 생기는 것이다.

【260】

乃命太史, 次諸侯之列, 賦之犧牲, 以共[供]皇天上帝 · 社稷之饗. 〈262〉

계동의 달에 천자는 곧 태사에게 명령하여, 제후들의 서열을 등차지우고, 그들에게 한 해 동안 공납해야 할 희생물의 수를 부과하여, 이로써 황천상제와 사직의 제사 때 흠향의 제물로 공급한다.[‘共’자의 음은 ‘供(공)’이다.]

列, 謂大小之差等也.

‘열(列)’은 제후국의 크고 작은 등급의 차등을 뜻한다.

【261】

乃命同姓之邦, 共寢廟之芻豢.〈263〉

계동의 달에 천자는 자신과 같은 동성의 제후국에 명령하여, 침묘에 바칠 희생물을 공납하게 한다.

[集説] 人本乎祖, 故祖廟之牲, 使同姓諸侯供之.

사람은 조상에게 근본하고 있기 때문에, 조상의 사당에 바칠 희생물은 동성의 제후들로 하여금 공급하게 한다.

【262】

命宰, 歷卿 · 大夫, 至于庶民土田之數, 而賦犧牲, 以共山林 · 名川之祀.〈264〉

계동의 달에 천자는 재에게 명령하여, 경과 대부로부터 서민에 이르기까지 자신의 직할지 안에 있는 경작지의 크기를 등차지우고, 그것을 기준으로 각각 공납해야 할 희생물의 수치를 부여하여, 이로써 산림과 명천의 제사 때 사용되는 흠향의 제물로 공급한다.

[集説] 歷者, 序次其多寡之數也.

'역(歷)'은 많고 적은 수치를 차례대로 매기는 것이다.

【263】

凡在天下九州之民者, 無不咸獻其力, 以共皇天上帝 · 社稷 · 寢廟 · 山林 · 名川之祀.〈265〉

계동의 달에 천자가 이러한 명령을 내리는 것은 무릇 천하에 살고 있는 구주 안의 백성들이 그들의 힘을 다 바치지 않음이 없게 하여, 이렇게 생산된 것으로써 황천상제와 사직과 침묘와 산림과 명천의 제사 때 흠향의 제물로 공급한다.

禮有五經, 莫重於祭故也.

예에는 오경(五經)8)이 있는데, 그 중에서 제례보다 중요한 것이 없기 때
문이다.

【264】

季冬行秋令, 則白露蚤降, 介蟲爲妖, 四鄙入保.〈266〉

만약 천자가 계동의 달에 계추에 집행해야 할 정령을 시행하게 된다면,
가을철에 내려야하는 서리가 일찍 내리게 되고, 단단한 껍질을 가진 개충
들이 괴이하게 변하게 되며, 이들의 형상을 본 사비의 백성들은 전란이
발생할 조짐이라고 판단하여, 보성에 들어가게 된다.

取介蟲爲兵之象也. 戌土之氣所應也.

개충이 병장기를 상징함에 따른 것이다. 이러한 현상들은 9월의 토 기운
이 호응하여 발생시킨 것이다.

【265】

行春令, 則胎夭多傷.〈267〉

만약 천자가 계동의 달에 계춘에 집행해야 할 정령을 시행하게 된다면,
태아나 이제 막 태어난 신생아들 중에 죽는 자가 많아진다.

---

8) 오경(五經)은 고대의 다섯 가지 중요 예제(禮制)를 뜻한다. 『예기』「제통(祭統)」
편에는 "禮有五經, 莫重於祭."라는 기록이 있고, 이에 대한 정현의 주에서는 "禮
有五經, 謂吉禮·凶禮·賓禮·軍禮·嘉禮也."라고 풀이했다. 즉 다섯 가지 '예
제'라는 것은 길례(吉禮), 흉례(凶禮), 빈례(賓禮), 군례(軍禮), 가례(嘉禮)를 뜻
한다.

胎, 未生者, 夭, 方生者.

'태(胎)'는 아직 태어나지 않은 것이며, '요(夭)'는 막 태어난 것이다.

【266】

國多固疾.〈268〉

나라에는 고질병에 걸리는 사람들이 많아지게 된다.

固, 謂久而不差. 辰土之氣所應.

'고(固)'는 오래되도록 고쳐지지 않는 것을 말한다. 이러한 현상들은 계춘에 해당하는 3월의 토 기운이 계동의 기운에 호응해서이다.

【267】

命之曰逆.〈269〉

이러한 것들을 명명하길, 자연의 운행을 거스른다는 뜻에서 '역(逆)'이라고 부른다.

以歲終而行歲始之令也.

한 해가 끝나는 때에 한 해가 시작될 때의 정령을 시행했기 때문이다.

【268】

行夏令, 則水潦敗國, 時雪不降, 冰凍消釋.〈270〉

만약 천자가 계동의 달에 계하에 집행해야 할 정령을 시행하게 된다면, 큰 비가 나라에 피해를 주고, 이 시기에 내려야할 눈들이 내리지 않게 되며, 얼음이 녹아서 없어질 것이다.

集說 火奪水之令也. 未土之氣所應.

여름의 화기가 겨울의 수에 대한 시령을 **빼앗는** 것이다. 계하에 해당하는 6월의 토 기운이 계동의 기운에 호응해서이다.

類編 右季冬.

여기까지는 '계동(季冬)'에 대한 내용이다.

附註 孟春行夏令[止]季冬行冬令, 蓋言行政之乖違, 非必各以孟仲季爲解, 註說恐未當.

맹춘에 하령을 시행한다는 말로부터 계동에 동령을 시행한다는 말까지는 정치를 시행할 때의 어그러지고 어긋난 것을 말한 것이니, 반드시 각각에 대해 맹·중·계로 풀이할 필요는 없다. 따라서 주의 주장은 아마도 합당하지 않은 것 같다.

| 저자소개 |

최석정(崔錫鼎, 1646~1715)

· 조선 후기의 문신이자 학자이다.
· 본관은 전주(全州)이고 초명은 석만(錫萬)이며, 자는 여시(汝時) · 여화(汝和)이
  고, 호는 명곡(明谷) · 존와(存窩)이며, 시호는 문정(文貞)이다.

| 역자소개 |

정병섭鄭秉燮

· 1979년 출생
· 2002년 성균관대학교 유교철학과 졸업
· 2004년 성균관대학교 대학원 유학과 석사
· 2013년 성균관대학교 대학원 유학과 철학박사
· 『역주 예기집설대전』 · 『역주 예기보주』 · 『역주 예기천견록』을 완역하였다.
· 『의례』, 『주례』, 『대대례기』 번역과 한국유학자들의 예학 관련 저작들의 번역
  을 계획 중이다.

· 『예기유편대전(禮記類編大全)』의 표점과 원문은 한국유경편찬센터(http://ygc.
  skku.edu)의 자료를 사용하였다.

譯註
禮記類編大全 ❷

초판 인쇄 2020년 2월 1일
초판 발행 2020년 2월 18일

저   자 | 최 석 정(崔錫鼎)
역   자 | 정 병 섭(鄭秉燮)
펴 낸 이 | 하 운 근
펴 낸 곳 | 學古房

주   소 | 경기도 고양시 덕양구 통일로 140 삼송테크노밸리 A동 B224
전   화 | (02)353-9908   편집부(02)356-9903
팩   스 | (02)6959-8234
홈페이지 | hakgobang.co.kr
전자우편 | hakgobang@naver.com, hakgobang@chol.com
등록번호 | 제311-1994-000001호

ISBN   979-11-6586-134-6 94150
          979-11-6586-132-2 (세트)

값 : 35,000원

※ 파본은 교환해 드립니다.